中国高等职业教育面向2035系列丛书

高职创新发展强保障

《高等职业教育创新发展行动计划（2015—2018年）》

政策文件汇编

主编　石范锋　王博　方灿林

高等教育出版社·北京

内容简介

本书是"中国高等职业教育面向2035系列丛书"之一。

本书将国家和地方为推动《高等职业教育创新发展行动计划（2015—2018年）》贯彻落实而印发的相关政策文件汇编成册，集中展示了国家在规划管理层面的谋篇布局；介绍了各地在发挥统筹和保障作用时的有效做法；呈现了专项工作推动高职院校高质量发展的具体要求。本书充分体现了全面规划、衔接配套的政策制度对于明确改革发展任务、加强事中事后监管、确保各项任务和项目落到实处的引领价值，以及支撑高等职业教育创新发展的强有力保障作用。

本书可供教育行政部门领导和工作人员，职业院校领导、中层干部、专业负责人、骨干教师，以及职业教育研究学者、关心职业教育的行业企业人士等借鉴和参考。

图书在版编目（CIP）数据

高职创新发展强保障：《高等职业教育创新发展行动计划（2015-2018年）》政策文件汇编 / 石范锋，王博，方灿林主编. -- 北京：高等教育出版社，2019.12

（中国高等职业教育面向2035系列丛书）

ISBN 978-7-04-053273-9

Ⅰ. ①高… Ⅱ. ①石… ②王… ③方… Ⅲ. ①高等职业教育 - 教育改革 - 文件 - 汇编 - 中国 Ⅳ. ①G719.21

中国版本图书馆CIP数据核字（2019）第282864号

GAOZHI CHUANGXIN FAZHAN QIANGBAOZHANG
——《GAODENG ZHIYE JIAOYU CHUANGXIN FAZHAN XINGDONG JIHUA(2015—2018NIAN)》
ZHENGCE WENJIAN HUIBIAN

策划编辑	叶 波	责任编辑	刘剑波	封面设计	姜 磊	版式设计	张 杰
责任校对	王 雨	责任印制	毛斯璐				

出版发行	高等教育出版社	网　　址	http://www.hep.edu.cn
社　　址	北京市西城区德外大街4号		http://www.hep.com.cn
邮政编码	100120	网上订购	http://www.hepmall.com.cn
印　　刷	三河市骏杰印刷有限公司		http://www.hepmall.com
开　　本	787mm×1092mm 1/16		http://www.hepmall.cn
印　　张	19		
字　　数	410千字	版　次	2019年12月第1版
购书热线	010-58581118	印　次	2019年12月第1次印刷
咨询电话	400-810-0598	定　价	49.00元

本书如有缺页、倒页、脱页等质量问题，请到所购图书销售部门联系调换
版权所有　侵权必究
物　料　号　53273-00

"中国高等职业教育面向 2035 系列丛书"
编委会

顾　问：林　宇　马树超　周建松
主　任：董　刚
副主任：张慧波　任占营　任君庆
成　员（按姓氏笔画排序）：
　　　　王　伟　王　彤　王　资　孔凡士　石　忠　冯新广
　　　　刘　申　刘　炜　刘　斌　孙　湧　李　斌　李文科
　　　　李京田　李春明　李秋斌　李洪渠　李登万　杨百梅
　　　　杨秀英　杨欣斌　吴访升　何友义　张建军　张政利
　　　　张晓云　张景春　张蕴启　陈庐生　陈锦辉　周　旺
　　　　周　勇　郑亚莉　郑绍忠　赵丽生　赵继会　祝玉华
　　　　夏　伟　钱乃余　徐　刚　高　武　郭天平　龚方红
　　　　梁克东　蒋永林　童卫军　曾青生　温道军　谢永华

《高等职业教育创新发展行动计划（2015—2018年）》绩效评价课题组名单

策　划：林　宇　任占营
组　长：童卫军
成　员（按姓氏笔画排序）：

马和平	王　博	王如荣	牛晓艳	方灿林	石范锋
庄榕霞	刘　阳	刘引涛	刘任熊	刘其兵	池云霞
孙　辉	孙凯瑞	李　礼	李忠华	李俊雅	李晓秋
吴升刚	张启明	张啸宇	张崇生	张淑艳	陈　鹏
陈　潇	尚维来	周　俊	贺建锋	郭庆志	唐振华
黄慧婷	龚小涛	韩　昱	谢　园		

前　言

2015年，根据《国务院关于加快发展现代职业教育的决定》（国发〔2014〕19号）和全国人大常委会职业教育法执法检查有关要求，教育部印发《高等职业教育创新发展行动计划（2015—2018年）》（教职成〔2015〕9号，以下简称《行动计划》），布局实施了65项任务和22个项目，实施三年以来，教育部，省、自治区、直辖市及部分行业职业教育教学指导委员会[以下统称"各地（行指委）"]，学校三级协同推进，取得了明显成效，形成了高职率先改革、引领带动职业教育整体发展的良好局面。

《行动计划》强调在落实政策过程中的工作创新——不仅是制度创新，更是机制的创新。它涵盖了教育部各司局对高等职业教育发展的要求，是教育部历史上第一个专门针对高等职业教育部署改革发展任务的纲领性文件。《行动计划》采取"政策制定、贯彻执行、过程管理、绩效督查"的工作方式，通过"《行动计划》管理平台"加强过程管理，采集年度执行绩效数据，组织编制年度绩效报告，通报各地（行指委）年度执行情况，及时传递工作压力，推动地方比学赶超。

《行动计划》绩效评价课题组围绕《行动计划》的政策制度保障，汇编国家和地方出台的部分政策文件形成本书，作为"中国高等职业教育面向2035系列丛书"之一，为全面落实《国家职业教育改革实施方案》提供政策层面的参考。

全书一共3篇。石范锋统筹全书编写工作，并主要负责编写第一篇"国家布局"；王博主要负责编写第二篇"地方统筹"；方灿林主要负责编写第三篇"专项推进"。

由于编者水平所限，书中不足之处在所难免，恳请读者批评指正。

课题组

2019年7月

目 录

第一篇 国 家 布 局

教育部关于印发《高等职业教育创新发展行动计划（2015—2018年）》的通知 / 3

关于报送《高等职业教育创新发展行动计划（2015—2018年）》实施方案的通知 / 24

关于确定《高等职业教育创新发展行动计划（2015—2018年）》任务（项目）
　　承接单位的通知 / 26

关于开展《高等职业教育创新发展行动计划（2015—2018年）》2018年执行
　　绩效数据采集工作的通知 / 44

关于《高等职业教育创新发展行动计划（2015—2018年）》执行情况及2018年
　　有关工作完成情况的通报 / 48

教育部办公厅关于开展《高等职业教育创新发展行动计划（2015—2018年）》
　　项目认定的通知 / 76

教育部关于公布《高等职业教育创新发展行动计划（2015—2018年）》项目认定
　　结果的通知 / 83

第二篇 地 方 统 筹

关于印发《〈湖南高等职业教育创新发展行动计划（2016—2018年）〉实施
　　方案》的通知 / 87

云南省教育厅关于印发《云南省高等职业教育创新发展行动计划项目管理办法》的通知 / 97

青海省教育厅关于印发《〈青海省高等职业教育创新发展行动计划（2016—2018年）〉
　　实施方案》的通知 / 101

浙江省教育厅办公室关于印发《〈浙江省高等职业教育创新发展行动计划（2016—2018年）〉
　　实施方案》的通知 / 110

陕西省教育厅关于做好《高等职业教育创新发展行动计划（2015—2018年）》任务（项目）
　　申报工作的通知 / 118
广东省教育厅关于印发《广东省高等职业教育"创新强校工程"（2016—2020年）
　　实施方案》的通知 / 152
天津市教育委员会关于印发《天津市高等职业院校提升办学能力建设项目管理办法》的通知 / 161
安徽省教育厅关于建立《高等职业教育创新发展行动计划（2015—2018年）》实施情况
　　双月报制度的通知 / 170
山东省教育厅 山东省财政厅关于实施山东省职业教育质量提升计划的意见 / 172
河北省教育厅关于印发《河北省高等职业教育创新发展行动计划中期调整工作方案》的通知 / 181
河南省教育厅关于做好《高等职业教育创新发展行动计划（2015—2018年）》
　　验收工作的通知 / 186

第三篇　专　项　推　进

内蒙古自治区教育厅关于高等职业院校实施学分制改革试点的指导意见 / 191
湖北省教育厅关于建设职业教育技能名师工作室的通知 / 195
江苏省政府办公厅关于印发《江苏高等职业教育创新发展卓越计划》的通知 / 200
福建省教育厅关于开展职业院校专业群实训基地建设的通知 / 205
黑龙江省教育厅关于实施黑龙江省高等职业院校高水平骨干专业建设项目的通知 / 209
上海市教育委员会关于做好2018年度上海高职高专院校市级精品课程、教学团队
　　申报工作的通知 / 215
甘肃省教育厅关于开展2018年度甘肃省高等职业院校"应用技术协同创新中心"
　　申报认定工作的通知 / 219
重庆市教育委员会 重庆市财政局关于开展高等职业教育双基地建设项目申报工作的通知 / 221
广西壮族自治区教育厅关于开展自治区级首批示范性职业教育集团遴选工作的通知 / 224

附　　录

《高等职业教育创新发展行动计划（2015—2018年）》项目认定名单 / 229

第一篇
国家布局

《行动计划》是高等职业教育各级行政管理部门为适应国家财税体制改革特别是拨款方式变化做出的一种"以任务带投入"的尝试，本着"有预算支持的优先、实施方案可操作性强的优先、预期成果量化程度高的优先"原则，布局任务1 320项，拉动各地启动实施项目397个，实际布点22 806个。《行动计划》的实施要求细化各地分工，搭建管理平台，强化过程监控，建立年度绩效评价制度，督促各地推进落实，使高等职业教育的政策保障和资金投入显著加强，高职院校办学水平和服务能力整体提升。

本篇汇编了教育部在推进《行动计划》任务、项目实施过程中印发的部分政策文件。

教育部关于印发《高等职业教育创新发展行动计划（2015—2018年）》的通知

教职成〔2015〕9号

各省、自治区、直辖市教育厅（教委），新疆生产建设兵团教育局，行业职业教育教学指导委员会：

为贯彻落实《国务院关于加快发展现代职业教育的决定》和全国人大常委会职业教育法执法检查有关要求，推动高等职业教育创新发展，我部编制了《高等职业教育创新发展行动计划（2015—2018年）》，现印发给你们，请认真贯彻执行。

《行动计划》是今后一个时期高等职业教育战线贯彻2014年全国职业教育工作会议精神和落实全国人大常委会职业教育法执法检查有关要求、深入推进改革发展的路线图，各地要高度重视，优先保证落实。《行动计划》明确的任务和项目是高等职业教育改革发展的工作载体，其中负责单位包含省级教育行政部门或高等职业院校的，各地可根据自身发展需要以省（区、市）为单位自主申请承担；负责单位包含行业职业教育教学指导委员会（以下简称行指委）的，相关行指委可直接向我部提出申请。我部将优先满足有预算支持的申请，具体申请事项另文通知。

附件：
高等职业教育创新发展行动计划（2015—2018年）

教育部
2015年10月19日

附件

高等职业教育创新发展行动计划
（2015—2018 年）

为贯彻落实《国务院关于加快发展现代职业教育的决定》和全国人大常委会职业教育法执法检查有关要求，创新发展高等职业教育，制定本行动计划。

一、总体要求

（一）指导思想

以邓小平理论、"三个代表"重要思想、科学发展观为指导，切实贯彻习近平总书记重要指示精神，服务"四个全面"战略布局和创新驱动发展战略，以立德树人为根本，以服务发展为宗旨，以促进就业为导向，坚持适应需求、面向人人，坚持产教融合、校企合作，坚持工学结合、知行合一，推动高等职业教育与经济社会同步发展，加强技术技能积累，提升人才培养质量，为实现"两个一百年"奋斗目标和中华民族伟大复兴的中国梦提供坚实人才保障。

（二）基本原则

（1）坚持政府推动与引导社会力量参与相结合。强化地方政府统筹发展职业教育的责任，落实高等职业院校办学自主权，探索本科层次职业教育实现形式；充分发挥市场机制作用，引导社会力量参与办学，发挥企业重要办学主体作用，探索发展股份制、混合所有制高等职业院校。

（2）坚持顶层设计与支持地方先行先试相结合。加强现代职业教育国家制度建设，深化重要领域和关键环节改革；鼓励和支持有条件的地区率先开展试点，积极探索现代职业教育体系建设的实现路径和制度创新，完善现代职业教育的国家标准、国家机制和国家政策。

（3）坚持扶优扶强与提升整体保障水平相结合。支持部分普通本科高等学校转型发展、优质专科高等职业院校创新发展、职业院校骨干专业特色发展，在体制机制创新、人才培养模式改革、社会服务能力提升等方面率先取得突破；健全高等职业院校生均拨款制度和质量保证机制，全面提高保障水平。

（4）坚持教学改革与提升院校治理能力相结合。以提高质量为核心，深化专业内涵建设，推进课程体系、教学模式改革；与人才培养和教师能力提升相结合开展应用技术研发；

创新校企合作、工学结合的育人机制；推动专科高等职业院校依法制定章程，完善治理结构，提升治理能力。

（三）主要目标

通过三年建设，高等职业教育整体实力显著增强，人才培养的结构更加合理、质量持续提高，服务中国制造2025的能力和服务经济社会发展的水平显著提升，促使高等教育结构优化成效更加明显，推动现代职业教育体系日臻完善。

（1）体系结构更加合理。人才培养的层次、规模与经济社会发展更加匹配，专科层次职业教育在校生达到1 420万人，接受本科层次职业教育学生达到一定规模，以职业需求为导向的专业学位研究生培养模式改革取得阶段成果。

（2）服务发展的能力进一步增强。技术技能人才培养质量大幅提升，高等职业院校的布局结构、专业设置与区域产业发展结合更加紧密；应用技术研发能力和社会服务水平大幅提高；与行业企业共同推进技术技能积累创新的机制初步形成；服务中国制造2025的能力显著增强。

（3）可持续发展的机制更加完善。公办高等职业院校生均拨款制度全面建立；院校治理能力明显改善；职普沟通更加便捷，升学渠道进一步畅通；支持社会力量参与职业教育的政策更加健全；产教融合发展成效更加明显；职业教育国家标准体系更加完善；职业教育信息化水平明显提高。

（4）发展质量持续提升。以专业为载体的优质教育资源总量和覆盖区域不断扩大，支持优质专科高等职业院校争创国际先进水平的机制基本形成；多方参与、多元评价的质量保证机制更加完善；基于增强发展能力的东中西部合作机制更加成型；融人文素养、职业精神、职业技能为一体的育人文化初步形成；我国高等职业教育的国际影响持续扩大、国际话语权不断增强。

二、主要任务与举措

（一）扩大优质教育资源

根据区域特点，以专业建设为重点，提升要素质量、创新发展形式、扩大优质教育资源的总量和覆盖面，提高区域高等职业教育的均衡程度和社会认可度。

1. 提升专业建设水平

加强专科高等职业院校的专业建设，凝练专业方向、改善实训条件、深化教学改革，整体提升专业发展水平。支持紧贴产业发展、校企深度合作、社会认可度高的骨干专业建设。支持专科高等职业院校与技术先进、管理规范、社会责任感强的规模以上企业深度合作，共建生产性实训基地。面向企业的创新需求，依托重点专业（群），校企共建研发机构。面向国家重点发展产业，提高专业的技术协同创新能力，促进区域产业结构调整和新兴产业发展。探索发展本科层次职业教育专业。培养中国制造2025需要的不同层次人才。

2. 开展优质学校建设

坚持以示范建设引领发展，鼓励支持地方建设一批办学定位准确、专业特色鲜明、社会服务能力强、综合办学水平领先、与地方经济社会发展需要契合度高、行业优势突出的优质专科高等职业院校，持续深化教育教学改革、大幅提升技术创新服务能力、实质性扩大国际交流合作、培养杰出技术技能人才，增强专业教师和毕业生在行业企业的影响力，提升学校对产业发展的贡献度，争创国际先进水平。

3. 引进境外优质资源

加强与信誉良好的国际组织、跨国企业以及职业教育发达国家开展交流与合作，探索中外合作办学的新途径、新模式。支持专科高等职业院校学习和引进国际先进成熟适用的职业标准、专业课程、教材体系和数字化教育资源；选择类型相同、专业相近的国（境）外高水平院校联合开发课程，共建专业、实验室或实训基地，建立教师交流、学生交换、学分互认等合作关系；申办聘请外国专家（文教类）许可、举办高水平中外合作办学项目和机构。

4. 加强教师队伍建设

围绕提升专业教学能力和实践动手能力，健全专科高等职业院校专任教师的培养和继续教育制度。推进高水平大学和大中型企业共建"双师型"教师培养培训基地，探索"学历教育＋企业实训"的培养办法；完善以老带新的青年教师培养机制；建立教师轮训制度；专业教师每五年企业实践时间累计不少于6个月。增强职业技术师范院校的职教教师培养能力。

加强以专业技术人员和高技能人才为主，主要承担专业课程教学和实践教学任务的兼职教师队伍建设。支持专科高等职业院校按照有关规定自主聘请兼职教师，学校在编制年度预算时应统筹考虑经费安排；加强兼职教师的职业教育教学规律与教学方法培训；支持兼职教师或合作企业牵头教学研究项目、组织实施教学改革；把指导学生顶岗实习的企业技术人员纳入兼职教师管理范围。将企事业单位兼职教师任教情况作为个人业绩考核的重要内容。兼职教师数按每学年授课160学时为1名教师计算。在有关民族地区加强双语双师型教师队伍建设。

5. 推进信息技术应用

顺应"互联网＋"的发展趋势，构建国家、省、学校三级数字教育资源共建共享体系。国家级资源主要面向专业布点多、学生数量大、行业企业需求迫切的专业领域；省级资源根据本地发展需要和职业教育基础，与国家级资源错位规划建设；校级资源根据院校自身条件补充建设，突出校本特色。研制资源建设指南和监测评价体系，在保证公共服务基础上鼓励围绕应用成效展开竞争。探索建立高效率低成本的资源可持续开发、应用、共享、交易服务模式和运作机制。

应用信息技术改造传统教学，促进泛在、移动、个性化学习方式的形成。在现场实习安排困难或危险性高的专业领域，开发替代性虚拟仿真实训系统；针对教学中难以理解的复杂结构、复杂运动等，开发仿真教学软件。推广教学过程与生产过程实时互动的远程教学。

推进落实职业院校数字校园建设相关标准；加快职业教育管理信息化平台建设，消除信息孤岛；将信息技术应用能力作为教师评聘考核的重要依据。办好全国职业院校信息化教学大赛。

6. 完善高等职业教育结构

推进高等学校分类管理，系统构建专科、本科、专业学位研究生培养体系。加快专科高等职业院校改革步伐，深化人才培养模式改革，提升应用技术创新服务能力，拓展社区教育和终身学习服务；持续缩减本科高校举办的就业率（不含升学）低的专科高等职业教育规模，推动部分地方普通本科高等学校转型发展，引导一批独立学院发展成为应用技术类型高校，重点举办本科层次职业教育；推动产学结合培养专业学位研究生，强化实践能力培养；开展设立专科高等职业教育学位的可行性研究。

健全职业教育接续培养制度。加快高等职业教育标准体系制定工作；协调各级职业教育的专业设置与目录管理；系统设计接续专业的人才培养方案和教学内容安排；从专业设置入手规范初中起点五年制高职办学，强化专科高等职业院校的主导作用；探索区别于学科型人才培养的本科层次职业教育实现形式和培养模式。探索以学分转换和学力补充为核心的职普互通机制。推进毕业证书与职业资格证书对接。

7. 推动职业教育集团化发展

鼓励中央企业和行业龙头企业、行业部门、高等职业院校等，围绕区域经济发展对人才的需求，牵头组建职业教育集团，并按照属地化管理原则在省级教育行政部门备案。开展多元投入主体依法共建职业教育集团的改革试点，通过人员互聘、平台共享，探索建立基于产权制度和利益共享机制的集团治理结构与运行机制；建立基于学分转换的集团内部教学管理模式。支持有特色的专科高等职业院校以输出品牌、资源和管理的方式成立连锁型职业教育集团。积极吸收科研院所及其他社会组织参与职业教育集团。鼓励职业教育集团与跨国企业、境外教育机构等开展合作。

8. 促进区域协调发展

科学规划区域高等职业教育布局与发展。引导专科高等职业院校集中力量办好当地需要的特色优势专业（群）。探索基于增强发展能力的东中西部合作机制，支持东中西部学校联合办学，鼓励和支持东中部地区高等职业院校（或职教集团），通过托管、集团化办学等形式，对口支援西部地区职业教育发展。支援革命老区、西藏及四省藏区、新疆和集中连片特殊困难地区的专科高等职业院校提升办学基础能力和人才培养水平。深入推进地市级高等职业教育综合改革试点。

（二）增强院校办学活力

尊重和激发基层首创精神，以外部体制创新、内部机制改革、院校功能拓展为抓手增强院校办学活力，提高高等职业院校对市场的适应能力和自主发展能力。

1. 推进分类考试招生

健全"文化素质＋职业技能"的考试招生办法。根据不同生源特点和培养需要，规范实施专科高等职业院校以高考为基础的考试招生、单独考试招生、综合评价招生、面向中等职业学校毕业生的技能考试招生、中高职贯通招生、技能拔尖人才免试招生。研究制订职业院校应届毕业生进入高层次学校学习的办法，拓宽和完善职业教育学生继续学习通道。逐步扩大高等职业院校招收有实践经历人员的比例。适度提高专科高等职业院校招收中等职业学校毕业生的比例和本科高等学校，特别是应用技术类型本科高校，招收职业院校毕业生的比例。

2. 建立学分积累与转换制度

推动专科高等职业院校逐步实行学分制，推进与学分制相配套的课程开发和教学管理制度改革，建立以学分为基本单位的学习成果认定积累制度；开展不同类型学习成果的积累、认定，建立全国统一的学习者终身学习成果档案（包含各类学历和非学历教育），设立学分银行；在坚持培养要求的基础上，探索普通本科高校、高等职业院校、成人高校、社区教育机构之间的学分转移与认定。

3. 探索混合所有制办学

深化办学体制改革，鼓励社会力量以资本、知识、技术、管理等要素参与公办高等职业院校改革。试点社会力量通过政府购买服务、委托管理等方式参与办学活力不足的公办高等职业院校改革。鼓励民间资金与公办优质教育资源嫁接合作，在经济欠发达地区扩大优质高等职业教育资源。鼓励企业和公办高等职业院校合作举办适用公办学校政策、具有混合所有制特征的二级学院。鼓励专业技术人才、高技能人才在高等职业院校建设股份合作制工作室。支持成立混合所有制高等职业院校联盟。鼓励行业企业办和民办高等职业院校建立教师年金制度。支持营利性民办高等职业院校探索建立股权激励机制。

4. 鼓励行业参与职业教育

健全与行业联合召开职业教育工作会议的机制，联合制定行业职业教育发展指导意见。支持行业根据发展需要举办高等职业教育，切实履行举办方责任。鼓励和支持行业加强对本系统、本行业高等职业院校的规划与指导；扶持行业加强指导能力建设；以购买服务方式支持行业职业教育教学指导委员会在规定的领域范围内自主开展工作，在指导专业和课程改革、协调师资队伍建设、推进校企合作、开展教学评价等方面发挥作用。推动建立行业人力资源需求预测、就业形势分析、专业预警定期发布制度。办好全国职业院校技能大赛。

5. 发挥企业办学主体作用

支持企业发挥资源技术优势举办高等职业院校，按照职业教育规律规范管理。鼓励企业将职工教育培训交由高等职业院校承担，鼓励企业与学校共建共管职工培训中心。支持企业建设兼具生产与教学功能的公共实训基地。规模以上企业设立专门机构（或人员）负责职工教育培训、对接高等职业院校，设立学生实习和教师实践岗位。支持地方各级政府在安排职业教育专项经费、制定支持政策、购买社会服务时，将企业举办的公办性质高等职业院校与其他公办院校同等对待。对企业因接收实习生所实际发生的与取得收入有关的合理支出，按现行税收法律规定在计算应纳税所得额时扣除。将企业开展职业教育的情况纳入企业社会责任报告。研制职业教育校企合作促进办法。

6. 落实高等职业院校办学自主权

按照中央关于分类推进事业单位改革的精神，构建政府、高校、社会新型关系，加快转变政府职能，督促地（市、州）政府进一步明确管理高等职业教育的职责与权限，进一步明确高等职业院校的办学权利和义务，更好地落实学校办学主体地位。简政放权，支持学校自主确定教学科研行政等内部组织机构的设置和人员配备，支持高校面向社会依法依规自主公开招聘教学科研行政管理等各类人员、自主选聘教职工、自主确定内部收入分配；放管结合，健全以章程为统领规范行使办学自主权的制度体系；优化服务，履行好政府保基本的兜底责任和监管职责。

7. 支持民办教育发展

创新民办高等职业教育办学模式，社会声誉好、教学质量高、就业有保障的民办专科高等职业院校，可由省级政府统筹、在核定的办学规模内自主确定招生方案。落实教育、财税、土地、金融等支持政策，鼓励各类办学主体通过独资、合资、合作等形式举办民办高等职业教育，稳步扩大优质民办职业教育资源。以政府规划、社会贡献和办学质量为依据，探索政府通过"以奖代补"、购买服务等方式支持民办高等职业教育发展和鼓励社会力量参与高等职业教育办学的办法。

8. 服务社区教育和终身学习

专科高等职业院校要发挥场地、设施、师资、教学实训设备、网络及教育资源优势，向社区开放服务；面向社区成员开展与生活密切相关的职业技能培训，以及民主法治、文明礼仪、保健养生、生态文明等方面的教育活动。开设养生保健、文化艺术、信息技术、家政服务、社会工作、医疗护理、园艺花卉、传统工艺等专业的职业院校，应结合学校特色率先开展老年教育。与社区教育机构建立联席会议制度，为社区居民代表参与学校发展规划和社区教育服务计划提供平台，协调社区企事业单位为学生实习实训提供条件，开展校园周边环境综合治理。

学历教育和非学历培训并举、全日制与非全日制并重发展多样化的职工继续教育，为劳动者终身学习提供更多机会。以职业道德、职业发展、就业准备、创业指导等为主要内容开展就业创业教育，为普通教育学生提供职业发展辅导，为劳动者多渠道多形式提高就业质量服务。鼓励专科高等职业院校主动承接政府和企事业单位组织的职业培训，按照国家有关规定开展退役士兵职业教育培训。

（三）加强技术技能积累

服务区域、产业发展和国家外交政策需要，紧密结合培养杰出人才和加强教师队伍建设，加强应用技术的传承应用研发能力，提高培养人才的水平和技术服务的附加值。

1. 服务中国制造 2025

根据区域发展规划和产业转型升级需要优化院校布局和专业结构，将专科高等职业院校建设成为区域内技术技能积累的重要资源集聚地。重点服务中国制造2025，主动适应数字化网络化智能化制造需要，围绕强化工业基础、提升产品质量、发展制造业相关的生产性服务业调整专业、培养人才。优先保证新一代信息技术产业、高档数控机床和机器人、航空航天装备、海洋工程装备及高技术船舶、先进轨道交通装备、节能与新能源汽车、电力装备、农机装备、新材料、生物医药及高性能医疗器械产业相关专业的布局与发展。加强现代服务业亟需人才培养，加快满足社会建设和社会管理人才需求。

2. 支持优质产能"走出去"

配合国家"一带一路"倡议，助力优质产能走出去，扩大与"一带一路"沿线国家的职业教育合作。主动发掘和服务"走出去"企业的需求，培养具有国际视野、通晓国际规则的技术技能人才和中国企业海外生产经营需要的本土人才。支持专科高等职业院校将国际先进工艺流程、产品标准、技术标准、服务标准、管理方法等引入教学内容；与积极拓展国际业务的大型企业联合办学，共建国际化人才培养基地；发挥专科高等职业院校专业优势，配合"走出去"企业面向当地员工开展技术技能培训和学历职业教育。

3. 深化校企合作发展

推动专科高等职业院校与当地企业合作办学、合作育人、合作发展，鼓励校企共建以现代学徒制培养为主的特色学院；以市场为导向多方共建应用技术协同创新中心。对于师生拥有自主知识产权的技术开发、产品设计、发明创造等成果，选择自主创业的，按规定给予启动资金贷款贴息、税费减免等政策扶持；与企业合作转化的，可按照法律规定在企业作价入股。支持学校与技艺大师、非物质文化遗产传承人等合作建立技能大师工作室，开展技艺传承创新等活动。

4. 加强创新创业教育

将学生的创新意识培养和创新思维养成融入教育教学全过程，按照高质量创新创业教育的需要调配师资、改革教法、完善实践、因材施教，促进专业教育与创新创业教育有机融合；集聚创新创业教育要素与资源，建设依次递进、有机衔接、科学合理的创新创业教育专门课程（群）；充分利用各种资源建设大学科技园、大学生创业园、创业孵化基地和小微企业创业基地，作为创业教育实践平台；建立健全学生创业指导服务专门机构，做到"机构、人员、场地、经费"四到位，对自主创业学生实行持续帮扶、全程指导、一站式服务；举办全国大学生创新创业大赛，支持举办各类科技创新、创意设计、创业计划等专题竞赛。

探索将学生完成的创新实验、论文发表、专利获取、自主创业等成果折算为学分，将学生参与课题研究、项目实验等活动认定为课堂学习；为有意愿有潜质的学生制定创新创业能力培养计划，建立创新创业档案和成绩单，客观记录并量化评价学生开展创新创业活动情况；优先支持参与创新创业的学生转入相关专业学习；实施弹性学制，放宽学生修业年限，允许调整学业进程、保留学籍休学创新创业。

5. 开展现代学徒制培养

支持地方和行业引导、扶持企业与高等职业院校联合开展现代学徒制培养试点。校企共同制定和实施人才培养方案，试点学校主要负责理论课程教学、学生日常管理等工作，合作企业主要负责选派工程技术人员（能工巧匠）承担实践教学任务、组织实习实训；校企联合保障学生权益、保证合理报酬，按照国家有关规定落实学生责任保险和工伤保险。地方应允许符合条件的高等职业院校采用单独考试招生的办法从企业员工中招收符合本地高考报名条件的学生，使学生兼具企业员工身份；国家亟需专业经教育部同意可进行跨省招生试点。完善技术兵种与专科高等职业院校联合招收定向培养直招士官的组织方式和支持政策，支持技术兵种全程参与人才培养。

6. 培育新型职业农民

建立公益性农民培养培训制度，扶持涉农专科高等职业院校的发展和专业建设。提高涉农专科高等职业院校为三农服务的能力，围绕农业产业链和流通链培养培训适应科技进步和农业产业化需要的学生和新型职业农民，创新招生就业、人才培养、农学结合、校企合作、顶岗实习、社会服务等工作机制，推进农科教统筹、产学研合作；支持高等职业院校与涉农企业共建农业职业教育集团；构建覆盖全国、服务完善的现代职业农民教育网络。推进城乡区域合作，引导各地将项目、资金、设备、人才向涉农专科高等职业院校倾斜，动员相关行业、企业、高等学校、科研院所等参与专业建设，特别加大对农业、水利、林业、粮食和供销等涉农行业职业教育的支持力度。

7. 促进文化传承创新与传播

深化文化艺术类职业教育改革，重点培养文化创意人才、基层文化人才，传承创新民族文化与工艺。加强文化创意、影视制作、出版发行等重点文化产业技术技能人才的培养；依托职业教育体系，保护、传承和创新民族传统工艺与非物质文化遗产，培养各民族文艺人才。支持高等职业院校加强民族文化和民间技艺相关专业的建设和人才培养。提升民族地区的高等职业院校支持当地特色优势产业、基本公共服务、社会管理的能力。

8. 扩大职业教育国际影响

广泛参与国际职业教育合作与发展。加强与职业教育发达国家的政策对话，探索对发展中国家开展职业教育援助的渠道和政策。积极参与职业教育国际标准与规则的研究制定，开发与之对应的专业标准和课程体系，扩大国际话语权、增强国家软实力。提高高等职业院校专业教师的外语交流能力，鼓励示范性和沿边地区高等职业院校利用学校品牌和专业优势吸引境外学生来华学习，并不断扩大规模；支持专科高等职业院校到国（境）外办学，为周边国家培养熟悉中华传统文化、当地经济发展亟需的技术技能人才。推进全国职业院校技能大赛国际化。

（四）完善质量保障机制

落实各级政府责任，放管结合完善依法治校，逐步形成政府依法履职、院校自主保证、社会广泛参与，教育内部保证与教育外部评价协调配套的现代职业教育质量保障机制。

1. 提高经费保障水平

落实生均拨款政策，建立多渠道筹资机制，提高经费保障水平。各地应引导激励行政区域内各地市级政府（单位）建立完善以改革和绩效为导向的专科高等职业院校生均拨款制度，保证学校正常运转、保障基本教学条件、提升内涵建设水平、支撑院校综合改革。生均拨款制度应当覆盖本地区所有独立设置的公办高等职业院校；举办高等职业院校的有关部门和单位，应当参照院校所在地公办高等职业院校的生均拨款标准，建立完善所属高等职业院校生均拨款制度。2017年，本省专科高等职业院校年生均财政拨款平均水平不低于 12 000 元。学费收入优先保证学校基本教学方面的支出。

2. 完善院校治理结构

落实《高等学校章程制定暂行办法》，建立健全依法自主管理、民主监督、社会参与的高等职业院校治理结构。完成高等职业院校章程制定、修订工作。坚持和完善公办高等职业院校党委领导下的校长负责制，提升学校的资源整合、科学决策和战略规划能力，开展校长公开选拔聘任试点。推动高等职业院校设立有办学相关方代表参加的理事会或董事会机构，发挥咨询、协商、审议与监督作用。设立校级学术委员会，作为校内最高学术机构，统筹行使学术事务的决策、审议、评定和咨询等职权，发挥在专业建设、学术评价、学术发展和学风建设等事项上的重要作用。结合实际需要，根据条件设立校级专业指导委员会，指导促进专业建设与教学改革。加强风险安全制度建设。

3. 完善质量年度报告制度

巩固学校、省和国家三级高等职业教育质量年度报告制度，进一步提高质量年度报告的量化程度、可比性和可读性。专科高等职业院校和省级教育行政部门每年发布质量报告；支持第三方撰写并发布国家高等职业教育质量年度报告；强化对报告发布情况和撰写质量的监督管理。稳步推进高等职业院校人才培养工作状态数据管理系统的建设、部署与应用，逐步加强状态数据在宏观管理、行政决策、院校治理、教学改革、年度报告中的基础性作用。

4. 建立诊断改进机制

以高等职业院校人才培养工作状态数据为基础，开展教学诊断和改进（以下简称诊改）工作。加强分类指导，保证新建高等职业院校基本办学质量，推动高等职业院校全面建立完善内部质量保证体系，支持优质高等职业院校实现更高水平发展。教育部牵头研制高等职业院校教学工作诊改指导方案，针对高等职业院校不同发展阶段特点确定诊改重点，供地方和院校参照施行；省级教育行政部门负责统筹推进行政区域内高等职业院校诊改工作，根据需要抽样复核诊改工作质量；院校举办方协同高等职业院校自主诊断、切实改进。

支持对用人单位影响力大的行业组织开展专业层面的教学诊改试点，以行业企业用人标准为依据，通过结果评价、结论排名、建议反馈的形式，倒逼职业院校的专业改革与建设，职业院校自愿参加。专业诊改方案由相关行业制订、教育部认可后实施。

5. 改进高职教师管理

完善教师专业技术职务（职称）评聘办法，将师德表现、教学水平、应用技术研发成果与社会服务成效等作为高等职业院校教师专业技术职务（职称）评聘和工作绩效考核的重要内容，有条件的地方可以实行单独评审。鼓励高等职业院校制订和执行反映自身发展水平的"双师型"教师标准（不低于2008年《高等职业院校人才培养工作评估方案》规定的标准）。根据职业教育特点、比照本科高等学校核定公办专科高等职业院校教职工编制；新增教师编制主要用于引进具有实践经验的专业教师。推动教师分类管理、分类评价的人事管理制度改革；全面推行按岗聘用、竞聘上岗；制订体现高等职业教育特点的教师绩效评价标准，绩效工资内部分配向"双师型"教师适当倾斜。原则上55岁以下的教授、副教授每学期至少讲授一门课程。

6. 加强相关理论研究

加强国家级、省级、市（地）级职业教育科研机构建设，加强高等职业教育改革发展的宏观政策研究和热点难点问题研究，开展指导教育教学改革和相关标准建设的理论研究。各地应统筹高等职业教育研究工作，加强高等职业教育研究机构和队伍建设，加大投入支持相关研究工作。鼓励有条件的高等职业院校建立专门教育研究机构，发挥学校人才、信息、资源聚集的优势，引导广大教师围绕专业建设、课程改革、实践教学、终身学习等方面开展教学研究。

（五）提升思想政治教育质量

加强以职业道德培养和职业素质养成为特点的高等职业教育学生思想政治教育工作，着力培养既掌握熟练技术，又坚守职业精神的技术技能人才。

1. 加强和改进学生思想政治教育工作

深入开展中国特色社会主义和中国梦教育，在广大师生中积极培育和践行社会主义核心价值观，引导大学生关心国家命运，自觉把个人理想与国家梦想、个人价值与国家发展结合起来。规范形势与政策教育教学，加强民族团结教育，加强中华优秀传统文化教育，深入开展"我的中国梦"主题教育活动，推进学雷锋活动常态化。健全学生思想政治教育长效机制，创新网络思想政治教育方式方法。提高高校思想政治理论课实效，推进辅导员队伍专业化、职业化建设，扶持学生优秀社会实践活动，加强心理健康教育与咨询机构建设，全面推进《全国大学生思想政治教育质量测评体系（试行）》。创建平安校园、和谐校园。

2. 促进职业技能培养与职业精神养成相融合

加强文化素质教育，坚持知识学习、技能培养与品德修养相统一，将人文素养和职业素质教育纳入人才培养方案，加强文化艺术类课程建设，完善人格修养，培育学生诚实守信、崇尚科学、追求真理的思想观念。贯彻落实《高等学校体育工作基本标准》，促进学生身心健康；充分发挥校园文化对职业精神养成的独特作用，推进优秀产业文化进教育、企业文化进校园、职业文化进课堂，将生态环保、绿色节能、循环经济等理念融入教育过程；利用学校博物馆、校史馆、图书馆、档案馆等，发挥学校历史沿革、专业发展历程、杰出人物事迹的文化育人作用。围绕传播职业精神组织第二课堂，弘扬以德为先、追求技艺、重视传承的中华优秀传统文化。发挥学生党支部、共青团、学生会、学生社团的作用，与政府、行业、企业合作开展内容丰富、形式新颖、传递正能量的实践育人活动和校园文化活动。注重用优秀毕业生先进事迹教育引导在校学生。

三、保障措施

《行动计划》是今后一个时期高等职业教育战线贯彻2014年全国职业教育工作会议精神、落实全国人大常委会职业教育法执法检查有关要求和深入推进改革发展的路线图，各地必须高度重视，保证落实。

（一）加强组织领导

教育部负责协调国务院相关部门牵头制定国家层面的政策、制度和标准，省级政府是实施《行动计划》的责任主体。各地教育行政部门要充分发挥统筹规划、宏观管理作用，主动协调配合发展改革、财政、人社、农业、扶贫等有关部门，协调项目预算、保证任务落实。各地要发挥职业教育工作部门联席会议作用，根据本《行动计划》内容，结合实际制定好落实方案；按照国家财政体制改革要求，统筹各类教育培训经费，保证落实方案的顺利实施；推动职业教育改革发展试验区和体制改革试点先行先试，出台政策、配套条件，有效解决瓶颈问题。

（二）强化管理督查

各地要逐级按照职能分工量化落实方案，逐级分解任务、明确目标、落实责任，确定时间表和任务书，实行项目管理；将落实方案执行情况列入省政府督查范围，将目标责任完成情况作为督查对象业绩考核的重要内容。省级教育行政部门要充分发挥业务指导作用，会同有关部门加强对相关工作的日常指导、检查与跟踪，及时总结经验、发现问题，根据实际需要不断完善工作要求。行业部门要引导和督促相关行业企业制定和执行实施方案。鼓励社会各界对计划实施情况进行监督。教育部将汇总、整理各地申请承担的任务及量化指标、统筹梳理各地自主申请的项目及建设方案并予以发布，同时做好事中监督管理、事后检查验收工作；各地实际任务及项目的完成情况将作为中央财政改革绩效奖补、国家职业教育改革发展试验区和国家教育体制改革试点布局和验收的重要依据。

（三）营造良好环境

鼓励各地根据需要出台职业教育条例、校企合作促进办法等地方性法规，优化区域政策环境。坚持"先培训、后就业""先培训、后上岗"的原则；消除城乡、行业、学校、身份、性别等一切影响平等就业的制度障碍和就业歧视；深化收入分配制度改革，切实提高劳动报酬在初次分配中的比重。按照国家有关规定完善职业教育先进单位和先进个人表彰奖励制度，定期开展职业教育活动周宣传教育工作。通过主流媒体和各种新兴媒体，广泛宣传高等职业教育方针政策、高等职业院校先进经验和技术技能人才成果贡献，引导全社会树立重视职业教育的理念，促进形成"劳动光荣、技能宝贵、创造伟大"的社会氛围。

附件

《高等职业教育创新发展行动计划（2015—2018年）》
任务、项目一览表

任务一览表

序号	工作任务	负责单位	时间进度
一、扩大优质教育资源			
RW-1	加强与信誉良好的国际组织、跨国企业以及职业教育发达国家开展交流与合作	教育部（国际司、职成司）、省级教育行政部门、相关行业职业教育教学指导委员会	持续推进
RW-2	学习和引进国际先进成熟适用的职业标准、专业课程、教材体系和数字化教育资源	省级教育行政部门、高等职业院校	持续推进
RW-3	选择类型相同、专业相近的国（境）外高水平院校联合开发课程，共建专业、实验室或实训基地，建立教师交流、学生交换、学分互认等合作关系	省级教育行政部门、高等职业院校	持续推进
RW-4	支持高等职业院校申办聘请外国专家（文教类）许可	教育部（国际司、职成司）、省级教育行政部门、高等职业院校	持续推进
RW-5	举办高水平中外合作办学项目和机构	教育部（国际司、职成司）、省级教育行政部门、高等职业院校、相关行业职业教育教学指导委员会	

续表

序号	工作任务	负责单位	时间进度
RW-6	完善以老带新的青年教师培养机制；建立教师轮训制度；专业教师每五年企业实践时间累计不少于6个月	省级教育行政部门、高等职业院校	持续推进
RW-7	高等职业院校专业骨干教师国家级、省级培训计划	教育部（教师司、职成司）、省级教育行政部门、相关行业职业教育教学指导委员会	2016年出台措施，持续推进
RW-8	加强职业技术师范院校建设	有关省级教育行政部门	持续推进
RW-9	支持专科高等职业院校按照有关规定自主聘请兼职教师；加强兼职教师的职业教育教学规律与教学方法培训；支持兼职教师或合作企业牵头申报教学研究项目、组织实施教学改革；把指导学生顶岗实习的企业技术人员纳入兼职教师管理范围。核算教师总数时，兼职教师数按每学年授课160学时为1名教师计算	省级教育行政部门、高等职业院校、相关行业职业教育教学指导委员会	2016年出台措施，持续推进
RW-10	在有关民族地区加强双语双师型教师队伍建设	教育部（民族司、教师司）、有关省级教育行政部门、有关高等职业院校	持续推进
RW-11	推动落实《职业院校数字校园建设规范》，建设高等职业教育人才培养工作状态数据管理系统	教育部（科技司、职成司、信推办）、省级教育行政部门、高等职业院校	持续推进
RW-12	将信息技术应用能力作为教师评聘考核的重要依据	省级教育行政部门、高等职业院校	2016年底前出台措施，持续推进
RW-13	办好全国职业院校信息化教学大赛	教育部（职成司）	持续推进
RW-14	发布实施"关于引导部分地方普通本科高校向应用型转变的指导意见"；探索本科层次职业教育实现形式和培养模式	教育部（规划司、高教司）、省级教育行政部门	2016年底前出台措施，持续推进
RW-15	开展设立专科高等职业教育学位的可行性研究	教育部（职成司、学位办）	2018年底前完成
RW-16	编制"高等职业学校建设标准"；研究修订《普通高等学校设置暂行条例》	教育部（规划司）	2016年底前完成
RW-17	修订一批专科高等职业教育专业教学标准和实验实训装备技术标准	教育部（职成司）、相关行业职业教育教学指导委员会	2018年底前完成
RW-18	修订"高等职业院校专业目录"和"高等职业院校专业设置管理办法"；到2017年，专科职业教育在校生达到1 420万人	教育部（职成司、规划司）、省级教育行政部门	2016年底前出台措施

续表

序号	工作任务	负责单位	时间进度
RW-19	落实《教育部关于深入推进职业教育集团化办学的意见》,研制"示范性职业教育集团建设方案与管理办法"	教育部(职成司)、省级教育行政部门、相关行业职业教育教学指导委员会	2016年底前出台,持续推进
RW-20	持续缩减本科高校举办专科高等职业教育的规模	教育部(规划司)、省级教育行政部门	持续推进
二、增强院校办学活力			
RW-21	规范落实《教育部关于积极推进高等职业教育考试招生制度改革的指导意见》;研究制订职业院校学生进入高层次学校学习的办法;2016年通过分类考试录取的学生占高等职业院校招生总数的一半左右,2017年成为主渠道;逐步提高专科高等职业院校招收中等职业学校毕业生的比例和本科高等学校招收职业院校毕业生的比例	教育部(学生司、规划司)、省级教育行政部门	2016年底前出台措施,持续推进
RW-22	研制"关于推进学习成果积累与转换工作的指导意见"	教育部(职成司)	2016年出台意见;2018年底前完成网络平台建设,开展学习成果积累与转换试点
RW-23	试点社会力量通过购买、承租、委托管理等方式参与办学活力不足的公办高等职业院校改革。鼓励民间资本与公办优质教育资源嫁接合作,在经济欠发达地区扩大优质高等职业教育资源。鼓励探索建立行业企业办和民办高等职业院校教师年金制度,探索在营利性民办高等职业院校实行职工持上市股	省级教育行政部门、相关高等职业院校	2016年出台措施,持续推进
RW-24	开展建设混合所有制高等职业院校的理论与实践课题研究	省级教育行政部门、相关高等职业院校、相关行业职业教育教学指导委员会	2018年底前完成
RW-25	成立混合所有制高等职业院校联盟	相关高等职业院校	2018年底前完成
RW-26	以购买服务方式支持行业职业教育教学指导委员会在规定的领域范围内自主开展工作	教育部(职成司)	持续推进
RW-27	每年举办一次全国职业院校技能大赛,推进全国职业院校技能大赛国际化	教育部(职成司、国际司),相关部委、行业协会、企业	持续推进
RW-28	落实《教育部 人力资源和社会保障部关于推进职业院校服务经济转型升级面向行业企业开展职工继续教育的意见》	教育部(职成司)、省级教育行政部门、高等职业院校、相关行业职业教育教学指导委员会	持续推进

续表

序号	工作任务	负责单位	时间进度
RW-29	地方各级政府在安排职业教育专项经费、制定支持政策、购买社会服务时,将企业举办的公办性质高等职业院校与其他公办院校同等对待	省级教育行政部门	持续推进
RW-30	研制"职业教育校企合作促进办法"	教育部(职成司、政法司)	2016年出台
RW-31	贯彻落实国家教育体制改革领导小组办公室《关于进一步落实和扩大高校办学自主权完善高校内部治理结构的意见》,落实和扩大专科高等职业院校办学自主权,支持学校自主确定教学、科研、行政等内部组织机构的设置和人员配备,支持高校面向社会依法依规自主公开招聘教学、科研、行政管理等各类人员、自主选聘教职工、自主确定内部收入分配	省级教育行政部门、高等职业院校	持续推进
RW-32	落实教育、财税、土地、金融等支持政策,鼓励各类办学主体通过独资、合资、合作等形式举办民办高等职业教育,稳步扩大优质民办职业教育资源	教育部(规划司)、省级教育行政部门	持续推进
RW-33	以政府规划、社会贡献和办学质量为依据,探索政府通过"以奖代补"、购买服务等方式支持民办高等职业教育发展和鼓励社会力量参与高等职业教育办学的办法	省级教育行政部门	2016年底前出台措施,持续推进
RW-34	社会声誉好、教学质量高、就业有保障的民办专科高等职业院校,可由省级政府统筹、在核定的办学规模内自主确定招生方案	教育部(规划司、学生司)、省级教育行政部门	2016年底前出台措施,持续推进
RW-35	专科高等职业院校积极开展社区教育、老年教育活动;建立专科高等职业院校和社区教育机构联席会议制度	省级教育行政部门、高等职业院校	2016年底前出台措施,持续推进
三、加强技术技能积累			
RW-36	优化院校布局、调整专业结构	省级教育行政部门、相关行业职业教育教学指导委员会	持续推进
RW-37	建立产业结构调整驱动专业设置与改革、产业技术进步驱动课程改革的机制	省级教育行政部门、高等职业院校、相关行业职业教育教学指导委员会	持续推进
RW-38	重点服务中国制造2025,主动适应数字化、网络化、智能化制造需要,围绕强化工业基础、提升产品质量、发展与制造业相关的生产性服务业调整专业、培养人才	省级教育行政部门、高等职业院校、相关行业职业教育教学指导委员会	持续推进

续表

序号	工作任务	负责单位	时间进度
RW-39	优先保证新一代信息技术产业、高档数控机床和机器人、航空航天装备、海洋工程装备及高技术船舶、先进轨道交通装备、节能与新能源汽车、电力装备、农机装备、新材料、生物医药及高性能医疗器械产业相关专业的布局与发展	省级教育行政部门、高等职业院校、相关行业职业教育教学指导委员会	持续推进
RW-40	加强现代服务业亟需人才培养，加快满足社会建设和社会管理人才需求	省级教育行政部门、高等职业院校、相关行业职业教育教学指导委员会	持续推进
RW-41	扩大与"一带一路"沿线国家的职业教育合作；服务"走出去"企业需求，培养具有国际视野、通晓国际规则的技术技能人才和中国企业海外生产经营需要的本土人才；配合"走出去"企业面向当地员工开展技术技能培训和学历职业教育；支持专科高等职业院校国（境）外办学，为周边国家培养熟悉中华传统文化、当地经济发展亟需的技术技能人才	省级教育行政部门、高等职业院校、相关行业职业教育教学指导委员会	持续推进
RW-42	促进专业教育与创新创业教育有机融合；利用各种资源建设大学科技园、大学生创业园、创业孵化基地和小微企业创业基地，作为创业教育实践平台	省级教育行政部门、高等职业院校	持续推进
RW-43	探索将学生完成的创新实验、论文发表、专利获取、自主创业等成果折算为学分，将学生参与课题研究、项目实验等活动认定为课堂学习；优先支持参与创新创业的学生转入相关专业学习；实施弹性学制，放宽学生修业年限，允许调整学业进程、保留学籍休学创新创业	省级教育行政部门、高等职业院校	持续推进
RW-44	地区、有关部门整合发改财政和社会资金，支持高校学生创新创业活动。高等职业院校优化经费支出结构，多渠道统筹安排资金，支持创新创业教育教学，资助学生创新创业项目	省级教育行政部门、高等职业院校	持续推进
RW-45	举办全国大学生创新创业大赛	教育部（高教司、职成司）	2016年底前启动
RW-46	加强文化创意、影视制作、出版发行等重点文化产业技术技能人才的培养；提升民族地区的高等职业院校支持当地特色优势产业、基本公共服务、社会管理的能力	省级教育行政部门	持续推进

续表

序号	工作任务	负责单位	时间进度
RW-47	加强与职业教育发达国家的政策对话，探索对发展中国家开展职业教育援助的渠道和政策	教育部（国际司、职成司）、省级教育行政部门、高等职业院校、相关行业职业教育教学指导委员会	持续推进
RW-48	鼓励示范性和沿边地区高等职业院校利用学校品牌和专业优势，积极吸引境外学生来华学习	省级教育行政部门、高等职业院校、相关行业职业教育教学指导委员会	持续推进
四、完善质量保障机制			
RW-49	落实高等职业院校生均拨款政策，引导激励地市级政府（单位）建立高职生均经费制度。到2017年本省专科高等职业院校生均拨款平均水平不低于12 000元	省级教育行政部门	2017年达到标准，持续推进
RW-50	完成高等职业院校章程制定、修订工作	省级教育行政部门、高等职业院校	2015年底前完成
RW-51	推动高等职业院校参照《高等学校学术委员会规程》设立学术委员会；一批（不少于20%）专科高等职业院校参照《普通高等学校理事会规程（试行）》设立理事会或董事会机构	省级教育行政部门、高等职业院校	2016年底前出台措施，持续推进
RW-52	巩固学校、省和国家三级高等职业教育质量年度报告制度，进一步提高质量年度报告的量化程度、可比性和可读性；强化对报告发布情况和撰写质量的监督管理	教育部（职成司）、省级教育行政部门、高等职业院校	持续推进
RW-53	加强分类指导，以人才培养工作状态数据为基础，开展高职院校教学诊断和改进工作	教育部（职成司）、省级教育行政部门、高等职业院校	2016年启动相关工作，持续推进
RW-54	一批省份发布实施职业院校教师专业技术职务评聘办法	省级教育行政部门	2018年底前完成
RW-55	一批国家示范（骨干）高等职业院校制定执行反映自身发展水平、不低于国家规定标准的"双师型"教师标准	省级教育行政部门、高等职业院校	2018年底前完成
RW-56	推动教师分类管理、分类评价的人事管理制度改革；全面推行按岗聘用、竞聘上岗	省级教育行政部门、高等职业院校	2018年底前出台措施
RW-57	制订体现高等职业教育特点的教师绩效评价标准；55岁以下的教授、副教授每学期至少讲授一门课程	省级教育行政部门、高等职业院校	2018年底前出台措施
RW-58	加强高等职业教育研究机构和队伍建设，加大投入支持相关研究工作；有条件的高等职业院校建立专门教育研究机构，开展教学研究	省级教育行政部门、高等职业院校	2016年底前出台措施，持续推进

续表

序号	工作任务	负责单位	时间进度
五、提升思想政治教育质量			
RW-59	贯彻落实《高等学校辅导员职业能力标准（暂行）》	省级教育行政部门、高等职业院校	持续推进
RW-60	健全学生思想政治教育长效机制；高职院校按师生比1∶200配备辅导员；心理健康教育全覆盖	教育部（思政司）、省级教育行政部门、高等职业院校	2018年底前完成
RW-61	全面推进《全国大学生思想政治教育质量测评体系（试行）》	省级教育行政部门、高等职业院校	持续推进
RW-62	创建平安校园、和谐校园	省级教育行政部门、高等职业院校	持续推进
RW-63	落实《高等学校体育工作基本标准》	教育部（体卫艺司）、省级教育行政部门、高等职业院校	持续推进
RW-64	加强文化素质教育；加强校园文化建设；支持学生社团活动	省级教育行政部门、高等职业院校	持续推进
RW-65	促进职业技能培养与职业精神养成相融合	省级教育行政部门、高等职业院校、相关行业职业教育教学指导委员会	持续推进

项目一览表

序号	工作任务	负责单位	时间进度
一、扩大优质教育资源			
XM-1	骨干专业建设（3 000个左右）	省级教育行政部门、相关行业职业教育教学指导委员会	2016年出台措施，2018年底前完成
XM-2	校企共建的生产性实训基地建设（1 200个左右）	省级教育行政部门、相关行业职业教育教学指导委员会	2016年出台措施，2018年底前完成
XM-3	优质专科高等职业院校建设（200所左右）	省级教育行政部门	2016年出台措施，2018年底前完成
XM-4	"双师型"教师培养培训基地建设（500个左右）	省级教育行政部门、高等职业院校、相关行业职业教育教学指导委员会	2018年底前完成
XM-5	新建一批国家级职业教育专业教学资源库和国家精品在线开放课程	教育部（职成司、高教司、财务司）	2018年底前完成
XM-6	立项建设省级高等职业教育专业教学资源库（200个左右）和精品在线开放课程（1 000门左右）	省级教育行政部门	持续推进，2018年完成

续表

序号	工作任务	负责单位	时间进度
XM-7	建成一批职业能力培养虚拟仿真实训中心（50个左右）	省级教育行政部门、相关行业职业教育教学指导委员会	2018年底前完成
XM-8	建设一批骨干职业教育集团（180个左右）；遴选10个省份开展多元投入主体依法共建职业教育集团的改革试点	省级教育行政部门，有关行业、企业、高等职业院校、相关行业职业教育教学指导委员会	2018年底前完成
XM-9	建设一批连锁型职教集团（20个左右）	省级教育行政部门、高等职业院校	2018年底前完成
XM-10	支持东中部地区高职院校（职教集团）对口支援西部职业院校；支援革命老区、西藏及四省藏区、新疆和集中连片特殊困难地区的专科高等职业院校提升办学基础能力和人才培养水平（400校次左右）	教育部（职成司、财务司、民族司）、有关省级教育行政部门	2016年出台措施
二、增强院校办学活力			
XM-11	支持公办高等职业院校和企业合作举办适用公办学校政策、具有混合所有制特征的二级学院（100个左右）	省级教育行政部门、相关高等职业院校	2016年出台措施，持续推进
XM-12	与行业联合召开行业职业教育工作会议（5个以上），联合制定行业职业教育改革发展指导意见	教育部（职成司）、相关行业组织	2018年底前完成
XM-13	发布行业人才需求预测和专业设置指导报告（40个左右）	相关行业职业教育教学指导委员会	2018年底前完成
XM-14	研制"关于进一步推进社区教育改革发展的意见"；公布一批全国社区教育实验区和示范区	教育部（职成司）	2016年底前出台意见，持续推进
三、加强技术技能积累			
XM-15	开展现代学徒制试点（500个左右），校企共建以现代学徒制培养为主的特色学院	省级教育行政部门、高等职业院校、相关行业职业教育教学指导委员会	2016年出台措施，2018年底前完成
XM-16	以市场为导向多方共建应用技术协同创新中心（500个左右）	省级教育行政部门、高等职业院校、相关行业职业教育教学指导委员会	2016年出台措施，2018年底前完成
XM-17	与技艺大师、非物质文化遗产传承人等合作建立技能大师工作室（100个左右）	省级教育行政部门、相关行业职业教育教学指导委员会、高等职业院校	2016年出台措施，2018年底前完成
XM-18	开发建设一批创新创业教育专门课程（群）	省级教育行政部门、高等职业院校	2018年底前完成

续表

序号	工作任务	负责单位	时间进度
XM-19	新组建一批农业职教集团；省部共建一批国家涉农职业教育改革试验区	教育部（职成司）、有关省级教育行政部门、有关行业	2018年底前完成
XM-20	建设一批全国职业院校民族文化传承与创新示范专业点（100个左右）	教育部（职成司）、省级教育行政部门	2018年底前完成
四、完善质量保障机制			
XM-21	支持对用人单位影响力大的行业组织开展专业层面的教学诊改试点	教育部（职成司）、相关行业	2016年开始试点
五、提升思想政治教育质量			
XM-22	深入开展中国特色社会主义和中国梦教育，在广大师生中积极培育和践行社会主义核心价值观，遴选一批特色校园文化品牌（100个左右）	教育部（思政司）、高等职业院校	2018年底前完成

关于报送《高等职业教育创新发展行动计划（2015—2018年）》实施方案的通知

教职成司函〔2015〕157号

各省、自治区、直辖市教育厅（教委），新疆生产建设兵团教育局，行业职业教育教学指导委员会：

日前印发的《高等职业教育创新发展行动计划（2015—2018年）》（以下简称《行动计划》），是高等职业（以下简称高职）教育面向"十三五"持续深入推进改革发展的行动指南。为加强宏观调控和统筹管理，推动各地和行业职业教育教学指导委员会（以下简称行指委）贯彻落实，请各省级教育行政部门和行指委按要求报送《行动计划》实施方案，具体事项通知如下。

一、明确意向

《行动计划》规定的任务（项目）涉及教育、发展改革、财政、人力资源社会保障、农业、扶贫等相关部门，各地教育行政部门（行指委）要主动发挥统筹规划、综合协调作用，积极争取相关部门支持，主动承担更多建设任务（项目），加快推进区域（行业）高职教育的改革发展。各省级教育行政部门（行指委）应根据工作实际，自主提出拟承担的任务（项目），填写承担意向表（见附件）。对拟承担的项目，须预估支持经费，明确建设数量等内容。

二、制定方案

各省级教育行政部门（行指委）要结合自主提出的拟承担任务（项目）意向，统筹制订本地（行指委）《行动计划》总体实施方案，规划设计政策措施、时间表和路线图，保证任务（项目）落实。总体实施方案至少应包括工作基础、主要目标、总体规划、具体举措（或配套政策）、进度安排、预期效果（分年度、可量化或条目化）、保障措施等内容。总体实施方案的执行时间应与《行动计划》一致。

三、工作实施

我部将根据意向汇总情况，按照"承诺预算支持的优先、实施方案可操作性强的优先、预期成果量化程度高的优先"的原则，统筹安排各地（行指委）承担的具体工作；形成并发布《高等职业教育创新发展行动计划（2015—2018年）》任务（项目）承接情况一览表，各地（行指委）据此开展相关工作，并定期上报年度工作进度。

四、时间安排

（1）请各省级教育行政部门（行指委）于2016年1月4—11日期间，登录我部官网职业教育与成人教育司主页《行动计划》专题专栏，填报任务（项目）承担意向表和总体实施方案。相应的纸质材料（系统自带打印功能）加盖公章后于2016年1月17日前报送至教育部职业教育与成人教育司。

（2）我司将于2016年1月31日前，汇总确认《高等职业教育创新发展行动计划（2015—2018年）》任务（项目）承接情况一览表。

（3）2016—2018年，每年12月31日前，各地（行指委）须按要求，通过《行动计划》专题网页填报任务（项目）年度实施数据。

通信地址：北京西单大木仓胡同35号，教育部职业教育与成人教育司高职与高专教育处（邮编100816）

联系人：张启明、任占营

电话/传真：010-66096232

电子邮箱：sfgz@moe.edu.cn

省级教育行政部门工作交流QQ群：276976386

行指委工作交流QQ群：479882363

附件：

《高等职业教育创新发展行动计划（2015—2018年）》任务（项目）承担意向表（略）

教育部职业教育与成人教育司

2015年12月7日

关于确定《高等职业教育创新发展行动计划（2015—2018年）》任务（项目）承接单位的通知

教职成司函〔2016〕30号

各省、自治区、直辖市教育厅（教委），新疆生产建设兵团教育局，各行业职业教育教学指导委员会：

根据《关于报送〈高等职业教育创新发展行动计划（2015—2018年）〉实施方案的通知》要求，31个省（区、市）、新疆生产建设兵团（以下统称各地）和46个行业职业教育教学指导委员会（以下简称行指委）上报了实施方案。经研究，原则同意各地（行指委）报送的实施方案。现将汇总形成的《高等职业教育创新发展行动计划（2015—2018年）》任务（项目）承接情况一览表（见附件）印发给你们；各地（行指委）的具体实施方案在《高等职业教育创新发展行动计划（2015—2018年）》（以下简称《行动计划》）管理平台（http://www.moe.edu.cn/s78/A07/zcs_ztzl/ztzl_zcs1518/）公布。

各地（行指委）也应在各自官网公布上述实施方案，并据此自主开展建设工作，如有调整须及时来函说明。《行动计划》执行期间，各地（行指委）须在每年12月31日前，按相关要求在《行动计划》管理平台上填报任务（项目）年度工作进度及相关绩效数据。管理平台还可应省级教育行政部门要求，提供省级项目管理功能。

我部将对各地（行指委）的《行动计划》实施情况进行绩效评价，适时发布年度绩效报告。《行动计划》任务（项目）的实施绩效将作为中央财政改革绩效奖补分配和国家职业教育改革发展试验区、国家教育体制改革试点布局及验收工作的重要参考。《行动计划》执行完毕后，我部将根据备案的实施方案和实际建设成效，对项目的建设结果进行检查认定。

附件：
《高等职业教育创新发展行动计划（2015—2018年）》任务（项目）承接情况一览表

教育部职业教育与成人教育司
2016年3月16日

附件

《高等职业教育创新发展行动计划（2015—2018年）》任务（项目）承接情况一览表[①]

说明：

（1）本一览表由三个表组成：表1为分省承接任务（项目）数量汇总表；表2为分任务（项目）承接省份一览表；表3为分行指委承接任务（项目）数量汇总表。

（2）表2中的"承接省份（A/B）"意为某省承接的某项目建设数量为 A 个，预估经费为 B 万元。例如，"北京（100/5 000）"意为北京市承接建设某项目100个，预估经费为5 000万元。

表1　分省承接任务（项目）数量汇总表

序号	省份	承接任务数	承接项目数/布点总数	预估经费/万元
1	北京	33	12/351	125 300
2	天津	54	16/429	84 800
3	河北	47	13/320	52 400
4	山西	47	13/300	72 800
5	内蒙古	19	8/154	20 000
6	辽宁	27	6/85	18 500
7	吉林	54	14/135	7 700
8	黑龙江	53	16/543	30 000
9	上海	49	13/134	14 350
10	江苏	42	12/648	60 000
11	浙江	45	13/633	80 765
12	安徽	47	15/789	306 000
13	福建	24	12/460	95 400
14	江西	47	16/587	90 000
15	山东	49	12/1 720	127 255
16	河南	47	15/469	73 365
17	湖北	51	15/518	42 000

[①] 通知发布后，部分省厅及行指委来函对承接任务（项目）进行了调整，甘肃、河北、青海和林业行指委等追加任务33个、项目12个，投入资金5.2亿元；河南、宁夏等减少任务10个、项目4个。

续表

序号	省份	承接任务数	承接项目数/布点总数	预估经费/万元
18	湖南	47	15/397	79 890
19	广东	53	14/810	141 750
20	广西	21	13/333	182 100
21	海南	53	13/97	12 750
22	重庆	45	15/748	50 050
23	四川	25	9/430	67 200
24	贵州	53	14/202	32 500
25	云南	44	13/143	30 000
26	西藏	23	12/36	8 800
27	陕西	55	16/471	70 800
28	甘肃	11	4/43	200
29	青海	28	10/39	11 650
30	宁夏	25	13/91	18 540
31	新疆	54	16/136	29 140
32	兵团	34	12/21	5 160
合计		1 306	410/12 272	2 041 165

表2 分任务（项目）承接省份一览表

省级教育行政部门承接任务一览表			
序号	工作任务	省份数	承接省份
一、扩大优质教育资源			
RW-1	加强与信誉良好的国际组织、跨国企业以及职业教育发达国家开展交流与合作	21	北京、天津、河北、山西、吉林、黑龙江、上海、江苏、浙江、安徽、山东、河南、湖北、湖南、广东、广西、海南、重庆、贵州、陕西、新疆
RW-2	学习和引进国际先进成熟适用的职业标准、专业课程、教材体系和数字化教育资源	26	北京、天津、河北、山西、内蒙古、吉林、黑龙江、上海、江苏、浙江、安徽、福建、江西、山东、河南、湖北、湖南、广东、广西、海南、重庆、贵州、云南、陕西、青海、新疆

续表

序号	工作任务	省份数	承接省份
RW-3	选择类型相同、专业相近的国（境）外高水平院校联合开发课程，共建专业、实验室或实训基地，建立教师交流、学生交换、学分互认等合作关系	25	北京、天津、河北、山西、内蒙古、吉林、黑龙江、上海、江苏、浙江、安徽、江西、山东、河南、湖北、湖南、广东、海南、重庆、贵州、云南、陕西、青海、宁夏、新疆
RW-4	支持高等职业院校申办聘请外国专家（文教类）许可	22	北京、天津、河北、山西、吉林、黑龙江、江苏、浙江、安徽、福建、江西、山东、河南、湖北、湖南、广东、海南、重庆、贵州、陕西、新疆、兵团
RW-5	举办高水平中外合作办学项目和机构	23	北京、天津、河北、山西、辽宁、吉林、黑龙江、上海、江苏、浙江、安徽、福建、山东、河南、湖北、湖南、广东、海南、重庆、四川、贵州、陕西、新疆
RW-6	完善以老带新的青年教师培养机制；建立教师轮训制度；专业教师每五年企业实践时间累计不少于6个月	27	北京、天津、河北、山西、内蒙古、辽宁、吉林、黑龙江、上海、江苏、浙江、安徽、江西、山东、河南、湖北、湖南、广东、海南、重庆、贵州、云南、西藏、陕西、青海、新疆、兵团
RW-7	高等职业院校专业骨干教师国家级、省级培训计划	28	北京、天津、河北、山西、内蒙古、辽宁、吉林、黑龙江、上海、江苏、浙江、安徽、福建、江西、山东、河南、湖北、湖南、广东、海南、重庆、贵州、云南、西藏、陕西、宁夏、新疆、兵团
RW-8	加强职业技术师范院校建设	8	北京、天津、吉林、浙江、广东、海南、云南、陕西
RW-9	支持专科高等职业院校按照有关规定自主聘请兼职教师；加强兼职教师的职业教育教学规律与教学方法培训；支持兼职教师或合作企业牵头申报教学研究项目、组织实施教学改革；把指导学生顶岗实习的企业技术人员纳入兼职教师管理范围。核算教师总数时，兼职教师数按每学年授课160学时为1名教师计算	25	天津、河北、山西、内蒙古、吉林、黑龙江、上海、江苏、浙江、安徽、福建、江西、山东、河南、湖北、湖南、广东、海南、重庆、贵州、云南、陕西、青海、新疆、兵团
RW-10	在有关民族地区加强双语双师型教师队伍建设	7	内蒙古、吉林、贵州、西藏、陕西、青海、新疆
RW-11	推动落实《职业院校数字校园建设规范》，建设高等职业教育人才培养工作状态数据管理系统	28	北京、天津、河北、山西、辽宁、吉林、黑龙江、上海、江苏、浙江、安徽、江西、山东、河南、湖北、湖南、广东、广西、海南、重庆、贵州、云南、西藏、陕西、青海、宁夏、新疆、兵团

续表

序号	工作任务	省份数	承接省份
RW-12	将信息技术应用能力作为教师评聘考核的重要依据	25	北京、天津、山西、吉林、黑龙江、上海、江苏、浙江、安徽、江西、山东、河南、湖北、湖南、广东、海南、重庆、贵州、云南、西藏、陕西、青海、宁夏、新疆、兵团
RW-13	办好全国职业院校信息化教学大赛	—	国家有关部门统一组织实施
RW-14	发布实施"关于引导部分地方普通本科高校向应用型转变的指导意见";探索本科层次职业教育实现形式和培养模式	23	北京、天津、河北、山西、吉林、黑龙江、上海、江苏、浙江、安徽、福建、江西、河南、湖北、湖南、广东、海南、四川、云南、陕西、甘肃、宁夏、新疆
RW-15	开展设立专科高等职业教育学位的可行性研究	—	国家有关部门统一组织实施
RW-16	编制"高等职业学校建设标准";研究修订《普通高等学校设置暂行条例》	—	国家有关部门统一组织实施
RW-17	修订一批专科高等职业教育专业教学标准和实验实训装备技术标准	—	国家有关部门、相关行业职业教育教学指导委员会组织实施
RW-18	修订"高等职业院校专业目录"和"高等职业院校专业设置管理办法";到2017年,专科职业教育在校生达到1 420万人	21	天津、河北、山西、内蒙古、吉林、黑龙江、上海、江苏、浙江、安徽、河南、湖北、湖南、广东、海南、四川、贵州、陕西、宁夏、新疆、兵团
RW-19	落实《教育部关于深入推进职业教育集团化办学的意见》,研制"示范性职业教育集团建设方案与管理办法"	23	天津、吉林、黑龙江、上海、浙江、福建、江西、山东、河南、湖北、湖南、广东、广西、海南、重庆、四川、贵州、云南、陕西、甘肃、宁夏、新疆、兵团
RW-20	持续缩减本科高校举办专科高等职业教育的规模	20	天津、河北、山西、吉林、黑龙江、安徽、福建、江西、山东、河南、湖北、湖南、广东、海南、四川、贵州、云南、陕西、甘肃、新疆
二、增强院校办学活力			
RW-21	规范落实《教育部关于积极推进高等职业教育考试招生制度改革的指导意见》;研究制订职业院校学生进入高层次学校学习的办法;2016年通过分类考试录取的学生占高等职业院校招生总数的一半左右,2017年成为主渠道;逐步提高专科高等职业院校招收中等职业学校毕业生的比例和本科高等学校招收职业院校毕业生的比例	26	北京、天津、河北、山西、内蒙古、辽宁、吉林、黑龙江、上海、江苏、浙江、安徽、福建、江西、山东、河南、湖北、湖南、广东、海南、重庆、贵州、云南、西藏、陕西、新疆

续表

序号	工作任务	省份数	承接省份
RW-22	研制"关于推进学习成果积累与转换工作的指导意见"	—	国家有关部门统一组织实施（委托国家开放大学试点）
RW-23	试点社会力量通过购买、承租、委托管理等方式参与办学活力不足的公办高等职业院校改革。鼓励民间资本与公办优质教育资源嫁接合作，在经济欠发达地区扩大优质高等职业教育资源。鼓励探索建立行业企业办和民办高等职业院校教师年金制度，探索在营利性民办高等职业院校实行职工持上市股	11	天津、河北、吉林、黑龙江、上海、山东、河南、重庆、贵州、陕西、新疆
RW-24	开展建设混合所有制高等职业院校的理论与实践课题研究	22	天津、河北、辽宁、吉林、黑龙江、江苏、浙江、安徽、江西、山东、湖北、湖南、广东、广西、海南、重庆、贵州、云南、陕西、宁夏、新疆、兵团
RW-25	成立混合所有制高等职业院校联盟	—	相关高等职业院校组织实施
RW-26	以购买服务方式支持行业职业教育教学指导委员会在规定的领域范围内自主开展工作	—	国家有关部门统一组织实施
RW-27	每年举办一次全国职业院校技能大赛，推进全国职业院校技能大赛国际化	—	国家有关部门统一组织实施
RW-28	落实《教育部 人力资源和社会保障部关于推进职业院校服务经济转型升级面向行业企业开展职工继续教育的意见》	26	天津、河北、山西、辽宁、吉林、黑龙江、上海、江苏、浙江、安徽、福建、江西、山东、河南、湖北、湖南、广东、海南、重庆、贵州、云南、陕西、青海、宁夏、新疆、兵团
RW-29	地方各级政府在安排职业教育专项经费、制定支持政策、购买社会服务时，将企业举办的公办性质高等职业院校与其他公办院校同等对待	15	北京、天津、河北、山西、吉林、黑龙江、江西、山东、河南、湖北、广东、海南、贵州、陕西、新疆
RW-30	研制"职业教育校企合作促进办法"	—	国家有关部门统一组织实施

续表

序号	工作任务	省份数	承接省份
RW-31	贯彻落实国家教育体制改革领导小组办公室《关于进一步落实和扩大高校办学自主权完善高校内部治理结构的意见》，落实和扩大专科高等职业院校办学自主权，支持学校自主确定教学科研行政等内部组织机构的设置和人员配备，支持高校面向社会依法依规自主公开招聘教学、科研、行政管理等各类人员、自主选聘教职工、自主确定内部收入分配	22	北京、天津、山西、辽宁、吉林、黑龙江、上海、江苏、浙江、安徽、江西、河南、湖北、广东、海南、重庆、四川、贵州、云南、陕西、青海、新疆
RW-32	落实教育、财税、土地、金融等支持政策，鼓励各类办学主体通过独资、合资、合作等形式举办民办高等职业教育，稳步扩大优质民办职业教育资源	18	天津、河北、山西、吉林、黑龙江、上海、浙江、江西、山东、河南、湖北、广东、海南、四川、贵州、陕西、甘肃、新疆
RW-33	以政府规划、社会贡献和办学质量为依据，探索政府通过"以奖代补"、购买服务等方式支持民办高等职业教育发展和鼓励社会力量参与高等职业教育办学的办法	17	天津、河北、山西、吉林、黑龙江、上海、浙江、福建、江西、山东、河南、广东、海南、贵州、陕西、甘肃、新疆
RW-34	社会声誉好、教学质量高、就业有保障的民办专科高等职业院校，可由省级政府统筹、在核定的办学规模内自主确定招生方案	13	天津、吉林、黑龙江、上海、江西、山东、湖北、广东、海南、四川、贵州、陕西、新疆
RW-35	专科高等职业院校积极开展社区教育、老年教育活动；建立专科高等职业院校和社区教育机构联席会议制度	26	北京、天津、河北、山西、内蒙古、吉林、黑龙江、上海、江苏、浙江、安徽、江西、山东、湖北、湖南、广东、海南、重庆、贵州、云南、西藏、陕西、青海、宁夏、新疆、兵团
三、加强技术技能积累			
RW-36	优化院校布局、调整专业结构	27	北京、天津、河北、山西、吉林、黑龙江、上海、江苏、浙江、安徽、山东、湖北、湖南、广东、广西、海南、重庆、四川、贵州、云南、西藏、陕西、甘肃、宁夏、新疆、兵团
RW-37	建立产业结构调整驱动专业设置与改革、产业技术进步驱动课程改革的机制	23	天津、河北、山西、辽宁、吉林、黑龙江、上海、江苏、浙江、安徽、江西、山东、湖北、湖南、广东、海南、重庆、贵州、云南、陕西、青海、新疆、兵团

续表

序号	工作任务	省份数	承接省份
RW-38	重点服务中国制造2025，主动适应数字化网络化智能化制造需要，围绕强化工业基础、提升产品质量、发展制造业相关的生产性服务业调整专业、培养人才	27	天津、河北、山西、内蒙古、辽宁、吉林、黑龙江、上海、江苏、浙江、安徽、福建、江西、山东、河南、湖北、湖南、广东、广西、海南、重庆、贵州、云南、陕西、宁夏、新疆、兵团
RW-39	优先保证新一代信息技术产业、高档数控机床和机器人、航空航天装备、海洋工程装备及高技术船舶、先进轨道交通装备、节能与新能源汽车、电力装备、农机装备、新材料、生物医药及高性能医疗器械产业相关专业的布局与发展	26	天津、河北、山西、内蒙古、辽宁、吉林、黑龙江、上海、江苏、浙江、安徽、江西、山东、河南、湖北、湖南、广东、广西、海南、重庆、贵州、云南、陕西、宁夏、新疆、兵团
RW-40	加强现代服务业亟需人才培养，加快满足社会建设和社会管理人才需求	28	天津、河北、山西、内蒙古、辽宁、吉林、黑龙江、上海、江苏、浙江、安徽、江西、山东、河南、湖北、湖南、广东、广西、海南、重庆、贵州、云南、西藏、陕西、青海、宁夏、新疆、兵团
RW-41	扩大与"一带一路"沿线国家的职业教育合作；服务"走出去"企业需求，培养具有国际视野、通晓国际规则的技术技能人才和中国企业海外生产经营需要的本土人才；配合"走出去"企业面向当地员工开展技术技能培训和学历职业教育；支持专科高等职业院校国（境）外办学，为周边国家培养熟悉中华传统文化、当地经济发展亟需的技术技能人才	26	天津、河北、山西、辽宁、吉林、黑龙江、上海、江苏、浙江、安徽、江西、山东、河南、湖北、湖南、广东、广西、海南、重庆、四川、贵州、云南、陕西、宁夏、新疆、兵团
RW-42	促进专业教育与创新创业教育有机融合；利用各种资源建设大学科技园、大学生创业园、创业孵化基地和小微企业创业基地，作为创业教育实践平台	29	北京、天津、河北、山西、内蒙古、辽宁、吉林、黑龙江、上海、江苏、浙江、安徽、福建、江西、山东、河南、湖北、湖南、广东、广西、海南、重庆、四川、贵州、云南、陕西、青海、新疆、兵团
RW-43	探索将学生完成的创新实验、论文发表、专利获取、自主创业等成果折算为学分，将学生参与课题研究、项目实验等活动认定为课堂学习；优先支持参与创新创业的学生转入相关专业学习；实施弹性学制，放宽学生修业年限，允许调整学业进程、保留学籍休学创新创业	28	北京、天津、河北、山西、内蒙古、辽宁、吉林、黑龙江、上海、江苏、浙江、安徽、江西、山东、河南、湖北、湖南、广东、广西、海南、重庆、四川、贵州、云南、陕西、青海、新疆、兵团

续表

序号	工作任务	省份数	承接省份
RW-44	地区、有关部门整合发改财政和社会资金，支持高校学生创新创业活动。高等职业院校优化经费支出结构，多渠道统筹安排资金，支持创新创业教育教学，资助学生创新创业项目	25	北京、天津、河北、山西、吉林、黑龙江、上海、江苏、浙江、安徽、江西、山东、河南、湖北、湖南、广东、海南、重庆、贵州、云南、西藏、陕西、青海、新疆、兵团
RW-45	举办全国大学生创新创业大赛	—	国家有关部门统一组织实施
RW-46	加强文化创意、影视制作、出版发行等重点文化产业技术技能人才的培养；提升民族地区的高等职业院校支持当地特色优势产业、基本公共服务、社会管理的能力	23	天津、河北、吉林、黑龙江、上海、江苏、浙江、安徽、江西、山东、湖北、湖南、广东、广西、海南、重庆、贵州、云南、西藏、陕西、青海、宁夏、新疆
RW-47	加强与职业教育发达国家的政策对话，探索对发展中国家开展职业教育援助的渠道和政策	18	天津、河北、山西、吉林、黑龙江、上海、江苏、安徽、山东、河南、湖北、湖南、广东、海南、重庆、贵州、陕西、新疆
RW-48	鼓励示范性和沿边地区高等职业院校利用学校品牌和专业优势，积极吸引境外学生来华学习	22	北京、天津、河北、吉林、黑龙江、上海、江苏、浙江、安徽、山东、河南、湖北、湖南、广东、广西、海南、重庆、四川、贵州、云南、陕西、新疆
四、完善质量保障机制			
RW-49	落实高等职业院校生均拨款政策，引导、激励地市级政府（单位）建立高职生均经费制度。到2017年本省专科高等职业院校生均拨款平均水平不低于12 000元	30	北京、天津、河北、山西、内蒙古、辽宁、吉林、黑龙江、上海、江苏、浙江、安徽、福建、江西、山东、河南、湖北、湖南、广东、广西、海南、重庆、四川、贵州、云南、西藏、陕西、宁夏、新疆、兵团
RW-50	完成高等职业院校章程制定、修订工作	29	北京、天津、河北、山西、内蒙古、辽宁、吉林、黑龙江、上海、浙江、安徽、福建、江西、山东、河南、湖北、湖南、广东、广西、海南、重庆、四川、贵州、云南、西藏、陕西、青海、新疆、兵团
RW-51	推动高等职业院校参照《高等学校学术委员会规程》设立学术委员会；一批（不少于20%）专科高等职业院校参照《普通高等学校理事会规程（试行）》设立理事会或董事会机构	26	天津、河北、山西、辽宁、吉林、黑龙江、上海、江苏、浙江、安徽、福建、江西、山东、河南、湖北、湖南、广东、广西、海南、重庆、四川、贵州、云南、陕西、青海、新疆
RW-52	巩固学校、省和国家三级高等职业教育质量年度报告制度，进一步提高质量年度报告的量化程度、可比性和可读性；强化对报告发布情况和撰写质量的监督管理	31	北京、天津、河北、山西、内蒙古、辽宁、吉林、黑龙江、上海、江苏、浙江、安徽、福建、江西、山东、河南、湖北、湖南、广东、广西、海南、重庆、四川、贵州、云南、陕西、甘肃、青海、宁夏、新疆、兵团

续表

序号	工作任务	省份数	承接省份
RW-53	加强分类指导，以人才培养工作状态数据为基础，开展高职院校教学诊断和改进工作	30	北京、天津、河北、山西、内蒙古、辽宁、吉林、黑龙江、上海、江苏、浙江、安徽、福建、江西、山东、河南、湖北、湖南、广东、广西、海南、重庆、四川、贵州、云南、西藏、陕西、甘肃、新疆、兵团
RW-54	一批省份发布实施职业院校教师专业技术职务评聘办法	20	天津、山西、黑龙江、上海、安徽、福建、江西、山东、河南、湖北、湖南、广东、海南、重庆、四川、贵州、云南、西藏、陕西、新疆
RW-55	一批国家示范（骨干）高等职业院校制定执行反映自身发展水平、不低于国家规定标准的"双师型"教师标准	28	北京、天津、河北、山西、辽宁、吉林、黑龙江、上海、江苏、浙江、安徽、福建、江西、山东、河南、湖北、湖南、广东、海南、重庆、贵州、云南、西藏、陕西、青海、宁夏、新疆、兵团
RW-56	推动教师分类管理、分类评价的人事管理制度改革；全面推行按岗聘用、竞聘上岗	20	天津、河北、山西、吉林、黑龙江、上海、浙江、安徽、江西、山东、河南、湖北、湖南、广东、海南、重庆、贵州、云南、陕西、新疆
RW-57	制订体现高等职业教育特点的教师绩效评价标准；55岁以下的教授、副教授每学期至少讲授一门课程	21	北京、天津、山西、吉林、黑龙江、上海、安徽、江西、山东、河南、湖北、湖南、广东、海南、重庆、贵州、云南、陕西、宁夏、新疆、兵团
RW-58	加强高等职业教育研究机构和队伍建设，加大投入支持相关研究工作；有条件的高等职业院校建立专门教育研究机构，开展教学研究	25	天津、河北、山西、吉林、黑龙江、上海、江苏、浙江、安徽、江西、山东、河南、湖北、湖南、广东、广西、海南、重庆、贵州、云南、陕西、青海、宁夏、新疆、兵团
五、提升思想政治教育质量			
RW-59	贯彻落实《高等学校辅导员职业能力标准（暂行）》	29	北京、天津、河北、山西、辽宁、吉林、黑龙江、上海、江苏、安徽、福建、江西、山东、河南、湖北、湖南、广东、海南、重庆、四川、贵州、云南、西藏、陕西、甘肃、青海、宁夏、新疆、兵团
RW-60	健全学生思想政治教育长效机制；高职院校按师生比1∶200配备辅导员；心理健康教育全覆盖	28	北京、天津、河北、山西、吉林、黑龙江、上海、江苏、浙江、安徽、福建、江西、山东、河南、湖北、湖南、广东、海南、重庆、四川、贵州、云南、西藏、陕西、甘肃、青海、新疆、兵团
RW-61	全面推进《全国大学生思想政治教育质量测评体系（试行）》	28	北京、天津、河北、山西、内蒙古、辽宁、吉林、黑龙江、上海、江苏、安徽、福建、江西、山东、河南、湖北、湖南、广东、海南、四川、贵州、云南、西藏、陕西、甘肃、青海、新疆、兵团

续表

序号	工作任务	省份数	承接省份
RW-62	创建平安校园、和谐校园	30	北京、天津、河北、山西、辽宁、吉林、黑龙江、上海、江苏、浙江、安徽、福建、江西、山东、河南、湖北、湖南、广东、广西、海南、重庆、四川、贵州、云南、西藏、陕西、青海、宁夏、新疆、兵团
RW-63	落实《高等学校体育工作基本标准》	28	北京、天津、河北、山西、辽宁、吉林、黑龙江、上海、江苏、浙江、安徽、江西、山东、河南、湖北、湖南、广东、海南、重庆、四川、贵州、云南、西藏、陕西、青海、宁夏、新疆、兵团
RW-64	加强文化素质教育;加强校园文化建设;支持学生社团活动	27	北京、天津、河北、山西、辽宁、吉林、黑龙江、上海、江苏、浙江、安徽、江西、山东、河南、湖北、湖南、广东、海南、重庆、四川、贵州、云南、西藏、陕西、青海、新疆、兵团
RW-65	促进职业技能培养与职业精神养成相融合	26	北京、天津、河北、山西、辽宁、吉林、黑龙江、上海、江苏、浙江、安徽、江西、河南、湖北、湖南、广东、海南、重庆、贵州、云南、西藏、陕西、青海、宁夏、新疆、兵团

省级教育行政部门承接项目一览表

序号	工作任务	省份数/项目布点总数	承接省份
	一、扩大优质教育资源		
XM-1	骨干专业建设（3 000个左右）	31/3 770	北京（100/5 000）、天津（120/30 000）、河北（120/24 000）、山西（100/15 000）、内蒙古（60/6 000）、辽宁（50/5 000）、吉林（50/0）、黑龙江（100/5 000）、上海（20/2 000）、江苏（300/50 000）、浙江（150/60 000）、安徽（300/90 000）、福建（200/10 000）、江西（100/20 000）、山东（300/60 000）、河南（200/10 000）、湖北（200/10 000）、湖南（150/15 000）、广东（300/45 000）、广西（200/100 000）、海南（30/3 600）、重庆（150/15 000）、四川（100/27 200）、贵州（80/8 000）、云南（35/7 000）、西藏（15/3 000）、陕西（150/30 000）、青海（12/2 400）、宁夏（40/5 000）、新疆（36/14 400）、兵团（2/527）
XM-2	校企共建的生产性实训基地建设（1 200个左右）	30/1 653	北京（100/50 000）、天津（60/18 000）、河北（50/10 000）、山西（90/18 000）、吉林（30/0）、黑龙江（80/3 200）、上海（15/1 500）、江苏（100/10 000）、浙江（100/1 000）、安徽（120/36 000）、福建（50/5 000）、江西（40/8 000）、山东（60/12 000）、河南（100/10 000）、湖北（100/5 000）、湖南（30/3 000）、广东（150/22 500）、广西（30/24 000）、海南（15/1 500）、重庆（50/10 000）、四川（100/14 000）、贵州（30/16 500）、云南（24/4 800）、西藏（1/500）、陕西（80/16 000）、甘肃（15/0）、青海（8/1 600）、宁夏（3/3 000）、新疆（18/3 600）、兵团（4/900）

续表

序号	工作任务		省份数/项目布点总数	承接省份
XM-3	优质专科高等职业院校建设（200所左右）		31/313	北京（10/50 000）、天津（12/24 000）、河北（8/8 000）、山西（5/25 000）、内蒙古（8/8 000）、辽宁（10/10 000）、吉林（5/5 000）、黑龙江（10/15 000）、上海（10/5 000）、江苏（20/0）、浙江（15/15 000）、安徽（20/120 000）、福建（10/50 000）、江西（6/18 000）、山东（20/40 000）、河南（10/15 000）、湖北（15/15 000）、湖南（20/54 000）、广东（20/60 000）、广西（15/30 000）、海南（2/6 000）、重庆（15/15 000）、四川（15/15 000）、贵州（5/2 500）、云南（6/6 000）、西藏（1/1 000）、陕西（10/15 000）、青海（2/3 000）、宁夏（3/2 000）、新疆（3/3 000）、兵团（2/1 000）
XM-4	"双师型"教师培养培训基地建设（500个左右）		27/345	北京（10/1 000）、天津（15/1 500）、河北（20/2 000）、山西（15/3 000）、内蒙古（10/1 000）、吉林（3/0）、黑龙江（10/800）、上海（10/500）、江苏（20/0）、浙江（20/1 000）、安徽（20/3 000）、福建（20/2 000）、江西（15/1 200）、河南（20/2 500）、湖北（20/1 000）、湖南（30/900）、广东（10/0）、海南（5/150）、重庆（20/2 000）、贵州（10/1 000）、云南（10/2 000）、西藏（2/400）、陕西（20/1 000）、青海（2/800）、宁夏（3/500）、新疆（4/1 200）、兵团（1/300）
XM-5	新建一批国家级职业教育专业教学资源库和国家精品在线开放课程		—	国家有关部门统一组织实施
XM-6	立项建设省级高等职业教育专业教学资源库（200个左右）和精品在线开放课程（1 000门左右）	专业教学资源库	23/297	北京（20/10 000）、天津（5/5 000）、河北（8/2 400）、山西（7/1 000）、内蒙古（60/600）、辽宁（5/1 000）、黑龙江（10/700）、上海（1/100）、江苏（20/0）、安徽（10/5 000）、福建（10/1 000）、江西（30/1 500）、山东（20/1 000）、河南（10/2 500）、湖北（10/2 000）、湖南（10/1 000）、广东（20/4 000）、广西（5/1 000）、海南（2/100）、重庆（20/2 000）、陕西（10/1 000）、新疆（3/900）、兵团（1/100）
		精品在线开放课程	25/3 332	北京（50/500）、天津（50/1 000）、河北（40/400）、山西（30/4 000）、吉林（10/0）、黑龙江（100/300）、上海（20/100）、江苏（100/0）、浙江（200/400）、安徽（190/9 500）、福建（50/500）、江西（300/3 000）、山东（1 200/12 000）、河南（50/500）、湖北（50/3 000）、湖南（50/500）、广东（200/3 000）、广西（30/1 500）、海南（20/200）、重庆（400/2 000）、四川（100/3 000）、贵州（20/200）、陕西（50/2 500）、新疆（20/200）、兵团（2/30）

续表

序号	工作任务	省份数/项目布点总数	承接省份
XM-7	建成一批职业能力培养虚拟仿真实训中心（50个左右）	27/192	北京（10/2 000）、天津（5/1 000）、河北（2/400）、山西（3/4 500）、吉林（6/1 200）、黑龙江（15/1 000）、上海（5/1 000）、江苏（10/0）、浙江（30/1 500）、安徽（5/1 500）、福建（5/500）、江西（5/1 000）、山东（20/400）、河南（5/1 250）、湖北（10/1 000）、湖南（5/500）、广东（5/1 000）、广西（2/2 000）、海南（1/100）、重庆（10/500）、四川（20/4 000）、贵州（2/200）、云南（3/900）、陕西（4/400）、宁夏（2/2 000）、新疆（1/300）、兵团（1/300）
XM-8	建设一批骨干职业教育集团（180个左右）；遴选10个省份开展多元投入主体依法共建职业教育集团的改革试点	29/216	北京（15/3 000）、天津（10/2 000）、山西（3/300）、辽宁（5/1 000）、吉林（6/0）、黑龙江（10/600）、上海（2/200）、江苏（8/0）、浙江（10/500）、安徽（10/1 000）、福建（10/10 000）、江西（10/10 000）、山东（12/120）、河南（10/2 500）、湖北（10/100）、湖南（10/1 200）、广东（10/500）、广西（7/2 100）、重庆（10/500）、四川（10/1 000）、贵州（5/250）、云南（6/1 200）、西藏（1/500）、陕西（6/0）、甘肃（3/0）、青海（1/500）、宁夏（11/500）、新疆（4/400）、兵团（1/200）
XM-9	建设一批连锁型职教集团（20个左右）	10/22	北京（5/1 000）、天津（2/200）、吉林（2/0）、黑龙江（2/200）、江西（2/1 000）、河南（2/500）、重庆（2/100）、陕西（2/0）、宁夏（2/400）、新疆（1/300）
XM-10	支持东中部地区高职院校（职教集团）对口支援西部职业院校；支援革命老区、西藏及四省藏区、新疆和集中连片特殊困难地区的专科高等职业院校提升办学基础能力和人才培养水平（400校次左右）	14/173	天津（40/400）、河北（10/500）、黑龙江（20/200）、上海（3/300）、江苏（20/0）、安徽（15/300）、江西（4/1 500）、河南（20/10）、湖北（1/200）、湖南（6/90）、广东（5/0）、西藏（1/1 000）、陕西（20/0）、新疆（8/240）
二、增强院校办学活力			
XM-11	支持公办高等职业院校和企业合作举办适用公办学校政策、具有混合所有制特征的二级学院（100个左右）	22/97	天津（5/0）、河北（5/500）、山西（3/0）、吉林（2/0）、黑龙江（5/200）、安徽（5/100）、福建（5/2 500）、江西（4/2 000）、山东（10/100）、河南（5/25）、湖北（5/0）、湖南（5/0）、广东（3/0）、广西（5/1 000）、海南（1/100）、重庆（10/0）、贵州（5/250）、云南（3/1 200）、陕西（5/0）、宁夏（3/1 500）、新疆（2/200）、兵团（1/300）

续表

序号	工作任务	省份数/项目布点总数	承接省份
XM-12	与行业联合召开行业职业教育工作会议（5个以上），联合制定行业职业教育改革发展指导意见	—	国家有关部门、相关行业组织实施
XM-13	发布行业人才需求预测和专业设置指导报告（40个左右）	—	相关行业职业教育教学指导委员会组织实施
XM-14	研制"关于进一步推进社区教育改革发展的意见"；公布一批全国社区教育实验区和示范区	—	国家有关部门统一组织实施
三、加强技术技能积累			
XM-15	开展现代学徒制试点（500个左右），校企共建以现代学徒制培养为主的特色学院	31/522	北京（10/2 000）、天津（20/0）、河北（20/2 500）、山西（15/0）、内蒙古（2/600）、吉林（10/1 500）、黑龙江（30/800）、上海（3/300）、江苏（20/0）、浙江（20/200）、安徽（30/4 500）、福建（50/2 000）、江西（15/3 000）、山东（45/1 125）、河南（15/3 750）、湖北（30/1 500）、湖南（30/1 800）、广东（20/400）、广西（10/3 000）、海南（5/300）、重庆（15/150）、四川（25/1 000）、贵州（15/1 500）、云南（10/2 000）、西藏（1/300）、陕西（25/1 250）、甘肃（10/0）、青海（4/1 000）、宁夏（5/2 000）、新疆（10/300）、兵团（2/60）
XM-16	以市场为导向多方共建应用技术协同创新中心（500个左右）	28/449	天津（60/600）、河北（20/1 000）、山西（15/2 000）、内蒙古（2/200）、辽宁（5/1 000）、黑龙江（20/1 200）、上海（15/1 500）、江苏（10/0）、浙江（10/1 000）、安徽（30/30 000）、福建（20/2 000）、江西（5/2 500）、山东（15/300）、河南（10/1 000）、湖北（30/1 500）、湖南（30/1 500）、广东（50/5 000）、广西（15/15 000）、海南（3/300）、重庆（20/2 000）、贵州（10/1 000）、云南（10/4 000）、西藏（1/200）、陕西（25/2 500）、青海（4/1 200）、宁夏（10/1 000）、新疆（3/3 000）、兵团（1/390）
XM-17	与技艺大师、非物质文化遗产传承人等合作建立技能大师工作室（100个左右）	28/244	天津（10/0）、河北（4/200）、山西（10/0）、辽宁（10/500）、吉林（2/0）、黑龙江（20/200）、上海（15/1 500）、江苏（10/0）、浙江（10/50）、安徽（29/4 350）、江西（20/3 000）、山东（10/100）、河南（5/100）、湖北（5/200）、湖南（10/100）、广东（10/100）、广西（5/1 000）、海南（1/50）、重庆（10/100）、四川（10/1 000）、贵州（5/150）、云南（5/100）、西藏（2/200）、陕西（6/300）、青海（2/400）、宁夏（5/200）、新疆（12/600）、兵团（1/50）

续表

序号	工作任务	省份数/项目布点总数	承接省份
XM-18	开发建设一批创新创业教育专门课程（群）	29/473	北京（10/100）、天津（5/100）、河北（10/300）、内蒙古（10/100）、吉林（5/0）、黑龙江（100/200）、上海（10/100）、江苏（10/0）、浙江（60/60）、安徽（2/100）、福建（20/400）、江西（10/90）、山东（3/60）、河南（5/125）、湖北（20/400）、湖南（5/150）、广东（5/50）、广西（5/300）、海南（10/200）、重庆（10/100）、四川（50/1 000）、贵州（5/50）、云南（20/100）、西藏（8/800）、陕西（50/500）、甘肃（15/150）、青海（3/150）、新疆（5/50）、兵团（2/100）
XM-19	新组建一批农业职教集团；省部共建一批国家涉农职业教育改革试验区	21/36	北京（1/200）、天津（5/1 000）、山西（1/0）、吉林（2/0）、黑龙江（6/200）、浙江（3/30）、安徽（1/50）、江西（1/1 000）、河南（2/400）、湖北（2/100）、湖南（1/0）、广西（1/300）、海南（1/100）、重庆（1/100）、贵州（2/100）、云南（1/200）、西藏（1/500）、陕西（1/0）、青海（1/600）、宁夏（1/200）、新疆（1/300）
XM-20	建设一批全国职业院校民族文化传承与创新示范专业点（100个左右）	25/138	北京（10/500）、天津（5/0）、河北（3/200）、山西（3/0）、内蒙古（2/200）、吉林（2/0）、黑龙江（5/200）、上海（5/250）、浙江（5/25）、安徽（2/600）、福建（10/500）、江西（20/2 000）、山东（5/50）、湖北（10/1 000）、湖南（5/150）、广东（2/200）、广西（3/900）、海南（1/50）、重庆（5/500）、贵州（8/800）、云南（10/500）、西藏（2/400）、陕西（7/350）、宁夏（3/240）、新疆（5/150）
四、完善质量保障机制			
XM-21	支持对用人单位影响力大的行业组织开展专业层面的教学诊改试点	—	国家有关部门、相关行业组织实施
五、提升思想政治教育质量			
XM-22	深入开展中国特色社会主义和中国梦教育，在广大师生中积极培育和践行社会主义核心价值观，遴选一批特色校园文化品牌（100个左右）	—	国家有关部门统一组织实施

表3 分行指委承接任务（项目）数量汇总表

序号	单位	承接任务数	承接项目数/布点总数	预估支持经费/万元
1	安全职业教育教学指导委员会	2	7/17	30 625.87
2	报关职业教育教学指导委员会	3	4/5	110.00
3	包装职业教育教学指导委员会	13	8/42	675.00
4	财政职业教育教学指导委员会	未申报	未申报	未申报
5	餐饮职业教育教学指导委员会	18	10/54	960.00
6	测绘地理信息职业教育教学指导委员会	2	4/4	1 070.00
7	船舶工业职业教育教学指导委员会	11	9/62	4 535.00
8	电力职业教育教学指导委员会	未申报	未申报	未申报
9	电子商务职业教育教学指导委员会	3	6/140	176.30
10	纺织服装职业教育教学指导委员会	1	5/8	3 322.00
11	工业和信息化职业教育教学指导委员会	5	9/49	15 460.00
12	公安职业教育教学指导委员会	5	5/35	9 800.00
13	供销合作职业教育教学指导委员会	13	9/24	4 495.00
14	广播影视职业教育教学指导委员会	8	8/27	2 960.00
15	国土资源职业教育教学指导委员会	未申报	未申报	未申报
16	航空工业职业教育教学指导委员会	11	9/18	85.00
17	环境保护职业教育教学指导委员会	1	7/20	2 903.00
18	机械职业教育教学指导委员会	14	11/243	715.00
19	建材职业教育教学指导委员会	7	8/12	500.00
20	交通运输职业教育教学指导委员会	17	11/137	18 370.00
21	金融职业教育教学指导委员会	未申报	未申报	未申报
22	粮食职业教育教学指导委员会	19	12/27	692.00
23	林业职业教育教学指导委员会	未申报	未申报	未申报
24	旅游职业教育教学指导委员会	3	7/33	530.00
25	煤炭职业教育教学指导委员会	16	11/44	312.00

续表

序号	单位	承接任务数	承接项目数/布点总数	预估支持经费/万元
26	美发美容职业教育教学指导委员会	6	3/5	160.00
27	民航职业教育教学指导委员会	1	1/1	8.00
28	民政职业教育教学指导委员会	6	9/30	3 465.50
29	民族技艺职业教育教学指导委员会	未申报	未申报	未申报
30	农业职业教育教学指导委员会	2	0/0	330.00
31	气象职业教育教学指导委员会	1	0/0	0.00
32	轻工职业教育教学指导委员会	7	9/33	5 446.00
33	人口和计划生育职业教育教学指导委员会	未申报	未申报	未申报
34	人力资源和社会保障职业教育教学指导委员会	未申报	未申报	未申报
35	商业职业教育教学指导委员会	8	7/10	550.00
36	生物技术职业教育教学指导委员会	未申报	未申报	未申报
37	石油和化工职业教育教学指导委员会	15	11/154	25 670.00
38	食品工业职业教育教学指导委员会	13	8/46	4 000.00
39	食品药品职业教育教学指导委员会	8	8/58	12 228.88
40	水利职业教育教学指导委员会	未申报	未申报	未申报
41	司法职业教育教学指导委员会	未申报	未申报	未申报
42	体育职业教育教学指导委员会	未申报	未申报	未申报
43	铁道职业教育教学指导委员会	3	0/0	17.00
44	统计职业教育教学指导委员会	未申报	未申报	未申报
45	外经贸职业教育教学指导委员会	0	11/15	3 802.00
46	卫生职业教育教学指导委员会	6	6/12	8 000.00
47	文化艺术职业教育教学指导委员会	2	3/55	30.00
48	文物保护职业教育教学指导委员会	2	2/2	45.00
49	物流职业教育教学指导委员会	3	5/16	293.50
50	新闻出版职业教育教学指导委员会	0	1/1	100.00

续表

序号	单位	承接任务数	承接项目数/布点总数	预估支持经费/万元
51	验光与配镜职业教育教学指导委员会	2	2/2	619.00
52	冶金职业教育教学指导委员会	17	8/25	340.00
53	邮政职业教育教学指导委员会	6	0/0	0.00
54	有色金属职业教育教学指导委员会	17	9/32	10.00
55	中医药职业教育教学指导委员会	7	9/58	0.00
56	住房和城乡建设职业教育教学指导委员会	9	9/135	58 400.00
57	职业院校外语类专业教学指导委员会	2	6/22	655.00
58	职业院校文秘类专业教学指导委员会	未申报	未申报	未申报
59	职业院校教育类专业教学指导委员会	未申报	未申报	未申报
60	职业院校艺术设计类专业教学指导委员会	8	9/61	8 692.00
61	职业院校文化素质教育指导委员会	未申报	未申报	未申报
62	职业院校信息化教学指导委员会	1	0/0	0.00
	合计	324	296/1 774	231 158.05

关于开展《高等职业教育创新发展行动计划（2015—2018年）》2018年执行绩效数据采集工作的通知[①]

教职成司函〔2018〕152号

各省、自治区、直辖市教育厅（教委），新疆生产建设兵团教育局，有关行业职业教育教学指导委员会：

按照《教育部关于印发〈高等职业教育创新发展行动计划（2015—2018年）〉的通知》（教职成〔2015〕9号）和《关于确定〈高等职业教育创新发展行动计划（2015—2018年）〉任务（项目）承接单位的通知》（教职成司函〔2016〕30号）要求，现就做好《高等职业教育创新发展行动计划（2015—2018年）》（以下简称《行动计划》）2018年执行绩效数据采集工作有关事项通知如下。

一、采集对象

承接任务（项目）的省级教育行政部门和行业职业教育教学指导委员会，统称"各地（行指委）"。

二、采集内容

（1）绩效报告。各地（行指委）参照承接任务（项目）绩效采集要点（见附件1），全面总结《行动计划》三年执行情况，参考绩效报告提纲（见附件2）撰写绩效报告。

（2）绩效数据。各地（行指委）须按要求如实填报任务（项目）绩效数据。除系统规定的数据外，各地（行指委）可根据执行情况增设"自定义数据项"。

（3）支持文件。各地（行指委）须按要求提交本地（行指委）制定的开展和支持《行动计划》相关任务（项目）建设的政策文件。

[①] 2016年起，连续三年印发《行动计划》执行绩效数据采集工作的通知，配发《行动计划》绩效采集要点，指引任务（项目）落实。

（4）典型案例。各地（行指委）结合实际任务（项目）执行成效，推选不超过30个典型案例。案例要求思路清晰、举措得当、成效显著、图文并茂、数据详实，具有示范作用和推广价值。每个案例控制在600字左右。

三、采集要求

（1）各地（行指委）须于11月20日—12月31日登录职成司主页"高等职业教育创新发展行动计划（2015—2018年）"专题专栏的《行动计划》管理平台（http：//www.moe.edu.cn/s78/A07/zcs_ztzl/ztzl_zcs1518/），组织填报2018年执行绩效数据；于2019年1月15日前将加盖公章的承接任务（项目）执行情况一览表、执行绩效数据采集汇总表（通过平台打印）及《行动计划》绩效报告（各1份）报送至我部职成司。

（2）各地（行指委）须在本单位官方网站公布《行动计划》绩效报告，我部在教育部官网职成司主页进行转载。

（3）2019年，我部将启动《行动计划》的检查认定工作，各地（行指委）提交的绩效报告、绩效数据和支持文件将作为检查认定工作的重要依据。请各地（行指委）高度重视、加强组织，实事求是填报绩效数据，按照要求完成报送工作。

四、联系方式

通信地址：北京市西单大木仓胡同37号，教育部职业教育与成人教育司高职发展处（邮编100816）

职成司联系人：石范锋、任占营

电话/传真：010-66096232

电子邮箱：sfgz@moe.edu.cn

管理平台技术联系人：朱晓晖、陆华

联系电话：010-56239889

技术交流QQ群：277381408（省级）、701031466（学校）

附件：
1.《行动计划》绩效采集要点（略）
2.《行动计划》绩效报告提纲

教育部职业教育与成人教育司
2018年10月31日

附件 2

《高等职业教育创新发展行动计划（2015—2018年）》绩效报告提纲

一、《行动计划》执行情况

（1）地方（行指委）推进《行动计划》的机制建设、经费投入、出台政策情况等。

（2）地方（行指委）承接《行动计划》任务（项目）的执行情况，总结典型经验和标志性成果，综合比较分析2016、2017、2018年度绩效数据变化。

二、《行动计划》总体成效

（一）扩大优质教育资源

1. 提升专业建设水平
2. 开展优质学校建设
3. 引进境外优质资源
4. 加强教师队伍建设
5. 推进信息技术应用
6. 完善高等职业教育结构
7. 推动职业教育集团化发展
8. 促进区域协调发展

（二）增强院校办学活力

1. 推进分类考试招生
2. 建立学分积累与转换制度
3. 探索混合所有制办学
4. 鼓励行业积极参与职业教育
5. 发挥企业办学优势
6. 落实高等职业院校办学自主权
7. 支持民办教育发展
8. 服务社区教育和终身学习

（三）加强技术技能积累

1. 服务中国制造 2025
2. 支持优质产能"走出去"
3. 深化校企合作发展
4. 加强创新创业教育
5. 开展现代学徒制
6. 培养新型职业农民
7. 促进文化传承创新与传播
8. 扩大职业教育国际影响

（四）完善质量保障机制

1. 提高经费保障水平
2. 完善院校治理结构
3. 完善质量年报制度
4. 建立诊断改进制度
5. 改进高职教师管理
6. 加强相关理论研究

（五）提升思想政治教育质量

1. 加强和改进学生思想政治教育工作
2. 促进职业技能培养与职业精神养成相融合

三、存在的问题及改进措施

附件

地方（行指委）近三年推进《行动计划》出台的重要文件、制度列表，与上传至绩效数据采集平台一致。

关于《高等职业教育创新发展行动计划（2015—2018年）》执行情况及2018年有关工作完成情况的通报[①]

教职成司函〔2019〕20号

各省、自治区、直辖市教育厅（教委），新疆生产建设兵团教育局，有关行业职业教育教学指导委员会：

为贯彻全国教育大会精神，落实《国家职业教育改革实施方案》（国发〔2019〕4号），做好《高等职业教育创新发展行动计划（2015—2018年）》（教职成〔2015〕9号，以下简称《行动计划》）收官工作，推动高等职业教育高质量发展，现通报《行动计划》执行情况以及2018年职业院校教学工作诊断与改进、高等职业院校人才培养工作状态数据采集、高等职业教育质量年度报告编制与报送等有关工作完成情况。

一、《行动计划》

根据《关于开展〈高等职业教育创新发展行动计划（2015—2018年）〉2018年执行绩效数据采集工作的通知》（教职成司函〔2018〕152号），各省、区、市及兵团（以下统称各地）和全国行业职业教育教学指导委员会（以下简称行指委）《行动计划》执行情况如下。

（一）绩效数据采集

1. 各地数据填报情况

截至2019年2月28日，32个省份（含兵团，下同）完成数据填报并函报了绩效数据采集汇总表和绩效报告。

2. 行指委数据填报情况

截至2019年2月28日，42个行指委完成数据填报并函报了绩效数据采集汇总表和绩效报告；餐饮、公安、环境保护、煤炭、轻工、信息化教学等6个行指委未填报且未函报。

[①] 从2017年起，连续三年印发《行动计划》执行情况及有关工作完成情况的通报，对各地、行指委和有关学校《行动计划》落实情况进行全国通报，通过评优揭差整体推进建设。

（二）绩效数据分析

1. 各地任务（项目）执行情况

经过三年实施，各地共启动任务 1 310 项，启动率 99%；启动项目 397 个，启动率 96%；启动项目实际布点 22 806 个，布点率 184%。北京、黑龙江、海南、西藏等 4 个省份任务启动率未达到 100%，海南、贵州、西藏等 3 个省份项目启动率未达到 100%。2018 年，北京等 31 个省份省级财政投入经费合计 139.05 亿元，西藏未安排投入经费（详见附件 1、附件 2）。

截至 2019 年 2 月 28 日，32 个省份发文立项建设优质专科高等职业院校 490 所、骨干专业（群）4 208 个。

2. 行指委任务（项目）执行情况

行指委共启动任务 286 项，启动率 86%；启动项目 277 个，启动率 91%；启动项目实际布点 1 553 个，布点率 86%。包装、广播影视、美发美容、食品工业、卫生等 5 个行指委任务启动率未达到 100%；包装、船舶工业、纺织服装、航空工业、外经贸等 5 个行指委项目启动率未达到 100%（详见附件 3）。

二、职业院校教学工作诊断与改进

根据《关于全面推进职业院校教学工作诊断与改进制度建设的通知》（教职成司函〔2017〕56 号），截至 2019 年 2 月 28 日，23 个省份按要求报送了 2018 年工作总结以及 2019 年工作安排；福建、四川、云南、西藏、青海、宁夏等 6 个省份应报未报，内蒙古、黑龙江、重庆等 3 个省份未报送中职诊改工作总结和计划。

三、高等职业院校人才培养工作状态数据

根据《关于做好 2018 年高等职业院校人才培养工作状态数据采集工作的通知》（教职成司函〔2018〕88 号），截至 2019 年 2 月 28 日，1 332 所应报数据的高职院校全部填报了状态数据，实现应报尽报。

四、高等职业教育质量年度报告

根据《关于编制和报送高等职业教育质量年度报告（2019）的通知》（教职成司函〔2018〕142 号），各地高等职业院校质量年度报告（以下简称年报）报送情况如下。

（一）省级年报

截至 2019 年 2 月 28 日，31 个省份报送了省级年报和纸质公文，西藏应报未报。

（二）学校年报

截至 2019 年 2 月 28 日，32 个省份的 1 344 所高职院校全部报送了校级年报，实现了应报尽报。

（三）企业年报

截至 2019 年 2 月 28 日，31 个省份的 544 所高职院校联系 1 155 家企业发布了企业参与高等职业教育人才培养年度报告（以下简称企业年报）。吉林省没有高职院校联系企业发布企业年报。

（四）合规性检查

2019 年年报要求包含"学生发展""教学改革""政策保障""国际合作""服务贡献""面临挑战"等六个部分内容和"计分卡""学生反馈表""资源表""落实政策表""国际影响表""服务贡献表"等六张表格，且学校年报须具备"内容真实性责任声明"，并由院校法人代表签字后扫描置于首页。经查，辽宁、青海、兵团等 3 个省份的省级年报缺少国际合作部分内容，广西、辽宁等 2 个省份的六张表格全部缺失；72 所院校未提交"内容真实性责任声明"（详见附件 4）。

五、工作要求

（1）各地（行指委）须充分发挥省级统筹作用，不断加大投入，高质量完成所有承接任务（项目）的实施、检查和验收工作，及时总结经验，推广成果。我部将根据《行动计划》执行绩效，对部分建设项目开展国家级检查认定工作。

（2）各地须认真落实诊改年度工作计划和安排，适时开展省级诊改复核，积极配合完成区域内全国诊改试点院校的复核工作。指导职业院校补齐信息化软硬件短板，加强人才培养工作状态数据的应用，提升教学运行管理信息化水平。总结和推广诊改工作经验，深入推进诊改制度建设，不断提升职业院校内部治理能力和水平。

（3）各地和各高职院校须重视年报编写工作，落实年报通知要求，保证核心内容不缺项；提高数据准确性，保证数据真实规范。

特此通报。

附件：

1. 各地承接任务（项目）执行情况汇总表
2. 各地承接任务（项目）执行情况一览表
3. 各行指委承接任务（项目）执行情况汇总表
4. 学校年报中未提交"内容真实性责任声明"情况汇总表

教育部职业教育与成人教育司
2019 年 3 月 18 日

附件1

各地承接任务（项目）执行情况汇总表

序号	省份	承接任务数量	任务启动数量	任务启动率	承接项目数量	项目启动数量	项目启动率	承接项目布点数量	项目实际布点数量	项目布点率	预估投入总经费/万元	2018年省级财政投入经费/万元
1	北京	33	32	97%	12	12	100%	351	419	119%	125 300	75 809
2	天津	54	54	100%	16	16	100%	429	644	150%	84 800	43 194
3	河北	48	48	100%	14	14	100%	326	828	254%	52 700	69 218
4	山西	47	47	100%	13	13	100%	300	497	166%	72 800	29 420
5	内蒙古	19	19	100%	8	8	100%	154	257	167%	20 000	37 435
6	辽宁	27	27	100%	6	6	100%	85	153	180%	18 500	61 481
7	吉林	54	54	100%	14	14	100%	135	252	187%	7 700	16 176
8	黑龙江	53	49	92%	16	16	100%	543	671	124%	30 000	38 298
9	上海	49	49	100%	13	13	100%	134	424	316%	14 350	8 824
10	江苏	42	42	100%	12	12	100%	648	2 075	320%	60 000	120 430
11	浙江	45	45	100%	13	13	100%	633	2 380	376%	80 765	85 929
12	安徽	47	47	100%	15	15	100%	789	833	106%	306 000	71 278
13	福建	24	24	100%	12	12	100%	460	741	161%	95 400	40 716
14	江西	47	47	100%	16	16	100%	587	1 053	179%	90 000	8 263
15	山东	49	49	100%	12	12	100%	1 720	2 328	135%	127 255	66 690

续表

序号	省份	承接任务数量	任务启动数量	任务启动率	承接项目数量	项目启动数量	项目启动率	承接项目布点数量	项目实际布点数量	项目布点率	预估投入总经费/万元	2018年省级财政投入经费/万元
16	河南	38	38	100%	14	14	100%	464	517	111%	73 365	82 711
17	湖北	51	51	100%	15	15	100%	518	1 587	306%	42 000	88 113
18	湖南	47	47	100%	15	15	100%	397	1 029	259%	45 890	39 776
19	广东	53	53	100%	14	14	100%	810	1 265	156%	141 750	90 533
20	广西	21	21	100%	13	13	100%	333	534	160%	182 100	95 642
21	海南	53	51	96%	13	12	92%	97	54	56%	12 750	3 736
22	重庆	45	45	100%	15	15	100%	748	981	131%	50 050	25 677
23	四川	25	25	100%	9	9	100%	430	471	110%	67 200	21 000
24	贵州	53	53	100%	14	10	71%	202	586	290%	32 500	28 160
25	云南	44	44	100%	13	13	100%	143	710	497%	30 000	9 232
26	西藏	23	20	87%	12	2	17%	36	2	6%	8 800	0
27	陕西	55	55	100%	16	16	100%	471	658	140%	70 800	29 430
28	甘肃	33	33	100%	9	9	100%	200	370	185%	50 210	64 813
29	青海	29	29	100%	10	10	100%	40	62	155%	13 150	13 231
30	宁夏	24	24	100%	10	10	100%	83	88	106%	18 540	19 623
31	新疆	54	54	100%	16	16	100%	136	306	224%	29 140	5 669
32	兵团	34	34	100%	12	12	100%	21	31	148%	5 160	15
合计		1 320	1 310	99%	412	397	96%	12 423	22 806	184%	2 058 975	1 390 522

数据来源：《行动计划》管理平台。

附件 2

各地承接任务（项目）执行情况一览表

省级教育行政部门承接任务执行情况一览表				
序号	工作任务	启动省份数/未启动省份数	承接省份	
			已启动省份	未启动省份
RW-1	加强与信誉良好的国际组织、跨国企业以及职业教育发达国家开展交流与合作	22/0	北京、天津、河北、山西、吉林、黑龙江、上海、江苏、浙江、安徽、山东、河南、湖北、湖南、广东、广西、海南、重庆、贵州、陕西、甘肃、新疆	—
RW-2	学习和引进国际先进成熟适用的职业标准、专业课程、教材体系和数字化教育资源	26/0	北京、天津、河北、山西、内蒙古、吉林、黑龙江、上海、江苏、浙江、安徽、福建、江西、山东、河南、湖北、湖南、广东、广西、海南、重庆、贵州、云南、陕西、青海、新疆	—
RW-3	选择类型相同、专业相近的国（境）外高水平院校联合开发课程，共建专业、实验室或实训基地，建立教师交流、学生交换、学分互认等合作关系	25/0	北京、天津、河北、山西、内蒙古、吉林、黑龙江、上海、江苏、浙江、安徽、江西、山东、湖北、湖南、广东、海南、重庆、贵州、云南、陕西、甘肃、青海、宁夏、新疆	—
RW-4	支持高等职业院校申办聘请外国专家（文教类）许可	22/0	北京、天津、河北、山西、吉林、黑龙江、江苏、浙江、安徽、福建、江西、山东、湖北、湖南、广东、海南、重庆、贵州、陕西、甘肃、新疆、兵团	—
RW-5	举办高水平中外合作办学项目和机构	24/0	北京、天津、河北、山西、辽宁、吉林、黑龙江、上海、江苏、浙江、安徽、福建、山东、河南、湖北、湖南、广东、海南、重庆、四川、贵州、陕西、甘肃、新疆	—
RW-6	完善以老带新的青年教师培养机制；建立教师轮训制度；专业教师每五年企业实践时间累计不少于6个月	27/0	北京、天津、河北、山西、内蒙古、辽宁、吉林、黑龙江、上海、江苏、浙江、安徽、江西、山东、河南、湖北、湖南、广东、海南、重庆、贵州、云南、西藏、陕西、青海、新疆、兵团	—

续表

序号	工作任务	启动省份数/未启动省份数	承接省份 已启动省份	承接省份 未启动省份
RW-7	高等职业院校专业骨干教师国家级、省级培训计划	28/0	北京、天津、河北、山西、内蒙古、辽宁、吉林、黑龙江、上海、江苏、浙江、安徽、福建、江西、山东、河南、湖北、湖南、广东、海南、重庆、贵州、云南、西藏、陕西、宁夏、新疆、兵团	—
RW-8	加强职业技术师范院校建设	6/2	天津、吉林、浙江、广东、云南、陕西	北京、海南
RW-9	支持专科高等职业院校按照有关规定自主聘请兼职教师;加强兼职教师的职业教育教学规律与教学方法培训;支持兼职教师或合作企业牵头申报教学研究项目、组织实施教学改革;把指导学生顶岗实习的企业技术人员纳入兼职教师管理范围。核算教师总数时,兼职教师数按每学年授课160学时为1名教师计算	25/0	天津、河北、山西、内蒙古、吉林、黑龙江、上海、江苏、浙江、安徽、福建、江西、山东、河南、湖北、湖南、广东、海南、重庆、贵州、云南、陕西、青海、新疆、兵团	—
RW-10	在有关民族地区加强双语双师型教师队伍建设	7/0	内蒙古、吉林、陕西、贵州、西藏、青海、新疆	—
RW-11	推动落实《职业院校数字校园建设规范》,建设高等职业教育人才培养工作状态数据管理系统	29/0	北京、天津、河北、山西、辽宁、吉林、黑龙江、上海、江苏、浙江、安徽、江西、山东、河南、湖北、湖南、广东、广西、海南、重庆、贵州、云南、西藏、陕西、甘肃、青海、宁夏、新疆、兵团	—
RW-12	将信息技术应用能力作为教师评聘考核的重要依据	25/0	北京、天津、山西、吉林、黑龙江、上海、江苏、浙江、安徽、江西、山东、河南、湖北、湖南、广东、海南、重庆、贵州、云南、西藏、陕西、青海、宁夏、新疆、兵团	—
RW-13	办好全国职业院校信息化教学大赛	—	国家有关部门统一组织实施	—
RW-14	发布实施"关于引导部分地方普通本科高校向应用型转变的指导意见",探索本科层次职业教育实现形式和培养模式	22/0	北京、天津、河北、山西、吉林、黑龙江、上海、江苏、浙江、安徽、福建、江西、河南、湖北、湖南、广东、海南、四川、云南、陕西、甘肃、新疆	—

续表

序号	工作任务	启动省份数/未启动省份数	承接省份	
			已启动省份	未启动省份
RW-15	开展设立专科高等职业教育学位的可行性研究	—	国家有关部门统一组织实施	—
RW-16	编制"高等职业学校建设标准";研究修订《普通高等学校设置暂行条例》	—	国家有关部门统一组织实施	—
RW-17	修订一批专科高等职业教育专业教学标准和实验实训装备技术标准	—	国家有关部门、相关行业职业教育教学指导委员会组织实施	—
RW-18	修订"高等职业院校专业目录"和"高等职业院校专业设置管理办法";到2017年,专科职业教育在校生达到1 420万人	21/0	天津、河北、山西、内蒙古、吉林、黑龙江、上海、江苏、浙江、安徽、河南、湖北、湖南、广东、海南、四川、贵州、陕西、宁夏、新疆、兵团	—
RW-19	落实《教育部关于深入推进职业教育集团化办学的意见》,研制"示范性职业教育集团建设方案与管理办法"	24/0	天津、河北、吉林、黑龙江、上海、浙江、福建、江西、山东、河南、湖北、湖南、广东、广西、海南、重庆、四川、贵州、云南、陕西、甘肃、宁夏、新疆、兵团	—
RW-20	持续缩减本科高校举办专科高等职业教育的规模	20/0	天津、河北、吉林、山西、黑龙江、安徽、福建、江西、山东、湖南、河南、湖北、广东、海南、四川、贵州、云南、陕西、甘肃、新疆	—
RW-21	规范落实《教育部关于积极推进高等职业教育考试招生制度改革的指导意见》;研究制订职业院校学生进入高层次学校学习的办法;2016年通过分类考试录取的学生占高等职业院校招生总数的一半左右,2017年成为主渠道;逐步提高专科高等职业院校招收中等职业学校毕业生的比例和本科高等学校招收职业院校毕业生的比例	27/0	北京、天津、河北、山西、内蒙古、辽宁、吉林、黑龙江、上海、江苏、浙江、安徽、福建、江西、山东、河南、湖南、湖北、广东、海南、重庆、贵州、云南、西藏、陕西、甘肃、新疆	—
RW-22	研制"关于推进学习成果积累与转换工作的指导意见"	—	国家有关部门统一组织实施	—

续表

序号	工作任务	启动省份数/未启动省份数	承接省份	
			已启动省份	未启动省份
RW-23	试点社会力量通过购买、承租、委托管理等方式参与办学活力不足的公办高等职业院校改革。鼓励民间资本与公办优质教育资源嫁接合作,在经济欠发达地区扩大优质高等职业教育资源。鼓励探索建立行业企业办和民办高等职业院校教师年金制度,探索在营利性民办高等职业院校实行职工持上市股	10/1	天津、河北、吉林、上海、山东、重庆、贵州、陕西、甘肃、新疆	黑龙江
RW-24	开展建设混合所有制高等职业院校的理论与实践课题研究	23/0	天津、河北、辽宁、吉林、黑龙江、江苏、浙江、安徽、江西、山东、湖北、湖南、广东、广西、海南、重庆、贵州、云南、陕西、甘肃、宁夏、新疆、兵团	—
RW-25	成立混合所有制高等职业院校联盟	—	国家有关部门统一组织实施	—
RW-26	以购买服务方式支持行业职业教育教学指导委员会在规定的领域范围内自主开展工作	—	国家有关部门统一组织实施	—
RW-27	每年举办一次全国职业院校技能大赛,推进全国职业院校技能大赛国际化	—	国家有关部门统一组织实施	—
RW-28	落实《教育部 人力资源和社会保障部关于推进职业院校服务经济转型升级面向行业企业开展职工继续教育的意见》	26/0	天津、河北、山西、辽宁、吉林、黑龙江、上海、江苏、浙江、安徽、福建、江西、山东、河南、湖北、湖南、广东、海南、重庆、贵州、云南、陕西、青海、宁夏、新疆、兵团	—
RW-29	地方各级政府在安排职业教育专项经费、制定支持政策、购买社会服务时,将企业举办的公办性质高等职业院校与其他公办院校同等对待	14/1	北京、天津、河北、山西、吉林、黑龙江、江西、山东、湖北、广东、贵州、陕西、甘肃、新疆	海南
RW-30	研制"职业教育校企合作促进办法"	—	国家有关部门统一组织实施	—

续表

序号	工作任务	启动省份数/未启动省份数	承接省份	
			已启动省份	未启动省份
RW-31	贯彻落实国家教育体制改革领导小组办公室《关于进一步落实和扩大高校办学自主权完善高校内部治理结构的意见》，落实和扩大专科高等职业院校办学自主权，支持学校自主确定教学、科研、行政等内部组织机构的设置和人员配备，支持高校面向社会依法依规自主公开招聘教学、科研、行政管理等各类人员、自主选聘教职工、自主确定内部收入分配	22/0	北京、天津、山西、辽宁、吉林、黑龙江、上海、江苏、浙江、安徽、江西、河南、湖北、广东、海南、重庆、四川、贵州、云南、陕西、青海、新疆	—
RW-32	落实教育、财税、土地、金融等支持政策，鼓励各类办学主体通过独资、合资、合作等形式举办民办高等职业教育，稳步扩大优质民办职业教育资源	17/0	天津、河北、山西、吉林、黑龙江、上海、浙江、江西、山东、湖北、广东、海南、四川、贵州、陕西、甘肃、新疆	—
RW-33	以政府规划、社会贡献和办学质量为依据，探索政府通过"以奖代补"、购买服务等方式支持民办高等职业教育发展和鼓励社会力量参与高等职业教育办学的办法	16/0	天津、河北、山西、吉林、黑龙江、上海、浙江、福建、江西、山东、广东、海南、贵州、陕西、甘肃、新疆	—
RW-34	社会声誉好、教学质量高、就业有保障的民办专科高等职业院校，可由省级政府统筹、在核定的办学规模内自主确定招生方案	13/0	天津、吉林、黑龙江、上海、江西、山东、湖北、广东、海南、四川、贵州、陕西、新疆	—
RW-35	专科高等职业院校积极开展社区教育、老年教育活动；建立专科高等职业院校和社区教育机构联席会议制度	27/0	北京、天津、河北、山西、内蒙古、吉林、黑龙江、上海、江苏、浙江、安徽、江西、山东、湖北、湖南、广东、海南、重庆、贵州、云南、西藏、陕西、甘肃、青海、宁夏、新疆、兵团	—
RW-36	优化院校布局、调整专业结构	27/0	北京、天津、河北、山西、吉林、黑龙江、上海、江苏、浙江、安徽、江西、山东、湖北、湖南、广东、广西、海南、重庆、四川、贵州、云南、西藏、陕西、甘肃、宁夏、新疆、兵团	—

续表

序号	工作任务	启动省份数/未启动省份数	承接省份	
			已启动省份	未启动省份
RW-37	建立产业结构调整驱动专业设置与改革、产业技术进步驱动课程改革的机制	23/0	天津、河北、山西、辽宁、吉林、黑龙江、上海、江苏、浙江、安徽、江西、山东、湖北、湖南、广东、海南、重庆、贵州、云南、陕西、青海、新疆、兵团	—
RW-38	重点服务中国制造2025,主动适应数字化网络化智能化制造需要,围绕强化工业基础、提升产品质量、发展制造业相关的生产性服务业调整专业、培养人才	28/0	天津、河北、内蒙古、山西、辽宁、吉林、黑龙江、上海、江苏、浙江、安徽、福建、江西、山东、河南、湖北、湖南、广东、广西、海南、重庆、贵州、云南、陕西、甘肃、宁夏、新疆、兵团	—
RW-39	优先保证新一代信息技术产业、高档数控机床和机器人、航空航天装备、海洋工程装备及高技术船舶、先进轨道交通装备、节能与新能源汽车、电力装备、农机装备、新材料、生物医药及高性能医疗器械产业相关专业的布局与发展	27/0	天津、河北、内蒙古、山西、辽宁、吉林、黑龙江、上海、江苏、浙江、安徽、江西、山东、河南、湖北、湖南、广东、广西、海南、重庆、贵州、云南、陕西、甘肃、宁夏、新疆、兵团	—
RW-40	加强现代服务业亟需人才培养,加快满足社会建设和社会管理人才需求	28/0	天津、河北、内蒙古、山西、辽宁、吉林、黑龙江、上海、江苏、浙江、安徽、江西、山东、河南、湖北、湖南、广东、广西、海南、重庆、贵州、云南、西藏、陕西、青海、宁夏、新疆、兵团	—
RW-41	扩大与"一带一路"沿线国家的职业教育合作;服务"走出去"企业需求,培养具有国际视野、通晓国际规则的技术技能人才和中国企业海外生产经营需要的本土人才;配合"走出去"企业面向当地员工开展技术技能培训和学历职业教育;支持专科高等职业院校国(境)外办学,为周边国家培养熟悉中华传统文化、当地经济发展亟需的技术技能人才	27/0	天津、河北、山西、辽宁、吉林、黑龙江、上海、江苏、浙江、安徽、江西、山东、河南、湖北、湖南、广东、广西、海南、重庆、四川、贵州、云南、陕西、甘肃、宁夏、新疆、兵团	—

续表

序号	工作任务	启动省份数/未启动省份数	承接省份	
			已启动省份	未启动省份
RW-42	促进专业教育与创新创业教育有机融合；利用各种资源建设大学科技园、大学生创业园、创业孵化基地和小微企业创业基地，作为创业教育实践平台	30/0	北京、天津、河北、内蒙古、山西、辽宁、吉林、黑龙江、上海、江苏、浙江、安徽、福建、江西、山东、河南、湖北、湖南、广东、广西、海南、重庆、四川、贵州、云南、陕西、甘肃、青海、新疆、兵团	—
RW-43	探索将学生完成的创新实验、论文发表、专利获取、自主创业等成果折算为学分，将学生参与课题研究、项目实验等活动认定为课堂学习；优先支持参与创新创业的学生转入相关专业学习；实施弹性学制，放宽学生修业年限，允许调整学业进程、保留学籍休学创新创业	28/0	北京、天津、河北、内蒙古、山西、辽宁、吉林、黑龙江、上海、江苏、浙江、安徽、江西、山东、河南、湖北、湖南、广东、广西、海南、重庆、四川、贵州、云南、陕西、青海、新疆、兵团	—
RW-44	地区、有关部门整合发改财政和社会资金，支持高校学生创新创业活动。高等职业院校优化经费支出结构，多渠道统筹安排资金，支持创新创业教育教学，资助学生创新创业项目	25/0	北京、天津、河北、山西、吉林、黑龙江、上海、江苏、浙江、安徽、江西、山东、河南、湖北、湖南、广东、海南、重庆、贵州、云南、陕西、青海、西藏、新疆、兵团	—
RW-45	举办全国大学生创新创业大赛	—	国家有关部门统一组织实施	—
RW-46	加强文化创意、影视制作、出版发行等重点文化产业技术技能人才的培养；提升民族地区的高等职业院校支持当地特色优势产业、基本公共服务、社会管理的能力	24/0	天津、河北、吉林、黑龙江、上海、江苏、浙江、安徽、江西、山东、湖北、湖南、广东、广西、海南、重庆、贵州、云南、西藏、陕西、甘肃、青海、新疆、宁夏	—
RW-47	加强与职业教育发达国家的政策对话，探索对发展中国家开展职业教育援助的渠道和政策	18/0	天津、河北、山西、吉林、黑龙江、上海、江苏、安徽、山东、湖北、湖南、广东、海南、重庆、贵州、陕西、甘肃、新疆	—
RW-48	鼓励示范性和沿边地区高等职业院校利用学校品牌和专业优势，积极吸引境外学生来华学习	23/0	北京、天津、河北、吉林、黑龙江、上海、江苏、安徽、浙江、山东、河南、湖北、湖南、广东、广西、海南、重庆、四川、贵州、云南、陕西、甘肃、新疆	—

续表

序号	工作任务	启动省份数/未启动省份数	承接省份	
			已启动省份	未启动省份
RW-49	落实高等职业院校生均拨款政策，引导激励地市级政府（单位）建立高职生均经费制度。到2017年本省专科高等职业院校生均拨款平均水平不低于12 000元	32/0	北京、天津、河北、内蒙古、山西、辽宁、吉林、黑龙江、上海、江苏、浙江、安徽、福建、江西、山东、河南、湖北、湖南、广东、广西、海南、重庆、四川、贵州、云南、西藏、陕西、甘肃、青海、新疆、宁夏、兵团	—
RW-50	完成高等职业院校章程制定、修订工作	29/0	北京、天津、河北、内蒙古、山西、辽宁、吉林、黑龙江、上海、浙江、安徽、福建、江西、山东、河南、湖北、湖南、广东、广西、海南、重庆、四川、贵州、云南、西藏、陕西、青海、新疆、兵团	—
RW-51	推动高等职业院校参照《高等学校学术委员会规程》设立学术委员会；一批（不少于20%）专科高等职业院校参照《普通高等学校理事会规程（试行）》设立理事会或董事会机构	26/0	天津、河北、山西、辽宁、吉林、黑龙江、上海、江苏、浙江、安徽、福建、江西、山东、河南、湖北、湖南、广东、广西、海南、重庆、四川、贵州、云南、陕西、青海、新疆	—
RW-52	巩固学校、省和国家三级高等职业教育质量年度报告制度，进一步提高质量年度报告的量化程度、可比性和可读性；强化对报告发布情况和撰写质量的监督管理	31/0	北京、天津、河北、内蒙古、山西、辽宁、吉林、黑龙江、上海、江苏、浙江、安徽、福建、江西、山东、河南、湖北、湖南、广东、广西、海南、重庆、四川、贵州、云南、陕西、甘肃、青海、宁夏、新疆、兵团	—
RW-53	加强分类指导，以人才培养工作状态数据为基础，开展高职院校教学诊断和改进工作	30/0	北京、天津、河北、内蒙古、山西、辽宁、吉林、黑龙江、上海、江苏、浙江、安徽、福建、江西、山东、河南、湖北、湖南、广东、广西、海南、重庆、四川、贵州、云南、西藏、陕西、甘肃、新疆、兵团	—
RW-54	一批省份发布实施职业院校教师专业技术职务评聘办法	20/0	天津、山西、黑龙江、上海、安徽、福建、江西、山东、湖南、湖北、广东、海南、重庆、四川、贵州、云南、西藏、陕西、甘肃、新疆	—

续表

序号	工作任务	启动省份数/未启动省份数	承接省份	
			已启动省份	未启动省份
RW-55	一批国家示范（骨干）高等职业院校制定执行反映自身发展水平、不低于国家规定标准的"双师型"教师标准	28/0	北京、天津、河北、山西、辽宁、吉林、黑龙江、上海、江苏、浙江、安徽、福建、江西、山东、河南、湖北、湖南、广东、海南、重庆、贵州、云南、西藏、陕西、青海、宁夏、新疆、兵团	—
RW-56	推动教师分类管理、分类评价的人事管理制度改革；全面推行按岗聘用、竞聘上岗	19/0	天津、河北、山西、吉林、黑龙江、上海、浙江、安徽、江西、山东、湖北、湖南、广东、海南、重庆、贵州、云南、陕西、新疆	—
RW-57	制订体现高等职业教育特点的教师绩效评价标准；55岁以下的教授、副教授每学期至少讲授一门课程	21/0	北京、天津、山西、吉林、黑龙江、上海、安徽、江西、山东、河南、湖北、湖南、广东、海南、重庆、贵州、云南、陕西、宁夏、新疆、兵团	—
RW-58	加强高等职业教育研究机构和队伍建设，加大投入支持相关研究工作；有条件的高等职业院校建立专门教育研究机构，开展教学研究	25/0	天津、河北、山西、吉林、黑龙江、上海、江苏、浙江、安徽、江西、山东、河南、湖北、湖南、广东、广西、海南、重庆、贵州、云南、陕西、青海、宁夏、新疆、兵团	—
RW-59	贯彻落实《高等学校辅导员职业能力标准（暂行）》	29/0	北京、天津、河北、山西、辽宁、吉林、黑龙江、上海、江苏、安徽、福建、江西、山东、河南、湖北、湖南、广东、海南、重庆、四川、贵州、云南、西藏、陕西、甘肃、青海、宁夏、新疆、兵团	—
RW-60	健全学生思想政治教育长效机制；高职院校按师生比1:200配备辅导员；心理健康教育全覆盖	28/0	北京、天津、河北、山西、吉林、黑龙江、上海、江苏、浙江、安徽、福建、江西、山东、河南、湖北、湖南、广东、海南、重庆、四川、贵州、云南、西藏、陕西、甘肃、青海、新疆、兵团	—
RW-61	全面推进《全国大学生思想政治教育质量测评体系（试行）》	28/0	北京、天津、河北、内蒙古、山西、辽宁、吉林、黑龙江、上海、江苏、安徽、福建、江西、山东、河南、湖北、湖南、广东、海南、四川、贵州、云南、西藏、陕西、甘肃、青海、新疆、兵团	—

续表

序号	工作任务	启动省份数/未启动省份数	承接省份 已启动省份	承接省份 未启动省份
RW-62	创建平安校园、和谐校园	30/0	北京、天津、河北、山西、辽宁、吉林、黑龙江、上海、江苏、浙江、安徽、福建、江西、山东、河南、湖北、湖南、广东、广西、海南、重庆、四川、贵州、云南、西藏、陕西、青海、宁夏、新疆、兵团	—
RW-63	落实《高等学校体育工作基本标准》	29/0	北京、天津、河北、山西、辽宁、吉林、黑龙江、上海、江苏、浙江、安徽、江西、山东、河南、湖北、湖南、广东、海南、重庆、四川、贵州、云南、西藏、陕西、甘肃、青海、宁夏、新疆、兵团	—
RW-64	加强文化素质教育；加强校园文化建设；支持学生社团活动	28/0	北京、天津、河北、山西、辽宁、吉林、黑龙江、上海、江苏、浙江、安徽、江西、山东、河南、湖北、湖南、广东、海南、重庆、四川、贵州、云南、西藏、陕西、甘肃、青海、新疆、兵团	—
RW-65	促进职业技能培养与职业精神养成相融合	27/0	北京、天津、河北、山西、辽宁、吉林、黑龙江、上海、江苏、浙江、安徽、江西、河南、湖北、湖南、广东、海南、重庆、贵州、云南、西藏、陕西、甘肃、青海、宁夏、新疆、兵团	—

省级教育行政部门承接项目执行情况一览表

序号	工作任务	省份数量/启动项目实际布点数量	省份（启动项目实际布点数量/2018年省级财政投入经费）
XM-1	骨干专业建设（3 000个左右）	32/4 727	北京(71/13 668)、天津(134/9 427)、河北(138/12 362)、山西(100/5 310)、内蒙古(60/5 765)、辽宁(89/29 283)、吉林(97/9 237)、黑龙江(109/9 646)、上海(93/2 241)、江苏(300/23 338)、浙江(350/23 415)、安徽(304/8 598)、福建(267/10 431)、江西(148/1 410)、山东(385/25 189)、河南(201/26 290)、湖北(319/15 855)、湖南(211/13 663)、广东(274/18 104)、广西(209/30 065)、海南(14/135)、重庆(150/7 200)、四川(100/0)、贵州(86/6 947)、云南(160/1 570)、西藏(1/0)、陕西(184/10 442)、甘肃(47/12 575)、青海(17/5 975)、宁夏(45/1 217)、新疆(62/2 111)、兵团(2/0)

续表

序号	工作任务		省份数量/启动项目实际布点数量	省份（启动项目实际布点数量/2018年省级财政投入经费）
XM-2	校企共建的生产性实训基地建设（1 200个左右）		30/2 522	北京(38/15 448)、天津(81/6 750)、河北(48/3 598)、山西(125/11 662)、吉林(17/1 000)、黑龙江(85/2 906)、上海(42/675)、江苏(227/13 013)、浙江(142/8 336)、安徽(126/3 408)、福建(55/10 431)、江西(62/771)、山东(201/4 868)、河南(100/9 685)、湖北(153/2 750)、湖南(144/3 244)、广东(272/4 880)、广西(48/3 300)、海南(4/50)、重庆(129/1 000)、四川(100/7 000)、贵州(19/2 437)、云南(108/708)、西藏(0/0)、陕西(104/7 070)、甘肃(41/4 732)、青海(11/1 617)、宁夏(8/277)、新疆(28/60)、兵团(4/0)
XM-3	优质专科高等职业院校建设（200所左右）		32/490	北京(8/38 488)、天津(20/17 659)、河北(25/47 932)、山西(23/10 007)、内蒙古(10/29 221)、辽宁(10/27 860)、吉林(7/2 000)、黑龙江(12/18 366)、上海(10/3 345)、江苏(22/68 811)、浙江(20/23 235)、安徽(16/56 521)、福建(16/11 500)、江西(24/4 303)、山东(16/23 160)、河南(40/37 058)、湖北(35/51 350)、湖南(21/13 012)、广东(18/56 009)、广西(21/52 545)、海南(3/3 000)、重庆(20/7 036)、四川(23/7 000)、贵州(17/13 430)、云南(12/722)、西藏(1/0)、陕西(12/6 568)、甘肃(13/26 435)、青海(3/2 617)、宁夏(4/17 311)、新疆(6/200)、兵团(2/15)
XM-4	"双师型"教师培养培训基地建设（500个左右）		27/855	北京(15/403)、天津(29/470)、河北(20/1 885)、山西(31/304)、内蒙古(10/1 203)、吉林(7/1 472)、黑龙江(11/308)、上海(17/107)、江苏(196/1 799)、浙江(88/1 475)、安徽(23/373)、福建(55/718)、江西(23/65)、河南(20/1 927)、湖北(72/1 764)、湖南(42/802)、广东(76/320)、海南(3/310)、重庆(39/4 500)、贵州(7/36)、云南(27/1 805)、西藏(0/0)、陕西(24/250)、青海(6/1 004)、宁夏(2/0)、新疆(11/266)、兵团(1/0)
XM-5	新建一批国家级职业教育专业教学资源库和国家精品在线开放课程		—	国家有关部门统一组织实施
XM-6	立项建设省级高等职业教育专业教学资源库（200个左右）和精品在线开放课程（1 000门左右）	专业教学资源库	23/616	北京(10/1 710)、天津(20/1 158)、河北(12/320)、山西(23/142)、内蒙古(55/203)、辽宁(9/2 675)、黑龙江(12/701)、上海(8/0)、江苏(54/961)、安徽(11/43)、福建(14/600)、江西(68/40)、山东(72/2 706)、河南(10/161)、湖北(61/1 640)、湖南(14/957)、广东(41/1 353)、广西(21/453)、海南(3/15)、重庆(72/371)、陕西(15/1 121)、新疆(10/0)、兵团(1/0)
		精品在线开放课程	26/4 514	北京(129/1 025)、天津(82/678)、河北(53/242)、山西(99/226)、吉林(8/0)、黑龙江(138/564)、上海(74/156)、江苏(237/823)、浙江(293/107)、安徽(196/414)、福建(155/1 251)、江西(461/54)、山东(1 230/2 082)、河南(48/266)、湖北(263/1 905)、湖南(265/286)、广东(155/313)、广西(48/462)、海南(12/61)、重庆(214/369)、四川(104/0)、贵州(28/856)、陕西(60/306)、甘肃(69/70)、新疆(91/4)、兵团(2/0)

续表

序号	工作任务	省份数量/启动项目实际布点数量	省份（启动项目实际布点数量/2018年省级财政投入经费）
XM-7	建成一批职业能力培养虚拟仿真实训中心（50个左右）	27/857	北京(14/571)、天津(25/2 685)、河北(8/114)、山西(33/920)、吉林(4/100)、黑龙江(24/1 008)、上海(39/671)、江苏(74/3 654)、浙江(46/2 292)、安徽(5/200)、福建(18/1 533)、江西(24/65)、山东(119/1 351)、河南(6/2 785)、湖北(89/4 317)、湖南(76/1 867)、广东(92/3 012)、广西(3/1 524)、海南(2/0)、重庆(39/1 338)、四川(20/0)、贵州(0/0)、云南(71/418)、陕西(4/205)、宁夏(9/641)、新疆(12/0)、兵团(1/0)
XM-8	建设一批骨干职业教育集团（180个左右）；遴选10个省份开展多元投入主体依法共建职业教育集团的改革试点	30/460	北京(13/1 256)、天津(19/219)、河北省(9/0)、山西(10/303)、辽宁(14/68)、吉林(11/266)、黑龙江(15/270)、上海(6/135)、江苏(48/1 965)、浙江(19/21 473)、安徽(10/250)、福建(6/208)、江西(10/1 200)、山东(61/829)、河南(10/1 002)、湖北(29/5 144)、湖南(42/225)、广东(38/848)、广西(16/882)、重庆(11/1 543)、四川(10/0)、贵州(4/984)、云南(10/1 207)、西藏(0/0)、陕西(6/10)、甘肃(17/263)、青海(1/550)、宁夏(7/0)、新疆(7/760)、兵团(1/0)
XM-9	建设一批连锁型职教集团（20个左右）	9/22	北京(5/20)、天津(5/2)、吉林(0/0)、黑龙江(2/100)、江西(0/0)、河南(2/50)、重庆(2/18)、陕西(2/0)、新疆(4/1 850)
XM-10	支持东中部地区高职院校（职教集团）对口支援西部职业院校；支援革命老区、西藏及四省藏区、新疆和集中连片特殊困难地区的专科高等职业院校提升办学基础能力和人才培养水平（400校次左右）	14/312	天津(77/36)、河北(8/32)、黑龙江(15/35)、上海(10/0)、江苏(46/137)、安徽(20/49)、江西(5/0)、河南(8/34)、湖北(10/26)、湖南(43/226)、广东(47/198)、西藏(0/0)、陕西(21/58)、新疆(2/0)
XM-11	支持公办高等职业院校和企业合作举办适用公办学校政策、具有混合所有制特征的二级学院（100个左右）	21/253	天津(9/811)、河北(11/503)、山西(5/9)、吉林(1/0)、黑龙江(7/325)、安徽(5/97)、福建(18/277)、江西(6/20)、山东(51/1 062)、湖北(24/217)、湖南(29/520)、广东(14/407)、广西(12/190)、海南(1/50)、重庆(17/1 237)、贵州(0/0)、云南(9/720)、陕西(6/190)、甘肃（18/0）、新疆(9/0)、兵团(1/0)
XM-12	与行业联合召开行业职业教育工作会议（5个以上），联合制定行业职业教育改革发展指导意见	—	国家有关部门、相关行业组织实施

续表

序号	工作任务	省份数量/启动项目实际布点数量	省份（启动项目实际布点数量/2018年省级财政投入经费）
XM-13	发布行业人才需求预测和专业设置指导报告（40个左右）	—	相关行业职业教育教学指导委员会组织实施
XM-14	研制"关于进一步推进社区教育改革发展的意见"；公布一批全国社区教育实验区和示范区	—	国家有关部门统一组织实施
XM-15	开展现代学徒制试点（500个左右），校企共建以现代学徒制培养为主的特色学院	31/592	北京(10/1 343)、天津(21/225)、河北(30/559)、山西(22/210)、内蒙古(5/547)、吉林(14/732)、黑龙江(17/2 041)、上海(11/78)、江苏(22/989)、浙江(33/2 701)、安徽(30/104)、福建(41/1 704)、江西(21/30)、山东(35/1 503)、河南(20/1 256)、湖北(30/964)、湖南(42/1 816)、广东(49/363)、广西(10/1 000)、海南(5/50)、重庆(14/80)、四川(25/0)、贵州(14/411)、云南(19/1 284)、西藏(0/0)、陕西(22/227)、甘肃(11/621)、青海(3/1 220)、宁夏(5/153)、新疆(9/373)、兵团(2/0)
XM-16	以市场为导向多方共建应用技术协同创新中心（500个左右）	29/565	天津(78/1 176)、河北(23/1 065)、山西(4/222)、内蒙古(1/312)、辽宁(6/1 068)、黑龙江(8/670)、上海(15/678)、江苏(38/3 956)、浙江(18/1 317)、安徽(30/1 133)、福建(30/1 290)、江西(14/126)、山东(54/2 739)、河南(13/2 039)、湖北(44/905)、湖南(12/2 586)、广东(47/3 881)、广西(16/3 061)、海南(3/50)、重庆(17/710)、贵州(22/2 033)、云南(15/498)、西藏(0/0)、陕西(27/615)、甘肃(16/6 601)、青海(4/100)、宁夏(3/0)、新疆(6/0)、兵团(1/0)
XM-17	与技艺大师、非物质文化遗产传承人等合作建立技能大师工作室（100个左右）	28/928	天津(32/1 355)、河北(19/158)、山西(19/30)、辽宁(25/528)、吉林(11/511)、黑龙江(33/431)、上海(47/425)、江苏(95/283)、浙江(75/606)、安徽(30/10)、江西(30/47)、山东(90/318)、河南(6/0)、湖北(54/444)、湖南(73/204)、广东(127/220)、广西(26/604)、海南(2/0)、重庆(22/15)、四川(10/0)、贵州(22/383)、云南(55/31)、西藏(0/0)、陕西(6/5)、青海(2/105)、宁夏(5/23)、新疆(11/10)、兵团(1/0)
XM-18	开发建设一批创新创业教育专门课程（群）	29/4 928	北京(95/640)、天津(6/500)、河北(417/434)、内蒙古(114/155)、吉林(71/858)、黑龙江(173/416)、上海(43/107)、江苏(716/702)、浙江(1 283/360)、安徽(23/78)、福建(64/754)、江西(152/132)、山东(3/598)、河南(32/156)、湖北(383/406)、湖南(6/259)、广东(8/205)、广西(94/1 299)、海南(2/15)、重庆(229/170)、四川(79/0)、贵州(367/644)、云南(215/269)、西藏(0/0)、陕西(154/223)、甘肃(138/1 661)、青海(15/43)、新疆(34/35)、兵团(12/0)

续表

序号	工作任务	省份数量/启动项目实际布点数量	省份（启动项目实际布点数量/2018年省级财政投入经费）
XM-19	新组建一批农业职教集团；省部共建一批国家涉农职业教育改革试验区	21/24	北京(0/0)、天津(1/0)、山西(1/0)、吉林(0/0)、黑龙江(5/170)、浙江(3/0)、安徽(2/0)、江西(1/0)、河南(1/0)、湖北(1/0)、湖南(4/30)、广西(2/50)、海南(0/0)、重庆(0/0)、贵州(0/0)、云南(1/0)、西藏(0/0)、陕西(1/0)、青海(0/0)、宁夏(0/0)、新疆(1/0)
XM-20	建设一批全国职业院校民族文化传承与创新示范专业点（100个左右）	24/141	北京(11/1 237)、天津(5/42)、河北(7/15)、山西(2/75)、内蒙古(2/30)、吉林(4/0)、黑龙江(5/342)、上海(9/206)、浙江(10/612)、安徽(2/0)、福建(2/20)、江西(4/0)、山东(11/286)、湖北(20/429)、湖南(5/80)、广东(7/420)、广西(8/209)、海南(0/0)、重庆(6/90)、贵州(0/0)、云南(8/0)、西藏(0/0)、陕西(10/0)、新疆(3/0)
XM-21	支持对用人单位影响力大的行业组织开展专业层面的教学诊改试点	—	国家有关部门、相关行业组织实施
XM-22	深入开展中国特色社会主义和中国梦教育，在广大师生中积极培育和践行社会主义核心价值观，遴选一批特色校园文化品牌（100个左右）	—	国家有关部门统一组织实施

说明：表中的"省份（A/B）"意为某省承接的某项目建设数量为A个，2018年省级财政投入经费为B万元。如：北京（71/13 668）意为北京市目前启动建设某项目71个，2018年省级财政投入经费为13 668万元。

数据来源：《行动计划》管理平台。

附件 3 各行指委承接任务(项目)执行情况汇总表

序号	单位	承接任务数量	承接任务启动数量	任务启动率	承接项目数量	承接项目启动数量	项目启动率	承接项目布点数量	启动项目实际布点数量	项目布点率	预估经费/万元	2018年投入经费/万元
1	安全职业教育教学指导委员会	2	2	100%	7	7	100%	17	17	100%	30 626	7 379
2	报关职业教育教学指导委员会	3	3	100%	4	4	100%	5	5	100%	110	145
3	包装职业教育教学指导委员会	13	7	54%	8	7	88%	42	5	12%	675	0
4	财政职业教育教学指导委员会	未申报	—	—	未申报	—	—	未申报	—	—	未申报	—
5	餐饮职业教育教学指导委员会	16	未填报	—	10	未填报	—	54	未填报	—	960	未填报
6	测绘地理信息职业教育教学指导委员会	2	2	100%	4	4	100%	4	4	100%	1 070	1 129
7	船舶工业职业教育教学指导委员会	11	11	100%	9	8	89%	62	47	76%	4 535	8 807
8	电力职业教育教学指导委员会	未申报	—	—	未申报	—	—	未申报	—	—	未申报	—
9	电子商务职业教育教学指导委员会	3	3	100%	6	6	100%	140	129	92%	176	810
10	纺织服装职业教育教学指导委员会	1	1	100%	5	4	80%	8	8	100%	3 322	1 171
11	工业和信息化职业教育教学指导委员会	5	5	100%	9	9	100%	49	44	90%	15 460	7 750

续表

序号	单位	承接任务数量	承接任务启动数量	任务启动率	承接项目数量	承接项目启动数量	项目启动率	承接项目布点数量	启动项目实际布点数量	项目布点率	预估经费/万元	2018年投入经费/万元
12	公安职业教育教学指导委员会	5	未填报	—	5	未填报	—	35	未填报	—	9 800	未填报
13	供销合作职业教育教学指导委员会	8	8	100%	7	7	100%	16	19	119%	4 495	1 268
14	广播影视职业教育教学指导委员会	8	7	88%	8	8	100%	27	21	78%	2 960	1 071
15	国土资源职业教育教学指导委员会	未申报	—	—	未申报	—	—	未申报	—	—	未申报	—
16	航空工业职业教育教学指导委员会	11	11	100%	9	8	89%	18	5	28%	85	320
17	环境保护职业教育教学指导委员会	1	未填报	—	7	未填报	—	20	未填报	—	2 903	未填报
18	机械职业教育教学指导委员会	14	14	100%	11	11	100%	243	244	100%	715	54 956
19	建材职业教育教学指导委员会	7	7	100%	8	8	100%	12	10	83%	500	1 167
20	交通运输职业教育教学指导委员会	17	17	100%	11	11	100%	137	157	115%	18 370	38 067
21	金融职业教育教学指导委员会	未申报	—	—	未申报	—	—	未申报	—	—	未申报	—
22	粮食职业教育教学指导委员会	19	19	100%	12	12	100%	27	34	126%	692	2 325
23	林业职业教育教学指导委员会	9	9	100%	7	7	100%	30	56	187%	78	14 718
24	旅游职业教育教学指导委员会	3	3	100%	7	7	100%	33	39	118%	530	5 748

续表

序号	单位	承接任务数量	承接任务启动数量	任务启动率	承接项目数量	承接项目启动数量	项目启动率	承接项目布点数量	启动项目实际布点数量	项目布点率	预估经费/万元	2018年投入经费/万元
25	煤炭职业教育教学指导委员会	16	未填报	—	11	未填报	—	44	未填报	—	312	未填报
26	美发美容职业教育教学指导委员会	6	4	67%	3	3	100%	5	4	80%	160	146
27	民航职业教育教学指导委员会	1	1	100%	1	1	100%	1	1	100%	8	0
28	民政职业教育教学指导委员会	6	6	100%	9	9	100%	30	21	70%	3 465	1 121
29	民族技艺职业教育教学指导委员会	未申报	—	—	未申报	—	—	未申报	—	—	未申报	—
30	农业职业教育教学指导委员会	2	2	100%	未申报	—	—	未申报	—	—	330	594
31	气象职业教育教学指导委员会	1	1	100%	未申报	—	—	未申报	—	—	0	—
32	轻工职业教育教学指导委员会	7	未填报	—	9	未填报	—	33	未填报	—	5 446	—
33	人口和计划生育职业教育教学指导委员会	未申报	—	—	未申报	—	—	未申报	—	—	未申报	—
34	人力资源社会保障职业教育教学指导委员会	未申报	—	—	未申报	—	—	未申报	—	—	未申报	—
35	商业职业教育教学指导委员会	8	8	100%	7	7	100%	10	9	90%	550	95
36	生物技术职业教育教学指导委员会	未申报	—	—	未申报	—	—	未申报	—	—	未申报	—
37	石油和化工职业教育教学指导委员会	15	15	100%	11	11	100%	154	169	110%	25 670	44 690

续表

序号	单位	承接任务数量	承接任务启动数量	任务启动率	承接项目数量	承接项目启动数量	项目启动率	承接项目布点数量	启动项目实际布点数量	项目布点率	预估经费/万元	2018年投入经费/万元
38	食品工业职业教育教学指导委员会	13	2	15%	8	8	100%	46	26	57%	4 000	5 942
39	食品药品职业教育教学指导委员会	8	8	100%	8	8	100%	58	49	84%	12 229	7 760
40	水利职业教育教学指导委员会	6	6	100%	6	6	100%	17	13	76%	2 970	2 579
41	司法职业教育教学指导委员会	未申报	—	—	未申报	—	—	未申报	—	—	未申报	—
42	体育职业教育教学指导委员会	未申报	—	—	未申报	—	—	未申报	—	—	未申报	—
43	铁道职业教育教学指导委员会	3	3	100%	未申报	—	—	未申报	—	—	17	234
44	统计职业教育教学指导委员会	未申报	—	—	未申报	—	—	未申报	0	—	未申报	—
45	外经贸职业教育教学指导委员会	未申报	—	—	11	6	55%	15	8	53%	3 802	670
46	卫生职业教育教学指导委员会	6	5	83%	6	6	100%	12	8	67%	8 000	1 610
47	文化艺术职业教育教学指导委员会	2	2	100%	3	3	100%	55	65	118%	30	7 660
48	文物保护职业教育教学指导委员会	2	2	100%	2	2	100%	2	2	100%	45	0
49	物流职业教育教学指导委员会	3	3	100%	5	5	100%	19	23	121%	294	1 283
50	新闻出版职业教育教学指导委员会	未申报	—	—	1	未填报	—	1	未填报	—	100	—
51	验光与配镜职业教育教学指导委员会	2	2	100%	2	2	100%	2	2	100%	619	200

续表

序号	单位	承接任务数量	承接任务启动数量	任务启动率	承接项目数量	承接项目启动数量	项目启动率	承接项目布点数量	启动项目实际布点数量	项目布点率	预估经费/万元	2018年投入经费/万元
52	冶金职业教育教学指导委员会	17	17	100%	8	8	100%	25	73	292%	340	3 281
53	邮政职业教育教学指导委员会	6	6	100%	未申报	—	—	未申报	—	—	0	—
54	有色金属职业教育教学指导委员会	17	17	100%	9	9	100%	32	28	88%	10	13 697
55	中医药职业教育教学指导委员会	7	7	100%	9	9	100%	58	46	79%	0	5 560
56	住房和城乡建设职业教育教学指导委员会	8	8	100%	8	8	100%	134	119	89%	58 400	26 189
57	职业院校外语类专业教学指导委员会	2	2	100%	6	6	100%	11	10	91%	655	1 575
58	职业院校文秘类专业教学指导委员会	未申报	—	—	未申报	—	—	未申报	—	—	未申报	—
59	职业院校教育类专业教学指导委员会	未申报	—	—	未申报	—	—	未申报	—	—	未申报	—
60	职业院校艺术设计类专业教学指导委员会	8	8	100%	9	9	100%	61	30	49%	8 692	3 930
61	职业院校信息化教学指导委员会	1	未填报	—	0	未填报	—	0	未填报	—	0	未填报
62	职业院校文化素质教育指导委员会	未申报	—	—	未申报	—	—	未申报	—	—	未申报	—
	合计	331	286	86%	306	277	91%	1804	1 553	86%	234 206	275 193

数据来源：《行动计划》管理平台。

附件 4

学校年报中未提交"内容真实性责任声明"情况汇总表

省份	应提交院校数量	未提交院校数量	未提交学校名称	占比 /%
天津市	25	1	天津公安警官职业学院	4.0
山西省	47	2	山西警官职业学院 阳泉师范高等专科学校	4.3
内蒙古自治区	34	2	鄂尔多斯生态环境职业学院 内蒙古丰州职业学院	5.9
吉林省	26	1	吉林职业技术学院	3.8
江苏省	89	2	连云港职业技术学院 扬州中瑞酒店职业学院	2.2
浙江省	47	1	浙江体育职业技术学院	2.1
福建省	50	11	福州英华职业学院 湄洲湾职业技术学院 泉州工程职业技术学院 厦门演艺职业学院 武夷山职业学院 福建生物工程职业技术学院 福建艺术职业学院 闽北职业技术学院 宁德职业技术学院 泉州工艺美术职业学院 泉州医学高等专科学校	22
山东省	75	1	青岛求实职业技术学院	1.3

续表

省份	应提交院校数量	未提交院校数量	未提交学校名称	占比/%
河南省	76	17	河南轻工职业学院	22.4
			漯河食品职业学院	
			濮阳医学高等专科学校	
			信阳涉外职业技术学院	
			郑州商贸旅游职业学院	
			郑州信息工程职业学院	
			河南工业和信息化职业学院	
			河南建筑职业技术学院	
			河南司法警官职业学院	
			鹤壁汽车工程职业学院	
			焦作大学	
			焦作师范高等专科学校	
			南阳职业学院	
			长垣烹饪职业技术学院	
			郑州城市职业学院	
			郑州旅游职业学院	
			周口科技职业学院	
湖北省	56	9	湖北体育职业学院	16.1
			武汉外语外事职业学院	
			湖北青年职业学院	
			湖北艺术职业学院	
			江汉艺术职业学院	
			武汉工贸职业学院	
			武汉警官职业学院	
			武汉科技职业学院	
			武汉商贸职业学院	

续表

省份	应提交院校数量	未提交院校数量	未提交学校名称	占比/%
湖南省	70	5	湖南石油化工职业技术学院 湖南食品药品职业学院 湘西民族职业技术学院 长沙航空职业技术学院 益阳医学高等专科学校	7.1
广西壮族自治区	36	6	广西城市职业学院 广西金融职业技术学院 广西演艺职业学院 桂林山水职业学院 桂林师范高等专科学校 广西蓝天航空职业学院	16.7
海南省	12	3	三亚城市职业学院 三亚理工职业学院 三亚中瑞酒店管理职业学院	25
四川省	58	6	川南幼儿师范高等专科学校 内江职业技术学院 四川希望汽车职业学院 四川应用技术职业学院 四川电子机械职业技术学院 四川华新现代职业学院	10.3
云南省	44	1	云南现代职业技术学院	2.3
甘肃省	27	2	兰州石化职业技术学院 甘肃警察职业学院	7.4
青海省	8	1	西宁城市职业技术学院	12.5
宁夏回族自治区	10	1	宁夏民族职业技术学院	10

数据来源：质量年度报告报送管理平台。

教育部办公厅关于开展《高等职业教育创新发展行动计划（2015—2018年）》项目认定的通知

教职成厅函〔2019〕8号

各省、自治区、直辖市教育厅（教委），新疆生产建设兵团教育局，有关行业职业教育教学指导委员会：

为贯彻落实《国家职业教育改革实施方案》（国发〔2019〕4号），推进高等职业教育高质量发展，根据《高等职业教育创新发展行动计划（2015—2018年）》（教职成〔2015〕9号，以下简称《行动计划》）要求，现就有关项目认定工作通知如下。

一、认定范围

《行动计划》共设计22个项目，其中"开展现代学徒制试点"等4个项目已发文公布，"新建一批国家级职业教育专业教学资源库和国家精品在线开放课程"等11个项目正持续推进，"优质专科高等职业院校建设"等7个项目属此次认定范围（见附件1）。

二、推荐限额

各地和有关行业职业教育教学指导委员会（以下简称行指委）认定项目推荐限额基于《行动计划》年度执行情况、绩效数据采集汇总表和年度绩效报告，综合考虑各地高职发展基础、经费投入、区域分布等情况确定（见附件2、3）。

三、工作安排

1. 遴选推荐

各地（行指委）结合工作实际，按照分配的推荐限额，自行制定项目遴选方案，做好项目遴选工作，等额确定推荐名单。项目遴选工作可通过我部职成司门户网站《行动计划》管理平台（http://www.moe.edu.cn/s78/A07/zcs_ztzl/ztzl_zcs1518/）组织实施。

2. 材料报送

各地（行指委）须于 2019 年 4 月 30 前将加盖公章的推荐名单汇总表（可通过《行动计划》管理平台打印）函报我部。

3. 材料公示

我部通过《行动计划》管理平台公示各地推荐名单。公示期间反映的问题一经查实，取消相应项目认定资格，空缺名额不再替补。

4. 发文公布

公示无异议后，我部确定项目认定名单并发文公布。

四、联系方式

通信地址：北京市西单大木仓胡同 37 号，教育部职成司高职发展处（邮编 100816）

教育部职成司联系人：石范锋、任占营

电话 / 传真：010-66096232

电子邮箱：sfgz@moe.edu.cn

管理平台技术联系人：朱晓晖、陆华

联系电话：010-56239889

附件：

1. 《行动计划》认定项目汇总表
2. 《行动计划》认定项目各地推荐限额
3. 《行动计划》认定项目各行指委推荐限额

教育部办公厅
2019 年 3 月 28 日

附件 1

《行动计划》认定项目汇总表

序号	工作任务	负责单位	时间进度
XM-1	骨干专业建设（3 000 个左右）	省级教育行政部门、相关行指委	2016 年出台措施，2018 年底前完成
XM-2	校企共建的生产性实训基地建设（1 200 个左右）	省级教育行政部门、相关行指委	2016 年出台措施，2018 年底前完成
XM-3	优质专科高等职业院校建设（200 所左右）	省级教育行政部门	2016 年出台措施，2018 年底前完成
XM-4	"双师型"教师培养培训基地建设（500 个左右）	省级教育行政部门、高等职业院校、相关行指委	2018 年底前完成
XM-7	建成一批职业能力培养虚拟仿真实训中心（50 个左右）	省级教育行政部门、相关行指委	2018 年底前完成
XM-16	以市场为导向多方共建应用技术协同创新中心（500 个左右）	省级教育行政部门、高等职业院校、相关行指委	2016 年出台措施，2018 年底前完成
XM-17	与技艺大师、非物质文化遗产传承人等合作建立技能大师工作室（100 个左右）	省级教育行政部门、相关行指委、高等职业院校	2016 年出台措施，2018 年底前完成

附件 2

《行动计划》认定项目各地推荐限额

省份	骨干专业	生产性实训基地	优质学校	双师基地	虚拟仿真实训中心	协同创新中心	技能大师工作室
北京市	71	28	5	10	1	—	—
天津市	72	42	8	15	2	15	5
河北省	120	48	11	20	2	23	2
山西省	56	25	4	8	1	11	2
内蒙古自治区	60	—	4	10	—	2	—
辽宁省	95	—	6	—	—	6	3
吉林省	35	17	3	7	0	—	1
黑龙江省	50	30	5	10	1	10	3
上海市	86	30	4	10	1	15	5
江苏省	265	100	17	50	4	39	9
浙江省	145	80	12	30	3	20	8
安徽省	105	50	8	13	1	20	3
福建省	100	38	6	15	2	20	—
江西省	90	36	5	10	2	18	3
山东省	200	70	12	—	4	40	10
河南省	130	52	9	20	2	15	2
湖北省	135	60	10	26	3	28	5
湖南省	155	40	10	30	3	30	7
广东省	175	75	14	32	4	35	10
广西壮族自治区	73	30	6	—	1	15	3
海南省	14	4	1	3	0	3	0
重庆市	64	30	5	15	1	13	2
四川省	100	40	9	—	2	—	1
贵州省	60	15	3	7	0	12	2

续表

省份	骨干专业	生产性实训基地	优质学校	双师基地	虚拟仿真实训中心	协同创新中心	技能大师工作室
云南省	60	25	4	13	1	13	5
西藏自治区	3	0	0	0	—	1	0
陕西省	80	45	7	15	1	16	1
甘肃省	50	30	5	—	—	10	—
青海省	12	8	2	2	—	2	0
宁夏回族自治区	28	8	2	2	1	6	1
新疆维吾尔自治区	55	25	3	11	1	6	1
新疆生产建设兵团	2	4	0	1	0	1	0
总计	2 746	1 085	200	385	44	445	94

注:"—"表示"未承接该建设项目"。

附件 3

《行动计划》认定项目各行指委推荐限额

单位	骨干专业	生产性实训基地	双师基地	虚拟仿真实训中心	协同创新中心	技能大师工作室
安全职业教育教学指导委员会	8	2	—		2	—
报关职业教育教学指导委员会	—	1	1	—		
包装职业教育教学指导委员会	2	2	0		0	0
测绘地理信息职业教育教学指导委员会	1	1	—			
船舶工业职业教育教学指导委员会	12	5	2		1	
电子商务职业教育教学指导委员会	20	—	12		10	1
纺织服装职业教育教学指导委员会	3	2	0	1	—	0
工业和信息化职业教育教学指导委员会	9	5	9	0	4	0
供销合作职业教育教学指导委员会	4	3	1	0	2	0
广播影视职业教育教学指导委员会	2	4	1	0		0
机械职业教育教学指导委员会	30	11	18	—	7	1
建材职业教育教学指导委员会	5	0	1	1		
交通运输职业教育教学指导委员会	22	8	2	0	11	1
粮食职业教育教学指导委员会	2	4	0	—	1	0
林业职业教育教学指导委员会	10	5				1
旅游职业教育教学指导委员会	7	3	5	0	—	0
民政职业教育教学指导委员会	7	2	1		1	
商业职业教育教学指导委员会	2	—	2	1	0	0
石油和化工职业教育教学指导委员会	15	8	15	0	5	1
食品工业职业教育教学指导委员会	5	5	4	0	3	
食品药品职业教育教学指导委员会	10	6	2	0	1	—
水利职业教育教学指导委员会	5	3			0	
外经贸职业教育教学指导委员会	1	1	0	0	0	0
卫生职业教育教学指导委员会	2	—	0	—	1	—

续表

单位	骨干专业	生产性实训基地	双师基地	虚拟仿真实训中心	协同创新中心	技能大师工作室
文化艺术职业教育教学指导委员会	10	8	10	—	—	—
物流职业教育教学指导委员会	10	2	1	—	—	—
验光与配镜职业教育教学指导委员会	1	—	—	1	—	—
冶金职业教育教学指导委员会	4	4	4	—	2	—
邮政职业教育教学指导委员会	—	—	—	1	—	—
有色金属职业教育教学指导委员会	3	3	4	0	0	—
中医药职业教育教学指导委员会	12	1	2	1	—	0
住房和城乡建设职业教育教学指导委员会	20	8	12	0	3	0
职业院校外语类专业教学指导委员会	4	2	1	0	1	—
职业院校艺术设计类专业教学指导委员会	6	6	5	—	0	1
总计	254	115	115	6	55	6

注:"—"表示"未承接该建设项目"。

教育部关于公布《高等职业教育创新发展行动计划（2015—2018年）》项目认定结果的通知

教职成函〔2019〕10号

各省、自治区、直辖市教育厅（教委），新疆生产建设兵团教育局：

根据《教育部办公厅关于开展〈高等职业教育创新发展行动计划（2015—2018年）〉项目认定的通知》（教职成厅函〔2019〕8号），经各地和有关行业职业教育教学指导委员会推荐及公示，现将认定的骨干专业、生产性实训基地、优质专科高等职业院校、"双师型"教师培养培训基地、虚拟仿真实训中心、协同创新中心、技能大师工作室等项目名单予以公布。

附件：
《高等职业教育创新发展行动计划（2015—2018年）》项目认定名单（详见书末附录）

教育部
2019年7月1日

第二篇
地方统筹

《行动计划》顺应政府职能转变和国家财税体制改革要求，积极发挥省级统筹和保障作用，所列87个任务（项目）中，由省级政府牵头落实或参与落实的有71项，占到81.61%，充分体现省级政府作为实施《行动计划》的责任主体。32个省份（含兵团）建立了省级推进机构，建立健全推进机制，有序推动各项任务（项目）落地。各地积极采用"项目招标—签订合同"的任务（项目）承接方式，促使承接院校与地方政府形成"契约"关系，实现压力层层传导到基层，推动任务（项目）落地到学校。各地不断健全"竞争择优、动态管理"的管理机制，加强省级指导和监督，强化目标导向和过程管理。

本篇汇编了部分地方在落实所承担的《行动计划》任务（项目）过程中印发的相关政策文件。

关于印发《〈湖南高等职业教育创新发展行动计划（2016—2018年）〉实施方案》的通知

湘教发〔2016〕7号

各市州教育局，各高职院校、成人高校：

为贯彻落实《教育部关于印发〈高等职业教育创新发展行动计划（2015—2018年）〉的通知》（教职成〔2015〕9号）要求，推动我省高等职业教育创新发展，我们研究制定了《〈湖南高等职业教育创新发展行动计划（2016—2018年）〉实施方案》。现印发给你们，请你们结合本地、本校实际认真贯彻实施。

附件：
《湖南高等职业教育创新发展行动计划（2016—2018年）》实施方案

湖南省教育厅

2016年2月2日

附件

《湖南高等职业教育创新发展行动计划（2016—2018年）》实施方案

为贯彻落实《教育部关于印发〈高等职业教育创新发展行动计划（2015—2018年）〉的通知》和《中共湖南省委 湖南省人民政府关于加快发展现代职业教育的决定》，创新发展高等职业教育，制定本实施方案。

一、总体要求

（一）指导思想

以邓小平理论、"三个代表"重要思想、科学发展观为指导，坚持以立德树人为根本，以服务发展为宗旨，以促进就业为导向，以深化改革为动力，强化学校、企业及用人单位共同责任，优化高职教育结构布局，创新高职教育人才培养模式，激发高职院校办学活力，提高高职教育人才培养质量，增进学校人才培养与社会人才需求和使用的契合度，强化职业教育的吸引力、竞争力，为我省深入实施创新驱动发展战略，加快转方式、调结构、促升级、惠民生提供高素质技术技能人才支撑。

（二）主要目标

通过三年建设，高等职业教育整体实力显著增强，院校发展格局更加合理，专业设置更加适应需求，人才培养结构更加合理、质量持续提高，服务中国制造2025的能力和服务湖南经济社会发展的水平显著提升。形成学校企业社会相互融合，体系结构更加优化，办学水平不断提升，灵活、开放、多元，具有湖南特色和全国领先水平的现代高职教育体系。

（1）体系结构更加合理。适应经济社会发展需求，调整优化高职教育层次、规模结构，构建以专科层次职业教育为核心、中高职教育衔接贯通、本科及以上层次职业教育有所突破的高职教育体系，稳步扩大高职教育办学规模，高等职业教育规模占高等教育的一半以上。

（2）服务发展的能力进一步增强。促进高职院校错位发展、创新发展、特色发展，形成充满活力的多元办学格局，服务地方的学校布局，对接产业的专业布局，技术技能人才培养水平大幅提升，应用技术研发能力和社会服务水平大幅提高，高职教育服务区域经济社会发展和产业转型升级能力明显提高，服务中国制造2025的能力显著增强。

（3）可持续发展的机制更加完善。教育行政部门的监管机制更加完善；产教融合、校企合作发展成效更加明显；高职院校治理能力明显改善；师资队伍水平不断提升；院校内部质量监控机制更加健全；职业教育信息化水平明显提高。

（4）发展质量持续提升。力争一批专科高等职业院校跻身国际、国内同类院校一流行列，形成具有较强竞争力的技术技能人才培养高地；建设一批一流高职专业（群），在全国形成品牌效应；建设卓越教师团队，重点培养造就一批在全国有较高知名度、在专业教学领域有较高地位的领军人才、教学名师。全面落实立德树人根本任务，践行社会主义核心价值观，融人文素养、职业精神、职业技能培养于一体，塑造卓越学生。

二、主要任务与举措

（一）推进体系结构不断优化

1. 完善高等职业教育培养体系

强化专科层次高等职业教育承上启下的功能，以专科为核心，以本科为突破，构建专科高职、本科高职和专业学位研究生纵向贯通并与普通高校横向连通的技术技能人才培养体系，努力实现技术技能人才培养的系统化。采取试点推动、示范引领等方式，推动一批地方普通本科院校向应用技术类型高等学校转型发展。在优质高职院校中率先突破，探索发展本科层次职业教育。强化示范性（骨干）高等职业院校的引领带动作用，加强一般高职院校的基础能力建设。加快专科高职院校的改革步伐，深化人才培养模式改革，提升职业院校应用技术创新服务能力，提高人才培养质量和社会服务能力。稳定并扩大专科层次高等职业教育规模，缩减本科高校中就业率（不含升学）低的专科高等教育规模，到2018年，专科层次职业教育在校生达到50万人以上。

2. 积极发展本科层次高等职业教育

积极探索区别于学科型人才培养的本科层次职业教育实现形式和培养模式。省内本科高等学校要逐年增加对口招收中等职业学校毕业生的比例和扩大高职院校学生专升本的比例，到2018年，招收比例要达到中等职业学校和高职院校应届毕业生总数的10%左右，更好地适应我省经济社会发展对本科层次技术应用人才的需求。

3. 推进中高职衔接工作

积极开展中高职试点工作，深入推进中高职人才培养衔接试点项目建设，在已有试点的基础上，再立项40个左右试点项目，厘清中高职衔接的方式和途径。研究出台中高职衔接专业人才培养方案指导性意见，制定60个左右中高职衔接专业教学标准，开发配套的专业核心教材，促成中高职在培养目标、专业设置、课程体系、教学过程等方面的有机衔接。

（二）建设卓越高职院校

1. 推动高职院校特色化发展

高职院校主动对接湖南"一带一部"战略，适应中国制造2025湖南行动计划、"互联网+"行动计划和现代农业、现代服务业需求，科学定位学校服务的行业、产业和区域，走专门化发展的路子。紧紧围绕学校对接的行业或区域产业链设置专业，组建专业群，构建专业建设体系，根据行业、企业实际需求确定人才的培养规格，形成鲜明办学特色。

2. 实施卓越院校建设计划

遴选20所左右办学定位准确、行业背景突出、区域特色鲜明、对接产业紧密、办学成效突出的院校立项为省级卓越院校，建成若干所国内一流、国际知名的高职院校。其他高职院校以卓越院校为榜样，对照卓越院校建设标准，增加投入，持续深化教育教学改革，全面提升人才培养质量和创新服务能力，推动我省高职院校整体办学水平的提高。

3. 开展国际交流与合作

加强与信誉良好的国际组织、跨国企业以及职业教育发达国家开展交流与合作，鼓励高职院校引进国外先进成熟适用的职业标准、专业课程、教材体系和数字化教育资源，支持高职院校申办聘请外国专家（文教类）许可，选派专业骨干教师去职业教育发达国家学习。支持全省高职院校与国（境）外同层次高水平院校开展合作办学。每所省级卓越院校都要与国（境）外高水平院校合作开发1~2个国际化专业教学标准。鼓励示范性（骨干）高职院校利用学校品牌与专业优势，吸引境外学生来湘学习。鼓励高职院校服务湖南优势产业和企业"走出去"战略，与企业合作开展境外办学，培养符合湖南企业海外生产经营需求的本土技术技能人才。

4. 探索混合所有制办学

开展建设混合所有制高等职业院校的理论与实践课题研究，探索发展股份制、混合所有制高职院校，允许以资本、知识、技术、管理等要素参与办学并享有相应权利。探索公办和社会力量举办的高职院校相互委托管理和购买服务的机制。支持全省高职院校建立若干产权明晰的混合所有制二级学院和一批股份所有制的专家工作室或名师工作室。

5. 扩大高职院校办学自主权

充分保障学校在专业设置和调整、人事管理、教师评聘、收入分配等方面充分行使办学自主权和承担相应责任。推进高职院校分类考试招生，逐步提高高职院校自主招生的比例，推行"文化素质+职业技能"的考试办法，逐步扩大高职院校招收有实践经历人员的比例。优化职业院校治理结构，完善职业院校章程，按照章程建立各项管理制度，实现职业院校管理科学化和民主化。推动高职院校参照《高等学校学术委员会规程》设立学术委员会，参照《普通高等学校理事会规程（试行）》设立理事会或董事会机构。

6. 支持民办教育发展

创新民办高等职业教育办学模式，支持各类办学主体通过独资、合资、合作等多种形式举办民办高等职业教育。社会力量举办的高职院校与公办高职院校具有同等法律地位，依法享受相关教育、财税、土地、金融等政策。

7. 推进信息技术应用

落实《职业院校数字校园建设规范》，推进职业院校智慧校园标准化建设，以此为基础立项建设 10 所左右教育信息化创新应用示范高职院校。建立资源可持续开发和优质资源共建共享机制，推进优质数字化资源建设，建设 10 个左右数字化专业博物馆；建设 1 000 个左右教育信息化创新应用示范网络学习空间。应用信息技术改造传统教学，促进泛在、移动、个性化学习方式的形成，每年组织开展全省信息化教学竞赛，展示信息化教学的最新成果。

8. 推行学分积累与转换

推动全省高职院校逐步实行学分制，推进与学分制相配套的课程开发和教学管理制度改革，建立以学分为基本单位的学习成果认定积累制度。鼓励高职院校成立跨校选课联盟，实行学分相互认定。设立省级学分银行，探索高职院校与普通本科高校、成人高校、社区教育机构之间的学分转移与认定。

（三）提升专业建设水平

1. 优化专业结构布局

按照《普通高等学校高等职业教育（专科）专业目录（2015 年）》规范专业设置。围绕"互联网+"行动、中国制造 2025 等要求，重点对接湖南产业发展规划及布局，制订全省性专业设置规划。各高职院校要结合"湖南省卓越职业院校"目标要求制订好专业（群）建设规划。建立专业动态调整机制。省教育厅每年向社会发布院校人才培养、行业（产业）人才需求、学生就业质量状态数据，各学校根据状态数据动态调整专业；建立专业跟踪制度，对院校新增专业前三年办学情况进行跟踪，达不到办学要求的，予以停办。支持湖南经济社会发展急需的相关专业，优先扶持贫困地区产业发展紧缺专业，服务产业向"高端化、低碳化、智能化"发展，形成"对接产业、相对集中、错位发展、优势互补"的专业结构布局。

2. 加强一流专业（群）建设

每个高职院校要重点建设好 2～3 个专业大类、2～3 个专业群、3～5 个特色专业，形成专业链深度融入产业链、引领产业转型升级的特色专业体系。在全省重点建设好 70 个左右高职特色专业、30 个左右高职示范性特色专业、30 个左右高职示范性特色专业群，将高职院校示范特色专业（群）建设成特色鲜明、国内领先、世界一流的专业（群）。通过示范性专业（群）建设，带动全省高等职业教育专业建设水平整体提升，到 2018 年，全省高水平骨干专业总数达到 150 个左右。

3. 推进现代学徒制试点

推动校企联合招生、联合培养、一体化育人的现代学徒制试点，强化"双主体"责任。

积极支持教育部现代学徒制试点立项单位的项目建设工作。全省立项建设一批高职现代学徒制试点单位。

4. 打造高水平专业实训基地

加强与行业企业技术要求、工艺流程、管理规范、设备水平同步的实习实训基地建设，进一步完成30个省级校企合作生产性实训基地的立项和建设。高职院校已有专业要全面加强生产性实习实训基地建设，新增专业三年内必须达到国家规定的实验（实训）室装配标准。鼓励行业企业院校共同建设生产性实习实训基地，支持建设若干个由政府、行业（企业、院校）牵头的高水平、共享型实训中心，推进优质资源共建共享。重视虚拟仿真实训中心建设，支持建设若干个职业能力培养虚拟仿真实训中心。

5. 加快优质课程与教学资源开发

完善高等职业教育课程体系。所有专业建立省级技能训练标准和测试题库，新增专业必须配备训练标准和测试题库。建立湖南特色的教材开发和选用制度，扩大国家规划教材、优质教材的使用面和使用比例。鼓励高职院校开发适用性强、具有鲜明特色的校本教材。分专业开发100门左右课程建设指导性意见，建设一批精品在线开放课程。

6. 加强创新创业能力培养

促进专业教育与创新创业教育有机融合，将创新创业教育切实纳入人才培养方案。建立有湖南特色的创新创业教育专门课程体系，开发相应课程，促进专业教育与创新创业教育有机融合。开辟创新创业场地，组织创新创业竞赛，提升创新创业能力。持续举办全省性"湖南黄炎培职业教育创业规划大赛"，支持学校通过各种形式建设"大学生创业园"和"大学生创业孵化基地"。探索将学生完成的创新实验、论文发表、专利获取、自主创业等成果折算为学分，将学生参与课题研究、项目实验等活动认定为课堂学习；优先支持参与创新创业的学生转入相关专业学习；实施弹性学制，放宽学生修业年限，允许调整学业进程、保留学籍休学创新创业。多渠道统筹安排资金，支持创新创业教学，资助学生创新创业项目。

7. 加强和改进思想政治教育工作

深入开展中国特色社会主义和中国梦教育，在广大师生中积极培育和践行社会主义核心价值观，引导大学生关心国家命运，自觉把个人理想与国家梦想、个人价值与国家发展结合起来。规范形势与政策教育教学，加强民族团结教育，加强中华优秀传统文化教育，深入开展"我的中国梦"主题教育活动，推进学雷锋活动常态化。健全学生思想政治教育长效机制，全面推进《全国大学生思想政治教育质量测评体系（试行）》，提高高校思想政治理论课实效，扶持学生优秀社会实践活动。贯彻落实《高等学校辅导员职业能力标准（暂行）》，进一步推进辅导员队伍专业化、职业化建设。进一步加强高职院校心理健康教育与咨询机构建设。鼓励全省高职院校创建平安校园、和谐校园。

8. 促进职业能力和职业精神融合

加强校园文化建设，积极推进优秀产业文化进教育、企业文化进校园、职业文化进课堂，构建具有鲜明行业（产业）特色的校园文化。素质教育课程化，研究探索学生综合素质评价体系和测评办法。加强学生在专业教学及实训过程中职业习惯的养成，建立学生职业素养评价机制。高度重视顶岗实习教学环节，在顶岗实习过程中建立以企业为主的学生职业精神评价制度，并作为学生毕业综合素质考核的重要依据。贯彻落实《高等学校体育工作基本标准》，促进学生身心健康。

（四）加强教师队伍建设

1. 健全教师培养培训制度

加强师德教育，努力提高教师师德素养和教书育人水平。实施高职院校教师素质提升计划，建立在职教师轮训制度，省级重点培训技能紧缺型专业骨干教师600名。实行教师定期实践制度，专业教师每五年企业实践时间累计不少于6个月，新任教师必须先实践、后上岗。支持高水平学校和大中型企业共建"双师型"教师培养培训基地30个左右，探索"学历教育+企业实训"的培养办法，统筹开展定向培养试点工作；学校制定教师培养培训五年规划，保障100%的在职教师完成五年一次的轮训。完善以老带新的青年教师培养机制。

2. 加强兼职教师队伍建设

制定《湖南省职业院校兼职教师聘用与管理办法》，明确兼职教师聘任条件、岗位职责及管理办法。加强兼职教师职业教育教学规律与教学方法培训，努力提高兼职教师队伍整体素质。建立湖南省职业院校兼职教师信息共享平台，省建立包括技能大师、省级劳模在内的骨干兼职教师信息平台，供广大职业院校共享；各市州和高职院校共建本区域兼职教师共享平台，供区域内职业院校共享。到2018年末，兼职教师数按每学年授课160学时为1名教师计算，比例达到学校编制总数的30%左右。建立兼职教师队伍建设激励机制、职业院校兼职教师队伍建设评价体系、优秀兼职教师评价激励机制，对兼职教师队伍建设成效突出的市州、职业院校以及有突出贡献的兼职教师给予奖励。

3. 强化高层次人才梯队建设

在芙蓉学者计划、学科带头人培养计划、青年骨干教师培养计划中单列高职院校指标，三年内支持选聘特聘教授20名左右、讲座教授40名左右，遴选培养学科带头人100名，遴选培养青年骨干教师300名；建立省、市州（行业部门）、学校三级优秀教师选拔培养制度，完善健全三级骨干教师培养体系，造就一大批湖湘职教名师。

4. 完善教师队伍管理机制

完善教师专业技术职务（职称）评聘办法，将师德表现、教学水平、信息技术应用能力、应用技术研发成果与社会服务成效等作为高等职业院校教师专业技术职务（职称）评聘和工作绩效考核的重要内容。鼓励高等职业院校制定和执行反映自身发展水平的"双师型"教师标准（不低于2008年《高等职业院校人才培养工作评估方案》规定的标准）。推动学校实施教师分类管理、分类评价的人事管理制度改革；全面推行按岗聘用、竞聘上岗；

制订体现高等职业教育特点的教师绩效评价标准,绩效工资内部分配向"双师型"教师适当倾斜。原则上55岁以下的教授、副教授每学期至少讲授一门课程。继续加强高职院校教育研究机构队伍建设。

(五)提升社会服务能力

1. 推进高职教育集团化发展

鼓励行业企业牵头成立服务湖南产业发展需要的基于产权和利益共享的职教集团;支持有特色的高职院校以输出品牌、资源和管理的方式成立连锁型职业教育集团;优化示范性职业教育集团建设方案与管理办法,继续推进10个示范性职教集团建设。支持农业职业教育集团建设。建设湖南省职业教育校企互动交流平台,发挥平台共享作用,提供人才需求预测、人才供给预报,以及顶岗实习、培训合作、科研合作等对接服务。

2. 鼓励开展应用技术研究

推动高职院校与行业企业共建应用技术协同创新中心,开展应用技术研究、新技术研发、技改攻关、新产品研发、成果转化(推广)、技术标准(规程)研制、经营策划研究等,三年内,重点支持建设一批应用技术协同创新中心。在省级科学技术研究课题中,专项支持一批高职院校应用技术创新研究课题。鼓励师生将拥有自主知识产权的成果进行自主创业或与企业合作转化。鼓励学校与技艺大师、非物质文化遗产传承人等合作建立技能大师工作室,开展技艺(文化)传承创新等活动,每年遴选若干技艺(文化)传承创新项目向全社会宣传推广。建设若干个民族文化传承与创新示范专业点。

3. 服务社区教育和终身学习

落实《教育部 人力资源和社会保障部关于推进职业院校服务经济转型升级面向行业企业开展职工继续教育的意见》,坚持学历教育和非学历培训并举、全日制与非全日制并重发展多样化的职工继续教育,为劳动者终身学习提供更多机会。继续支持示范性社区教育项目。鼓励高职院校发挥场地、设施、师资、教学实训设备、网络及教育资源优势,面向社区成员开展与生活密切相关的职业技能培训,重点向农村社区新型职业农民教育培训倾斜。鼓励高职院校主动承接政府和企事业单位组织的职业培训,按照国家有关规定开展退役士兵职业教育培训。

(六)完善质量保障机制

1. 健全高职院校内部质量保证与监控体系

加强教学常规管理,建立健全教师到课和学生听课考评制度,提高课堂教学效率。推进教考分离,规范教学考评制度。建立完善学生补考、留级(重修)、毕业(肄业)制度,严把学生毕业质量关。建立院系两级教学督导制度,加强教师教学过程的指导与监控。建立健全学生专业技能考核、毕业设计评价、毕业生综合素质评价等监控制度。建立健全质量诊断、反馈与改进机制。完善学校质量年报制度。促进教育教学质量不断提升。

2. 完善教育行政部门质量监管制度

进一步实施和完善高职院校学生专业技能抽查、毕业设计抽查等制度，并强化结果运用。继续举办湖南省职业院校技能竞赛和黄炎培职业教育奖创业规划大赛。完善高等职业教育人才培养工作状态数据管理系统，建立省级质量监控信息平台，加强对高职院校常规管理、教学管理、重大项目建设等的过程监控。推进全省高职院校人才培养工作诊断改进制度的实施。进一步提高质量年度报告的量化程度、可比性和可读性，每年定期向社会发布全省高职院校质量年报。

3. 发挥社会评价的监督作用

支持第三方参与学校质量评价，订单班、现代学徒制试点班要鼓励企业参与人才培养质量全过程监控。按教育部统一部署试点由行业组织开展专业层面的教学诊断与改进工作。建立健全毕业生跟踪调查反馈制度和社会对毕业生满意度跟踪调查制度。

三、保障措施

本实施方案是今后一个时期深入推进我省高等职业教育改革发展的路线图，各部门及有关学校必须高度重视，保证落实。

（一）加强组织领导

省教育厅成立以分管职教工作的副厅长为组长、相关部门主要负责人为成员的《湖南高等职业教育创新发展行动计划（2016—2018年）》（以下简称《行动计划》）实施工作领导小组，负责本实施方案的统筹规划及宏观管理，协调配合省发展改革、财政、人社、农业、扶贫等有关部门，落实项目预算，保障任务实施。各学校要成立以院（校）长为组长的《行动计划》实施小组，根据本实施方案内容，结合学校实际情况，制定好具体实施方案，统筹经费安排，出台相关政策、配套条件，有效解决瓶颈问题，保证方案的顺利实施。

（二）强化管理督查

省教育厅将充分发挥业务指导和监督作用，引导和督促学校联合相关行业企业制定和执行实施方案。会同有关部门加强对相关工作的日常指导、检查与跟踪，定期召开工作会议，及时总结经验、发现问题，不断完善工作要求。将各地、各校在实施《行动计划》中的政策措施力度、组织实施效果等情况，作为评价高职院校办学水平、专业建设水平的重要因素之一，作为国家和省级职业教育重点建设项目立项和验收的重要条件之一。

（三）引导社会参与

支持企业发挥资源技术优势参与高等职业教育，鼓励市州政府在安排职业教育专项经费、制定支持政策、购买社会服务时，将企业举办的公办性质高职院校与其他公办院校同等对待。形成全社会参与高等职业教育的良好氛围。

（四）营造良好环境

按照国家有关规定完善职业教育先进单位和先进个人表彰奖励制度，定期开展职业教育活动周宣传教育工作。通过主流媒体和各种新兴媒体，广泛宣传高等职业教育方针政策、高等职业院校先进经验和技术技能人才成果贡献，引导全社会树立重视职业教育的理念，促进形成"劳动光荣、技能宝贵、创造伟大"的社会氛围。

附件：
《湖南高等职业教育创新发展行动计划（2016—2018年）》任务（项目）一览表（略）

云南省教育厅关于印发《云南省高等职业教育创新发展行动计划项目管理办法》的通知

云教高〔2016〕59号

各高等学校：

为引导我省高等职业院校主动适应职业教育形势变化，发挥改革创新的主体作用，实现发展动力由政府主导向院校自主转变，规范和加强《云南省高等职业教育创新发展行动计划（2016—2018年）实施方案》（以下简称《实施方案》）中的项目和任务管理，确保建设项目和任务取得预期成效，根据《实施方案》以及国家和我省有关规章制度，特制定《云南省高等职业教育创新发展行动计划项目管理办法》，现印发给你们，请遵照执行。执行中遇到的问题，请及时反馈到省教育厅高教处。

附件：
云南省高等职业教育创新发展行动计划项目管理办法

云南省教育厅
2016年7月25日

附件

云南省高等职业教育创新发展
行动计划项目管理办法

一、总则

第一条 为引导我省高等职业院校（含举办高等职业教育的本科院校，下同）主动适应职业教育形势变化，发挥改革创新的主体作用，实现由政府主导向院校自主转变，规范和加强《云南省高等职业教育创新发展行动计划（2016—2018年）实施方案》（以下简称《实施方案》）中的项目和任务管理，根据《实施方案》及有关规章制度，制定本办法。

第二条 坚持问题导向，围绕高等职业教育教学改革、办学模式改革和院校治理能力提升等发展难题，推进产教深度融合，推进高职院校转型发展、创新发展和特色发展，在体制机制创新、人才培养模式改革、社会服务能力提升等方面率先取得突破，形成结构合理、功能完善、质量稳步提升的高等职业教育发展格局。

第三条 《实施方案》将难以量化执行的归类为任务，将可以量化执行的细化为项目，由院校结合实际自主提出承担意愿，保证《实施方案》的顺利实施和绩效评价。

第四条 按照"教育部规划管理、省级统筹保障、院校自主实施"的高等职业教育管理新模式，本着"有预算支持的优先、实施方案可操作性强的优先、预期成果量化程度高的优先"等原则，在各院校统筹规划、自主承担的基础上，省教育厅、财政厅在总体规划内择优统筹安排建设项目。

二、项目（任务）申请、备案、立项与管理

第五条 各高等职业院校应结合自身实际和近3年发展目标，本着利于学校改革发展的原则，按照《实施方案》要求，制定学校创新发展整体方案，自主承担建设项目和任务，明确资金预算，以"整体打包"的方式提出承担意愿，报送整体方案至省教育厅。省教育厅改变以往单个项目评审、立项、支持建设的方式，调整为整合项目和任务，备案学校整体发展建设方案，统筹资源投入，以整体效益作为标准开展评价。

第六条 省教育厅会同省财政厅组织专家组对院校提交的建设方案进行认定后予以备案，各院校以方案为依据，以承担的任务和项目为抓手，自行开展建设。对于个别重大特殊项目和任务，采取评审立项方式开展建设。

第七条 省教育厅、财政厅共同研究确定我省《实施方案》中建设项目和任务的总体

规划和建设数量。

第八条 省教育厅组织实施方案的上报、备案、指导、评价、检查和验收等工作,适时组织专家组或委托第三方机构对建设项目和任务进行专项调研、评估。学校自主对建设项目和任务进行日常管理、中期检查和评价等。建设期间,省教育厅以项目和任务推进情况及取得成效作为下年度经费安排的重要依据。

第九条 对需采用评审立项的重大建设项目和任务,单独下发通知,评审立项,给予专门经费支持,并开展年度检查和评估。

第十条 高校制定整体方案承担项目和任务时应坚持定性和定量相结合的原则,真实客观反映建设项目的基础条件、建设内容、建设目标、保障条件、预期成效等信息。一旦查实有弄虚作假行为,撤销项目备案或立项,按1.5倍额度扣减下年度资金,并全省通报批评。

三、资金使用与监督

第十一条 各高等职业院校应积极筹措资金投入创新发展行动计划,为提升学校办学实力和水平提供保障。根据各院校工作推进情况,以绩效考评为依据,按因素分配采取"以奖代补"形式,按年度整体下拨上级补助资金。

第十二条 《实施方案》中建设项目和任务的支持经费支出范围包括:设备费、办公费、咨询费、水电费、邮寄费、差旅费、会议费、维护费、专用材料费、委托业务费等费用。不得用于工资、福利和基本建设等支出,不得用于偿还贷款利息和提取项目管理费,不得支出投资、赞助、捐赠等与项目无关的费用。

第十三条 各高等职业院校要统筹规划项目和任务经费的预算和使用,确保经费支出与原规划和预算相符。过程当中需调整的要说明理由,存档备查。资金使用要严格执行国家有关财经纪律和法律法规,自觉接受财政、教育、审计、监察等部门的监督检查,并及时纠正存在的问题。

四、项目监督检查与验收

第十四条 省教育厅启动创新发展行动计划管理平台,做好项目和任务执行情况的事中监督管理、事后检查验收。学校应将方案执行情况列入本校督查范围,将目标责任完成情况作为督查对象业绩考核的重要内容和依据。

第十五条 各高等职业院校应加大改革推进力度,加强统筹管理,把项目作为深化教育教学综合改革的"助推剂",注重改革实效,不断积累改革经验,积极推广改革成果,切实提高人才培养水平。

第十六条 各高等职业院校在2016—2018年期间,于每年12月20日前提交本校整体方案实施情况的总结报告。省教育厅、财政厅对项目和任务执行情况进行年度整体评价。

五、附则

第十七条　各高等职业院校在申报拟承担的建设项目和任务时，可根据本校实际提出特色建设项目和经费预算，省教育厅统一备案，开展管理和评价。

第十八条　各高等职业院校可结合本校实际制定具体管理办法。

第十九条　其他未尽事宜，由省教育厅、财政厅负责解释和补充。

第二十条　本办法自发布之日起执行。

附件

《云南省高等职业教育创新发展行动计划（2016—2018年）实施方案》学校建设方案评价指标

院校名称：　　　　　　　　专家姓名：

评价指标	项目分值	指标说明	专家评分
建设基础与整体规划	25	根据院校办学现状，结合其办学优势及办学特色，考察院校建设方案，以及总体建设目标与所申请承担的任务和项目之间的关联性、整体性及合理性	
建设内容与实施路径	30	主要考察院校提出的主要建设内容对所承担任务、项目的落实和支撑情况，以及各项建设内容的实施路径、主要举措的科学性、合理性及可操作性	
建设进度与验收要点	25	主要考察院校所承担任务和项目进度安排与行动计划实施方案要求的一致性，以及各阶段绩效考核要点、成果形式等的可检测、可评价性	
建设环境与内部保障	10	主要考察院校建设期间可获得的政府、行业、企业和其他社会单位资源情况及支持程度，以及内部组织领导、制度保障等情况	
经费预算与预期成效	10	主要考察资金预算及配套、年度经费安排等情况及合理性，以及通过建设后可预期的经济效益和社会效益	
意见和建议：			

青海省教育厅关于印发《〈青海省高等职业教育创新发展行动计划（2016—2018年）〉实施方案》的通知

青教职〔2016〕33号

各高职院校：

根据《教育部关于印发〈高等职业教育创新发展行动计划（2015—2018年）〉的通知》（教职成〔2015〕9号）精神，为加强统筹管理，推动全省高等职业教育健康快速发展，现将《〈青海省高等职业教育创新发展行动计划（2016—2018年）〉实施方案》印发给你们，请认真遵照执行。

附件：
《青海省高等职业教育创新发展行动计划（2016—2018年）》实施方案

青海省教育厅
2016年8月9日

附件

《青海省高等职业教育创新发展行动计划（2016—2018年）》实施方案

为贯彻落实《教育部关于印发〈高等职业教育创新发展行动计划（2015—2018年）〉的通知》文件精神，依据《青海省高等职业教育创新发展行动计划（2016—2018年）》（以下简称《行动计划》）具体工作任务、项目要求，结合我省高等职业教育改革发展的内涵需求，为更好地促进《行动计划》的有效落实，全面促进我省高等职业教育创新发展，结合实际，特制定此实施方案。

一、总体要求

（一）指导思想

在全面落实《行动计划》指导思想的基础上，通过实施方案的推进，以提升我省高等职业教育发展质量为核心，进一步明确我省高等职业教育创新发展的工作载体，坚持问题导向，结合我省高等职业教育发展中存在的问题和困难，通过方案的上承下续，为我省高等职业教育创新发展做好宏观层面的引导和支持。

（二）基本原则

（1）坚持改革创新，实现服务发展。积极履行地方政府统筹发展职业教育的责任，落实高等职业院校办学自主权，完善集团化办学，健全产教融合、共建共办机制，促进职业教育与社会需求紧密对接，激发办学活力，增强职业教育服务我省地方经济发展战略的能力。

（2）坚持上下联动，促进协同发展。健全高等职业院校生均拨款制度和质量保证机制，全面提高保障水平。充分拓展和释放高职院校办学自主权和改革发展的主体作用；各自明确发展责任，上下联动，围绕我省职业教育关键环节分层、分类进行改革和实施，形成改革合力，创新协同发展。

（3）坚持分类指导，突出优质发展。根据我省不同区域发展战略重点和主体功能定位，整合资源，调整布局，加快发展高等职业教育，鼓励先试先行，引导和支持高职院校在体制机制创新、人才培养模式改革、社会服务能力提升等方面积极实践和探索，推动职业教育多样化、特色化、优质化发展。

（4）坚持深化内涵，实现全面发展。以提高质量为核心，深化专业内涵、课程体系、教学模式改革创新；加强校园文化建设，把提高学生职业技能和培养职业精神高度融合，促进学生全面发展；创新校企合作、工学结合的育人机制；推动高职院校章程建设，依法治校，完善治理结构，提升治理能力，促进我省高等职业教育健康全面发展。

（三）主要目标

围绕我省生态文明建设、循环经济发展、民族先进区的三区建设，通过方案实施，促进我省现代职业教育的制度环境更加完善，与行业企业共同推进技术技能积累创新的机制初步形成，职业教育促进区域产业结构调整和新兴产业发展的能力不断增强；以任务和项目驱动发展，建成一批产教深度融合、高原区域特色鲜明、具有一定影响力的骨干专业、优质院校、校企共建生产性实训基地、职业教育集团、"双师型"教师培训基地；区域和国际合作更加深入，多方参与、多元评价的质量保证机制更加完善；职业教育信息化水平明显提高，融人文素养、职业精神、职业技能为一体的育人文化初步形成，通过三年建设，进一步提高技术技能人才培养质量，优化我省高职教育培养结构，加快完善我省高职教育发展机制，保障提升发展质量，全面增强高等职业院校服务地方经济发展战略的能力，为我省改革发展释放最大人才红利。

二、建设基础

"十二五"期间，我省职业教育得到迅速发展，职业教育体系日趋完善，为提高劳动者素质、促进就业创业、改善民生、推动我省经济社会发展发挥了重要的支撑作用。全省高等职业院校布局和专业结构进一步优化，新建3所高职院校，高等职业院校增加到8所。建成国家级高职示范（骨干）院校2所，省级重点高职院校2所；建设高职重点专业30个，实现中高职对接专业38个；通过实施"职业院校教师素质提高计划""国家骨干教师培养培训计划""青年教师到企业专业实践计划"，加大职业院校专业教师国家级、省级培训力度，促进教师提高相关实践操作技能和实践教学能力，"双师型"教师比例达到40%；通过"高等职业学校提升专业服务产业发展能力项目"建设，5所高职以十大特色产业和"四区两带一线"的地方社会经济发展战略为依托，以传统优势专业为基础，完成了7个产业支撑型和5个人才紧缺型专业的建设，为我省新兴产业发展和艰苦行业亟需的技术技能人才培养发挥了支撑作用。

三、主要任务与举措

依据《行动计划》中所列的65项任务、22个项目，按照《行动计划》相应的任务体例结构，结合实际，我省共涉及28项任务和10个项目，具体任务和举措如下。任务、项目建设一览表见附件1、附件2（含建设内容、数量、预期效果及预估投入资金支持）。

（一）扩大优质教育资源

1. 提升专业建设水平

围绕我省经济发展规划和产业结构优化升级，以发展循环经济、加快培育和建设新能源新材料、生态环境保护、新型农牧业、现代服务业等新兴产业、创新型产业需求为基础，按照"对接产业、协调发展、重点支持、良性互动"的专业建设总体要求，依据《行动计划》的任务和项目建设需求，我省将重点支持紧贴产业发展、校企深度合作、社会认可度高的骨干专业建设，支持我省民族特色专业建设和发展。2018年底完成12个骨干专业的建设，支持我省高等职业院校与企业深度合作，共建生产性实训基地，建设8个省级示范性校企共建的生产性实训基地。

2. 开展优质学校建设

坚持以示范建设引领发展，开展我省"优质学校建设实施工程"，严格依据以服务为宗旨、以就业为导向的高职办学方向，对专业特色鲜明、社会服务能力强、综合办学水平领先、对与地方经济社会发展需要契合度高、行业优势突出的高职院校进一步加大投入，2018年底立项建设2所优质高等职业院校，激发和促进其持续健康发展，进一步深化内涵建设，保持改革动力，坚持不断创新，增强学校对产业发展的贡献度，争创省内外先进水平。

3. 引进境外优质资源

支持省内1所国家示范校，在示范校建设的基础上，积极引进国（境）外优质教育资源，学习和引进国（境）外先进成熟适用的人才培养标准、专业课程、教材体系等资源；支持1所省级重点建设高职院校，选择类型相同、专业相近的国（境）外高水平院校联合开发课程，共建专业、实验室或实训基地，建立教师交流、学生交换、学分互认等合作关系；结合国家对外开放战略，特别是丝绸之路经济带倡议，加快我省职业教育国际化进程。

4. 加强教师队伍建设

结合我省实际，加大符合高职教师发展的制度建设，各高职院校健全专任教师培养和继续教育制度，进一步建立和完善以老带新的青年教师培养机制，建立教师轮训制度，按照学院实际，建立教师企业顶岗实践制度，推进5所高职院校全面落实专业教师每五年企业实践时间累计不少于6个月的刚性要求，不断提升专业教学能力和实践动手能力，使职业院校教师队伍培训制度化、常态化、多样化；在我省示范校、骨干校、省级重点高职院校中，依据校企合作深度和已有企业资源，遴选和支持建设2个省级层面的"双师型"教师培训基地，并覆盖我省中等职业教师师资培养。

加强兼职教师队伍建设。支持3所高职院校自主聘请兼职教师，学校在编制年度预算时应统筹考虑经费安排；加强兼职教师的职业教育教学规律与教学方法培训；加大企业要素参与教学的融入度，学院出台政策支持兼职教师或合作企业牵头教学研究项目、组织实施教学改革，支持1所高职院校进行藏汉双语的"双师型"教师队伍建设。

5. 推进信息技术应用

落实《行动计划》中要求的构建国家、省、学校三级数字教育教学资源共建共享体系。形成三级联动、错位发展、突出特色的格局。2018年底支持4所高职院校加快数字校园建设，各学校根据院校自身条件补充建设，突出校本特色，创新信息化教学的内容与方式，促进泛在、移动、个性化学习方式的形成；加大高职院校人才培养工作状态数据管理系统的应用；加大教师信息技术应用能力的培训，支持5所高职院校将信息技术应用能力作为教师评聘考核的重要依据。

6. 推动职业教育集团化发展

根据《青海省关于深入推进职业教育集团化办学的实施意见》，扩大职业教育集团覆盖面，探索组建覆盖我省产业链的职业教育集团。在目前已组建交通、建筑通信、卫生、农牧等7个职教集团的基础上，到2018年，进一步提高职业院校集团化办学参与率，规模以上企业参与集团化办学达到一定比例，初步建成4个左右有特色、成规模、能示范的涵盖藏区等所有中职学校的职业教育集团，推荐和支持1个国家级骨干职业教育集团，更好地推进我省产业链和教育链有机融合。

（二）增强院校办学活力

1. 发挥企业办学主体作用

重视发挥企业重要的办学用人主体作用，积极推广多种校企合作运行模式，加快构建产教深度融合的机制。按照《教育部 人力资源和社会保障部关于推进职业院校服务经济转型升级面向行业企业开展职工继续教育的意见》，鼓励企业将职工教育培训交由高等职业院校承担，鼓励企业与学校共建共管职工培训中心。2018年底在我省建立2个具有示范引领作用的以高职院校为主体的行业企业技术人员培训中心（基地）。

2. 落实高等职业院校办学自主权

进一步落实《关于进一步落实和扩大高校办学自主权完善高校内部质量结构的意见》，简政放权，支持学校自主确定教学科研行政等内部组织机构的设置和人员配备，支持3所高职院校面向社会依法依规自主公开招聘教学科研行政管理等各类人员，自主选聘教职工，自主确定内部收入分配；放管结合，健全以学校章程为统领的规范行使办学自主权的制度体系；优化服务，履行好政府保基本的兜底责任和监管职责，结合章程建设，全面推进我省高等职业院校增大办学话语权、自主权。

3. 服务社区教育和终身学习

各高职院校充分发挥其人才中心、技术中心的优势，开发办学资源，提升社会服务水平，服务全民学习、终身学习，为推进我省学习型社会建设发挥积极作用。鼓励职业院校发挥资源和人才优势，向社区开放服务，面向社区成员开展与生活密切相关的职业技能培训，以及民主法治、文明礼仪、保健养生、生态文明等方面的教育活动。2018年底，支持2所高职院校与相应的社区教育机构建立联席会议制度，为社区教育服务计划提供平台，协调社区企事业单位为学生实习实训提供条件，开展校园周边环境综合治理。

（三）加强技术技能积累

1. 优化结构，深化课程改革

围绕我省经济发展规划和产业结构优化升级，完善职业教育专业设置动态调整机制，以发展循环经济、加快培育和建设新能源新材料、生态环境保护、新型农牧业、现代服务业等新兴产业需求为基础，支持2所高职院校建立产业结构调整驱动专业设置与改革、产业技术进步驱动课程改革的机制，推动专业设置与产业需求对接，课程内容与职业标准对接，教学过程与生产过程对接。根据我省经济发展和人才需求，引导我省4所高职院校在办好传统优势专业基础上，加强现代服务业亟需人才培养，加快满足我省社会建设和社会管理人才需求的培养工作。

2. 深化校企合作发展，开展学徒制试点

推进我省高等职业院校与当地企业实现"四个合作"：合作办学、合作育人、合作就业、合作发展，鼓励校企共建以现代学徒制培养为主的特色学院；以市场为导向多方共建应用技术协同创新中心，支持学校与技艺大师、非物质文化遗产传承人等合作建立技能大师工作室，开展技艺传承创新等活动。2018年底，在我省开展4个以现代学徒制培养为特色的学院，以校企合作为主体，围绕高职院校特色专业、人才资源优势和技术服务能力，建立4个以市场为导向多方共建应用技术协同创新中心；围绕我省民族工艺传承创新、文化遗产（民居、藏区建筑）和生态保护等，支持建设2个技能大师工作室。

3. 加强创新创业教育

依据出台的《青海省深化高等学校创新创业教育改革实施方案》的具体要求，围绕各项工作，全面推进我省创新创业教育发展。支持5所高职院校，加强各类大学生创业园、创业孵化基地和小微企业创业基地建设；在人才培养中，设置合理的创新创业学分，为有意愿、有潜质的学生制定创新创业能力培养计划，逐步实施弹性学制，允许保留学籍休学创新创业；开展创新创业活动，支持创新创业教育教学，资助学生创新创业项目，全面落实创新创业教育工作。加强重点文化产业技术技能人才的培养；提升民族地区的高等职业院校支持当地特色优势产业、基本公共服务、社会管理的能力。支持3所高职院校建设具有区域特色的创新创业教育课程群，通过特色教学和理论研究，推出一批实践成果。

4. 培育新型职业农民

建立公益性农民培养培训制度，扶持我省涉农高职院校的发展和专业建设。提高涉农高职院校为三农服务的能力，围绕农业产业链和流通链培养培训适应科技进步和农业产业化需要的学生和新型职业农民，创新招生就业、人才培养、农学结合、校企合作、顶岗实习、社会服务等工作机制，推进农科教统筹、产学研合作；支持1所高等职业院校与涉农

企业共建农业职业教育集团和涉农职业教育改革实验区。

（四）完善质量保障机制

1. 提高经费保障水平

《青海省财政厅 青海省教育厅关于建立青海省职业教育生均拨款制度的通知》要求，从2015年春季学期起，我省对公办中等职业学校，在现行中职学校免学费的基础上，提高生均公用经费补助标准600元，2016年再次提高600元，实际生均公用经费补助标准达到3 200元。2016年高职院校建立生均拨款制度，生均拨款标准达到12 000元。

2. 完善院校治理结构

落实《高等学校章程制定暂行办法》，建立健全依法自主管理、民主监督、社会参与的高等职业院校治理结构。完成高等职业院校章程制定、修订工作。坚持和完善公办高等职业院校党委领导下的校长负责制，提升学校的资源整合、科学决策和战略规划能力。2016年底推动高等职业院校参照《高等学校学术委员会规程》设立学术委员会，推进4所高职院校建立完善的学术委员会运作工作机制。

3. 完善质量年报制度

巩固学校、省和国家三级高等职业教育质量年度报告制度，进一步提高质量年度报告的量化程度、可比性和可读性。高等职业院校和省级教育行政部门每年发布质量报告；支持第三方撰写发布国家高等职业教育质量年度报告；强化校级及省级层面对报告发布情况和撰写质量的监督管理，适时在省级层面对质量报告进行相应的排序，督促各高职院校做好、做实质量报告相关工作。依据《青海省教育厅关于加强我省高等职业院校"人才培养工作状态数据采集平台"建设和管理的意见》，推进高等职业院校人才培养工作状态数据管理系统的建设、部署与应用，逐步加强状态数据在宏观管理、行政决策、院校治理、教学改革、年度报告中的基础性作用。

4. 改进高职教师管理

出台我省高等职业教育系列职称评审实施办法，全面系统评价教师，将师德表现、教学水平、应用技术研发成果与社会服务成效等作为高等职业院校教师专业技术职务（职称）评聘和工作绩效考核的重要内容，鼓励我省示范、骨干院校结合自身条件制定执行反映自身发展水平、不低于国家规定标准的"双师型"教师标准（不低于2008年《高等职业院校人才培养工作评估方案》规定的标准）。

5. 加强相关理论研究

加强我省职业教育研究中心建设和投入，根据我省实际，加大对热点难点问题研究，通过教研立项、教学成果评审等，推进相关政策和理论研究。鼓励我省有条件的高等职业院校建立专门教育研究机构，发挥学校人才、信息、资源聚集的优势，引导广大教师围绕专业建设、课程改革、实践教学、终身学习等方面开展教学研究。

(五)提升思想政治教育质量

加强以职业道德培养和职业素质养成为特点的高等职业教育学生思想政治教育工作,着力培养既掌握熟练技术,又坚守职业精神的技术技能人才。

1. 加强和改进学生思想政治教育工作

把培育和践行社会主义核心价值观融入教育教学全过程,深入开展中国特色社会主义和中国梦教育,规范形势与政策教育教学,加强民族团结教育,加强中华优秀传统文化教育,深入开展"我的中国梦"主题教育活动,推进学雷锋活动常态化。健全学生思想政治教育长效机制,创新网络思想政治教育方式方法。提高高校思想政治理论课实效,推进辅导员队伍专业化、职业化建设,扶持学生优秀社会实践活动,加强心理健康教育与咨询机构建设,高职院校按师生比1:200配备辅导员(可以政府购买服务的形式推进);心理健康教育全覆盖,全面推进《全国大学生思想政治教育质量测评体系(试行)》。

2. 促进职业技能培养与职业精神养成相融合

把提高学生职业技能和培养职业精神高度融合,加强文化素质教育,将人文素养和职业素质教育纳入人才培养方案,加强文化艺术类课程建设,完善人格修养,培育学生诚实守信、崇尚科学、追求真理的思想观念。贯彻落实《高等学校体育工作基本标准》,促进学生身心健康;加强校园文化建设,充分发挥校园文化对职业精神养成的独特作用,推进优秀产业文化教育、企业文化进校园、职业文化进课堂,将生态环保、绿色节能、循环经济等理念融入教育过程;利用学校校史馆、图书馆、档案馆等,发挥学校历史沿革、专业发展历程、杰出人物事迹的文化育人作用。发挥学生党支部、共青团、学生会、学生社团的作用,与政府、行业、企业合作开展内容丰富、形式新颖、传递正能量的实践育人活动和校园文化活动,创建平安校园、和谐校园。

四、保障措施

本实施方案是我省贯彻落实《行动计划》的重要依据,也是我省高等职业教育实现"服务发展、协同发展、优质发展、全面发展"的实施载体和我省深入推进高等职业教育改革发展的路线图,请各地、各高职院校高度重视,保证落实。

(一)加强组织领导

教育行政部门要充分发挥统筹规划、宏观管理作用,主动协调配合发展改革、财政、人社、农业、扶贫等有关部门,协调项目预算、保证任务落实。建立推进方案实施的涵盖行业主管等部门的职业教育工作部门联席会议制度,加强沟通、协调,省财政厅会同教育行政部门做好相关经费支持,按照《行动计划》项目申报的"有预算支持的优先、实施方案可操作性强的优先、预期成果量化程度高的优先"原则,加大资金投入、组织做好相关项目申报，保证落实方案的顺利实施。

（二）强化管理督查

按照实施方案任务和项目的分工，各部门、高职院校应结合学院实际情况，做好校级层面的任务分解，统一思想、明确目标、落实责任，确定时间表和任务书，实行项目管理；将目标责任完成情况作为督查对象业绩考核的重要内容。省级教育行政部门将会同有关部门加强对方案落实的过程管理，做好日常指导、检查与跟踪，及时总结经验、发现问题，根据实际需要不断完善工作要求。行业部门要引导和督促相关行业企业制定和执行实施方案。各地实际任务及项目的完成情况将作为我省财政资金支持的重要依据，建立以效果和绩效为导向的资金支持政策。

（三）营造良好环境

加强舆论宣传，加大国家、省级大力发展现代职业教育相关政策宣贯；树立和弘扬多样化人才观念，引导社会切实转变教育观、人才观、择业观。按照国家有关规定完善职业教育先进单位和先进个人表彰奖励制度，定期开展职业教育活动周宣传教育工作。通过主流媒体和各种新兴媒体，广泛宣传高等职业教育方针政策、高等职业院校先进经验和技术技能人才成果贡献，引导全社会树立重视职业教育的理念，促进形成"劳动光荣、技能宝贵、创造伟大"的社会氛围。

附件：
1. 各高职院校承担任务分工表（略）
2. 各高职院校承担项目分工表（略）

浙江省教育厅办公室关于印发
《〈浙江省高等职业教育创新发展行动计划（2016—2018年）〉实施方案》的通知

浙教办高教〔2016〕87号

各高职院校：

为贯彻落实我省高等教育工作会议和职业教育工作会议精神，全面实施《浙江省人民政府关于推进我省高等教育新一轮提升发展的若干意见》（浙政发〔2015〕12号）和《浙江省人民政府关于加快发展现代职业教育的实施意见》（浙政发〔2015〕16号），按照《教育部关于印发〈高等职业教育创新发展行动计划（2015—2018年）〉的通知》（教职成〔2015〕9号）要求，推动我省高等职业教育创新发展，结合我省教育事业"十三五"相关规划编制工作，现制定并印发《〈浙江省高等职业教育创新发展行动计划（2016—2018年）〉实施方案》（以下简称《实施方案》），请认真贯彻执行。

《实施方案》对今后三年我省高职教育改革和发展做了重点部署。方案所列的45项创新发展任务、13个创新发展项目，是高职教育创新发展的有效载体，望各校立足实际，积极申报参与承担相关发展任务和发展项目。有关申报参与办法另行通知。

附件：
《浙江省高等职业教育创新发展行动计划（2016—2018年）》实施方案

浙江省教育厅办公室
2016年9月3日

附件

《浙江省高等职业教育创新发展行动计划（2016—2018年）》实施方案

为贯彻落实教育部《高等职业教育创新发展行动计划（2015—2018年）》，推动高等职业教育创新发展，加快浙江现代职业教育体系建设，现制定如下实施方案。

一、指导思想

以邓小平理论、"三个代表"重要思想和科学发展观为指导，深入贯彻落实习近平同志系列重要讲话和党的十八届五中全会及省委十三届七次全会精神，从适应需求、服务发展、促进就业出发，深化改革，扩大开放，扎实建设，增强活力，坚持产教融合、校企合作、工学结合，全面提升人才培养质量，全面提升学校发展水平，全面提升服务经济社会发展能力。

二、主要目标

实施"三名工程"，即名校名师名专业建设工程，通过三年建设，推动高职教育结构体系进一步优化，培养质量持续提高，整体实力进一步增强，服务经济社会发展水平显著提升，现代职业教育体系日趋完善。

1. 结构体系更加合理

人才培养的层次、规模与经济社会发展更加匹配，布局结构、专业设置与全省产业发展实现更紧密结合。

2. 发展质量持续提升

推进重大项目建设，优质高职教育资源总量持续扩大；多方参与和多元评价的高职教育质量保证机制进一步建立；人文素养、职业精神和职业技能紧密结合的育人文化初步形成。

3. 发展机制日益完善

完善公办高职院校生均拨款制度，生均拨款水平居全国前列；深化高职院校章程建设，学校治理能力明显改善；畅通升学渠道，高职院校毕业生升学和就业选择权进一步得到确保。

4. 能力水平继续增强

人才培养质量得到提升，应用技术研发能力得到有效改善，教育信息化水平明显提高；

服务经济社会发展的能力显著增强，浙江高职教育总体水平领先地位进一步巩固和提升，争取有部分院校在国际上产生影响。

三、重点任务与主要举措

（一）实施高职教育质量工程

建设一批优质高职院校，建设一批优势特色专业，提升要素质量，创新发展形式，全面提高高职教育办学水平。

1. 优质院校建设

加强高职院校内涵建设，支持一批办学基础好、服务能力强、与地方发展需要契合度高、行业优势明显的高职院校。把重点放在育人模式创新、加强优势特色专业和高素质人才队伍建设上，大幅度提升高职教育办学水平和综合服务能力。在此基础上，选择若干所办学基础扎实、优势特色鲜明、改革意愿强烈且有明显成效的高职院校，打造具有较大国内外影响力的高职教育"名校"。

> **专栏1：优质高职院校暨名校建设计划**
>
> 按照育强扶特动态调整的要求，参照上一轮省示范校建设数量，重点建设20所优质高职院校。在此基础上，遴选5所院校，打造在国内外具有较大影响力的高职教育"名校"。

2. 优势特色专业建设

加强高职院校专业建设，凝练专业方向、改善实训条件、深化教学改革，支持一批面向浙江重点发展产业，尤其是七大万亿产业，校企深度合作、社会认可度高的优势特色专业建设，提高专业的技术协同创新能力，加快培养复合型、应用型高素质人才和社会紧缺急需人才，促进区域产业结构调整和新兴产业发展。

> **专栏2：高职优势特色专业暨名专业建设计划**
>
> 围绕我省转型升级需要，重点建设150个优势专业、200个特色专业，改善专业办学条件，完善课程体系和人才培养模式，提升专业办学水平，培育新的专业竞争优势，使其中的佼佼者成为在国内外具有较大影响力的名专业。

3. 应用型本科高校建设

坚持试点引领、示范推动，推动更多本科高校加强应用型建设，把办学思路真正转到服务地方经济社会发展上来，转到产教融合校企合作上来，转到培养应用型技术技能型人才上来，转到增强学生创新创业能力上来，全面提高学校服务区域经济社会发展和创新驱动发展的能力。到2020年，一批本科院校应用型建设走在全国同类院校前列。

专栏 3：应用型本科高校建设计划

按照应用型专业占学校专业总数的 70% 以上，在应用型专业中就读的学生占在校生数的 80% 以上，前 8 位应用型专业就读学生占在校生数的 30% 以上的标准，鼓励本科院校进行应用型本科高校建设，其中第一批遴选建设 10 所示范性应用型本科院校。

4. 开展四年制职业教育人才培养试点

按照"依托高职优质资源、联合本科举办、高职院校办学、发放本科文凭"的思路，推动已列入试点高职院校与合作招生本科院校深入研究，会同相关行业企业，认真制定四年制高等职业教育人才培养方案，准确定位人才培养目标和培养标准，科学设置理论课程体系和技术技能实践训练体系，加强日常教学管理，认真开展四年制高等职业教育人才培养实践探索。

专栏 4：四年制高职教育人才培养计划

按照"依托高职优质资源、联合本科举办、高职院校办学、发放本科文凭"的思路，遴选部分高职院校优势专业联合本科院校开展四年制高等职业教育人才培养试点。继 2015 年选择 6 个专业，2016 年再选择 10 个专业进行试点。切实办好试点专业，探索提升职业人才培养水平的新路子。

5. 推进高职教育国际化

支持高职院校学习和引进国际先进成熟适用的职业标准、专业课程、教材体系和数字化教育资源；选择类型相同、专业相近的国（境）外高水平院校联合开发课程，共建专业、实验室或实训基地，建立教师交流、学生交换、学分互认等合作关系；申办聘请外国专家（文教类）许可、举办高水平中外合作办学项目和机构。同时，配合国家"一带一路"倡议，助力优质产能走出去，扩大与"一带一路"沿线国家的职业教育合作。主动发掘和服务"走出去"企业的需求，培养具有国际视野、通晓国际规则的技术技能人才和中国企业海外生产经营需要的本土人才。

专栏 5：高职教育国际化发展计划

筛选 5 所国际化程度较高的高职院校，以国际化课程打造、国际化师资培养为重点，开展国际化特色高职院校建设。同时，以国家公派方式，每年选派一批中青年优秀教师进行 6～12 个月的出国访学，提高我省高职院校教师运用外语的执教能力，开设高等教育教学方法境外高级研修班，每年选送一批教师进行为期 3～6 个月的教学方法培训。

（二）深化教育教学改革

深化高职教育改革，推进多元办学人才招录和培养模式改革，增强高职教育办学活力，提高高职院校适应能力和自主发展能力。

1. 深化分类招生考试

以推进国家高考招生制度综合改革试点为契机，建立完善学生多次选择、高校依法招生、政府宏观管理、社会参与监督、分类考试、综合评价和多元录取的高校考试招生制度。深入实施统一高考招生、高职提前招生、单独考试招生和"三位一体"招生，改进完善"3+2"、五年一贯制招生，落实技能优秀中职毕业生免试升学政策，逐步扩大学校招生自主权，提高技能人才选拔培养水平和质量。

2. 推进教学改革和课堂创新

深入推进高校课堂创新行动计划，重点强化课堂教学创新的政策导向，促进教师更加重视课堂教学，充分发挥学生在学习中的主观能动作用。优化课程体系和教学内容，深化教学方式方法改革，努力构建优质高效课堂，不断增强课堂育人的时代性、针对性和实效性。继续推进普通高校学生转专业工作，引导高职院校有序扩大学生专业选择权和学习选择权。

> **专栏6：高职教育教学改革和课堂创新计划**
>
> 新立项实施600项省级教改项目，引导高职院校统筹开展教学改革，推进课堂、课程、人才培养模式研究，提升教师课堂教学和学校综合育人能力。深入实施课堂创新计划，到2018年高职院校小班化授课比例超过45%，选修课学分占总学分比例、实施分层分类教学课程的比例均超过30%。

3. 推动产教融合校企合作

支持行业加强对本系统、本行业高职院校的规划与指导，办好行业举办的高职院校。支持高职院校建好职教集团，拓展校企合作企业，聘请高技能兼职教师，共同开发专业课程，建立校外实习基地。支持高职院校与地方、行业和企业联合开展现代学徒制培养试点，落实"六共同"育人机制，努力实现人才培养和人才使用的有效对接。支持高职院校和企业协同实施"双元制"成人教育，帮助企业员工在工作岗位上接受成人教育，为企业培养职业技能人才。

4. 加强创新创业教育

把深化创新创业教育改革作为推进高职教育综合改革、提高育人质量的突破口，树立先进的创新创业教育理念，面向全体、分类施教、结合专业、强化实践，促进学生全面发展。发掘、树立创新创业教育典型，营造浓厚的创新创业教育文化氛围。积极推进高职院校建设创业学院，创新办学体制机制，围绕特色小镇、产业集聚区发展，协同地方政府、行业企业充分利用各类资源建设更多的创业基地、创客中心、创新工场等众创空间。

5. 支持民办教育发展

探索混合所有制办学。鼓励社会力量以资本、知识、技术、管理等要素参与公办高职院校改革，尤其要大力鼓励企业和公办高职院校合作举办具有混合所有制特征的二级学院。探索以政府规划、社会贡献和办学质量为依据，政府通过"以奖代补"、购买服务等方式支持民办高职教育发展和鼓励社会力量参与高职教育办学。支持高职院校发挥场地、设施、师资、教学实训设备、网络及教育资源优势，开展社区教育，并为构建终身教育体系提供有效服务。

6. 落实办学自主权

深化高职院校章程建设，建立健全学校内部治理结构。明确高职院校的办学权利和义务，更好落实学校办学主体地位。推进简政放权，减少行政审批和行政许可事项，核减检查考核评估表彰事项，扩大和落实学校办学自主权。

（三）加强教师队伍建设

加强骨干教师培养，强化"双师型"队伍，推进教师管理改革，加强师德师风建设，进一步提高教师队伍水平。

1. 加强骨干教师培养

加大培养和引进力度，加强骨干教师队伍建设，优化师资队伍结构。加强专业带头人选拔培养。注重结合优势特色专业等重大项目建设，培养一批管理能力强、教学水平高的专业带头人和中青年教学骨干，形成一批综合水平高、育人作风优良的优秀教学团队。

2. 强化"双师型"队伍

支持学校与大中型企业共建"双师型"教师培养培训基地，探索"教育+实训"的培养办法。落实专业教师到企业挂职和定期见习制度，推进教师行业企业"访问工程师"培养，切实加强"双师型"队伍建设。大力提升教师专业技能、实践教学、信息技术应用和教学研究能力，提高"双师双能"专业教师比例。

3. 推进教师管理改革

加强教师发展中心建设，建立体现产业与专业特色的教师分类培养与管理制度。完善契合高职教育类型特征的教师专业技术职务（职称）评聘办法。探索和落实教师全员培训、新招聘教师入职培养、青年教师助讲和教师定期实践等制度，积极组织教师参加"国培""省培"项目，多渠道多形式开展师资赴国（境）外培训。探索建立生师比与编制员额、岗位总量相结合的动态调整机制，完善流动、转岗和退出机制，优化各类人员结构比例。

4. 加强师德师风建设

树立师德为先理念，建立健全教师师德教育、宣传、考核、监督相结合的长效工作机制。健全师德考核评价制度，建立和完善重师德、重能力、重业绩、重贡献的教师考核评价机制，对教师考核实行师德表现"一票否决制"。健全师德表彰激励制度，表彰师德模范和师德先进个人，弘扬高尚的师德师风。

专栏7：高职名师培育计划

加强高职专业带头人和骨干教师队伍建设，遴选培育300名在国内同专业领域有较大影响力的高职"名师"；带动建设一批优秀教学团队，进一步提高全省高职教育教学工作和人才培养的师资保障水平。

（四）加强教育质量保障

积极推进高职办学主体责任落实，强化院校依法治校，逐步形成办学主体依法履职、院校自主保证、社会广泛参与、内部保证与外部评价协调配套的现代职业教育质量保障机制。

1. 提高经费保障水平

全面落实公办高职生均拨款政策，建立多渠道筹资机制，提高经费保障水平。完善以改革和绩效为导向的高职院校生均拨款制度，保证学校正常运转，促进学校提升内涵水平，支撑学校开展综合改革。引导和督促其他非公有制高职院校主办单位，参照所在地公办院校生均拨款标准，建立完善所属高职院校生均拨款制度。2017 年，所有公办高职院校年生均财政拨款平均水平不低于 12 000 元。

2. 推进信息化建设

建成浙江教育资源网和职业教育资源网，面向全省师生开设专业资源、网络课程、网络教研、仿真实训、网络空间、特级教师工作室等专题栏目。引进国家资源、建设特色资源，动态汇聚和实时共享优质资源，促进优质资源的有效共享。发挥浙江高校数字图书馆（ZADL）数字图书资源共建共享优势，进一步改善高职院校的数字图书资源建设利用水平。建设智慧校园。推进应用信息技术改造传统教学，促进泛在、移动、个性化学习方式的形成。积极参加全国职业院校信息化教学大赛。

3. 完善质量年报制度

继续实施好高职教育质量年度报告制度，指导各高职院校编写质量年度报告，组织编写全省高职院校质量报告。进一步提高质量年度报告的量化程度、可比性和可读性。谋划委托独立第三方撰写发布全省高职教育质量年度报告方式途径。强化对报告发布情况和撰写质量的监督管理。推进高职院校人才培养工作状态数据管理系统的建设、部署与应用，逐步加强状态数据在宏观管理、行政决策、院校治理、教学改革、年度报告中的基础性作用。

4. 开展教学巡查诊断

在开展高校教学巡查诊断工作基础上，落实好高职院校教学诊断和改进工作。按照教育部高职院校教学工作诊改指导方案要求，加强分类指导，把握高职院校不同发展阶段诊改重点，保证新建高职院校基本办学质量，推动高职院校全面建立内部质量保证体系，支持优质高职院校实现更高水平发展。支持对用人单位影响力大的行业组织开展专业层面的教学诊改试点，以行业企业用人标准为依据，通过结果评价、结论排名、建议反馈的形式，倒逼职业院校的专业建设和人才培养。

5. 加强德育工作

加强以职业道德培养和职业素质养成为重要内容的职业教育学生思想政治教育工作，大力倡导和培养工匠精神，更多地培养既掌握熟练技术又坚守职业精神的技术技能人才。

加强文化素质教育，贯彻落实高校体育工作基本标准，促进学生身心健康。发挥校园文化对职业精神养成的独特作用，支持优秀产业文化进教育、企业文化进校园、职业文化进课堂，将生态环保、绿色节能、循环经济等理念融入职业教育过程。

四、加强领导和组织

1. 加强统筹协调

省教育厅将按照分工职责，加强领导协调，充分发挥统筹规划、宏观管理作用。各地各校要根据本《实施方案》内容，结合实际制定配套实施方案，并按项目任务层级要求，做好申报、建设和实施工作，确保各项目任务落地实施。

2. 强化管理督查

省教育厅将充分发挥业务指导作用，会同相关部门加强对工作的指导、检查与跟踪，及时总结经验、发现问题，根据实际需要不断完善工作要求。各校承担任务及项目的完成情况能列入教学业绩考核的，都将作为指标内容列入考核体系，并作为年度财政奖励资金分配要素和衡量学校总体工作的重要内容。

3. 营造良好环境

各高职院校应通过校园网络等各种媒介，将行动计划精神宣传到位，将《实施方案》项目任务传达到位，动员广大师生参与到行动中来。在此基础上，组织好年度职业教育活动周宣传教育活动，广泛宣传高职教育方针政策、高职院校先进经验和技术技能人才成果贡献，引导全社会重视高职教育，支持办好高职教育。

陕西省教育厅关于做好《高等职业教育创新发展行动计划（2015—2018年）》任务（项目）申报工作的通知

陕教高办〔2016〕41号

各高等职业院校：

根据教育部职业教育与成人教育司《关于确定〈高等职业教育创新发展行动计划（2015—2018年）〉任务（项目）承接单位的通知》（教职成司函〔2016〕30号），我省共承担《高等职业教育创新发展行动计划（2015—2018年）》（以下简称《行动计划》）55个任务和16个项目，为确保《行动计划》扎实推进、取得实效，现就任务（项目）申报工作通知如下。

一、申报范围

独立设置的高职院校均可申报。

国家示范（骨干）高职院校和省级示范高职院校应分别承担任务总数的4/5、3/5以上，其他高职院校要结合办学实际积极承担任务。

各高职院校承担《行动计划》项目的数量不作具体要求。

二、材料报送

（一）申报材料

（1）制订建设方案，主要包括工作基础、主要目标、总体规划、具体举措、预期效果、保障措施等。

（2）填报《高等职业教育创新发展行动计划（2015—2018年）》任务（项目）承担意向表（见附件1）。

（3）逐项制订《高等职业教育创新发展行动计划（2015—2018年）》任务（项目）计划书（见附件2）。参照《行动计划》任务建设主要观测要素、项目建设指标体系（见附件3、附件4），计划书要突出创新要素、发展要素，立足实际、体现增量，"现有基础"一栏要体现取得的标志性成果。其中,"骨干专业"和"优质专科高等职业院校"2个项目,填报对应计划书(见附件5、附件6)。

以上材料一式3份,于10月27日(星期四)前报送至陕西工业职业技术学院(咸阳市文汇西路12号)教务处崇文楼A203,同时发送电子版。

(二)省级遴选

省教育厅组织专家对申报材料进行遴选,公布《行动计划》任务(项目)承担院校。

(三)上传至管理平台

各高职院校将省级遴选通过的建设方案和计划书上传至《行动计划》管理平台(www.36ve.com/jihua/index.php/site/loginS)。登录账户为学校代码,初始密码为12345。

三、工作要求

(1)各高职院校要高度重视,把《行动计划》作为"十三五"提高质量的重点工作,建立机制、明确责任,确保建设取得实效。

(2)加强过程管理,及时发现问题,不断完善,确保《行动计划》顺利实施;定期总结建设成效,撰写年度报告。

(3)各高职院校要从经费、人员、条件等方面提供支持,强化统筹、科学规划,扎实做好申报工作。

(4)省教育厅对《行动计划》实行动态管理,对建设成效显著的院校给予奖补,对未按建设方案执行或进度缓慢的任务(项目),将终止实施。

附件不随文印发,各高职院校可登录陕西省教育厅门户网站http://www.snedu.gov.cn/"教育厅文件"专栏查看并下载。

四、联系方式

省教育厅高等教育处联系人:罗继军
电话:029-88668916
电子邮箱:gjcluo@126.com

陕西工业职业技术学院联系人:李龙龙
电话:029-33152138
手机:15991047167
邮箱:249309497@qq.com

附件：

1. 《高等职业教育创新发展行动计划（2015—2018 年）》任务（项目）承担意向表（略）
2. 《高等职业教育创新发展行动计划（2015—2018 年）》任务（项目）计划书（略）
3. 陕西省《高等职业教育创新发展行动计划（2015—2018 年）》任务建设主要观测要素
4. 陕西省《高等职业教育创新发展行动计划（2015—2018 年）》项目建设指标体系
5. 《高等职业教育创新发展行动计划（2015—2018 年）》骨干专业建设项目计划书（略）
6. 《高等职业教育创新发展行动计划（2015—2018 年）》优质专科高等职业院校项目计划书（略）

陕西省教育厅办公室
2016 年 9 月 27 日

附件 3

陕西省《高等职业教育创新发展行动计划（2015—2018 年）》任务建设主要观测要素

序号	工作任务	主要观测要素	备注
RW-1	加强与信誉良好的国际组织、跨国企业以及职业教育发达国家开展交流与合作	（1）设置国际合作与交流机构，建立健全相关制度 （2）引进或开发国际交流合作项目，多渠道建立合作关系 （3）学生国外、境外交流数量	
RW-2	学习和引进国际先进成熟适用的职业标准、专业课程、教材体系和数字化教育资源	（1）引进国际先进成熟适用的职业标准、专业课程、教材体系和数字化教育资源，扩大教育供给的选择性和多样性，促进提升教育水平 （2）开发区域行业特色鲜明、适应创新创业教育的课程教学资源	
RW-3	选择类型相同、专业相近的国（境）外高水平院校联合开发课程，共建专业、实验室或实训基地，建立教师交流、学生交换、学分互认等合作关系	（1）选择类型相同、专业相近的国（境）外高水平院校联合开发课程，共建专业、实验室或实训基地，改善实验实训条件的质量和数量 （2）与国（境）外教育机构或院校建立互访机制，实现教师交流、学生交换 （3）建立学分互认制度，合作培养国际化技术技能人才	
RW-4	支持高等职业院校申办聘请外国专家（文教类）许可	（1）制定聘请外国专家（文教类）的管理办法 （2）创造满足外国专家来华工作的教学和生活条件 （3）申办并取得聘请外国专家的资格许可	
RW-5	举办高水平中外合作办学项目和机构	（1）取得中外合作办学资质，成立合作办学机构，完善中外合作办学项目管理制度 （2）与国（境）外院校举办高水平合作办学项目的数量和成效	
RW-6	完善以老带新的青年教师培养机制；建立教师轮训制度；专业教师每五年企业实践时间累计不少于 6 个月	（1）制定师资队伍建设规划和年度培养计划 （2）建立"传、帮、带、促、导"青年教师培养机制，管理考核到位，培养效果明显 （3）落实陕西高校"教学名师引领计划" （4）教师轮训制度健全，激励导向明确，待遇经费落实 （5）支持专业教师赴企业实践，每五年企业实践时间累计不少于 6 个月	
RW-7	高等职业院校专业骨干教师国家级、省级培训计划	（1）培训计划组织管理机构明确，制度完善 （2）校企联合开发优质培训项目，积极申报国家级、省级培训计划 （3）培训组织有序，管理规范，经费到位 （4）培训受众面广，效果良好，满意度高	

续表

序号	工作任务	主要观测要素	备注
RW-8	加强职业技术师范院校建设	加强职业技术师范院校建设	
RW-9	支持专科高等职业院校按照有关规定自主聘请兼职教师；加强兼职教师的职业教育教学规律与教学方法培训；支持兼职教师或合作企业牵头申报教学研究项目、组织实施教学改革；把指导学生顶岗实习的企业技术人员纳入兼职教师管理范围。核算教师总数时，兼职教师数按每学年授课160学时为1名教师计算	（1）企业兼职教师（含顶岗实习企业指导教师）管理制度健全 （2）兼职教师教学能力培养纳入师资年度培养计划，实施效果好 （3）支持兼职教师或合作企业牵头（参与）教研和教改有政策、有实施 （4）兼职教师承担的专业课学时数不少于专业总学时数的50%	
RW-10	在有关民族地区加强双语双师型教师队伍建设	（1）积极引进掌握民汉双语的专业教师 （2）实施校校、校地双向交流进修、挂职锻炼，支持引导民族语言教师学习汉语、汉语教师学习民族语言 （3）强化双语教师的双师素质培养	
RW-11	推动落实《职业院校数字校园建设规范》，建设高等职业教育人才培养工作状态数据管理系统	（1）搭建良好的网络、通信和信息技术基础平台，提升校园信息化服务水平 （2）构建信息化组织结构与体系，保障数字校园顺利实施、平稳运行和持续发展 （3）数字校园建设配套资金足额到位，使用高效 （4）建设基于云计算技术的高等职业教育人才培养工作状态数据管理系统 （5）数据采集及时、准确，管理规范 （6）加强平台数据的分析，发挥对人才培养过程的指导作用	
RW-12	将信息技术应用能力作为教师评聘考核的重要依据	（1）将信息技术应用能力纳入教师评聘考核，措施具体可行 （2）教师信息技术应用能力培训纳入师资年度培养计划，培养力度大 （3）举办教师信息化教学比赛，积极组织参加国家、陕西省信息化教学、微课等比赛	
RW-14	发布实施"关于引导部分地方普通本科高校向应用型转变的指导意见"；探索本科层次职业教育实现形式和培养模式	（1）研究普通本科高校向应用型转变的指导意见 （2）引导普通本科高等学校开展应用技术类型高等学校转型改革试点 （3）引导高等职业院校开办四年一贯制本科专业	

续表

序号	工作任务	主要观测要素	备注
RW-18	修订"高等职业院校专业目录"和"高等职业院校专业设置管理办法";到2017年,专科职业教育在校生达到1 420万人	(1)修订"高等职业院校专业目录"和"高等职业院校专业设置管理办法" (2)到2017年,专科职业教育在校生达到1 420万人	
RW-19	落实《教育部关于深入推进职业教育集团化办学的意见》,研制"示范性职业教育集团建设方案与管理办法"	落实《教育部关于深入推进职业教育集团化办学的意见》,研制"示范性职业教育集团建设方案与管理办法"	
RW-20	持续缩减本科高校举办专科高等职业教育的规模	持续缩减本科高校举办专科高等职业教育的规模	
RW-21	规范落实《教育部关于积极推进高等职业教育考试招生制度改革的指导意见》;研究制订职业院校学生进入高层次学校学习的办法;2016年通过分类考试录取的学生占高等职业院校招生总数的一半左右,2017年成为主渠道;逐步提高专科高等职业院校招收中等职业学校毕业生的比例和本科高等学校招收职业院校毕业生的比例	(1)规范落实《教育部关于积极推进高等职业教育考试招生制度改革的指导意见》 (2)研究制订职业院校学生进入高层次学校学习的办法 (3)2016年通过分类考试录取的学生占高等职业院校招生总数的一半左右,2017年成为主渠道 (4)逐步提高专科高等职业院校招收中等职业学校毕业生的比例和本科高等学校招收职业院校毕业生的比例	
RW-23	试点社会力量通过购买、承租、委托管理等方式参与办学活力不足的公办高等职业院校改革。鼓励民间资本与公办优质教育资源嫁接合作,在经济欠发达地区扩大优质高等职业教育资源。鼓励探索建立行业企业办和民办高等职业院校教师年金制度,探索在营利性民办高等职业院校实行职工持上市股	(1)开展社会力量通过购买、承租、委托管理等方式参与高职院校改革试点 (2)引入民间资本与公办优质教育资源嫁接合作,探索与经济欠发达地区合作建立优质高等职业教育资源共建共享机制改革试点 (3)探索行业企业办和民办高等职业院校教师年金制度改革 (4)探索营利性民办高等职业院校职工持上市股制度改革	
RW-24	开展建设混合所有制高等职业院校的理论与实践课题研究	(1)开展混合所有制高等职业院校(二级学院)课题(省级、学会级、校级) (2)设立混合所有制高等职业院校的理论与实践课题研究专项资金 (3)课题研究在职业院校实施混合所有制所涉及的法律依据、政策保障、体制机制、风险控制等方面实现突破	

续表

序号	工作任务	主要观测要素	备注
RW-28	落实《教育部 人力资源和社会保障部关于推进职业院校服务经济转型升级面向行业企业开展职工继续教育的意见》	（1）将面向行业企业职工继续教育纳入学校年度工作计划，推进院校服务经济转型升级 （2）健全继续教育组织机构，完善管理制度，提升硬件设施水平 （3）制定并落实继续教育教学与管理队伍建设计划，提高继续教育服务水平 （4）丰富线上线下教学资源，面向企业开展多种形式的继续教育服务，培训人次达到《意见》要求	
RW-29	地方各级政府在安排职业教育专项经费、制定支持政策、购买社会服务时，将企业举办的公办性质高等职业院校与其他公办院校同等对待	地方各级政府在安排职业教育专项经费、制定支持政策、购买社会服务时，将企业举办的公办性质高等职业院校与其他公办院校同等对待	
RW-31	贯彻落实国家教育体制改革领导小组办公室《关于进一步落实和扩大高校办学自主权完善高校内部治理结构的意见》，落实和扩大专科高等职业院校办学自主权，支持学校自主确定教学科研行政等内部组织机构的设置和人员配备，支持高校面向社会依法依规自主公开招聘教学科研行政管理等各类人员、自主选聘教职工、自主确定内部收入分配	（1）在政策允许范围内，开展教师专业技术资格高校自主评审并报备 （2）落实高等职业院校用人自主权，自主选聘技艺大师、能工巧匠人数不低于专任教师总数的20% （3）高等职业院校开展自主确定和调整招生计划、自主设置和调整本、专科专业试点	
RW-32	落实教育、财税、土地、金融等支持政策，鼓励各类办学主体通过独资、合资、合作等形式举办民办高等职业教育，稳步扩大优质民办职业教育资源	落实教育、财税、土地、金融等支持政策，鼓励各类办学主体通过独资、合资、合作等形式举办民办高等职业教育，稳步扩大优质民办职业教育资源	
RW-33	以政府规划、社会贡献和办学质量为依据，探索政府通过"以奖代补"、购买服务等方式支持民办高等职业教育发展和鼓励社会力量参与高等职业教育办学的办法	以政府规划、社会贡献和办学质量为依据，探索政府通过"以奖代补"、购买服务等方式支持民办高等职业教育发展和鼓励社会力量参与高等职业教育办学的办法	

续表

序号	工作任务	主要观测要素	备注
RW-34	社会声誉好、教学质量高、就业有保障的民办专科高等职业院校，可由省级政府统筹、在核定的办学规模内自主确定招生方案	社会声誉好、教学质量高、就业有保障的民办专科高等职业院校，可由省级政府统筹、在核定的办学规模内自主确定招生方案	
RW-35	专科高等职业院校积极开展社区教育、老年教育活动；建立专科高等职业院校和社区教育机构联席会议制度	（1）主动开发适合社区和老年教育的教学项目，持续开展社区教育、老年教育活动 （2）建立职业院校和社区教育机构联席会议制度，提高社区教育服务水平	
RW-36	优化院校布局、调整专业结构	优化院校布局、调整专业结构	
RW-37	建立产业结构调整驱动专业设置与改革、产业技术进步驱动课程改革的机制	（1）按照产业结构调整及区域经济发展需求，优化专业结构 （2）建立和完善专业预警、准入、调整及淘汰机制 （3）充分发挥行业企业在人才需求、产业结构调整等方面的指导作用，驱动专业设置与改革 （4）对接产业结构调整、产业技术进步，优化专业课程体系 （5）依照职业标准、行业标准更新课程标准和课程内容	
RW-38	重点服务中国制造2025，主动适应数字化网络化智能化制造需要，围绕强化工业基础、提升产品质量、发展制造业相关的生产性服务业调整专业、培养人才	（1）改造传统专业，淘汰落后专业，服务中国制造2025，适应数字化网络化智能化制造需要 （2）创新产学研相结合的人才培养模式，加强校企合作，实施工学结合、工学交替，培养生产性服务业技术技能人才	
RW-39	优先保证新一代信息技术产业、高档数控机床和机器人、航空航天装备、海洋工程装备及高技术船舶、先进轨道交通装备、节能与新能源汽车、电力装备、农机装备、新材料、生物医药及高性能医疗器械产业相关专业的布局与发展	（1）面向国家鼓励类产业、战略性新兴产业和科技前沿产业领域需求，优先设置相关专业 （2）从经费、设备、人员等方面优先支持新专业建设发展	
RW-40	加强现代服务业亟需人才培养，加快满足社会建设和社会管理人才需求	（1）对接现代服务业和社会管理人才需求，开设相关专业 （2）创新校企合作人才培养模式，培养现代服务业亟需的技术技能人才	

续表

序号	工作任务	主要观测要素	备注
RW-41	扩大与"一带一路"沿线国家的职业教育合作;服务"走出去"企业需求,培养具有国际视野、通晓国际规则的技术技能人才和中国企业海外生产经营需要的本土人才;配合"走出去"企业面向当地员工开展技术技能培训和学历职业教育;支持专科高等职业院校国(境)外办学,为周边国家培养熟悉中华传统文化、当地经济发展亟需的技术技能人才	(1)与"一带一路"沿线国家开展职业教育领域交流与合作 (2)服务"走出去"企业需求,培养具有国际视野、通晓国际规则的技术技能人才 (3)配合"走出去"企业,面向当地员工开展技术技能培训和学历职业教育 (4)发挥国(境)外办学的教育、技术、文化优势,辐射带动周边国家培养熟悉中华传统文化、当地经济发展亟需的技术技能人才	
RW-42	促进专业教育与创新创业教育有机融合;利用各种资源建设大学科技园、大学生创业园、创业孵化基地和小微企业创业基地,作为创业教育实践平台	(1)成立创新创业教育工作领导小组,设置创新创业教研室,制定实施方案 (2)创新创业课程进人才培养方案,不低于2学分,创新创业教育渗透到专业课教学中,贯穿人才培养全过程 (3)从专业课教师中选拔创新意识强、有创业经验的老师承担课程教学任务,聘请行业企业人员为兼职教师,组建专兼结合的创新创业师资团队 (4)校企合作搭建创新创业教育实践平台,建成大学科技园或大学生创业园、创业孵化基地、众创空间、小微企业创业基地等,场所固定,面积够用,运行良好 (5)举办"互联网+"创新创业大赛和各类科技创新、创意设计、创业计划等专题竞赛,开展优秀创新创业项目评选,推动创新成果向创业实践项目转化 (6)试点建立大学生创新创业训练营、创新创业实验班,培育"创新创业之星" (7)建设创新创业教育试点学院(系),优化人才培养方案和课程设置,深化教学改革 (8)为学生全面开放各类实训室、创新创业实践平台,实现资源共享互用 (9)支持组建专业社团,选派指导教师,广泛开展创新创业活动	
RW-43	探索将学生完成的创新实验、论文发表、专利获取、自主创业等成果折算为学分,将学生参与课题研究、项目实验等活动认定为课堂学习;优先支持参与创新创业的学生转入相关专业学习;实施弹性学制,放宽学生修业年限,允许调整学业进程、保留学籍休学创新创业	(1)建立创新创业学分积累与转换制度,鼓励学生开展创新研究和创业实践 (2)支持参与创新创业学生转入相关专业学习,为学生个性化发展创造条件 (3)实施弹性学制,放宽修业年限,允许学生保留学籍休学创新创业 (4)为学生创新创业创造良好环境,支持在校学生创新创业的制度体系完善,运行良好	

续表

序号	工作任务	主要观测要素	备注
RW-44	地区、有关部门整合发改财政和社会资金,支持高校学生创新创业活动。高等职业院校优化经费支出结构,多渠道统筹安排资金,支持创新创业教育教学,资助学生创新创业项目	(1)学校设立创新创业教育专项经费,保障师资聘请、社团活动、技术讲座等学生创新创业教育相关活动的开展,对创新创业成绩显著的学生进行奖励 (2)基于校办产业和后勤管理,设立创新创业型勤工助学岗位 (3)争取社会、企业和个人捐赠,加强与地方政府部门联系,争取政策和资金支持	
RW-46	加强文化创意、影视制作、出版发行等重点文化产业技术技能人才的培养;提升民族地区的高等职业院校支持当地特色优势产业、基本公共服务、社会管理的能力	(1)开展现代学徒制人才培养模式创新,提升重点文化产业技术技能人才的培养质量 (2)基于文化产业岗位工作过程,更新课程内容,调整课程结构,构建课程体系,开发校本教材和教学资源 (3)加强校企合作,在以文化产业为主营业务的企业建立长期、稳固的技术技能人才培养基地,创造良好的实践教学环境 (4)聘请文化产业领域专家学者为专业带头人和兼职教师,组建专兼结合的教师队伍 (5)积极开办适应民族地区优势产业发展需求和公共服务、社会管理等领域的专业 (6)利用优质教育资源,开展社会培训,提升服务经济社会发展能力	
RW-47	加强与职业教育发达国家的政策对话,探索对发展中国家开展职业教育援助的渠道和政策	(1)开展对职业教育发达国家、发展中国家的职业教育研究 (2)与职业教育发达国家的教育机构、高等院校开展对话交流活动 (3)对发展中国家开展多种形式的职业教育援助项目,为制定相关政策提供参考	
RW-48	鼓励示范性和沿边地区高等职业院校利用学校品牌和专业优势,积极吸引境外学生来华学习	(1)示范性高等职业院校开展形式多样的留学生培养活动,吸引境外学生来华学习 (2)创造优良的留学生学习、生活条件和文化氛围	
RW-49	落实高等职业院校生均拨款政策,引导激励地市级政府(单位)建立高职生均经费制度。到2017年本省专科高等职业院校生均拨款平均水平不低于12 000元	(1)落实高等职业院校生均拨款政策,引导激励地市级政府(单位)建立高职生均经费制度 (2)到2017年本省专科高等职业院校生均拨款平均水平不低于12 000元	
RW-50	完成高等职业院校章程制定、修订工作	(1)制定和修订"一章八制",即:制定大学章程和高校党委领导下的校长负责制、教职工代表大会制度、学术委员会制度、理事会制度、教师申诉制度、学生申诉制度、财经委员会制度、信息公开制度 (2)加强"一章八制"的学习、宣传与贯彻落实	

续表

序号	工作任务	主要观测要素	备注
RW-51	推动高等职业院校参照《高等学校学术委员会规程》设立学术委员会；一批（不少于20%）专科高等职业院校参照《普通高等学校理事会规程（试行）》设立理事会或董事会机构	（1）参照《高等学校学术委员会规程》设立学术委员会，制定学术委员会章程 （2）参照《普通高等学校理事会规程（试行）》，设立理事会或董事会（不少于8所院校） （3）制定理事会或董事会章程，建立健全相关制度	
RW-52	巩固学校、省和国家三级高等职业教育质量年度报告制度，进一步提高质量年度报告的量化程度、可比性和可读性；强化对报告发布情况和撰写质量的监督管理	（1）进一步完善人才培养质量年度报告制度，细化编写要求，明确量化指标，提高质量报告的可读性 （2）引入第三方评价机制，校企联合发布学校质量报告 （3）加强质量报告的审核和监督管理，形成报告发布情况和撰写质量多方评价机制	
RW-53	加强分类指导，以人才培养工作状态数据为基础，开展高职院校教学诊断和改进工作	（1）成立质量保障体系诊断和改进工作领导小组 （2）制定诊断和改进工作方案，依据人才培养状态数据进行自主整改 （3）完善学校内部质量保证体系，促进全员、全过程、全方位人才培养质量控制	
RW-54	一批省份发布实施职业院校教师专业技术职务评聘办法	发布实施职业院校教师专业技术职务评聘办法	
RW-55	一批国家示范（骨干）高等职业院校制定执行反映自身发展水平、不低于国家规定标准的"双师型"教师标准	（1）制定不低于国家规定标准的"双师型"教师标准，定期组织认定 （2）积极引进企业技术骨干、能工巧匠，搭建技能大师工作室等科技研发平台 （3）建立"双师型"教师培养培训基地，强化双师素质培养，双师结构改善 （4）持续增强教师技术服务能力	
RW-56	推动教师分类管理、分类评价的人事管理制度改革；全面推行按岗聘用、竞聘上岗	（1）实行教师分类管理，岗位设置合理、职责明确 （2）全面推行按岗聘用、竞聘上岗，实行量化考核和绩效评价 （3）引导教师多渠道发展，吸引更高水平人才，激发教师活力	
RW-57	制订体现高等职业教育特点的教师绩效评价标准；55岁以下的教授、副教授每学期至少讲授一门课程	（1）紧扣高职教育特点，突出教育教学，强调技术服务，制定教师绩效评价标准 （2）落实55岁以下的教授、副教授每学期至少讲授一门课程	
RW-58	加强高等职业教育研究机构和队伍建设，加大投入支持相关研究工作；有条件的高等职业院校建立专门教育研究机构，开展教学研究	（1）设立高职教育研究专门机构，人员配备到位，管理制度健全 （2）设立教育教学改革研究专项基金，单独评审立项 （3）定期培训，提升队伍教学研究水平 （4）出版学报或研究成果集 （5）强化研究成果的推广应用工作	

续表

序号	工作任务	主要观测要素	备注
RW-59	贯彻落实《高等学校辅导员职业能力标准（暂行）》	（1）成立辅导员队伍建设领导机构 （2）辅导员队伍准入、考核、发展制度健全 （3）制定辅导员职业能力培养计划，采取进修、培训、挂职等多种形式提升辅导员职业能力 （4）举办和参加各级辅导员职业能力大赛	
RW-60	健全学生思想政治教育长效机制；高职院校按师生比1∶200配备辅导员；心理健康教育全覆盖	（1）大学生思想政治教育工作纳入学校事业发展规划 （2）建立学校思想政治教育工作领导机构与工作机制，实施全员、全过程、全方位育人 （3）辅导员与学生配备比例不低于1∶200 （4）成立心理健康教育和心理咨询机构，有专门的心理咨询场所，配备足额教师 （5）面向全校学生开设心理健康教育课 （6）健全学校、院（系）、学生班级、宿舍四级心理健康教育工作体系 （7）按照不低于10元/生的标准设立大学生心理健康教育和心理咨询的专项经费	
RW-61	全面推进《全国大学生思想政治教育质量测评体系（试行）》	（1）成立大学生思想政治教育工作领导小组，设置独立的思想政治理论课教学科研二级机构，明确工作职责 （2）全面落实《全国大学生思想政治教育质量测评体系（试行）》，制定实施方案 （3）按照不低于每生每年15元的标准设立专项经费，思想政治理论课专任教师配备比例不低于师生1∶400 （4）将"育人为本，德育为先"融入人才培养方案，开设国防宣传教育、军事训练和形势与政策教育课程，思想政治理论课课时和学分达到规定要求 （5）建立一批稳定的校内外实践育人基地，定期组织学生开展社会实践活动 （6）高度重视自测自评工作，查找问题和不足，加强分析研究，抓好改进工作，保证测评的常态化、长效化 （7）测评结果达到合格以上标准	
RW-62	创建平安校园、和谐校园	（1）建立健全创建平安校园、和谐校园机构制度，保持与地方政府有关部门的信息沟通，有完备的突发事件紧急处置预案 （2）建立集人防、物防和技防于一体的校园治安防控体系，设置校园安全标识，消防、食品、交通、校舍、设备设施的安全管理措施执行到位 （3）经常性开展学生安全教育，抵御和防范利用宗教或境内外敌对势力对学校进行渗透和破坏，措施有力可行 （4）牢牢把握校园舆论主阵地，规范外籍教师和留学生的管理工作，坚持哲学社会科学研讨会、报告会、论坛等审批备案制度 （5）近三年无重大安全稳定责任事故，校园安全、稳定、和谐	

续表

序号	工作任务	主要观测要素	备注
RW-63	落实《高等学校体育工作基本标准》	（1）设置体育工作机构，制度完善，配备结构合理的专职干部、教师和工作人员，合理分工，明确责任，全面落实《高等学校体育工作基本标准》 （2）健全学校体育保障机制，设立体育工作专项经费，建立健全校园体育活动意外伤害保险制度，妥善处置伤害事件 （3）一、二年级学生开设不少于108学时的体育必修课，开设不少于15门的体育项目 （4）课外体育活动纳入教学计划，阳光体育运动工作有计划、有方案、有措施 （5）每年组织学生运动会（或体育文化节），学生参与率50%以上 （6）建立学生体质健康测试中心，每年对所有学生进行体质健康测试，测试成绩列入学生档案 （7）体育场馆、设施和器材符合国家配备、安全和质量标准，满足学生参加体育锻炼的需求 （8）学校体育工作评价机制科学规范，管理制度健全，过程监测全覆盖，改进切实有效，符合基本标准要求	
RW-64	加强文化素质教育；加强校园文化建设；支持学生社团活动	（1）以立德树人为根本，制定德育工作计划，丰富实践载体，强化文化素质教育 （2）文化素质教育纳入人才培养方案，开设相关课程 （3）制定校园文化建设规划，统一VI标识 （4）培育独具特色的校园文化，形成优秀校园文化建设成果 （5）制定学生社团管理办法，配备社团指导老师，政策支持，经费到位 （6）社团类型多，学生参与率高，活动丰富多彩，打造社团活动品牌	
RW-65	促进职业技能培养与职业精神养成相融合	（1）重视职业技能培养，营造"技高为荣"的技能文化氛围 （2）按照职业性、生产性、先进性原则建设实训基地，强化实训基地内涵建设，营造职场环境，优化项目设计，在专业实训的同时，培养学生职业精神 （3）推进校企文化融合，举办优秀毕业生先进事迹报告会、企业专家讲座等活动，推进优秀产业文化进教育、企业文化进校园、职业文化进课堂 （4）深化产教融合，通过职业实践、顶岗实习，在实践中理解、践行职业精神，达到职业技能培养与职业精神养成的深度融合	

附件 4

陕西省《高等职业教育创新发展行动计划（2015—2018 年）》项目建设指标体系

序号：XM-1　　名称：骨干专业建设（全国 3 000 个左右/陕西 150 个）

一级指标	二级指标	主要观测要素	备注
1. 专业定位与人才培养（20 分）	1.1 专业定位与特色（4 分）	（1）专业规划紧扣国家"一带一路"、中国制造 2025 和企业"走出去"等发展战略，定位准确，科学合理 （2）专业特色鲜明，专业发展对接行业优势明显，能服务区域经济转型、产业升级需求 （3）人才培养对接国家新兴战略产业，对区域支柱产业和社会发展紧需人才的培养贡献度大	
	1.2 人才培养模式与方案（4 分）	（1）社会调研深入广泛，专业发展研究深入 （2）紧跟行业动态发展趋势，人才培养模式创新机制完善 （3）人才培养目标、规格准确科学 （4）人才培养模式契合专业特点，遵循人才成长规律，适应区域经济特点，产教深度融合 （5）人才培养方案科学合理，能够满足技术技能人才培养需求，能够体现校企共育的特点	
	1.3 招生情况（4 分）	（1）连续招生 6 年以上，在校生人数 400 人以上 （2）近三年招生形势好，在校生规模大 （3）近三年第一志愿报考率 100% 以上，报到率 90% 以上	
	1.4 就业质量及社会声誉（4 分）	（1）学生就业对口率高，质量、起薪、满意度高 （2）连续三年首次就业率达到 95%，用人单位对学生满意度 95% 以上 （3）形成了毕业生对人才培养工作的反馈机制 （4）专业具有标志性成果，在全省乃至全国同类院校中形成了良好品牌	
	1.5 建设机制与经费投入（4 分）	（1）校企协同共建长效机制完善，能够指导专业建设且运行顺畅，成效显著 （2）教学质量保障、监控、评价、反馈和改善机制完善，运行良好 （3）专业建设经费投入机制健全，经费足额到位、使用高效，近三年专业建设经费持续增长	
2. 师资队伍（20 分）	2.1 专业带头人（5 分）	（1）专业带头人在行业有一定影响，能够准确把握行业动态和发展趋势，专业水平高，管理及科研能力强，层次高 （2）专业带头人聘任、培养和考核制度健全，实施有效，能力提升明显	
	2.2 师资结构（10 分）	（1）生师比合理 （2）师资队伍结构优化，梯队合理，素质优良；专任教师本科以上学历、40 岁以下教师硕士及以上学位比例高，高级职称比例高 （3）双师素质教师比例 ≥ 85% （4）兼职教师素质优良，与专任专业教师比例 1：1 以上，承担专业课时比例 50% 以上	

续表

一级指标	二级指标	主要观测要素	备注
2. 师资队伍（20分）	2.3 师资水平（5分）	（1）教师教学改革意识和质量意识强，教学水平高，科研成果丰硕 （2）专任教师企业经历丰富，工程实践能力强	
3. 课程体系与课程改革（10分）	3.1 课程体系设置及内容（4分）	（1）课程体系结构合理，能以促进就业为导向，突出能力本位，实践课学时比例50%以上 （2）校企联合进行课程体系建设和教学内容改革，对接行业标准和岗位规范，基于工作过程开发课程体系 （3）课程衔接合理，能够支撑人才培养目标 （4）课程内容对接职业标准，课程标准融合岗位能力需求；教学资源丰富，为学生在线学习提供保障	
	3.2 课程教学与改革（4分）	（1）突出学生的主体地位，因材施教，教学效果好，学生满意度高 （2）双师素质教师所上专业课比例≥80%，项目教学、理实一体化等新型教学方法使用广泛 （3）紧贴专业发展和技术更新，课程改革深入，效果良好	
	3.3 课程考核（2分）	（1）考核方式契合课程教学特点，突出能力培养，注重综合评价 （2）成绩评定科学合理，积极推行综合性、多形式、多阶段考核，效果良好	
4. 校企合作与国际交流（10分）	4.1 校企合作（5分）	（1）校企合作全面深入，行业、企业承担人才培养任务明确，双主体育人机制体制有突破 （2）订单式培养广泛开展，学生受益面广 （3）专业教师赴企业实践人数多，累计时间长，技能水平显著提升；专业教师参与企业技术革新、工艺改造项目 （4）广泛开展企业员工培训	
	4.2 国际交流（5分）	（1）国际交流合作管理制度和运行机制完善 （2）与境外院校或教育机构在学生交流、教师进修等方面合作顺畅，效果良好 （3）与国际知名学院或教育机构在教师交流、课程建设、资源共享等方面有实质性突破	
5. 实践教学（10分）	5.1 实践教学条件（3分）	（1）实训基地管理制度完善，运行良好 （2）实习实训条件优良，生均仪器设备值达到国家基本要求的120%以上 （3）教学仪器设备利用率高，实验、实习开出率高 （4）校内实践教学基地设施先进，技术含量高，具有真实（仿真）的职业氛围，能满足学生职业技能和综合实践能力训练需要 （5）校外实习实训基地稳定，硬件水平高，企业指导教师数量多、层次高，校外实训效果好	
	5.2 实践教学内容（3分）	（1）实践教学项目的目标指向明确，环节设计科学合理，内容与实际需求结合密切 （2）实践教学以技术技能训练为基础，凸显学生职业态度与综合素质培养	
	5.3 实践教学效果（4分）	（1）毕业生具有良好的专业实践能力 （2）技能考核与职业资格证书接轨，全面实施"双证书"制度	

续表

一级指标	二级指标	主要观测要素	备注
6. 教材与教学资源建设（10分）	6.1 教材建设与管理（5分）	（1）校企合作开发专业课程教材，能够体现创新创业教育要素，职业教育特色鲜明 （2）教材建设、管理及选用制度完善，优先选择《职业教育国家规划教材书目》中教材	
	6.2 教学资源建设（5分）	（1）积极开发多媒体课件、微课、慕课（MOOC），信息化教学资源类型丰富，数量多，应用效果好 （2）精品资源共享课程、在线开放课程等信息化课程资源建设成效显著，使用效果良好 （3）专业教学资源库建设成效显著，能够切实辅助教学过程，丰富教学手段、提高教学质量	
7. 创新创业与技能大赛（12分）	7.1 创新创业能力（6分）	（1）按照创新创业教育的新要求，优化了人才培养方案和课程结构 （2）创新创业教育师资力量雄厚，创新创业实践基地条件优良，平台类型丰富 （3）将创新创业教育融入人才培养全过程，创新创业课程资源丰富 （4）建设创新创业教育试点学院（系）、孵化基地和众创空间	
	7.2 技能大赛（6分）	（1）积极参与"互联网+"等学生创新创业竞赛，以赛促教，效果良好 （2）具有完善的技能大赛承办、学生选拔、培训、奖励机制 （3）技能大赛培训方法有效，学生受益面广，社会认可度高 （4）技能大赛与专业教学紧密结合，切实培养学生的专业实践能力，各级各类大赛成绩优异	
8. 科研与社会服务（8分）	8.1 社会培训（3分）	开展多种形式的社会培训，效果良好	
	8.2 技术服务（3分）	（1）紧贴产业行业发展与技术革新前沿，协助企业解决技术难题 （2）依托专业资源，积极开展技术服务，合同额高	
	8.3 科研工作（2分）	（1）与行业企业深入合作，开展科研工作 （2）理论研究丰富扎实，科研项目多、层次高	

序号：XM-2　　名称：校企共建的生产性实训基地建设（全国1 200个左右/陕西80个）

一级指标	二级指标	主要观测要素	备注
1. 合作机制（20分）	1.1 合作模式（10分）	（1）合作企业技术先进、管理规范、社会责任感强，具有典型行业特色 （2）探索企业主导、学校主导、校企共建等多元主体合作模式	
	1.2 制度保障（10分）	（1）实训基地管理架构合理、制度完善 （2）合作各方责任明确、产权明晰、运行顺畅 （3）建立实训教学资源多元投入制度，形成校企共建长效机制	

续表

一级指标	二级指标	主要观测要素	备注
2. 实训条件（30分）	2.1 实训环境（20分）	（1）实训设备先进，生产工艺、设备升级紧跟企业技术更新步伐 （2）实训设备台套数、生均工位数满足实践教学需求 （3）引入先进企业文化，创设真实的工作情境和管理模式	
	2.2 师资队伍（10分）	（1）校企人员互聘，组建专兼结合的实践教学团队，教师数量、职称结构合理 （2）教师教学水平高，实践能力强，能够满足教学、生产、培训需要 （3）制定教师发展计划，提高专任教师实践能力和企业人员教学水平	
3. 实践教学（30分）	3.1 实训项目（15分）	（1）开发源于企业真实生产任务的实训项目 （2）引入企业产品生产技术标准、工艺标准和管理规范，开发实践教学资源	
	3.2 实训组织（15分）	（1）按照企业生产流程组织教学活动 （2）借鉴企业职工绩效考核模式，进行项目化、过程化、多元化考核评价 （3）探索实施工学结合、半工半读、现代学徒制等人才培养模式	
4. 社会服务（20分）	4.1 社会培训（10分）	（1）面向企业开展专业技术和专项技能培训、职业技能鉴定 （2）面向新型职业农民、农村转移劳动力开展短期职业技能培训	
	4.2 科研创新（10分）	（1）校企合作开展技术攻关和协同创新，服务企业转型和技术升级，社会和经济效益显著 （2）引进、开发大学生创新创业项目，孵化培育新科技成果	

序号：XM-3　　名称：优质专科高等职业院校建设（全国200所左右/陕西10所）

一级指标	二级指标	主要观测要素	备注
1. 办学基础（8分）	1.1 办学基本条件（4分）	（1）普通高等学校基本办学条件和监测办学条件优良 （2）建设先进的数字化校园平台，满足信息化教育、教学、科研、办公、生活服务需求	
	1.2 办学成果（4分）	（1）省级及以上重点专业、实训基地、教学名师、优秀教材、教学成果奖等成绩突出 （2）多次获得省级及以上荣誉称号	
2. 学校治理（12分）	2.1 发展规划（4分）	（1）办学定位与发展目标科学合理，办学理念先进，办学思路清晰 （2）中长期发展规划符合国家战略和区域经济发展、产业转型升级需求	
	2.2 体制机制（4分）	（1）制定并实施"一章八制"，即：大学章程和高校党委领导下的校长负责制、教职工代表大会制度、学术委员会制度、理事会制度、教师申诉制度、学生申诉制度、财经委员会制度、信息公开制度 （2）开展职业教育集团化办学改革试点，深化产教融合体制机制	
	2.3 管理队伍（4分）	（1）管理队伍经验丰富，以人为本；年龄、专业、学历结构合理 （2）制定并实施学校管理队伍能力建设行动计划 （3）制定并实施管理信息化水平提升行动计划	

续表

一级指标	二级指标	主要观测要素	备注
3. 人才培养（54分）	3.1 专业与课程（15分）	（1）建立产业结构调整驱动专业设置与改革、产业技术进步驱动课程改革的机制 （2）专业设置契合中国制造2025、"互联网+"及其他新兴产业发展需要，专业数量不少于30个，学生规模不少于8 000人 （3）按照创新创业教育的新要求，优化课程结构，精选教材，开设必要课程 （4）承担国家骨干专业建设项目不少于5个，承担省级综合改革试点专业数不少于4个，专业与专业群特色、优势鲜明 （5）积极探索校企合作、工学结合人才培养模式，开展混合所有制二级学院或现代学徒制试点 （6）课程体系对接行业标准和岗位规范，有效支撑人才培养目标 （7）课程内容对接职业标准，开展适合高职教育教学规律的教学方法改革 （8）建设省级及以上专业教学资源库和精品在线开放课程 （9）开展中高职衔接改革试点，探索本科层次职业教育实现形式和培养模式改革试点	
	3.2 师资队伍（10分）	（1）专兼结合的师资队伍，年龄、职称、学历结构合理 （2）具有双师素质的专业教师比例达到90%，兼职教师承担的专业课学时比例达到50% （3）教师发展中心机构健全，制定、落实师资队伍发展规划 （4）落实教师专业技术职务评聘办法，将信息技术应用能力作为教师评聘考核的重要依据 （5）教师科技应用能力突出，申报教科研项目、参加各级各类教学比赛成效显著 （6）开展"双师型"教师培养培训基地建设项目试点	
	3.3 创新创业教育（10分）	（1）根据国家和我省政策要求，建立了完善的创新创业教育工作机制，政策经费支持有力 （2）积极开展创新创业教育试点学院、孵化基地、众创空间等平台建设，成效较好 （3）系统优化人才培养方案，促进专业教育与创新创业教育有机融合 （4）实施弹性学制，探索学分积累与转换制度，资助学生创新创业项目 （5）"互联网+"竞赛机制完善，运转良好，竞赛中取得好成绩	
	3.4 实习实训条件（9分）	（1）建立与行业企业技术要求、工艺流程、管理规范同步的实习实训基地 （2）实训设备先进，台套数、生均工位数满足实践教学需求 （3）建设省级及以上生产性实训基地或虚拟仿真实训中心，创设真实或仿真的实训环境	
	3.5 培养质量（10分）	（1）建立健全全员参与、全程控制、全面管理的质量保证体系，每年发布人才培养质量年度报告 （2）学生"双证书"获取率不低于90% （3）参加"互联网+"及国家和我省各类学生技能竞赛获奖数量多、层次高、质量好	

续表

一级指标	二级指标	主要观测要素	备注
3. 人才培养（54分）	3.5 培养质量（10分）	（4）招生规模稳定，第一志愿报考率和新生报到率不低于80%，单独考试招生人数占当年招生总人数比例不低于30% （5）学生就业率与就业、创业质量高，毕业生年底就业率不低于98%，就业岗位专业对口率不低于80%，用人单位对毕业生满意度高 （6）引入第三方评价机制，定期对学校人才培养质量进行评价	
4. 校园文化（5分）	4.1 立德树人（3分）	（1）坚持"德育为先"理念，活动育人、实践育人、文化育人成效显著 （2）校训和校风、教风、学风等核心文化体现现代职教思想、职业特质，校园文化特色鲜明 （3）将中华优秀传统文化教育系统地融入课程和教材体系 （4）创新文化育人工作，提高学校文化软实力 （5）广泛开展国际文化交流	
	4.2 职业文化（2分）	（1）加强技术技能文化积累，开展劳模、技术能手、优秀毕业生等进校园活动，促进产业文化和优秀企业文化进校园、进课堂，着力培养学生的职业理念与职业精神 （2）配备专职职业指导教师团队，开设职业指导课程	
5. 社会服务（7分）	5.1 社会培训（2分）	（1）服务经济转型升级，面向行业企业开展职工继续教育、专业技术和专项技能培训、职业技能鉴定 （2）面向新型职业农民、农村转移劳动力、失业人员等群体，开展教育培训，提升其学历层次、技术技能和文化素质，畅通其发展上升通道 （3）面向社区开展形式多样的教育服务	
	5.2 技术服务（3分）	（1）搭建技术服务与协同创新平台，与行业企业共同开展技术研发、产品设计等科技服务 （2）积极与企业联系，建立大学生创新创业成果转化机制，取得良好成效	
	5.3 社会贡献（2分）	（1）面向社区、行业、企业、教育机构开放教育资源，资源利用率高 （2）承担国家、区域、行业、企业技术攻关（服务）任务 （3）实现科技成果转化，带动企业增加效益效果明显 （4）承担或参与技术援助、科技下乡、社区文化建设等社会公益活动	
6. 国际合作（4分）	6.1 合作办学（2分）	（1）学习和引进国际先进、成熟、适用的教育资源，促进优质教学资源共建共享 （2）开发国际合作办学项目，创新职业教育交流合作方式	
	6.2 国际交流（2分）	（1）服务"一带一路"国家发展战略和"走出去"企业需求，培养具有国际视野、通晓国际规则的技术技能人才 （2）探索聘请外国专家来华授课、吸引国（境）外学生来华学习、面向海外员工开展技术技能培训和学历职业教育等多种形式的国际教育交流渠道	
7. 示范带动（10分）	7.1 示范引领（7分）	（1）办学特色鲜明，具有良好品牌效应和社会声望，引领省内外高职院校改革发展 （2）在国家和我省高职教育的重大工作和项目建设、学生竞赛中成绩突出 （3）毕业生为社会经济发展、科技进步所做的贡献得到广泛认可，职业发展良好	

续表

一级指标	二级指标	主要观测要素	备注
7. 示范带动（10分）	7.2 辐射带动（3分）	（1）提高科技服务与科技创新能力，助力区域产业结构调整升级、企业技术创新、区域文化建设 （2）开展对口支援，实施资源共建共享，带动区域内职业院校发展 （3）支援革命老区、西藏及四省藏区、新疆和集中连片困难地区的高职教育发展	

序号：XM-4　　名称："双师型"教师培养培训基地建设（全国500个左右/陕西20个）

一级指标	二级指标	主要观测要素	备注
1. 体制机制（20分）	1.1 机构建设（10分）	（1）校校、校企签订共建共管基地协议 （2）管理部门职责明确，人员配备到位 （3）建立校校、校企合作互动及沟通、协商机制 （4）工作经费到位	
	1.2 制度建设（10分）	（1）基地工作规划完整明确、切实可行 （2）基地各项规章制度健全 （3）培训管理规范，教学资料齐全 （4）依托高水平大学，创新"学历教育+企业实训"的培养机制，激励教师提升学历层次	
2. 条件建设（25分）	2.1 师资队伍（8分）	（1）建立一支专业课与职业教育课、理论课与实践课、专职与兼职教师相结合的师资队伍，学历、职称结构合理，企业兼职教师不少于50% （2）发挥教学名师引领作用，组建教学团队，实训教师有企业经验，或聘请企业技术人员、技能人才担任	
	2.2 校内培训基地（7分）	（1）具有良好的培训条件，设备和场地充足、先进，满足培训方案需求 （2）信息化教学条件好，专业图书资料丰富	
	2.3 企业培训基地（10分）	（1）建立稳定的校外企业实训基地，实训项目紧贴技术前沿，满足教师能力提升要求 （2）能够承担一定规模的培训任务，后勤保障到位	
3. 项目开发（25分）	3.1 项目定位（10分）	（1）主动开展培训需求调查，校校、校企联系密切，培训项目定位准确 （2）培训形式多样，满足实际需求，突出工学结合	
	3.2 培训内容（15分）	（1）突出体现与专业特点相适应的企业实践内容 （2）职业教育教学规律与教学方法培训常态化 （3）教科研成果在培训工作中得到推广和应用 （4）注重专业新技术、新工艺培训	
4. 建设成效（20分）	4.1 培训数量（10分）	（1）校内专业教师培养培训全覆盖 （2）积极承担职业院校教师和管理干部培训任务	
	4.2 培训效果（10分）	（1）培训方案充分体现职业教育特点，特色鲜明，任课教师教学水平高 （2）学员对培训满意度超过90%（以学员结业填写培训效果评价表为依据） （3）培训成果突出（学员作品、作业数量和质量、反映企业实践教学的现场记录）	

续表

一级指标	二级指标	主要观测要素	备注
5. 特色与创新（10分）	5.1 专业特色（5分）	专业特色和优势明显，培训条件好，师资雄厚，培训次数多	
	5.2 模式创新（5分）	培训模式和管理方法有创新	

序号：XM-6-1　　名称：<u>省级高等职业教育专业教学资源库建设（全国200个左右/陕西10个）</u>

一级指标	二级指标	主要观测要素	备注
1. 资源设计（10分）	1.1 资源内容（5分）	（1）资源内容包括专业介绍、人才培养方案、教学环境、网络课程、培训项目及测评系统等 （2）资源涵盖教学设计、教学实施、教学过程记录、教学评价等各个环节 （3）资源建设形式与标准遵循通用的网络教育技术标准	
	1.2 资源架构（5分）	（1）以学习者为中心，按照专业岗位（群）的技术要求，重构资源体系 （2）资源组成碎片化，内在逻辑系统合理 （3）资源覆盖专业所有基本知识点和岗位基本技能点 （4）库内资源丰富多样，在数量和类型上实现资源冗余	
2. 资源建设（30分）	2.1 资源建设（20分）	（1）教学单元的设计和知识点、技能点的拆分、配置合理 （2）全程教学录像内容准确、完整，体现主讲教师的风采和水平 （3）教案或演示文稿经过精心设计和制作，内容准确、系统、完整 （4）重点难点指导、作业、参考资料及其他类型资源契合教学要求 （5）校际合作、校企合作共同建设资源库	
	2.2 资源更新（10分）	（1）项目团队持续建设，行业企业持续支持 （2）资源内容年更新比例不低于存储总量的10%，持续推广应用	
3. 资源应用（50分）	3.1 应用平台（15分）	（1）支持个人自学、学历教育、职业培训与认证 （2）为各类在线学习用户提供多种形式的教育教学支持与服务 （3）框架设计合理、先进，交互性好，网站运行环境良好 （4）支持用户移动终端学习模式	
	3.2 基本应用（25分）	（1）支持线上或线上线下混合教学，促进教学改革 （2）项目主持学校相应专业教师使用资源库进行专业教学的学时数占专业课总学时的比例不低于60%，项目联合建设学校该比例不低于40% （3）项目主持学校50%以上的本专业学生使用本资源库，项目联合建设学校该比例不低于30% （4）社会学习者可免费申请使用专业教学资源，参与课程学习	
	3.3 社会服务（10分）	（1）行业企业把资源库平台作为职工继续教育、技能提升培训的支撑平台 （2）发挥示范效应，辐射带动学校其他专业以及相关中职专业教学改革	

续表

一级指标	二级指标	主要观测要素	备注
4. 信息安全与知识产权保护（10分）	4.1 信息安全（5分）	（1）严格遵守国家网络与信息安全管理规范，依法依规开展教学活动 （2）实施对资源库内容、讨论内容、学习过程内容的有效监管，防范和及时制止网络有害信息传播	
	4.2 知识产权保护（5分）	（1）原创性资源比例不低于40%，非原创性资源使用无知识产权争议 （2）相关高校、企业、专业建设团队均签订平等互利的知识产权保障协议	

序号：XM-6-2　　名称：省级精品在线开放课程建设（全国1 000个左右/陕西50个）

一级指标	二级指标	主要观测要素	备注
1. 课程设计（15分）	1.1 课程规划（4分）	（1）课程标准与职业标准对接，强化职业能力培养 （2）覆盖课程基本知识点和技能点 （3）课程内容体现专业技术发展成果和教改教研成果 （4）课程资源丰富多样，在数量和类型上实现资源冗余 （5）课程资源建设标准符合国家技术要求	
	1.2 学习活动（7分）	（1）以学生为中心设计学习活动，课程设计、教学安排符合在线学习需求 （2）灵活运用在线学习与课堂教学相结合、翻转课堂等多种方式的课堂教学模式 （3）通过在线互动，实现师生、学生之间的问题交流和协作学习	
	1.3 学习评价（4分）	（1）通过在线提交和批改作业、在线测试、学习专题讨论、学习过程记录等方式评价学习效果 （2）探索线上和线下结合、过程性评价与终结性评价结合的多元化考核评价模式	
2. 课程团队（10分）	2.1 课程负责人（5分）	（1）承担本课程主要教学任务，具有丰富的教学经验和较高的学术造诣 （2）主持（参与）省级及以上教学改革项目，教学改革成效明显 （3）主持（参与）校企合作或相关专业技术服务项目，社会贡献度大	
	2.2 课程组成员（5分）	（1）校企合作共同组建"双师"结构教学团队，教师数量、年龄、职称结构合理 （2）吸纳该课程领域的教学名师、知名专家参与建设、讲授开放课程 （3）课程组成员的相关科研论文、技术专利、教学改革等成果显著	
3. 课程资源（25分）	3.1 资源建设（20分）	（1）教学单元的设计和知识点、技能点的拆分配置合理 （2）全程教学录像内容准确、完整，体现主讲教师的风采和水平 （3）教案或演示文稿经过精心设计和制作，内容准确、系统、完整 （4）重点难点指导、作业、参考资料及其他类型资源契合教学要求 （5）校际合作、校企合作共同建设课程资源	
	3.2 资源更新（5分）	（1）配备在线服务人员，承担课程在线辅导答疑等工作 （2）项目团队持续建设，行业企业持续支持 （3）课程资源年更新比例不低于存储总量的10%，持续推广应用	

续表

一级指标	二级指标	主要观测要素	备注
4. 课程应用（40分）	4.1 基本应用（30分）	（1）支持线上或线上线下混合教学，促进教学改革 （2）教师、学生主动利用在线开放课程进行教学与学习，在线开放课程使用效果好，参加在线学习的学生人数多 （3）全程记录和跟踪教师的教学和学生的学习过程，促进因材施教	
	4.2 课程共享（10分）	（1）使用在线开放课程的高等职业院校之间推进学分互认 （2）参与建设的行业企业把课程平台作为职工继续教育、技能提升培训的支撑平台 （3）社会学习者可免费申请使用专业教学资源，参与课程学习	
5. 信息安全与知识产权保护（10分）	5.1 信息安全（5分）	（1）严格遵守国家网络与信息安全管理规范，依法依规开展教学活动 （2）实施对课程内容、讨论内容、学习过程内容的有效监管，防范和及时制止网络有害信息传播	
	5.2 知识产权保护（5分）	（1）原创性资源比例不低于40%，非原创性资源使用无知识产权争议 （2）相关高校、企业、课程建设团队均签订平等互利的知识产权保障协议	

序号：XM-7　　名称：建成一批职业能力培养虚拟仿真实训中心（全国50个左右/陕西4个）

一级指标	二级指标	主要观测要素	备注
1. 平台建设（10分）	1.1 运行环境（5分）	（1）校园网络带宽与存储设备满足各虚拟仿真实训系统运行需求 （2）虚拟实训系统终端设备台套数满足实践教学需求 （3）虚拟仿真实训教学平台的教学服务功能完善	
	1.2 平台管理（5分）	（1）平台支持用户身份管理、认证功能 （2）平台具有网络防病毒、信息过滤和入侵检测等功能，便于管理与维护	
2. 教学资源（30分）	2.1 资源内容（20分）	（1）虚拟仿真实训教学资源与企业实习的互补性强 （2）虚拟仿真实训任务环节丰富，场景设施、人物画面清晰，UI界面友好，运行流畅，实训教学、训练、考核等功能完善	
	2.2 资源建设（10分）	（1）教学资源开发理念先进、论证充分，实训任务设计符合企业作业标准和规范 （2）政策保障和激励机制健全，教学团队参与资源建设积极性高 （3）行业企业提供真实实习实训案例，参与虚拟资源建设全过程	
3. 教学应用（30分）	3.1 实践教学（20分）	（1）虚拟仿真实训系统操作手册完备，实训任务书、指导书、实训报告、实训考核等教学过程资料完整 （2）师生主动利用虚拟仿真平台，提升实践教学效果明显	
	3.2 社会服务（10分）	（1）服务社会培训项目，提升培训效果 （2）服务行业企业技术研发、科技攻关，成效显著	

续表

一级指标	二级指标	主要观测要素	备注
4. 条件保障（20分）	4.1 人员保障（10分）	（1）提升教学团队虚拟仿真实训项目设计开发能力，保障系统持续更新，提高平台建设水平 （2）专职教师和技术支持专职人员配置合理	
	4.2 资金保障（10分）	（1）项目建设资金足额到位 （2）提供系统维护和后续建设经费保障	
5. 特色创新（10分）		结合区域、行业特色，创新虚拟仿真实训中心建设、管理与应用模式，具有示范引领作用	

序号：XM-8　名称：建设一批骨干职业教育集团（180个左右）；遴选10个省份开展多元投入主体依法共建职业教育集团的改革试点（全国180个左右／陕西6个）

一级指标	二级指标	主要观测要素	备注
1. 体制机制（40分）	1.1 组织机构（10分）	（1）政府及行业主管部门、职业院校及企事业单位、大中型企业等共同组建职业教育集团 （2）成立职教集团理事会或董事会，设立日常运行机构	
	1.2 制度体系（20分）	（1）制定并实施职教集团章程，明确职教集团的组织、活动原则，确定成员单位的权利、义务关系 （2）建立由组织、行政、财务、质量管理、绩效考核等制度组成的职教集团制度体系，规范职教集团的内部管理体制 （3）职业院校制定、完善与集团化办学配套的校企合作相关制度 （4）集团发展规划科学合理，建设思路清晰、定位准确、目标明确	
	1.3 合作机制（10分）	（1）遵循市场经济规律，建立互惠共赢机制 （2）发挥职教集团的引导和协调作用，建立多元合作机制 （3）明确多元投入、市场化运作模式，建立合作办学激励机制 （4）服从职教集团整体利益，建立多元主体办学质量监控机制	
2. 人才培养（40分）	2.1 人才培养模式（10分）	深化校企合作、工学结合人才培养模式，实施订单培养、现代学徒制人才培养，形成富有区域特色的职业教育集团化办学模式	
	2.2 专业建设（20分）	（1）适应区域或行业发展需求，合作开发新专业，集团内职业院校之间专业布局合理、错位发展 （2）合作制定人才培养方案，优化专业课程体系，更新课程内容 （3）发挥集团成员单位的资源优势，校企共建共享专业实习实训基地 （4）校企共建专兼结合的师资团队，完善人员互聘机制	
	2.3 招生就业（10分）	（1）集团单位共同研究招生计划，参与招生过程，保障招生质量 （2）学生在集团内企业就业比例高，专业对口率高，企业评价好	

续表

一级指标	二级指标	主要观测要素	备注
3. 社会服务（20分）	3.1 社会培训（8分）	（1）开发服务经济转型升级培训项目，开展职工继续教育、专业技术和专项技能培训 （2）面向集团成员单位，开展技能竞赛和职业技能鉴定 （3）面向新型职业农民、农村转移劳动力等群体，开展教育培训，提升其学历层次、技术技能和文化素质 （4）面向社区开展形式多样的教育服务	
	3.2 技术服务（6分）	（1）发挥集团成员单位的技术协作优势，校企共同开展技术开发和科技创新 （2）建立大学生创业项目孵化基地，为创业者提供管理服务和人力、智力支撑	
	3.3 社会贡献（6分）	（1）承担国家、区域、行业、企业技术攻关（服务）任务 （2）科技成果转化带动企业增加效益效果明显 （3）积极承担或参与技术援助、科技下乡等社会公益活动	

序号：XM-9　名称：建设一批连锁型职教集团（全国20个左右/陕西2个）

一级指标	二级指标	主要观测要素	备注
1. 体制机制（40分）	1.1 组织机构（10分）	（1）特色高等职业院校、示范高等职业院校联合组建连锁型职业教育集团 （2）组建集团理事会或董事会，设立日常运行机构	
	1.2 制度体系（20分）	（1）制定并实施职教集团章程，明确职教集团的组织、活动原则，确定成员单位的权利、义务关系 （2）建立由职教集团组织、行政、财务、质量管理、绩效考核等制度组成的职教集团制度体系，规范职教集团的内部管理体制 （3）职教集团发展规划科学合理，建设思路清晰、定位准确、目标明确	
	1.3 合作机制（10分）	（1）遵循市场经济规律，建立互惠共赢机制 （2）发挥职教集团的引导和协调作用，建立多元合作机制 （3）明确多元投入、市场化运作模式，建立合作办学激励机制 （4）服从职教集团整体利益，建立多元主体办学质量监控机制	
2. 人才培养（40分）	2.1 人才培养模式（10分）	发挥职教集团成员院校的品牌、资源和管理优势，在集团内成员职业院校广泛推广应用	
	2.2 专业建设（20分）	（1）职教集团成员院校共同研究并优化专业设置，调整专业方向，集团成员院校之间专业布局合理、错位发展格局清晰 （2）集团成员院校共同开发课程标准、共建课程资源，在集团成员院校内连锁推广 （3）集团成员院校之间形成良好的人员互派互培的交流机制 （4）发挥集团成员院校资源优势，共建共享专业实习实训基地	
	2.3 招生就业（10分）	（1）集团成员院校共同研究招生计划，参与招生过程，保障招生质量 （2）集团成员院校实现学生互换、学分互认，集团成员院校整合就业资源，就业比例高，专业对口率高，企业评价好	

续表

一级指标	二级指标	主要观测要素	备注
3. 社会服务（20分）	3.1 社会培训（8分）	（1）开发服务经济转型升级培训项目，开展职工继续教育、专业技术和专项技能培训、职业技能鉴定 （2）面向新型职业农民、农村转移劳动力等群体，开展教育培训，提升其学历层次、技术技能和文化素质 （3）面向社区开展形式多样的教育服务	
	3.2 技术服务（6分）	（1）发挥职教集团成员院校的技术协作优势，共同开展技术开发和科技创新 （2）建立大学生创业项目孵化基地，为创业者提供管理服务和人力、智力支撑	
	3.3 社会贡献（6分）	（1）承担国家、区域、行业、企业技术攻关（服务）任务 （2）科技成果转化带动企业增加效益效果明显 （3）承担或参与技术援助、科技下乡等社会公益活动	

序号：XM-10　　名称：支持东中部地区高职院校（职教集团）对口支援西部职业院校；支援革命老区、西藏及四省藏区、新疆和集中连片特殊困难地区的专科高等职业院校提升办学基础能力和人才培养水平（全国400校次左右/陕西20校次）

一级指标	二级指标	主要观测要素	备注
1. 组织机构（20分）	1.1 组织领导（10分）	（1）对口联络，签订对口支援与合作协议，争取地方政府政策支持 （2）成立对口支援实施工作领导小组，确定牵头部门，职责明确	
	1.2 援助计划（10分）	（1）建立院级领导互访机制，加深交流沟通 （2）应受援方之所需，展支援方之所强，制定援助计划，明确援助措施	
2. 援助措施（60分）	2.1 办学基础能力提升（10分）	（1）援助（接受）资金、设备、资料等，改善办学条件 （2）选派系部骨干教师参与建设实训基地（室）	
	2.2 内涵提升（15分）	（1）基于教育理念、管理制度、人才培养模式创新、校企合作体制机制、技术服务、国际合作交流等方面进行对口支援 （2）指导对方开展专业建设、课程开发、教材编写、资源库和在线开放课程建设等，促进受援院校的教学改革与创新	
	2.3 教师成长（15分）	（1）支援院校每学期选派不少于2名骨干教师到受援院校承担不少于1学期的教科研任务，采取同课异构、讲座、交流等方式，提高受援院校的教学水平 （2）受援院校每学期选派2名专业教师到支援院校进行至少1学期研修	
	2.4 管理干部挂职锻炼（10分）	合作双方每年互派管理干部赴对方进行挂职锻炼	

续表

一级指标	二级指标	主要观测要素	备注
2. 援助措施（60分）	2.5 联合培养学生（10分）	（1）探索学生互访、交流和沟通机制 （2）试点开展联合培养学生机制，遴选合适专业，选派学生在支援院校完成相关专业学习实训，实现优质资源共享	
3. 制度保障（20分）	3.1 协调激励制度（10分）	（1）建立沟通协调机制，推进援助计划顺利实施 （2）建立激励机制，鼓励教师、管理干部积极参与对口支援工作	
	3.2 评估制度（10分）	实施援助计划督导评估，援助措施落实到位，效果明显	

序号：XM-11　　名称：支持公办高等职业院校和企业合作举办适用公办学校政策、具有混合所有制特征的二级学院（全国100个左右/陕西5个）

一级指标	二级指标	主要观测要素	备注
1. 体制机制（60分）	1.1 治理方式（20分）	（1）实行理事会或董事会制 （2）深化内部管理体制改革，给予二级学院充分的决策自主权 （3）选择有效的混合所有制形式，实现多元主体管理	
	1.2 育人机制（20分）	（1）实施订单培养、定向培养，满足行业企业需求 （2）引进企业工程师、能工巧匠，校企共建双师结构教学团队 （3）引进企业质量监控理念和多元评价机制，实施全过程人才培养质量控制	
	1.3 共赢机制（20分）	（1）明确各方的产权、股权、责任、义务 （2）开发培训合作、技术服务、产品经营等合作项目 （3）整合校企教学和生产资源，提高项目盈利能力 （4）提高创新和资金筹备、吸纳能力	
2. 人才培养（20分）	2.1 培养数量（5分）	（1）专业招生计划完成率不低于90% （2）招生专业数和学生人数基本稳定	
	2.2 培养质量（15分）	（1）学生双证获取率不低于90%，年底就业率不低于98%，就业岗位专业对口率不低于80% （2）学生参加各类技能竞赛获奖数量多、质量高 （4）用人单位对毕业生满意度高	
3. 社会服务（20分）	3.1 技术服务（10分）	（1）面向社会、企业开展专业技术和专项技能培训 （2）面向社区开展社区教育 （3）面向行业、企业开展技术研发与创新，搭建技术服务与协同创新平台	
	3.2 社会贡献（10分）	（1）承担国家、区域、行业、企业技术攻关（服务）任务 （2）科技成果转化带动企业增加效益效果明显 （3）承担或参与技术援助、科技下乡等社会公益活动	

序号：XM-15　　名称：开展现代学徒制试点（全国 500 个左右/陕西 25 个），校企共建以现代学徒制培养为主的特色学院

一级指标	二级指标	主要观测要素	备注
1. 体制机制（10分）	1.1 合作机制（6分）	（1）选择合适专业，校企签订合作协议，探索建立以现代学徒制培养为主的特色学院，试点现代学徒制 （2）探索人才培养成本分担、利益共享机制，明确双方主体责任，构建"双主体"育人平台，推进一体化育人	
	1.2 保障机制（4分）	（1）组织机构健全，双向沟通和组织实施畅通 （2）经费足额到位	
2. 招生与招工（20分）	2.1 招生招工（10分）	（1）根据合作企业需求，与合作企业共同研制招生与招工方案，扩大招生范围，改革考核方式、内容和录取办法 （2）探索招生制度改革，落实招生招工一体化，实现招生即招工、入校即就业	
	2.2 政策支持（10分）	（1）学生入校签订就业协议，入学拜师，学成出师，明确学生与学徒双重身份 （2）保证学徒基本权益，企业提供必要的津贴补贴	
3. 人才培养模式改革（20分）	3.1 模式创新（10分）	（1）坚持合作共赢、责任共担的原则开展联合培养，探索工学交替"双主体"育人的人才培养模式 （2）引入行业职业标准，构建符合技术技能人才培养、员工培训和终身学习需要、"学校课程+企业课程"双线交织的课程体系 （3）学校承担系统的专业知识学习和技能训练；企业通过师傅带徒形式，依据培养方案进行岗位技能训练，真正实现校企一体化育人	
	3.2 教学改革（10分）	（1）校企双方依据岗位工作任务及流程，引进行业标准和企业标准，共同开发现代学徒制教学资源 （2）校企共同开发实践教学项目，推进优质教学资源的共建共享，构建实践教学体系	
4. 师资队伍（20分）	4.1 师资管理（10分）	（1）实施学校指导教师、企业师傅"双导师"制度 （2）制订企业师傅选拔标准和管理考核办法 （3）选拔优秀高技能人才担任师傅，明确师傅的责任，师傅承担的教学任务纳入考核，享受带徒津贴	
	4.2 队伍建设（10分）	（1）探索建立教师流动编制或设立兼职教师岗位，加大学校与企业之间人员互聘共用、双向挂职锻炼、横向联合技术研发和专业建设的力度 （2）形成专兼结合的高水平教学团队，团队结构合理	
5. 教学运行与管理（20分）	5.1 教学管理（10分）	（1）制定教学管理制度，形成与现代学徒制相适应的教学管理和运行机制 （2）教学组织方式灵活多样	
	5.2 质量监控与评价（10分）	（1）学校与合作企业共同建立教学运行与质量监控体系，共同加强过程管理 （2）建立校企"双标准"考核评价体系，形成多元教学组织管理与评价	

续表

一级指标	二级指标	主要观测要素	备注
6. 成效与特色（10分）	6.1 成效（5分）	（1）学生培养质量与综合素质高，企业对现代学徒制学生的满意度高 （2）教师能力和水平得到提升 （3）专业建设成效显著，吸引力增强	
	6.2 评价及特色（5分）	（1）社会或第三方评价机构对现代学徒制学生的评价高 （2）现代学徒制人才培养模式改革有创新	

序号：XM-16　名称：以市场为导向多方共建应用技术协同创新中心（全国500个左右/陕西25个）

一级指标	二级指标	主要观测要素	备注
1. 单位组成（20分）	1.1 单位组成（8分）	（1）依托市场设立由学院牵头，联合行业协会、科研院校（机构）和知名企业参与的技术协同创新中心，服务面向明确 （2）院校为协同创新主体，引入多家企业、科研院所（机构），各单位职责明确	
	1.2 协同创新模式（12分）	（1）协同单位的资源共享、政策支持和任务担当等方面责任明确，协同创新中心的组织管理与运行方式完善 （2）形成需求牵引、问题导向、任务驱动、各具特色、满足协同创新要求的工作模式	
2. 创新机制（20分）	2.1 工作机制（10分）	（1）构建适应协同创新需求的高校人事管理、资源配置、科研组织以及创新文化建设的工作机制 （2）协同单位发挥各自优势，形成一套协同创新绩效考核和激励机制，形成促进协同创新的人才成长环境；集聚和培养拔尖创新人才，解决关键共性技术难题，营造充满活力的协同创新氛围	
	2.2 运行方式（10分）	（1）依托高校和协同单位，组成相对独立的运行实体，在人、财、物等方面具有自主权 （2）建立高效的内部管理机制，科学、合理地配置创新资源，扩大合作与交流，加强成果和仪器设备的共享，增强吸引力和凝聚力，建立动态管理、开放共享的运行机制	
3. 创新团队（20分）	3.1 结构与数量（10分）	（1）依托协同单位，建立协同单位人员流动、互聘机制，组建一支专兼职结合的创新团队，企业技术人员和科研人员不少于50% （2）团队成员年龄、职称结构科学合理	
	3.2 科研创新水平（10分）	（1）团队负责人在本专业领域有较强的影响力，团队成员具备一定的一线生产经验和科学研究能力 （2）团队成员参与省级及以上科学研究项目，成果丰富	
4. 创新能力（20分）	4.1 项目研究（10分）	（1）面向科学前沿、行业企业、文化传承、区域发展等领域开展创新研究，承担（参与）省级以上科学研究课题2项以上 （2）实施产教融合、产学融合，与行业企业联合申报横向课题	
	4.2 成果应用（10分）	（1）创新研究面向生产一线和社会经济发展需求，实用性强，为企业解决技术应用难题，技术应用服务合同额高 （2）及时推进创新成果的应用和转化，申报国家专利，公开发表科研论文	

续表

一级指标	二级指标	主要观测要素	备注
5. 人才培养（20分）	5.1 培养体系（10分）	（1）发挥协同中心育人功能，构建学校、企业及科研机构三位一体、寓教于研的技术创新人才培养模式 （2）打造一支拥有科技拔尖人才、高技能人才的多层次创新团队，教师专业实践能力和科学研究能力培养成效显著 （3）创新资源充足，满足创新需求，创新技术和成果在教学中广泛应用，有力促进专业技能人才培养	
	5.2 培养效果（10分）	（1）通过协同创新，最大限度地利用各种创新教育资源，并将其转化为培养人才的优势，转化为提高教学质量的催化剂，提升教学质量 （2）通过协同创新，推动教学改革，学生实践能力、创新能力、就业创业能力增强	

序号：XM-17　　名称：与技艺大师、非物质文化遗产传承人等合作建立技能大师工作室（全国100个左右/陕西6个）

一级指标	二级指标	主要观测要素	备注
1. 工作室建设（30分）	1.1 技能大师团队（20分）	（1）引进行业（领域）技能拔尖、技艺精湛并具有较强创新创造能力和社会影响力的高技能人才，带徒传技经验丰富，能够承担工作室日常工作 （2）组建创新研发团队，团队结构合理	
	1.2 工作场所（10分）	（1）设立固定的办公场所，功能齐全 （2）具有较为完善的技能设施设备，能够满足教学和技艺传授及技术攻关、创新工作需要	
2. 制度建设（30分）	2.1 工作制度（20分）	（1）建立技能大师引进制度 （2）建立完善的技能大师工作室制度、办法，规范运作 （3）建立技能大师传、帮、带传承技艺技能制度	
	2.2 资金管理（10分）	（1）建立项目经费管理制度 （2）设有技能大师带徒、研究（攻关）项目津贴以及工作室运转经费等	
3. 运行成效（30分）	3.1 技艺传承与创新（20分）	（1）带领团队承担科研项目，开展科技攻关 （2）面向企业、行业职工及相关人员开展培训、研修、交流等活动 （3）将技术技能革新成果和绝技绝活加以推广	
	3.2 人才培养（10分）	（1）通过传、帮、带，指导学生、青年教师成长，技艺传授及文化传承效果显著 （2）承担一定的教学任务 （3）非物质文化遗产传承人对非遗课程教学有总结、有优化	
4. 特色与创新（10分）		技能大师工作室的建立与运行模式有创新，成效显著，特色突出	

序号：XM-18　　名称：开发建设一批创新创业教育专门课程（群）（陕西50个）

一级指标	二级指标	主要观测要素	备注
1. 课程标准（15分）	1.1 制定标准（7分）	（1）课程标准符合人才培养规律，契合技术技能人才培养目标 （2）符合国家创新创业相关文件精神 （3）课程定位准确，与企业合作设计、开发和使用 （4）理论、实践课时比例恰当	
	1.2 教学设计（8分）	（1）教学内容选取合理，教学目标明确，知识点、能力点清晰 （2）课程整体设计合理，突出创新创业意识培养 （3）采用灵活多样的课程考核方式，强调过程性考核，突出学生创新创业能力培养	
2. 课程资源（30分）	2.1 教学资源（20分）	（1）课程资源涵盖知识学习、职业能力培养、岗位技能培训、新技术普及、职业素质养成等方面，具有良好的通用性和可扩展性 （2）企业或有创业经验的人员参与课程资源建设，并承担教学任务 （3）建设网络教学平台，课程资源丰富，使用频次高，每年更新比例达到10%以上	
	2.2 教材开发（10分）	（1）紧扣课程教学目标，开发创新创业校本特色教材 （2）教材内容符合教育教学规律，组织体系逻辑性强，知识系统全面，文字、图表的使用科学、严谨、规范	
3. 实训条件（20分）	3.1 项目开发（10分）	（1）开发配套实训项目，满足实践教学要求，配套的教学资料完善 （2）以"导师带徒"模式，组建创新创业项目团队	
	3.2 孵化基地（10分）	（1）开发专门场地，建立创新实训室或创业孵化基地 （2）设立创新创业专项基金20万元以上，加大对实用性强、潜力好的创新创业项目的支持力度	
4. 课程团队（20分）	4.1 结构与数量（10分）	（1）成立创新、创业教育教研室，配备有专业背景、创新意识强的专任教师 （2）聘请企业或有创新、创业经验的兼职教师 （3）教学团队的年龄、职称、学历结构合理	
	4.2 教育教学水平（10分）	（1）掌握教学规律，能灵活运用现代教育教学方法和手段 （2）具有较好的信息化教学水平 （3）具备良好的创新精神或一定的创业经验	
5. 教学效果（15分）	5.1 教学实施（9分）	（1）依托网络教学平台、创新创业孵化基地、校外实训基地开展形式多样的教学和实践活动 （2）探索教学改革，尝试翻转课堂、混合式课堂等教学方法，培养学生探索精神和自学能力	
	5.2 效果评价（6分）	（1）开展教师、学生、企业多元评价，教学效果良好 （2）有初步创新成果或创业案例，学生在创新创业比赛中成绩良好，创新创业能力培养成效显著	

序号：XM-19　　　名称：新组建一批农业职教集团；省部共建一批国家涉农职业教育改革试验区（陕西1个）

一级指标	二级指标	主要观测要素	备注
1. 体制机制（40分）	1.1 组织机构（10分）	（1）建设农业职教集团和涉农改革试验区 （2）政府及农业行业主管部门、职业院校及企事业单位、大中型企业等共同组建职业教育集团 （3）成立农业职教集团理事会（或董事会）和涉农改革试验区管委会，设立日常运行机构	
	1.2 制度体系（20分）	（1）制定并实施职教集团章程，明确职教集团的组织、活动原则，确定成员单位的权利、义务关系 （2）建立由职教集团组织、行政、财务、质量管理、绩效考核等制度组成的职教集团制度体系，规范职教集团的内部管理体制 （3）职业院校制定、完善和集团化办学配套的校企合作相关制度 （4）集团发展规划科学合理，建设思路清晰、定位准确、目标明确	
	1.3 合作机制（10分）	（1）遵循市场经济规律，建立互惠共赢机制 （2）发挥职教集团的引导和协调作用，建立多元合作机制 （3）明确多元投入、市场化运作模式，建立合作办学激励机制 （4）服从职教集团整体利益，建立多元主体办学质量监控机制	
2. 人才培养（40分）	2.1 人才培养模式（10分）	深化校企合作、工学结合人才培养模式，实施订单培养、现代学徒制人才培养，形成农业特色鲜明的职业教育集团化办学模式	
	2.2 专业建设（20分）	（1）集团内企业及时提供行业发展动态，深度参与专业设置及专业调整工作 （2）校企合作开发专业课程体系和课程标准，建设课程资源 （3）集团成员单位共建专兼结合的师资团队，完善人员互聘机制 （4）建设农业改革试验区，开展农业技术研发和推广，培育大学生创新创业实践项目	
	2.3 招生就业（10分）	（1）集团成员单位共同研究招生计划，参与招生过程，保障招生质量 （2）学生在集团内企业就业比例高，专业对口率高，企业评价好	
3. 社会服务（20分）	3.1 社会培训（8分）	（1）开发服务农业产业技术培训项目，开展职工继续教育、专业技术和专项技能培训，培养农业科技人员 （2）面向新型职业农民、农村转移劳动力等群体，开展教育培训，提升农业技术水平和文化素质 （3）建立现代农业职业教育发展工程示范县，实施"阳光工程""雨露计划""蓝领工程"和农村实用人才培训工程	
	3.2 技术服务（6分）	（1）发挥现代农业经营与管理人才培训基地、现代农业职业教育研究和技术推广中心优势，承担国家、区域农业产业技术攻关项目 （2）建立大学生创业项目孵化基地，为创业者提供管理服务和人力、智力支撑	
	3.3 社会贡献（6分）	（1）承担或参与技术援助、科技下乡等社会公益活动 （2）研究成果转化带动农业增产增效效果明显	

序号：XM-20　　名称：建设一批全国职业院校民族文化传承与创新示范专业点（全国100个左右/陕西7个）

一级指标	二级指标	主要观测要素	备注
1. 建设要求与培养目标（15分）	1.1 专业建设要求（10分）	（1）主动适应区域经济社会发展和民族文化产业发展的需要，推进专业规范化建设，服务相关民族产业转型升级与发展，专业建设特色鲜明 （2）坚持以服务发展为宗旨、以促进就业为导向，紧密围绕区域文化艺术、民间工艺、民族特色产业发展需求开展人才培养工作 （3）推进民族文化传承与创新，提高学生的民族文化素养，专业服务社会主义文化发展的能力提升	
	1.2 专业培养目标（5分）	提高民族文化相关专业学生的职业技能，培养大批技术技能人才，为民族特色产业、文化产业发展提供有力的人才支撑	
2. 师资队伍（15分）	2.1 专业带头人（10分）	（1）聘请高水平的民间艺人、技艺大师、非物质文化遗产传承人担任专业带头人 （2）与技艺大师、非物质文化遗产传承人等合作建立技能大师工作室	
	2.2 教学团队（5分）	（1）师资队伍结构（学历、年龄、技术职称等）合理，整体素质高 （2）注重培养专任教师"双师"素质，专任教师实践教学能力强 （3）建立民间艺人、技艺大师、非物质文化遗产传承人"双向进入"机制，承担教学任务，授课课时所占比例高	
3. 人才培养模式改革（40分）	3.1 人才培养模式创新（10分）	改造民间传统手工艺父子师徒世代相继、口传身授的传承模式，实施现代学徒制人才培养模式创新，实施对口培养	
	3.2 课程建设（15分）	（1）贴近民族特色产业、文化产业岗位实际工作过程，更新课程内容、调整课程结构 （2）根据技术领域和职业岗位（群）的任职要求，参照相关的职业资格标准，科学合理设置课程体系和选择教学内容 （3）开发民族文化传承与创新的校本教材	
	3.3 教学资源（5分）	（1）加强与文化产业示范基地、文化企事业单位合作，将师徒世代相继、口传身授的民间民族技艺及各种特色的民族文化活动整理成规范、系统、科学的教学资源 （2）充分利用信息技术手段，记录、整理、规范和创新民族技艺和文化遗产，建设慕课或微课等网络课程，建设共享型专业教学资源库，实现民族文化与非物质文化遗产的科学传承	
	3.4 校企合作（10分）	（1）行业、企业参与办学程度高，校企合作体制机制完善 （2）与国家文化产业示范基地、各级文化产业集团、各级宣传文化单位签订校企合作协议，建立稳定的实习与就业合作关系 （3）校企共建网络等现代营销平台，促进民族工艺产业化发展 （4）探索独资、合资、股份制等多种方式，校企共建集"技艺研究、产品开发、社会服务、展示交流"于一体的民族文化传承与创新基地	

续表

一级指标	二级指标	主要观测要素	备注
4. 管理与质量保证（10分）	4.1 管理规范（5分）	（1）教学管理制度完备，教学组织各环节管理规范 （2）教育教学管理系统适应教学改革和人才培养模式创新需要，管理队伍结构优良，理念先进，执行严格	
	4.2 质量保证（5分）	（1）教学质量保障体系建设规划科学明晰，质量保障制度具有系统性、完整性与可操作性 （2）各教学环节建立了质量标准和工作规范，质量评价、考核、激励等管理制度健全，过程管理严格，形成了持续改进的人才培养质量保障体系	
5. 就业质量与社会评价（10分）	5.1 就业质量（5分）	学生就业情况好、质量高，毕业生一次性就业率、就业的稳定率、专业对口率、就业收入在同类专业中名列前茅	
	5.2 社会评价（5分）	（1）学生综合素质高，创业、就业能力强，深受社会和市场欢迎 （2）形成一批标志性成果，在全省乃至全国同类院校中形成了良好的品牌效应，社会声誉高	
6. 特色与创新（10分）		在服务区域文化艺术、民间工艺、民族特色产业发展，校企合作体制机制建设、人才培养模式创新、实训基地建设、教学团队建设、课程建设、教学资源库、技能大赛、创新创业教育等方面均有积极的探索与实践，成效显著	

广东省教育厅关于印发《广东省高等职业教育"创新强校工程"（2016—2020年）实施方案》的通知

粤教高〔2016〕8号

各高等职业院校：

为贯彻落实《国务院关于加快发展现代职业教育的决定》（国发〔2014〕19号）、《高等职业教育创新发展行动计划（2015—2018年）》（教职成〔2015〕9号）、《广东省人民政府关于创建现代职业教育综合改革试点省的意见》（粤府〔2015〕12号）等文件精神，加快提升我省高等职业教育发展水平，省教育厅决定实施广东省高等职业教育"创新强校工程"（2016—2020年）。现将《广东省高等职业教育"创新强校工程"（2016—2020年）实施方案》（以下简称《实施方案》）印发给你们，并就编制《广东省高等职业教育"创新强校工程"（2016—2020年）建设规划》（以下简称《建设规划》）有关事项通知如下，请一并遵照执行。

一、《建设规划》的编制范围和内容

（一）编制范围

全省独立设置高等职业院校。

（二）编制内容

学校制定的《建设规划》应主要包括《实施方案》中8个方面的建设内容及重点载体，不包括基本建设项目。

二、《建设规划》的编制要求

（一）明确分类

学校应结合实际，科学论证，在《实施方案》提供的三类规划建议方案中选择合适的建议方案，作为编制《建设规划》的前提和基础，并在《建设规划》中予以明确。

（二）注意衔接

《建设规划》是对学校"十三五"规划相关内容的落实和细化，应与学校"十三五"期间实施的各项专项规划有效衔接。

（三）突出重点

对《实施方案》提出的建设内容，要结合本校实际有所取舍，坚持"有所为、有所不为"，突出学校优势和特色，确保建设内容符合学校发展现状和需求。

（四）充分论证

《建设规划》应广泛听取各方意见，反复修改完善，并通过专家论证程序。专家论证由学校自行组织，专家组应由7～9名高水平的校外专家组成。

三、《建设规划》的报送要求

请于2017年1月13日前，将《建设规划》连同专家论证意见和专家名单一式1份报至省教育厅高教处，电子版（附表2-2用Excel软件制作，其余用Word软件制作）同时发送至xuehongliao@163.com。

联系人：廖雪红、张坚雄
联系电话：（020）37627703、37627715

附件：
1. 广东省高等职业教育"创新强校工程"（2016—2020年）实施方案
2.《广东省高等职业教育"创新强校工程"（2016—2020年）建设规划》编写提纲（略）

广东省教育厅
2016年11月30日

附件 1

广东省高等职业教育"创新强校工程"
（2016—2020年）实施方案

为贯彻落实《国务院关于加快发展现代职业教育的决定》（国发〔2014〕19号）、《广东省人民政府关于创建现代职业教育综合改革试点省的意见》（粤府〔2015〕12号）、《教育部关于深化职业教育教学改革、全面提高人才培养质量的若干意见》（教职成〔2015〕6号）、《高等职业教育创新发展行动计划（2015—2018年）》（教职成〔2015〕9号）、《职业院校管理水平提升行动计划（2015—2018年）》（教职成〔2015〕7号）、《广东省现代职业教育体系建设规划（2015—2020年）》（粤教改办〔2015〕11号）、《广东省"十三五"高等教育"创新强校工程"总体方案（试行）》（粤教高〔2016〕6号）等文件精神，加快提升我省高等职业教育发展水平，"十三五"期间，省教育厅决定实施广东省高等职业教育"创新强校工程"（2016—2020年）（以下简称"创新强校工程"）。为做好"创新强校工程"的组织实施工作，特制定本方案。

一、总体要求

（一）指导思想

以邓小平理论、"三个代表"重要思想、科学发展观为指导，贯彻落实习近平总书记重要指示精神，服务"五位一体"总体布局和"四个全面"战略布局，以立德树人为根本，以服务发展为宗旨，以促进就业为导向，坚持走内涵式发展道路，适应经济发展新常态和技术技能人才成长需要，深化体制机制改革，坚持产教融合、校企合作，推动我省高职教育与经济社会同步发展，加强技术技能积累，提高人才培养质量，为我省实现"三个定位、两个率先"总目标提供坚实的技术技能人才保障和强有力的智力支持、技术支撑。

（二）基本原则

（1）统筹推进。以创建现代职业教育综合改革试点省为统领，全面对接国家和省提出的各项建设任务，坚持系统谋划、统筹协调，深化高职教育领域综合改革，推进广东特色现代职业教育体系建设，力争在我省高职教育的重点领域与关键环节取得新突破。

（2）分类指导。结合我省高职教育发展实际，提出三类规划建议方案（见附件1-1），指导高职院校结合本校实际，研制和实施本校"创新强校工程"建设规划。

（3）学校主体。高职院校是实施"创新强校工程"的责任主体，要以人才培养为中心，坚持"有所为、有所不为"，突出学校优势和特色，科学制定规划；要汇聚各方资源、凝聚各方力量，共同实施，务求实效。

（三）主要目标

到 2020 年，全省高职教育整体实力显著增强，人才培养结构更加合理，人才培养质量全面提高，服务经济社会发展能力明显提升，国际化程度显著提高，广东特色现代职业教育体系日趋完善，涌现出一批全国领先、世界有影响的一流高职院校和品牌专业，形成产教融合、校企合作人才培养的"广东模式"。

（1）基本办学条件明显改善。办学投入显著增加，教学条件明显改善，实训设备配置水平与技术进步要求更加适应，现代信息技术广泛应用，专兼结合的"双师型"教师队伍得到加强。

（2）人才培养质量全面提升。学生思想道德素质、职业素养、创新创业能力和实践动手能力明显增强，行业企业、毕业生、家长对我省高职院校的满意度较高且稳步提升，人才培养更加适应我省经济社会发展和人的全面发展需要。毕业生就业质量和就业满意度位居全国前列。

（3）服务发展能力显著增强。专业设置与区域产业发展更加紧密，应用技术开发能力和社会服务水平大幅提高，服务创新驱动发展战略、中国制造 2025、"互联网＋"、"一带一路"、省智能制造发展规划、工业转型升级攻坚战 3 年行动计划、广东自贸区建设、珠江西岸先进装备制造产业带等国家、省重大发展战略的能力显著增强。高职院校成为技术技能人才配置、产业新技术创新积累、促进高质量就业的主阵地。

二、主要建设内容

（一）体制机制改革与协同创新

以协同创新、协同育人为引领，以学生受益、学校发展为根本出发点，全面推进综合改革，突破制约学校办学水平提升、人才培养质量提高的内部机制障碍，打破学校与社会、行业企业间的体制壁垒，避免学校内部资源配置和使用的碎片化。深化办学体制改革，吸引社会力量以资本、知识、技术、管理等要素参与公办高职院校改革。深化产教融合、校企合作，试点建设混合所有制二级学院和以现代学徒制培养为主的特色学院。开展以推进院系二级管理、下放办学自主权为核心的试点二级学院改革。搭建职业教育集团、协同创新中心、协同育人平台、区域性高职院校联盟等平台，切实促进学校与地方政府、行业企业、本科高校、其他职业院校、国（境）外高水平院校间的深度融合与互补共赢。

重点载体：协同机制创新改革研究与实践项目，协同创新（发展）中心，协同育人平台，示范性（骨干）职业教育集团和连锁型职业教育集团，混合所有制二级学院，以现代学徒制培养为主的特色学院，试点二级学院，区域性高职院校联盟等。

（二）一流高职院校和品牌专业建设

以建设国家"优质专科高等职业院校"和实施我省"一流高职院校建设计划"为牵引，创新体制机制，健全经费保障机制，深化校企合作、协同育人，提高专业建设、科研和社会服务、师资队伍、信息化和国际化水平，争创在全国领先、世界有影响的一流高职院校。与建设国家"骨干专业"对接，按照"服务发展、精致育人、强化特色、争创一流"的要求，面向我省经济社会发展的重点领域，重点建设若干全国领先、与国际接轨、在世界同领域具有影响力和竞争力的一类品牌专业，重点建设产教深度融合、特色鲜明、水平达到全省一流的二类品牌专业。大力调整优化专业结构，积极建设优势专业群、特色专业群，强化办学特色，提高人才培养质量，提升服务发展能力。

重点载体：教育部优质专科高等职业院校建设计划，教育部骨干专业建设计划，广东省一流高职院校建设计划，广东省高职教育品牌专业建设计划，广东省示范性高职院校建设计划等。

（三）深化教育教学改革

牢固确立人才培养的中心地位，领导精力、师资力量、资源配置、经费安排和工作评价都要以教学为中心。试点实施学分制管理改革和弹性学制，探索分层分类教学、导师制和小班教学。研制实施具有世界水准、广东特色、体现终身教育理念、中高职和本科贯通培养、系统设计的职业教育专业教学标准和课程标准。开展卓越技术技能人才培养试点。加快以发展型、创新型、复合型技术技能人才培养为核心的人才培养模式改革。坚持立德树人，将人文素养和职业素质教育纳入人才培养方案，内化于心、外化于行；加强和改进学生思想政治教育工作，促进职业技能培养与职业精神养成相融合。强化"以学生为中心"的理念，推进课堂教学改革。大力加强创新创业教育，把深化创新创业教育改革作为推进高职教育综合改革的突破口，将创新创业教育融入人才培养体系，促进专业教育与创新创业教育有机融合，按照高质量创新创业教育的需要丰富课程、创新教法、强化师资、加强实践、改进帮扶、因材施教，增强学生的创新精神、创业意识和创新创业能力。应用现代信息技术改造传统教学，推动现代信息技术与教育教学改革深度融合，促进泛在、移动、个性化学习方式的形成。推进本科高校与高职院校协同育人试点，积极探索本科层次职业教育的实现形式，加强不同层次职业教育在专业设置、课程体系、教学内容等方面的衔接，系统构建从中职、专科、本科到专业学位研究生的培养体系。重视美育教育，培养高尚情操和审美能力；加强体育教育，提高学生身体素质。开展现代学徒制试点和自主招生培养改革试点，探索职业教育等级证书试点。推进学习成果转化，探索普通本科高校、高职院校、成人高校、社区教育机构之间的学分转移与认定，建立学分积累与转换制度。

重点载体：教育教学成果奖，高职教育教学改革研究与实践项目，高职教育专业教学标准研制项目，创新创业教育示范校，大学生创新创业训练计划项目，创新创业教育专门课程（群），挑战杯、"互联网+"大学生创新创业大赛、大学生职业生涯规划大赛等行政部门举办的创新创业竞赛，职业院校技能大赛，特色校园文化品牌，高职本科协同育人试点，现代学徒制试点，中高职衔接招生培养改革试点，职业教育等级证书试点，学分制管理改革试点，学分转移与认定试点等。

（四）基础能力提升

（1）教师队伍建设。以实施"广东省高等职业教育教师能力提升计划"为抓手，建设一支数量充足、结构合理、专兼结合、德技双馨的教师队伍。推动完善体现高职教育特点的教师分类管理、分类评价的人事管理制度、教师专业技术职务（职称）评聘制度，破除行业企业优秀人才进入高职院校任教的障碍。制定并实施以业绩贡献为基础、以目标管理和目标考核为重点的绩效工资制度，将教职工的工资收入与岗位职责、工作业绩、实际贡献等直接挂钩，将专业建设、课程改革、担任学生导师、应用技术研发与社会服务等纳入教师教育教学工作量，多劳多得、优绩优酬，避免唯职称、唯学历等倾向。完善激励和约束机制，促进专业带头人提升专业水平、扩大行业影响力，支持教师开展课堂教学改革、提高课堂教学质量。探索"学历教育+企业实训"的培养办法，支持专业骨干教师积累企业工作经历、提高实践教学能力。加强兼职教师培训和管理，支持兼职教师提高教学能力、牵头教学研究项目、组织实施教学改革。建立教师发展中心，积极开展新任教师岗前培训，每年选送骨干教师参加省级以上教师培训、信息化教学和微课大赛，提升青年教师专业发展水平。加强教研室等基层教学组织创新与管理改革，广泛开展有效的教研活动，充分发挥基层教学组织在教学改革、教师发展中的作用。

重点载体：教师发展中心，教学名师，教学团队，高等职业院校珠江学者岗位计划，百千万人才培养工程，高层次技能型兼职教师，专业领军人才，信息化教学大赛，骨干教师国家级和省级培训，"双师型"教师培养培训基地等。

（2）实践基地建设。与行业企业紧密结合，加大经费投入，改善实践教学条件，探索"校中厂""厂中校"，建立具有真实职业氛围、设备先进、充分满足教学需要的校内生产性实训基地。建立数量充足、专业对口、稳定的校外实践教学基地，依托合作的企事业单位，推动校外实践教学模式改革，校企共同制定校外实践教学方案，共同组织实施校外实践教学，共同评价校外实践教学质量。

重点载体：公共实训中心，实训基地，职业能力培养虚拟仿真中心，大学生校外实践教学基地等。

（3）优质教学资源建设。建立可满足"互联网+"时代教育要求的数字化教学与信息化管理平台。建设基本覆盖专业核心课程、主干课程的专业教学资源库、精品在线开放课程、微课程等优质数字化资源，推动校内使用、校外共享。支持教师校企合作开发工学结合教材或讲义，建设一批"十三五"规划教材、精品教材。开发替代性虚拟仿真实训系统和仿真教学软件，推广教学过程与生产过程实时互动的远程教学。

重点载体：专业教学资源库，精品在线开放课程、"十三五"规划教材、精品教材等。

（五）管理水平提升

坚持依法治校，完善公办高职院校党委领导下的校长负责制、民办高职院校董事会领导下的校长负责制。推进学校章程实施，完善校内与章程配套制度体系，完善学术委员会、教代会工作机制，健全依法办学、依章办事机制，提升高职院校依法自主管理、民主监督、社会参与的治理能力。强化制度标准落实，完善体现高职教育办学特点的内部管理制度、标准和运行机制。贯彻落实《广东省高等职业院校教学管理要点》，规范招生管理，落实学籍电子注册和管理制度，严格执行《职业院校学生实习管理规定》，提高教学管理规范化、精细化、科学化水平。严格执行财经法律法规，规范资金使用和财务管理，提高资源整合和资金统筹能力。开展平安校园创建活动，建立健全安全维稳应急处置机制和人防、物防、技防"三防一体"的安全防范体系。落实《职业院校数字校园建设规范》，加快信息化技术系统建设。实施管理队伍能力建设行动，重点加强中层领导干部领导能力建设。以常态化、周期性的诊断与改进为手段，在学校、专业、课程、教师、学生不同层面建立起全过程、全覆盖、相对独立的内部质量保证体系。开展在校生学习成果评价和毕业生跟踪调查，探索开展行业企业充分参与的专业认证和专业评估。健全高职教育质量年度报告工作机制。

重点载体：管理水平提升计划，教学工作诊断与改进等。

（六）社会服务能力提升

建立和完善专业教师紧密联系企业、为社会服务的激励和约束机制。搭建产学研结合的技术应用开发、推广服务平台，主动面向行业企业开展技术服务、成果转化，重点服务中小微企业的技术研发和产品升级；或瞄准我省经济社会发展中的重大理论和现实问题开展研究，研究成果对政府决策、政策制定、社会实践等产生重要影响，对社会进步产生积极的推动作用。搭建多样化学习平台，主动面向行业企业开展企业员工和行业从业人员的新技术、新知识培训和学历提升；主动面向社区开展服务、共享教育资源，成为当地继续教育、文化传播的中心；以职业道德、职业发展、就业准备、创业指导等为主要内容开展就业创业教育，为劳动者多渠道多形式提高就业质量服务；主动承接政府和企事业单位组织的职业培训，按照国家有关规定开展退役士兵职业教育培训。

重点载体：应用技术协同创新中心，技能大师工作室，民族文化传承与创新、适应战略性新兴产业等发展急需的示范专业点，社区教育示范校，科研创新平台（重点实验室、工程中心、产学研结合示范基地等），科研和产学研合作项目（自然科学基金、社科基金、哲学社会科学规划项目、应用型科技研发项目等），社会科学成果奖，科技成果奖，国家发明专利、实用新型专利、外观专利或软件著作权等。

（七）对外交流与合作

主动服务国家"一带一路"倡议和广东自贸区建设，全面加强与英国、德国、新加坡，以及中国台湾、中国香港等职业教育发达国家和地区的交流与合作。建立与国（境）外高水平院校教师交流、学生交换、学分互认、学位互授联授等合作关系。坚持以职业教育先进国家和地区为标杆，学习引进国际先进成熟适用的职业资格认证体系、专业课程标准、教材体系等优质教育资源，加快研发与国际接轨的职业标准及认证体系，着力培养具有国际视野、国际通用的高素质技术技能人才。稳步实施"走出去"战略，开展联合办学、开发专业课程、师资培训、学生交流、建立海外职业技术教育基地等。

重点载体：中外、内地与港澳、大陆与台湾高职院校合作办学示范项目等。

（八）自选项目

学校可以根据自身的实际情况，在上述建设内容以外，新增具有区域特点、本校特色的项目。

三、实施步骤

（1）学校自主规划。各高职院校应在充分总结"十二五"发展情况的基础上，根据自身实际，在三类规划建议方案中（见附件1-1）选择合适的建议方案，再参考上述建设内容和"十三五"规划项目一览表（见附件1-2），自主确定建设目标和任务，自主选择载体、建设项目，统筹研制本校2016—2020年"创新强校工程"建设规划，明确建设内容、年度实施计划、经费筹措、保障措施等。

实施A类规划的院校，要重点开展综合改革，凝聚优势，提升核心竞争力，实现更高水平上的可持续发展；实施B类规划的院校，要切实履行人才培养工作质量保证主体的责任，建立和完善学校内部质量保证体系；实施C类规划的院校，要进一步明确基本办学方向，保证基本办学条件，坚持基本管理规范。

（2）分类论证立项。省教育厅牵头组织专家分别对各高职院校的"创新强校工程"建设规划，从建设基础、发展定位、发展目标、改革创新程度、建设目标的可行性、建设任务的合理性、经费保障力度、对经济社会发展的贡献度等方面进行论证。

（3）分类绩效考核。省教育厅建立分类考核评价机制，针对三类规划建设方案，分别制定不同的绩效考核指标（见附件1-3、附件1-4、附件1-5），加强对各高职院校"创新强校工程"实施过程和结果的检查和考核。

四、资金筹措

（1）"创新强校工程"建设资金来源包括：① 中央财政现代职业教育质量提升计划专项资金（高职部分）；② 省财政现代职业教育综合改革试点省争先创优奖补资金（高职部分）；③ 各级财政安排的高等职业教育公用经费、生均拨款和专项资金等；④ 学校事业收入（主要是学费和住宿费）；⑤ 行业企业投入；⑥ 学校其他收入（经营收入等）。

（2）省教育厅将统筹中央财政资金和省财政专项资金，创新资源配置方法，实行综合奖补。奖补资金根据"创新强校工程"考核结果等因素，按照"绩效优先、同类竞争"的办法安排，由学校根据自身实际自主安排，突出重点，统筹使用，并优先用于"创新强校工程"中国家级和省级建设项目。

五、组织管理

（1）加强组织领导。高职教育"创新强校工程"工作由省教育体制改革领导小组统筹和领导。省教育厅负责"创新强校工程"的具体实施和管理工作。各高职院校要把"创新强校工程"作为全面落实"十三五"学校发展规划的重要抓手，列为学校的"头号工程"，加强组织领导，明确目标任务、路线图、时间表和责任人，确保"创新强校工程"有序开展、有效落实。

（2）强化检查督促。省教育厅将通过考核、检查和绩效评价等方式，加强对"创新强校工程"实施情况的监督和管理。财政资金按照统一规划、单独核算、专款专用的原则，实行项目管理，并接受相关部门的审计和监督检查，开展综合考核与绩效评价。

（3）落实支持措施。省教育体制改革领导小组将充分发挥统筹协调、宏观管理作用，主动协调组织发展改革、财政、人社、科技、卫生、农业、文化、经济与信息化等部门，协调项目预算、保证任务落实，在教育体制机制改革、产学研合作、重大项目申报、人才引进、人事制度改革等方面对高职院校给予支持和倾斜，为高职教育"创新强校工程"的实施提供有力保障。

（4）加强指导服务。省教育厅将组织专家为各高职院校"创新强校工程"规划制定、考核评价、组织实施等工作及时提供专业指导和支持；召开不同主题的现场会和交流会，总结交流高职院校"创新强校工程"建设经验和建设成果。

附件：

1-1. 广东省高等职业教育"创新强校工程"（2016—2020年）分类实施指导意见（略）

1-2. 广东省高等职业教育"十三五"规划项目一览表（略）

1-3. A类规划考核指标（试行）（略）

1-4. B类规划考核指标（试行）（略）

1-5. C类规划考核指标（试行）（略）

天津市教育委员会关于印发《天津市高等职业院校提升办学能力建设项目管理办法》的通知

津教委〔2016〕57号

各办学主管部门，各高等职业院校：

为贯彻落实《国务院关于加快发展现代职业教育的决定》（国发〔2014〕19号）精神，落实教育部《高等职业教育创新发展行动计划（2015—2018年）》（教职成〔2015〕9号）和《天津市人民政府关于加快发展现代职业教育的意见》（津政发〔2016〕3号），全面完成国家现代职业教育改革创新示范区各项建设任务，加快现代职业教育体系建设，提高人才培养质量和办学水平，提升高等职业教育服务经济社会发展和产业转型升级的能力，实施好天津市高等职业院校提升办学能力建设项目，现将《天津市高等职业院校提升办学能力建设项目管理办法》印发给你们，请遵照执行。

附件：
天津市高等职业院校提升办学能力建设项目管理办法

天津市教育委员会
2016年12月12日

附件

天津市高等职业院校提升办学能力
建设项目管理办法

第一章 总则

第一条 为贯彻落实《国务院关于加快发展现代职业教育的决定》（国发〔2014〕19号）精神，落实教育部《高等职业教育创新发展行动计划（2015—2018年）》（教职成〔2015〕9号）和《天津市人民政府关于加快发展现代职业教育的意见》（津政发〔2016〕3号），全面完成国家现代职业教育改革创新示范区各项建设任务，加快现代职业教育体系建设，创新发展高等职业教育，提高人才培养质量和办学水平，全面提升高等职业教育服务经济社会发展和产业转型升级的能力，实施好天津市高等职业院校提升办学能力建设项目，特制定本办法。

第二条 以邓小平理论、"三个代表"重要思想、科学发展观为指导，贯彻落实习近平总书记重要指示精神，服务"四个全面"战略布局和创新驱动发展战略，以立德树人为根本，以服务发展为宗旨，以促进就业为导向，坚持产教融合、校企合作、工学结合、知行合一，推动职业教育与我市经济社会同步规划、与产业建设同步实施、与技术进步同步升级，全面提升技术技能人才培养质量。

第三条 本项目实施范围为我市独立设置的24所高等职业院校。

第二章 建设目标

第四条 "十三五"期间，我市重点支持高等职业院校开展提升办学能力建设项目，使我市高等职业教育整体实力显著增强，人才培养的结构更加合理、质量持续提高，服务中国制造2025的能力和服务经济社会发展的水平显著提升，促使我市高等教育结构优化成效更加明显，形成具有天津特点、中国特色、世界水平的现代职业教育体系。

（1）办学实力持续增强。使全市80%以上20所高职院校达到国内一流水平，建成12所世界先进水平的高职院校；重点打造120个骨干专业，其中40%以上50个专业达到国内顶尖水平；建设600门优质特色课程，开发400种优质特色教材，建设10个优质教学资源库，建设5个职业能力培养虚拟仿真实训中心；重点建设90个校内外示范性实训基地；重点培养12位左右"名校长"和100位左右"名师"，选聘1 500名"能工巧匠"到高职院校任教，建设15个"双师型"教师培养培训基地。

（2）服务发展能力不断提高。技术技能人才培养质量大幅提升，在保持毕业生高就业率的同时，进一步提高就业质量和专业对口率；优化高职院校的布局结构与专业设置，提升专业服务产业发展能力，促进高职专业与我市产业发展结合更加紧密；应用技术研发能力和社会服务水平大幅提高，与行业企业共同推进技术技能积累创新的机制初步形成，以市场为导向多方共建60个应用技术协同创新中心；建设和升级一批行业影响力大、校企合作紧密的职业教育集团，建成10个具有示范引领作用的骨干职业教育集团。

（3）国际水平显著提升。引进国际通用职业资格认证机构，扩大合作办学范围，建设并实施80个左右国际化专业教学标准，国际化专业教学试点班达到150个，培养一批具有国际视野、通晓国际规则的技术技能人才。鼓励有条件的学校积极拓展海外职业教育市场，将我市职业教育优秀成果输出国门，与世界分享。大力推进职业院校技能大赛国际化环境建设。

第三章　建设任务

第五条　全面完成国家现代职业教育改革创新示范区建设任务，高标准完成《高等职业教育创新发展行动计划（2015—2018年）》中我市承担的各项任务和项目，创新发展高等职业教育，推进高职教育国际化进程，提高技术技能人才培养质量和高职院校办学能力。

（1）全面提升学校核心竞争力，建成12所世界先进水平高职院校。围绕国家发展战略和我市重点发展产业，全面完成我市高等职业教育创新发展行动计划，提升我市高职院校办学实力，创新发展高等职业教育。遴选办学定位准确、专业特色鲜明、人才培养水平高、社会服务能力强、综合办学水平领先的高职院校，通过提升办学能力建设项目使全市80%以上20所高职院校达到国内一流水平。从中遴选与国际化龙头企业长期合作、积极引入国际职业资格标准、具有成果显著的国际合作交流项目、积极开展国际化专业教学标准试点教学、拥有国际化专业教学团队的12所优质高等职业院校，建设世界先进水平高职院校。

（2）继续推进骨干专业对接优势产业群建设，实施优质骨干专业建设。围绕我市主导产业、现代服务业和战略新兴产业的发展，对接重大工程和重大建设项目，优化专业结构布局，遴选120个左右紧贴产业发展、校企深度合作、社会认可度高的专业实施骨干专业建设。通过建设，确保40%以上50个优质骨干专业达到国内顶尖水平。面向国家重点发展产业，提高专业的技术协同创新能力，与技术先进、管理规范、社会责任感强的企业深度合作，共建90个校内外示范性实训基地，建成一批以市场为导向多方共建的应用技术协同创新中心。

（3）加强国际交流合作，提升高职教育国际化水平。与教育发达国家以及信誉良好的国际组织、跨国企业、职业院校开展交流与合作，服务"一带一路"，积极吸引境外专家到高职院校任职，建设国际化教学团队，探索中外合作办学的新途径、新模式。将国际先进工艺流程、产品标准、技术标准、服务标准等融入教学，参照国际先进专业建设标准、课程标准、资格证书标准，开发国际化专业教学标准达到 80 个左右，国际化专业教学试点班达到 150 个，培养具有国际视野、通晓国际规则的国内外技术技能人才。

（4）深化人才培养模式改革，开发优质课程资源和教材资源。坚持立德树人，大力推进现代学徒制，把提高学生职业技能和培养职业精神高度融合；深化教学内容改革，推进专业教学紧贴技术进步和生产实际，形成对接紧密、特色鲜明、内容先进、动态调整的职业教育课程体系。合理确定各阶段课程内容的难度、深度、广度和能力要求，推进课程的综合化、模块化和项目化。建设 600 门优质特色课程，开发 400 种优质特色教材。以信息化教学带动教学手段改革，注重学生文化素质、科学素养、综合职业能力和可持续发展能力培养，为学生实现更高质量就业和职业生涯更好发展奠定基础。

（5）加强师资队伍建设，实施名师名校长培养工程。加强国内外顶尖专家、专业带头人、专业骨干教师和兼职教师的引聘和培养，积极探索高层次"双师型"教师培养模式，培养一批"教练型"教学名师和专业带头人，重点培养 100 名左右"名师"；加强管理队伍的培训，提升院校管理水平，将 12 名具有战略思维和科学决策能力、富有创新精神、勇于开拓、学识丰富、视野宽阔、具有人格魅力的院校长打造成名校长。完善教师五年一轮次的全员培训，全力提升教师信息化教学能力，完善兼职教师管理办法，选聘 1 500 名"能工巧匠"到高职院校任教。依托行业企业建立 15 个"双师型"教师培养培训基地。

（6）建立高职院校内部质量保证体系，完善第三方人才培养质量评价制度。把学生的职业道德、职业素养、技术技能水平、就业质量和创业能力作为衡量学校教学质量的重要指标。加强分类指导，推动高职院校全面建立完善内部质量保证体系，支持优质高职院校实现更高水平发展。稳步推进高职院校人才培养工作状态数据管理系统的建设与应用，逐步加强状态数据在宏观管理、行政决策、院校治理、教学改革、年度报告中的基础性作用。以高职院校人才培养工作状态数据为基础，开展教学诊断和改进工作。完善就业（用人）单位、行业协会、学生及其家长、研究机构等利益相关方共同参与的第三方人才培养质量评价制度，着力提高毕业生就业率、就业质量与企业满意度。

（7）加强创新创业教育，提升学生创新意识和创业能力。把解决高校创新创业教育存在的突出问题作为深化高校创新创业教育改革的着力点，挖掘和充实各类专业课程的创新创业教育资源，将学生的创新意识培养和创新思维养成融入教育教学全过程，促进专业教育与创新创业教育有机融合。依托天津市级"众创空间"建设，建设创业教育实践平台；加快创新创业教育优质课程信息化建设，建设 5 门左右依次递进、有机衔接、科学合理的创新创业教育专门课程（群）。

（8）努力践行社会主义核心价值观，加强高职院校校园文化建设。深入开展中国特色社会主义和中国梦宣传教育，大力加强社会主义核心价值观教育，帮助学生树立正确的世界观、人生观和价值观。规范公共基础课课程设置与教学实施，建设学生真心喜爱、终身受益的德育和思想政治理论课程。加大思政课程教师培养力度，积极探索有效的方式和途径，形成常态化、长效化的职业精神培育机制，重视崇尚劳动、敬业守信、创新务实等精神的培养，打造职业教育特色文化。

（9）推进产教融合，建设骨干职业教育集团。继续坚持依靠行业办学，建设和升级一批行业影响力大、校企合作紧密的职业教育集团，重点建设 10 个具有示范引领作用的骨干职业教育集团。发挥职业教育集团在促进京津冀区域教育链和产业链有机融合中的重要作用，推动建设区域性职业教育集团。特色突出的高职院校要以输出品牌、资源和管理的方式成立连锁型职业教育集团。创新集团治理结构和运行机制，全面增强职业教育集团化办学的活力和服务能力。

（10）加大力度提升信息化水平，推进高职院校数字化校园建设。按照教育部《职业院校数字校园建设规范》，完善数字化校园建设，做好管理信息系统整体设计，建设数据集中、系统集成的应用环境，实现教学、学生、后勤、安全、科研等各类数据管理的信息化和数据交换的规范化。引进国内外优质资源，围绕我市主导产业和现代服务业，建设 10 个优质教学资源库，推广教学过程与生产过程实时互动的远程教学，在现场实习安排困难或危险性高的专业领域，开发替代性虚拟仿真实训系统，建设 5 个职业能力培养虚拟仿真实训中心。

第四章　项目申报

第六条　按照支持专业和院校建设层次不同，分两批进行申报和审核工作。其中，骨干专业建设、优质校建设申报和审核工作在 2016 年开展；优质骨干专业建设、世界先进水平院校建设申报和审核工作在 2017 年开展。

学校对近年来的建设情况进行总结后，根据建设任务向办学主管部门提出申请，经办学主管部门审核同意后，向市教委、市财政局申报。

（1）2016 年，各院校均可围绕我市主导产业、现代服务业和战略新兴产业发展，分 2016、2017 两个年度建设骨干专业。每年度每校可申报 3 个以下紧贴产业发展、校企深度合作、社会认可度高的专业进行骨干专业对接优势产业能力建设，其中国家示范骨干院校可每年度增报 1 个专业，尚未完成"十二五"提升办学水平建设项目的院校 2016 年度只能申报 1 个专业。

各院校在申报骨干专业建设项目的基础上，可申报优质校建设。

（2）2017 年，在骨干专业范围内，每校可遴选 2 个建设基础好、社会急需、经过建设能够达到国内顶尖水平的骨干专业，申报优质骨干专业建设，其中国家示范骨干院校可增报 1 个专业。

在优质校建设基础上，可申报建设世界先进水平高职院校。

（3）专业建设项目校原则上需承担高等职业教育创新发展行动计划中的 54 项任务的数量不少于 20 项，承担 17 个项目数量不少于 7 项；申报优质校的，原则上需承担 54 项任务的数量不少于 30 项，承担 17 个项目数量不少于 12 项；申报世界先进水平校的，能够承担的各项任务和项目均需承担。

第七条 申报材料应包括学校"十三五"事业发展规划、项目《可行性论证报告》《建设方案》《申报书》。《可行性论证报告》《建设方案》（含专业建设方案，下同）和《申报书》经学校组织同行专家论证通过并公示后，按照《天津市高等职业院校提升办学能力建设任务与项目表》填写《天津市高等职业院校提升办学能力建设项目申报书》，并逐项做出建设承诺。

第五章 项目管理

第八条 高等职业院校提升办学能力建设项目实施"建设项目库管理"，分为专业建设项目和学校建设项目，根据高等职业教育创新发展行动计划的54项建设任务和17个建设项目开展建设。按照"两次申报、评审入库、分年建设、绩效考评、持续推进"原则实施管理，总建设期为5年。项目评审工作由市教委、市财政组织实施，包括项目申报、申报情况公示、论证与评审、评审结果公示、公布结果等五个环节。

第九条 项目管理实施全过程公开，包括项目管理办法、资金管理办法、项目申报情况、项目资金分配情况、项目验收情况、财务监督检查报告、投诉事项的原因及处理结果，以及其他应公开的事项。

第十条 市教委、市财政负责规划和设计建设项目，制订实施方案，对项目建设过程中的重大问题进行决策。主要履行以下职责：

（1）负责统筹指导建设项目的相关工作。

（2）起草相关政策、绩效考核办法等。

（3）组织专家进行项目评审。

（4）开展业务咨询和专题研究工作。

（5）建立信息采集与绩效监控系统，开展年度绩效考评工作。

（6）协调、指导项目院校的项目建设工作，组织验收建设成果。

第十一条 项目院校的办学主管部门是项目的主管单位，主要履行以下职责：

（1）按照市教委、市财政要求，指导所属高职院校进行项目申请。

（2）及时拨付市财政下达的建设资金，确保相关政策的落实。

（3）负责指导、检查所属项目院校的建设进展情况，监督项目院校定期进行自查，及时协调、解决建设过程中的问题。

第十二条 项目院校法人代表为项目建设主要责任人。项目院校应有专门机构具体负责本校项目建设的规划、实施、管理和检查等工作。项目院校主要履行以下职责：

（1）按照市教委、市财政及本办法的要求，编制、报送项目《申报书》和《建设方案》，并对申报材料的真实性负责。

（2）按照批复的项目《建设方案》，填写《任务书》，经批准后，组织实施项目建设，确保项目建设进度、建设资金和预期目标。

（3）统筹安排各渠道建设资金，按照有关财务制度及本办法规定，科学、合理、安全使用建设资金，确保资金使用效益。

（4）每季度将项目建设进展、资金使用等情况形成报告，上报市教委、市财政。

（5）接受教育、财政、审计、监察等部门对项目实施过程和结果进行监控、检查、绩效考评和审计。

第十三条 市教委、市财政组织专家对《建设方案》和《任务书》进行论证，将修改意见反馈学校。学校根据专家意见对《建设方案》和《任务书》修改后报送市教委、市财政。市教委、市财政对修改后的《建设方案》和《任务书》审核批复后，正式启动项目建设工作。

第十四条 项目院校按照批复的《建设方案》和《任务书》，组织实施项目建设。《建设方案》和《任务书》一经审定，必须严格执行，项目建设过程中一般不得调整。如确需调整，经项目院校组织专家论证，报经市教委、市财政核准后方可实施。

第六章 资金管理

第十五条 市教委、市财政根据项目院校的重点建设内容，下达市财政专项资金总预算控制数及年度预算控制数。资金使用范围不得超过所列的54项建设任务和17个建设项目。

第十六条 市教委、市财政另行制定《天津市高等职业院校提升办学能力建设项目专项资金管理办法》，规范资金的分配、使用与管理。

第十七条 专项资金包括基本项目经费、重点项目经费和绩效经费。其中基本项目经费、重点项目经费占专项资金总额的90%，绩效经费占专项资金总额的10%。

基本项目经费分为支持高等职业院校骨干专业建设经费和优质校建设经费；重点项目经费分为支持高等职业院校优质骨干专业建设经费和世界先进水平院校建设经费。绩效经费依据中期考核和期末考核两次绩效考核的结果，包括建设目标任务完成情况、资金执行率、财务管理、内控制度建设等指标，按照"奖优罚劣、扶优扶强扶特"的原则进行分配。

第十八条 专项资金预算纳入高等职业院校财务统一管理，单独核算，专款专用；专项资金不得用于偿还贷款、基础设施维修改造、支付罚款、捐赠、赞助等支出，不得用于与高等职业院校提升办学能力建设项目无关的日常公用经费开支，也不得用于国家和我市规定不得列支的其他支出。

第十九条 专项资金支出中涉及购买货物和服务的，要依法依规实施采购。高等职业院校资产均属国有资产，应纳入院校资产统一管理。高等职业院校无形资产的管理，按照有关规定执行。

第二十条　市教委、市财政依据项目院校的《建设方案》和《任务书》，采集绩效考核信息，组织专家或委托中介机构对项目院校进行年度检查或考核。考核周期为上一年度的1月1日至12月31日。检查或考核的结果作为调整下一年度项目预算安排的重要依据。

第二十一条　各项目院校要建立信息公开机制。市教委会同市财政根据有关规定做好实绩考核结果、资金分配额度和绩效评价结论等情况的信息公开工作。

第七章　检查与验收

第二十二条　建立市教委、市财政联合监督检查、学校办学主管部门监管和项目院校自我监测的三级监控考核体系。对项目院校建设项目的实施实行事前充分论证、事中监控管理指导、事后效益监测评价的全过程监控和考核。

（1）市教委、市财政负责指导项目的实施，检查和监督项目院校的建设进展情况，及时解决建设过程中的问题。

（2）项目院校主管部门负责领导项目的实施，切实履行各项资金及政策支持承诺，确保项目实施质量与进度。

（3）项目院校对项目建设日常工作进行管理和监督，建立资金管理责任制。

第二十三条　在检查中有下列行为之一的，市教委、市财政可视其情节轻重给予警告、中止或取消项目等处理。

（1）编报虚假预算，套取市财政资金。

（2）项目执行不力，未开展实质性的建设工作。

（3）擅自改变项目总体目标和主要建设内容。

（4）项目经费的使用不符合有关财务制度的规定。

（5）无违规行为，但无正当理由未按期完成项目建设任务。

（6）其他违反国家法律法规和本办法规定的行为。

第二十四条　项目完成后，项目院校应会同其主管部门共同撰写项目总结报告，向市教委、市财政申请项目验收。项目总结报告的内容一般包括：项目建设基本情况，建设目标完成情况和成效，重点专业建设与人才培养模式改革成效，高等职业教育改革发展及其对区域经济社会发展的贡献度，示范与辐射成效，以及专项资金预算执行情况和使用效果，资金管理情况与存在问题等。市教委、市财政将对项目院校建设与完成情况进行检查与验收。

第二十五条　对于按项目总体目标和项目内容如期完成、通过验收、成绩突出的项目院校，以及在项目组织和管理工作中表现出色的院校主管部门，市教委、市财政将给予适当表彰。

第八章 附则

第二十六条 各项目院校应会同其主管部门按本办法的规定结合各自实际情况制订具体管理办法。

第二十七条 本办法自发布之日起实行,有效期 5 年。

附件:
1. 天津市高等职业院校提升办学能力建设任务与项目表(略)
2. 天津市高等职业院校提升办学能力建设项目申报书(略)
3. 天津市高等职业院校提升办学能力建设项目遴选标准(略)

安徽省教育厅关于建立《高等职业教育创新发展行动计划（2015—2018年）》实施情况双月报制度的通知

皖教秘高〔2017〕27号

各有关高等学校：

2016年，我省承接教育部《高等职业教育创新发展行动计划（2015—2018年）》（以下简称《行动计划》）47项任务和15类项目。9月，我厅公布《行动计划》任务（项目）承接单位，明确了各校承担的任务（项目）。12月，按照教育部职成司《关于开展〈高等职业教育创新发展行动计划（2015—2018年）〉2016年执行绩效数据采集工作的通知》（教职成司函〔2016〕174号）要求，我厅对各高校承担任务（项目）完成情况进行了绩效评价。从绩效评价情况看，经过各高校和有关部门的共同努力，通过《行动计划》任务（项目）的实施，各高校在扩大优质教育资源、增强学校办学实力、扩大技术技能积累、提升质量保证等方面取得了初步成效和阶段性成果。但在实施中也存在一些突出问题，如：部分高校重视不够，重承接，轻建设，承接的任务（项目）进展缓慢，甚至出现个别任务（项目）尚未启动的现象；部分高校任务（项目）经费投入总量不足、到位不及时等。为及时全面掌握《行动计划》实施进展情况，总结工作经验，研究分析解决工作实施过程中存在的问题，确保《行动计划》实施工作有序推进，经研究，决定从2017年3月起建立《行动计划》实施情况双月报制度。现将有关事项通知如下。

一、报送内容

（1）各高校承担《行动计划》中的任务和项目具体进展情况（报送要点见附件）。

（2）各高校在《行动计划》实施过程中制定的相关政策、采取的工作措施，以及工作中存在的问题和改进完善相关政策措施的意见建议等，相关文件或文字材料请一并报送。

二、报送时间

自2017年3月份开始，以后每两月后的10日前将本校上月底的《行动计划》双月报表（加盖单位公章）报送省教育厅高等教育处。联系电话：0551-62831868，同时发电子邮件至高教处邮箱：ahgzjy@ahedu.gov.cn。各校于3月5日前将负责双月报报送工作的联系人、联系电话、邮箱和QQ号报送至高教处邮箱。

三、报送要求

（1）高度重视。实行《行动计划》实施情况双月报制度，是全面掌握《行动计划》进展情况的重要途径，是推动《行动计划》实施工作的重要环节，是进一步提升完善此项工作的重要依据，也是《行动计划》年度绩效评价的重要内容。各高校要高度重视，主要领导要亲自过问，亲自调度，并明确一位负责人具体负责，加强日常管理，及时统计报送进展情况。要建立分年度、分项目实施台账，建立完善相关档案资料，明确责任主体和完成时限，加强检查和监督，加大力度，确保项目保质保量实施。我厅将定期通报工作进展情况，对工作推进缓慢的学校，将采取通报批评、约谈有关负责人和实地督查等措施，督促加大工作力度、加快工作进度。

（2）安排专人负责报送。各高校要安排精干人员负责数据统计和材料报送工作，确保内容和数据精准、真实、完整，严禁弄虚作假。省教育厅将不定期对进展情况进行核查，对不按时上报或报送质量较差的单位予以通报。《行动计划》实施情况将与我厅有关建设项目的立项、专业设置等挂钩。

附件：
《高等职业教育创新发展行动计划（2015—2018年）》双月报表（略）

安徽省教育厅
2017年2月14日

山东省教育厅 山东省财政厅关于实施山东省职业教育质量提升计划的意见

鲁教职字〔2017〕6号

各市教育局、财政局，各高等职业院校：

为贯彻落实《国务院关于加快发展现代职业教育的决定》（国发〔2014〕19号）、《教育部关于深化职业教育教学改革全面提高人才培养质量的若干意见》（教职成〔2015〕6号）精神和《山东省人民政府关于贯彻国发〔2014〕19号文件进一步完善现代职业教育政策体系的意见》（鲁政发〔2015〕17号）要求，深入推进职业教育改革创新，加强职业院校内涵建设，全面提高人才培养质量，"十三五"期间，省教育厅、省财政厅决定实施山东省职业教育质量提升计划，现提出如下意见。

一、指导思想

全面贯彻党的教育方针，遵循职业教育规律，坚持以立德树人为根本、以服务发展为宗旨、以促进就业为导向，适应经济发展新常态和技术技能人才成长成才需要，按照整体设计、统筹推进、强化特色、提高质量的原则，完善产教融合、协同育人机制，创新人才培养模式，深化教育教学改革，激发职业教育办学活力，提升职业院校管理水平，全面提高技术技能人才培养质量，实现全省职业教育又好又快发展。

二、总体目标

通过实施职业教育质量提升计划，全省职业教育产教融合、校企合作有效推进，专业服务产业发展能力明显提升，优质教育教学资源实现共享，教师队伍整体素质全面提高，内部质量保证制度体系和运行机制逐步完善，职业教育人才培养与经济社会发展适应性不断增强，培育一批办学理念先进、管理规范、特色鲜明、在全国有影响力的示范性优质职业院校，加快顺应时代要求、具有山东特点、走在全国前列的现代职业教育体系建设步伐，为经济文化强省建设提供技术技能人才支撑。

三、建设内容

（一）加强高水平职业院校建设

支持建设一批办学定位准确、专业特色鲜明、社会服务能力强、综合办学水平领先、与地方经济社会发展需要契合度高、行业优势突出的优质职业院校，引领全省职业院校内涵发展、创新发展、特色发展。

（二）推进品牌专业（群）建设

支持产业发展急需、校企深度合作、社会认可度高的品牌专业（群）建设，突出专业特色，深化课程改革和课堂教学改革，创新人才培养模式，强化师资队伍和实训基地建设，重点打造一批能够发挥引领辐射作用的国家级骨干专业和省级品牌专业（群），带动专业建设水平整体提升。

（三）深化专业课程体系改革

完善职业教育教学标准体系，一体化设计中职、高职与应用型本科相衔接的课程体系，开发形成中高职贯通的专业教学指导方案。建设一批职业教育精品资源共享课程和专业教学资源库，推动优质教学资源共建共享。支持开展职业教育教学改革研究项目，引导广大教师围绕专业建设、课程改革、实践教学、质量保证等方面开展教学研究。

（四）完善产教深度融合、校企协同育人机制

支持建设校企一体化合作办学示范校和企业，加大对合作办学的政策支持力度。开展校企联合招生、联合培养、一体化育人的现代学徒制试点。开展社会力量参与公办职业院校办学体制改革，推进混合所有制职业院校试点工作。启动多元投资主体依法共建职业教育集团改革试点，促进教育链和产业链有机融合。

（五）强化"双师型"教师队伍建设

建立健全政行企校协同培养教师的新机制，聘请能工巧匠进职校，积极探索高层次"双师型"教师培养模式，提升教师专业技能和实践教学、信息技术应用、教学研究、技术研发能力，培养造就一批教学名师和青年技能名师，建设一批省级职业教育教学团队，为培养高素质技术技能人才提供师资保障。

（六）推动职业院校文化育人工作创新

弘扬中华优秀传统文化和现代工业文明，创新德育实现形式，推进优秀产业文化进教育、企业文化进校园、职业文化进课堂，加强技术技能文化积累，注重学生文化素质、科学素养、综合职业能力和可持续发展能力培养，统筹推进活动育人、实践育人、文化育人、

努力构建全员、全过程、全方位育人格局。

四、建设任务

（一）山东省优质高职院校建设项目

1. 建设目标

促进一批优质高职院校持续深化教育教学改革、深入推进产教融合、大幅提升技术创新服务能力、实质性扩大国际交流合作、培养高素质技术技能人才、提升学校对经济社会发展的贡献度，使之具有一流的专业、一流的师资、一流的管理、一流的条件和一流的社会服务。到2020年，建设6所以上具有国际先进水平和20所以上具有国内先进水平的优质高职院校，打造山东高等职业教育优质品牌，提升全省高职院校整体办学实力和综合竞争力，为经济文化强省建设提供坚实的技术技能人才保障。

2. 建设周期

2017—2020年，分两批遴选建设。2017年，遴选第一批16所左右院校进行优质高职院校立项建设；2018年，遴选第二批10所左右院校进行优质高职院校立项建设。建设期3年。

（二）山东省中职示范性及优质特色校建设项目

1. 建设目标

到2020年，重点建设100所示范性及优质特色中等职业学校。以提高质量为核心，以内涵建设为重点，推行校企协同育人机制，建立能力本位、对接紧密的课程体系，打造高水平的专兼职"双师型"教师团队，建设就业有优势、发展有潜力的特色品牌专业，完善现代学校制度，提高学校的规范化、信息化和现代化水平，使其成为凸显山东特色、跻身国内一流、接轨国际水平的现代化职业学校。进一步增强示范、辐射和引领作用，大幅度提升我省中等职业学校办学水平和服务经济社会发展的能力。

2. 建设周期

在2016年立项建设30所学校基础上，2017—2020年，再遴选建设两批。2017年、2018年，每年各遴选35所左右学校进行示范性及优质特色校立项建设。建设期3年。

（三）职业院校对口贯通分段培养课程体系建设项目

1. 建设目标

到2020年，建立200个左右中职、高职与应用型本科相衔接的一体化课程体系，形成科学可行的人才培养方案和课程标准，进一步拓宽学生学业提升路径，培养高素质工程型、高层次技术型以及其他应用型、复合型人才，实现中职、高职与应用型本科等各层次教育人才贯通培养，增强教育服务产业能力。

2. 建设周期

在已完成 120 个的基础上，2017—2020 年，再遴选建设 3 批。2017 年，遴选 40 个左右；2018 年、2019 年，每年各遴选 20 个左右。建设期 5 年或 7 年。

（四）职业院校专业教学指导方案开发项目

1. 建设目标

到 2020 年，开发完成 180 个左右专业教学指导方案。通过开发中高职衔接的专业教学指导方案，促进职业教育教学标准、行业技术规范、职业资格标准有效对接，推动职业教育办学水平和教育质量的整体提升，实现中高职有效衔接，实现技术技能人才的贯通培养。

2. 建设周期

2017—2020 年，每年遴选 45 个左右专业进行开发。建设期 1 年。

（五）职业教育教学改革研究项目

1. 建设目标

到 2020 年，遴选立项 1 600 项左右教学改革项目。鼓励职业院校广大教师和教学管理人员，围绕人才培养的关键要素，深入研究职业教育改革发展和人才培养过程中的新问题、新情况，特别是研究山东省乃至全国职业教育发展中具有全局性、战略性和前瞻性的重大问题、教育教学改革关键环节和重点领域中的热点难点问题，提高职业教育教学研究水平，通过集中力量联合攻关和鼓励学校创新实践相结合，培育一批可复制、可借鉴、务实有效、理论和实践层面都有突破创新、国内领先水平的教学成果。

2. 建设周期

2017—2020 年，分两批遴选建设。2017 年、2019 年各遴选 1 次，每次立项 800 项左右教学改革项目。建设期 2 年。

（六）职业院校品牌专业（群）建设项目

1. 建设目标

到 2020 年，遴选立项 200 个左右中职品牌专业、200 个左右高职品牌专业群。通过职业教育品牌专业（群）建设计划的实施，建立我省职业教育专业标准，推进人才培养模式、教学内容、课程体系、教学方法和教学手段等方面的整体改革；培养一批专业带头人，促进以"双师型"教师为重点的师资队伍建设；加强专业实验、实训、实习设施现代化建设，打造一批省内一流、国内知名的品牌专业（群），引领和带动全省职业教育的办学水平和教学质量的整体提高，全面提高人才培养质量和服务产业发展能力。

2. 建设周期

2017—2020 年，每年遴选建设 50 个左右中职品牌专业、50 个左右高职品牌专业群。

建设期 2 年。

（七）职业教育精品资源共享课程建设项目

1. 建设目标

到 2020 年，遴选立项 3 000 门左右职业教育精品资源共享课程。紧紧围绕山东省主导产业、特色产业和战略新兴产业发展，面向布点多、在校生数量大的专业（群），以精品资源共享课程建设为重点，通过各级教育行政部门及职业院校共同建设，初步构建起中高职有效衔接的职业教育优质教学资源共建共享平台。

2. 建设周期

2017—2020 年，每年立项建设 600 门左右省级精品资源共享课，其中，中职学校 200 门左右、高职院校 400 门左右。建设期 1 年。

（八）职业教育专业教学资源库建设项目

1. 建设目标

到 2020 年，遴选立项 40 个左右职业教育教学资源库。选择与我省产业规划及社会经济发展联系紧密、布点量大的专业，建设代表全省水平、具有职业教育特色的标志性、共享型专业教学资源库并推广使用，带动全省职业院校专业教学模式和教学方法改革，推动优质教学资源共建共享，整体提升职业教育人才培养质量和社会服务能力。

2. 建设周期

2017—2020 年，每年遴选立项 10 个左右教学资源库。建设期 2 年。

（九）职业院校现代学徒制试点项目

1. 建设目标

到 2020 年，遴选立项 160 个左右现代学徒制试点项目。探索建立校企联合招生、联合培养、一体化育人的长效机制，完善学徒培养的教学文件、管理制度及相关标准，推进专兼结合、校企互聘互用的"双师型"师资队伍建设，建立学校、企业、行业和社会第三方机构参与的评价机制，切实提升学生岗位技能，提高学生就业的专业对口率。健全现代学徒制的支持政策，保障学生的合法权益和合理报酬，逐步建立起政府引导、行业参与、社会支持、企业和职业院校双主体育人的现代学徒制。

2. 建设周期

2017—2020 年，每年遴选立项 40 个左右专业点进行现代学徒制试点。建设期 3 年。

（十）职业院校校内实训基地建设项目

1. 建设目标

到 2020 年，遴选建设 800 个中职实训基地、100 个高职实训基地。根据全省区域经济社会发展需要，建成一批具备教学、科研、开发、生产和培训等多种功能的实训基地，显著改善办学条件；发挥实训基地建设对产业升级、结构调整、技术创新的引领作用，推动职业院校与当地产业布局、发展规划和经济结构调整相适应，促进本地区现代产业体系和现代职业教育体系协调发展。

2. 建设周期

2017—2020年，每年遴选建设200个左右中职学校校内实训基地、25个左右高职院校校内实训基地。

（十一）能工巧匠进职校项目

1. 建设目标

到2020年，设立720个特聘岗位。充实中职学校教师数量，有效缓解中职学校紧缺专业教师数量不足、实践指导能力薄弱的状况，提高我省中职学校实习实训指导教师队伍水平，推动职业学校紧紧围绕提高人才培养质量，加强校企合作，强化实践教学和学生动手操作能力培养，推动专业建设和人事制度改革。

2. 建设周期

2017—2020年，每年设立180个中等职业学校特聘技能教师岗位，用于聘任行业企业能工巧匠。

（十二）职业院校教学团队建设项目

1. 建设目标

到2020年，遴选建设400个省级教学团队。引导职业院校深化校企合作、工学结合，建立和创新团队合作机制，优化教师"双师"素质结构，改革教学内容和方法，合作开发教学资源，加强教学研讨和经验交流，提升教师的教学教科研水平和社会服务能力，促进教师专业发展，为我省职业教育发展提供强有力的师资保障，提高技术技能人才培养水平。

2. 建设周期

2017—2020年，每年遴选建设中职、高职各50个左右省级教学团队。

（十三）职业教育青年技能名师培养计划

1. 建设目标

到2020年，遴选培养400名左右青年技能名师。通过重点培养，着力提升职业院校青年骨干教师的教育教学水平、专业实践能力、科研及社会服务能力，造就一支师德高尚、业务精湛、充满活力的青年教师队伍，全面服务全省现代职业教育发展，培养高素质技术技能人才，为建设人力资源强省提供人才支撑。

2. 建设周期

2017—2020年，每年遴选培养中职、高职各50名左右青年教师列入山东省职业教育青年技能名师培养计划。培养期3年。

（十四）高等职业院校教学名师认定项目

1. 建设目标

到2020年，评选认定200名高等职业院校教学名师。加强高等职业院校教师队伍建设，不断提高师德建设水平、教学能力、科研和社会服务能力，努力培养造就一批"教练型"教学名师和专业带头人，促进中青年优秀教师成长发展，提高教育教学水平和人才培养质量。

2. 建设周期

2017—2020年，每年评选认定50名左右省级教学名师。

（十五）山东省校企合作一体化办学示范院校和企业认定项目

1. 建设目标

到2020年，评选认定120个左右山东省校企合作一体化办学示范院校和企业项目。坚持协同育人、共同发展的宗旨，创新体制机制，不断增强校企一体化办学活力；促进产教深度融合，深化教育教学改革，进一步完善校企一体化办学模式；深化教育链产业链融合，弘扬工匠精神，主动服务动能转换和产业升级；在人才培养、科技研发、社会服务等方面发挥示范引领和辐射作用。

2. 建设周期

2017—2020年，每年评选认定30个左右山东省校企合作一体化办学示范院校和企业。

（十六）山东省职业教育集团化办学创新实践工程

1. 建设目标

到2020年，评选认定40个左右具有示范引领作用的省级骨干职业教育集团。坚持服务发展、促进就业，深化产教融合、校企合作，创新技术技能人才系统培养机制，以加入自愿、退出自由、育人为本、依法办学原则，鼓励职业院校、行业、企业、科研院所和其他社会组织等各方面力量加入职业教育集团，探索多种形式的集团化办学模式，创新集团治理结构和运行机制，全面增强职业教育集团化办学活力和服务经济社会发展能力。

2. 建设周期

2017—2020年，每年评选认定10个左右具有示范引领作用的省级骨干职业教育集团。

（十七）山东省职业院校混合所有制试点项目

1. 建设目标

到2020年，遴选认定40个左右具有示范引领作用的山东省职业院校混合所有制（二级学院）试点项目。积极探索混合所有制职业院校法人产权制度，引导国有资本、集体资本和境内外非公有资本等与职业院校双向进入、相互融合,整合汇聚优质资源,以股份制、混合所有制等形式明确职业院校法人财产权。认真推进现代职业学校制度建设,建立以学校章程为办学基础、与多元化办学产权结构相适应的现代职业学校治理结构,健全由政府、行业、企业、社会团体或个人、教职工代表等多方参与的理事会或董事会,全面推动职业院校治理体系和治理能力现代化。

2. 建设周期

2017—2020年,每年遴选认定10个左右具有示范引领作用的山东省职业院校混合所有制(二级学院)试点项目。建设期2年。

五、保障措施

各市、各职业院校要高度重视职业教育质量提升计划,根据当前职业教育改革和发展的新形势、新任务,结合实际,围绕影响职业教育教学质量的主要方面,明确目标要求,认真制定质量提升计划实施方案,加强领导,加大投入,强化管理,确保各项建设任务取得实效,不断提高教育教学水平和人才培养质量。

(一)加强组织领导

各市、各职业院校要充分认识实施职业教育质量提升计划的重要意义,切实加强组织领导,建立以提高质量为导向的管理制度和工作机制,把教育资源配置和学校工作重点集中到教学工作和人才培养上来。各市教育局要充分发挥统筹规划、宏观管理作用,主动协调配合有关部门,协调项目预算、保证任务落实。各职业院校是实施质量提升计划的责任主体,要成立专门机构,统筹负责本校建设任务的规划和实施,研究制订项目实施方案,细化工作安排,加大推进力度。

(二)加大经费投入

"十三五"期间,省财政在统筹中央职业教育专项资金和整合省级现有职业教育资金的基础上,加大对职业教育质量提升计划的投入力度,支持重点建设任务顺利推进。按照财政事权与支出责任相适应的原则,各市、县要切实承担投入主体责任,加大对职业教育质量提升计划的经费支持力度,不断提高所属职业院校经费保障水平。各地要严格落实教育费附加不低于30%用于职业教育政策。职业院校举办方要根据各校建设任务,筹措建设资金,指导学校制定建设计划、督导任务实施。各职业院校要加大教学经费投入力度,多渠道筹措建设资金,确保高质量完成立项建设任务。

(三)强化管理指导

省教育厅、省财政厅建立项目遴选、公示、中期检查和验收制度,加强对建设项目的检查、审计和绩效考评。各市和职业院校要加强专家队伍建设，组织开展职业教育质量提升相关理论与实践研究，跟踪项目实施进展情况，并及时进行检查指导。

山东省教育厅 山东省财政厅

2017 年 2 月 20 日

河北省教育厅关于印发《河北省高等职业教育创新发展行动计划中期调整工作方案》的通知

冀教职成〔2017〕17号

各市教育局，各高等职业院校：

为加强我省高等职业教育创新发展行动计划项目建设动态管理和绩效评价，保证行动计划项目建设取得实效，激励各高职院校以实施行动计划为契机，扎实推进学校错位发展、特色发展、创新发展，根据《河北省高等职业教育创新发展行动计划项目建设管理办法》，结合我省高等职业教育创新发展实际，省教育厅组织专家研究制定了《河北省高等职业教育创新发展行动计划中期调整工作方案》（以下简称《中期调整方案》），已经河北省高等职业教育创新发展推进工作调度会研究通过。现将《中期调整方案》印发给你们。

请各高职院校高度重视，组织力量按照《中期调整方案》部署，精心做好各类材料的筹备、审核、上报工作。

附件：
河北省高等职业教育创新发展行动计划中期调整工作方案

河北省教育厅
2017年9月13日

附件

河北省高等职业教育创新发展行动计划中期调整工作方案

为加强河北省高等职业教育创新发展行动计划建设项目（以下简称"行动计划项目"）管理，保证建设项目顺利实施，根据《河北省高等职业教育创新发展行动计划项目建设管理办法》的有关要求，按照"动态管理、中期调整、终点确认"的原则，强化督查，做好事中监督管理、事后检查验收工作，优胜劣汰，确保行动计划项目取得实效，制定本方案。

一、指导思想

全面贯彻党的十八大和十八届三中、四中、五中、六中全会精神，深入贯彻习近平总书记系列重要讲话精神，主动适应高等职业教育发展新常态，牢固树立创新、协调、绿色、开放、共享的发展理念，不断扩大我省高职优质教育资源，增强院校办学活力，推进技术技能积累，完善质量保障机制，提升思想政治教育质量，促进我省高等职业教育的协调发展，做大做强河北高等职业教育，为区域经济发展培养高素质技术技能人才。

二、基本原则

（一）公平公正

根据《教育部关于印发〈高等职业教育创新发展行动计划（2015—2018年）〉的通知》（教职成〔2015〕9号）和《河北省教育厅关于印发〈高等职业教育创新发展行动计划（2015—2018年）实施方案〉的通知》（冀教职成〔2016〕11号）及相关文件的要求，对各高职院校承担的任务（项目）中期建设绩效进行评价，对评价结果进行公示，确保结果公平公正。

（二）优胜劣汰

对于中期绩效评价不合格的项目，淘汰出建设序列，并根据绩效评价结果择优递补。鼓励院校在本校承担的项目基础上，结合自身创新发展实际，积极开展更多项目建设，建设成效在河北职教云平台填报后，可纳入绩效评价序列。

（三）整改提升

对承担任务（项目）的高职院校进行中期检查和考核评价，促使各院校及时发现问题，及时进行整改，确保各任务（项目）顺利实施。

三、绩效评价的组织与实施

（一）组织机构

中期绩效评价工作具体事宜由河北省高等职业教育创新发展行动计划实施工作办公室全面负责。

（二）评价依据

以教育部《行动计划》管理平台数据、院校绩效总报告及项目点绩效报告等为基础，综合项目建设重视程度、推进力度、发展增量、创新特色以及在全省高等职业教育创新发展工作中的过程性工作成果、成效等因素，对各院校承担的全部任务（项目）进行绩效评价。

（三）评价实施

1. 实施方式

省教育厅组织专家采取网络评审和现场评价相结合的方式对全部任务（项目）进行绩效评价。

专家对院校提交的相关材料进行网上评价，在此基础上，按一定比例抽查相关项目，进行现场评价。

凡未按要求填报教育部《行动计划》平台的项目院校，视为不接受绩效评价，省教育厅将取消相应项目点。

2. 材料准备

（1）绩效报告。

承担任务（项目）的高职院校要根据本校创新发展行动计划执行方案，撰写院校中期绩效总报告和每个项目点的绩效报告，报告要有数据分析、定性描述，凝练中期建设成果，查找建设中存在的问题，明确改进措施。

院校中期绩效总报告应包括扩大优质教育资源、增强院校办学活力、加强技术技能积累、完善质量保障机制和提升思想政治教育质量五个方面。

绩效报告内容应参照 2016 年教育部《高等职业教育创新发展行动计划（2015—2018年）》绩效采集要点（见附件1）和《河北省高等职业教育创新发展行动计划（2015—2018

年）项目绩效评价指标》的要素。

（2）典型案例。

典型案例一般应包括背景情况、具体做法、成果成效、问题探索等四个部分，要体现真实性、创新性、实效性、示范性。典型案例应主要采用纪实叙事方式，说明性图片不超过5幅，字数3 000字左右，要求图文并茂，尽量采用文字、照片、柱状图、饼形图、曲线图、表格、剪报等不同表现形式。

国家优质校项目建设单位每个院校不少于10个典型案例，省优质校项目建设单位每个院校不少于6个典型案例，其他院校每个院校不少于2个典型案例。

3. 工作安排

9月30日前，各承担任务（项目）院校向省教育厅报送院校中期绩效总报告、项目点绩效报告、典型案例及2017年河北省创新发展行动计划项目部分数据统计表（见附件2）。

10月15日前，工作组梳理各院校上报材料，做好专家绩效评价各项准备工作。

10月20日前，专家绩效评价小组审核、评价各院校提交的材料。

10月30日前，省教育厅组织专家按一定比例抽查院校。专家组填写《河北省创新发展行动计划建设项目中期调整结果评价表》，形成评价意见，上报省教育厅。

11月15日前，省教育厅公布评价结果。

（四）结果运用

省教育厅依据绩效评价结果，按照《河北省高等职业教育创新发展行动计划项目建设管理办法》规定进行动态调整。

四、相关要求

（1）承担任务（项目）的高职院校要高度重视中期绩效评价工作，统筹学院中期自查工作，认真做好总结，针对存在问题查漏补缺，整改提高，保证行动计划项目建设达到预期目标。

（2）学校绩效总报告、各项目点绩效报告和典型案例上报格式按附件3的材料格式要求撰写，并于10月7日前上传至河北职教云平台，各项目院校的创新发展行动计划执行方案和各项目点的建设方案也同期上传，网址是http://hebei.icve.com.cn/，登录账号另行通知。

（3）学校绩效总报告和2017年河北省创新发展行动计划项目部分数据统计表需加盖公章后，在9月30日前寄送省创新发展行动计划办公室一式5份；同时，发送材料电子版至hbgzcxfz@163.com。

联系人和联系电话：

史帆,0311-66005705

池云霞,0311-89632733,13931878950

寄送地址及收件人:石家庄市红旗大街626号河北工业职业技术学院高职所,唐振华(邮编050091)

附件:

1.教育部《高等职业教育创新发展行动计划(2015—2018年)》绩效采集要点(略)

2.2017年河北省创新发展行动计划项目部分数据统计表(略)

3.材料格式(略)

河南省教育厅关于做好《高等职业教育创新发展行动计划（2015—2018年）》验收工作的通知

教高〔2019〕228号

各高等职业院校：

根据教育部办公厅《关于开展〈高等职业教育创新发展行动计划（2015—2018年）〉项目认定的通知》（教职成厅函〔2019〕8号）精神（见附件1），现就我省《高等职业教育创新发展行动计划（2015—2018年）》（以下简称《行动计划》）验收工作通知如下。

一、验收对象

我省立项和承接任务（项目）的所有高等职业院校。

二、验收内容

我省启动实施38个任务、15个项目，立项建设和各校自主承接任务（项目）全部参加验收。各校可参照河南省《高等职业教育创新发展行动计划（2015—2018年）》验收院校对照表（见附件2）填报验收材料。我省立项建设的任务（项目）按照河南省教育厅《关于公布河南省国家级优质高等职业院校建设项目立项建设学校名单的通知》（教高〔2017〕542号）、《关于公布河南省省级优质高等职业院校立项建设学校名单的通知》（教高〔2018〕121号）、《关于公布河南省高等职业院校创新发展行动计划项目（任务）立项建设名单的通知》（教高〔2017〕895号）、《关于公布2017年度现代学徒制省级试点院校名单的通知》（教高〔2017〕1034号）公布的院校进行验收，其余任务（项目）按照各院校实际承担情况验收。

三、验收要求

（1）各校务必高度重视、加强组织，实事求是填报数据，按时按要求完成报送工作。

（2）各校要根据《行动计划》实施时上报的任务（项目）计划书，以及近三年在教育部《行动计划》管理平台所报绩效报告和绩效数据，填写河南省《高等职业教育创新发展行动计划（2015—2018年）》任务（项目）完成书（见附件3）和河南省《高等职业教育创新发展行动计划（2015—2018年）》验收分类汇总表（见附件4）。每一类任务（项目）分别填报验收完成书，数据截止到2019年3月31日。

（3）我厅在对所有任务（项目）验收后，根据教育部《行动计划》认定项目各地推荐限额，择优向教育部推荐"优质专科高等职业院校建设"等7个项目的认定名单。

四、材料报送

各校务必于2019年4月15日下午5:00前将以下材料纸质稿加盖公章后，送至河南中医药大学新校区（郑州市郑东新区金水东路与博学路交叉口）教学实验大楼B1区S201房间，同时将电子材料发送至高教处邮箱，逾期视为自动放弃。

（1）河南省《高等职业教育创新发展行动计划（2015—2018年）》任务（项目）完成书（2份）。

（2）相关支撑材料[每类任务（项目）1份]。

（3）河南省《高等职业教育创新发展行动计划（2015—2018年）》验收分类汇总表（1份）。

五、联系方式

联系人：焦阳、张小茜

联系电话：0371-69691869，69691855

电子信箱：hngaojiaochu@126.com

附件：

1. 教育部办公厅《关于开展〈高等职业教育创新发展行动计划（2015—2018年）〉项目认定的通知》（略）
2. 河南省《高等职业教育创新发展行动计划（2015—2018年）》验收院校对照表（略）
3. 河南省《高等职业教育创新发展行动计划（2015—2018年）》任务（项目）完成书（略）
4. 河南省《高等职业教育创新发展行动计划（2015—2018年）》验收分类汇总表（略）

河南省教育厅

2019年4月10日

第三篇
专项推进

《行动计划》瞄准引领改革的桩基性项目，以优质学校、骨干专业、生产性实训基地等重点项目为"支柱"，实施重点突破；以教师队伍、优质资源等核心能力建设为"栋梁"，建立横向支撑。"柱立则墙固，梁横则屋成"，以点带面，整体推进高职教育高质量发展。各地出台了一系列推动高职教育创新发展的政策，其中统筹区域高职发展的文件 82 个，推动高职院校创新发展的文件 117 个，促进高职院校提高质量的文件 156 个。

本篇汇编了各地为推进"优质学校""骨干专业"等桩基性项目制定的部分政策文件。

内蒙古自治区教育厅关于高等职业院校实施学分制改革试点的指导意见

内教高字〔2016〕70号

各有关高等职业院校：

为贯彻落实《国务院关于加快发展现代职业教育的决定》和自治区人民政府办公厅《关于印发深化高等学校创新创业教育改革实施方案的通知》精神，深化我区高职院校教育教学改革，满足高职院校学生自主发展、成长成才需要，经研究，决定从今年起，在我区国家级示范（骨干）高职院校、自治区级示范高职院校实施学分制改革试点，并提出以下指导意见。

一、指导思想

进一步深化高等职业教育改革，以立德树人为根本，创新高等职业教育人才培养模式和教学管理体制，优化教学资源配置，不断提升我区高职院校办学水平和人才培养质量，促进学生个性化发展，为学生成长成才提供更大的发展空间。

二、实施目的

实行学分制改革，遵循职业教育规律，突出职业教育特色，满足不同学习者接受职业教育的需要；贯彻因材施教、以学生为中心的教育原则，促进学生主动构建知识体系，优化知识、能力和素质结构，调动学习的积极性和主动性，促进学生个性化发展与创新创业能力的培养；促进学校管理现代化和信息化，优化教育教学资源配置，提高办学效益，满足区域经济与产业发展对高素质技术技能型人才的需求。

三、主要内容

（一）人才培养方案

1. 优化人才培养方案

遵循高等职业教育教学规律和学生成长成才规律，转变教育思想和教育观念，制定和修订分专业学分制人才培养方案，培养方案应明确学生毕业的最低学分要求与修业年限，学生在学校学习年限实行弹性学制。

2. 改革人才培养模式

体现以人为本的教育理念，坚持因材施教、以学生为中心的教学原则，鼓励构建专业大类培养、跨专业培养等人才培养方案，与行业企业、相关院校、科研院所等协同育人。在人才培养方案中合理确定必修学分和选修学分比例，选修课的比例不少于总学分的20%。积极推行选课制，允许学生在一定范围内选课程、选教师、选专业或专业方向，为学生的学习和成长创造良好条件。

3. 强化实践创新创业能力培养

增加学生自主学习的时间，把培养学生的学习能力、实践能力、创新能力和创业精神纳入人才培养方案，构建多样化人才培养模式。积极开发创新创业类课程并纳入学分管理。

（二）课程与学分

1. 加强课程资源建设

不断丰富课程资源，提高课程教学质量；调动教师课程开设积极性，增加课程数量，满足学生课程修读的需要。逐步增加每门课程授课教师人数，保证学生可以自主选择上课时段、任课教师，确定学业进程。

2. 加强教育教学信息化建设

充分发挥信息技术在学分制改革中的作用，促进信息技术与教学的深度融合，加快对课程和专业的数字化改造，建设优质信息化教育教学资源，积极探索利用MOOC平台、网络在线课程平台、课程学习网站、微课等，创新信息化教学与学习方式。

3. 实现学生自主选课

学生根据自己实际情况，按照学校公布的开课计划和选课规定选课。各院校要创造条件提高学生选择专业、专业方向以及课程的比例。为学生选择学习进程、学习时间、授课老师等提供便利，促进学生的个性发展。具体选课办法和要求由学校规定。

4. 探索校外选课与学分互认工作

探索区域内高职院校联合开设优质课程并推进师资、课程的共享与学分互认。学生可以根据校际间协议跨校修读课程，替代学生所在专业课程计划中要求的必修课程或选修课程。在他校修读的课程学分（成绩）由本校审核后予以承认，具体课程替代和学分换算办法由学校自主确定。

5. 探索和建立创新创业学分的积累和转换制度

鼓励学校将学生的创新实验、发表的论文、获得的专利等属于自主创新创业的成果折算为学分，探索将学生参加课题研究、项目实验等活动认定为课堂学习。鼓励学生通过社会实践、发明创造或参加科技、竞赛活动获取创新实践学分替代选修课学分。对毕业综合技能训练（毕业设计）、专业论文、调研报告被社会有关部门采用或在解决生产实际问题中取得较好的社会效益和经济效益者，可适当获取一定的学分替代选修课学分。

6. 完善补考重修制度

学生所修读的课程均应参加考核，考核成绩合格可获得该课程学分。考核不合格的课程，学校应提供一次补考机会。补考仍不合格的，必修课重修，选修课可重修或另选修其他课程。

（三）修业年限与学分要求

高职院校可根据本校实际，规定各专业修业年限范围。规定保留入学资格、保留学籍、休学等期限。以学分为单位合理确定学生毕业、结业、退学等学籍管理规定。规定学生每学期或每学年所应修读的最低或最高学分数。建议3年制学生毕业应获得最低学分为120～140学分，学生学习期限为2～5年。辅以学分绩点制，科学、合理评价学生的学习质量，以此作为学生评奖评优的依据。

允许学生自主安排学习进程。提前取得规定学分并达到毕业条件的学生，准予其提前毕业，但提前时间在标准学制内不得超过1年。对在规定学制期限内难以完成规定学分的学生，允许延长学习期限，即在标准学制基础上，可推后1～2年毕业。

（四）师资队伍建设和管理

高职院校在教学工作中要引入竞争机制，多劳多得，优劳优酬，调动教师教学的积极性，将主要精力投入到教学工作中。要高度重视教师的培养、引进工作，努力建设一支师德高尚、业务精湛、结构合理、充满活力的"双师型"教师队伍。

（五）确立导学助学制度

学校应为学生配备学业导师，指导学生选课，帮助学生制订学习计划、安排学习进度。学校应建立健全激励机制和约束机制，保障导师的利益和应担负的责任。

四、制度和条件保障

（一）深化学校内部管理体制改革

学分制改革是一项系统工程，高等职业院校要以推行学分制为契机，进一步促进教学、招生、就业、学生管理、科研、人事、后勤等领域的配套改革，提高学校的整体管理水平、办学水平和办学效益，为学分制的实施提供政策支持和服务保障。

（二）逐步实现优质教育资源共享

在有条件的高等职业院校之间积极探索学分互认、课程互选。要鼓励和引导教师多开课、开好课。鼓励高职院校之间互聘教学水平高、教学效果好的教师。积极探索学生跨学校、跨院系、跨专业选修课程。

（三）建立健全与学分制相适应的收费制度

自治区教育厅将协调自治区发展改革委、财政厅，逐步建立健全与学分制相适应的收费制度。各有关高职院校要重视对学分制改革工作的研究，结合本校实际，突出特色，创新人才培养模式，制定切实可行的工作方案，加强综合协调，积极推进，确保学分制改革工作顺利进行。

各试点单位可结合本校实际制定学分制改革试点方案。

内蒙古自治区教育厅

2016 年 8 月 9 日

湖北省教育厅关于建设职业教育技能名师工作室的通知

鄂教职成〔2016〕9号

各市、州、直管市、神农架林区教育局,各高职高专院校,省属中等职业学校:

为贯彻落实《省人民政府关于加快发展现代职业教育的决定》(鄂政发〔2014〕51号),经研究,省教育厅决定从2017年起,每年遴选建设一批职业教育技能名师工作室(以下简称工作室)。现将有关事项通知如下。

一、重要意义

工作室是以职业院校骨干专业、品牌专业和特色专业为载体,由我省职业教育教学专家、专业骨干教师、行业企业技术能手共同组成的技术技能人才培养基地和技术攻关创新团队。工作室的建设,有利于充分发挥高水平专业教师和行业企业的高技能人才的示范带动作用,建设优秀专业教师团队,提高职业院校技术技能人才培养质量,加强校企合作,实现优质资源共享,开展技术创新,服务社会经济和行业企业发展。

二、工作室建设要求

(一)队伍建设

设立主持人1人、特聘顾问1~2人、成员6~8人,由学校和企业人员共同组成。工作室实行届期制,每届4年。

(二)硬件建设

工作室设在职业院校内。所在学校能为工作室提供包括场所、设备在内的必要工作条件和相应的配套资金支持。

(三)运行管理

工作室建设规划定位合理、目标清晰;运行管理制度健全,措施有力;注重平台建设,动态反映建设成果。

三、工作室职责和任务

工作室由主持人全面负责，其职责和任务如下。

（一）加强专业建设

依托工作室，组建专业教师团队，发挥传帮带作用，加强专业教师培养。加强校校、校企之间的交流合作，引进行业企业的岗位技能标准和生产流程标准，共同制订人才培养方案，共同制订课程计划，共同设计教学内容，提高专业人才培养质量。根据职业资格认证标准，积极研发校本教材。

（二）加强学生技能培养和创新能力培养

加强学生实训教学，积极与企业对接，引进企业生产技术项目，由教师引领，成立若干学生实践和科研兴趣小组，培养学生科技创新意识，提高学生实践能力。

（三）推动信息化建设

借助学校数字化办公系统，建立工作室网络资源库和网络平台，将工作室的工作动态、制度建设、教师培养、优质课程、校企合作等各项工作信息和成果及时收录和发布，实现资源共享，带动职业教育信息化建设。

（四）加强校企合作

以工作室为纽带，大力推进校企深度融合，积极探索引企入校、进厂办校、订单培养等多种校企合作形式，不断推进校企专业共建、课程共担、教材共编、师资共训、基地共享、人才共育。

（五）探索和完善学生评价标准

结合办学模式和教学模式改革，探索引进本专业的行业企业用人标准、岗位技能标准和企业评价标准，完善学生评价标准，加快学生向职业人的转变。

（六）积极参与企业技术研发

工作室成员要积极参与企业新产品研发、新工艺改进、科技开发项目等活动。为企业提供技术指导，届期内争取完成 1~2 个科技开发项目或生产流程改进项目等。

四、工作室队伍申报条件

（一）主持人条件

主持人由职业院校专业教师担任。

（1）热爱职业教育事业，模范遵守职业道德规范，师德高尚，治学严谨，理念先进，业务精湛，教学成果丰富，具有强烈的事业心、高度的责任感、开拓创新精神和良好的协作精神。身心健康，年龄56岁以下。

（2）从事本专业工作8年以上，在职业教育教学岗位上从教5年以上，大学本科以上学历，具有教师系列高级及以上专业技术职称，在教育教学或本专业教学领域具有一定影响力，专业拓展或研发能力强。

（3）具有较强的专业实践能力和专业教学能力。主持本专业的教学研究、技术研发、技术服务等成效显著，且具备下列条件之一：获得省级以上荣誉称号（中职学校可放宽至市州级以上）；在各类竞赛、教学成果评比中获得省级一等奖、国家二等奖以上；担任国家级技能大赛裁判；获得发明专利；享受省政府以上政府津贴。

（二）特聘顾问条件

熟悉本专业职业教育发展规律，了解和掌握国家、省、市职业教育发展政策，积极支持、参与职业教育工作，具有较强的实践能力和科研能力，具有强烈的事业心、责任感和团队精神，在本行业内有一定知名度的高等院校教育教学专家、行业企业高级管理人员或高级技术人员等。身心健康，年龄65岁以下。

（三）成员条件

（1）学校成员条件。

热爱职业教育事业，具有强烈的事业心、责任感和较好的团队协作精神。在职业教育教学岗位上从教5年以上，大学本科及以上学历，具有教师系列中级（讲师、中教一级或一级实习指导教师）以上专业技术职称，或具有技师以上技能等级资格。

具有较强的专业实践能力和专业教学能力，能有效指导学生专业实践学习和顶岗实习，积极参加企业实践培训、参与企业产品开发和技术改造、参与企业生产岗位工作或在企业兼职等。

（2）企业成员条件。

企业人员单位应是服务我省或当地经济主导产业并享有一定知名度和影响力，积极支持、参与职业教育工作，与工作室所在学校长期保持校企合作的企业。

企业人员应是企业高级管理人员或高级技术人员，负责或协助企业运营管理，具有较强的管理能力和本岗位过硬的专业技术，科研开发能力强，能够代表所在企业参与并指导工作室各项工作。

五、申报程序

高职院校可推荐2个工作室；省示范以上或服务地方经济发展、专业特色鲜明的中职学校可申报1个工作室，各市州教育局从中遴选推荐3~5个工作室（天门市、仙桃市、潜江市、神农架林区教育局各推荐1个工作室）。

（一）学校申报

工作室由职业院校负责申报并填写《湖北省职业教育技能名师工作室申报表》（见附件1）。

（二）市州审核推荐

中职学校由各市州教育局审核择优推荐，推荐上报的工作室专业原则上不得重复。高职学校直接报省教育厅。

（三）省评审认定

省教育厅组织专家进行评审，结果经公示无异议后公布。工作室以主持人姓名命名，规范名称为"湖北省职业教育×××专业×××工作室"。被命名的工作室要提交以4年为周期的详细工作计划，并根据工作室的职责和任务设定评审验收标准或绩效评价考核指标。

六、支持政策

（1）在现代职业教育质量提升计划专项资金中安排一定经费对工作室建设予以资助，主要用于工作室的图书资料、师资培训、课题研究、项目研发、调研考察、对外交流、专家讲座、企业实践等工作。工作室所在学校要提供配套资金，并负责经费的日常管理和使用。

（2）对工作室实行动态管理，4年为一个周期。省教育厅对工作室进行中期评估和届满评估。届满评估考核合格者，保留其工作室称号；考核不合格者，限期整改，整改不合格者取消工作室称号。

七、有关要求

（1）各级教育行政部门和职业院校要高度重视工作室的创建工作，把它作为推动职业学校专业建设、学校发展的重要抓手，要坚持公开、公平、公正的原则，严格执行有关条件和要求，真正把符合条件的工作室作为推荐对象。

（2）市州教育行政部门要加强工作室建设的过程指导，及时研究解决工作室建设过程中的困难和问题，并加强对经费使用的监管。

（3）请各市州和高职学校将《湖北省职业教育技能名师工作室申报表》《2016年度湖北省职业教育技能名师工作室申报情况汇总表》（见附件2）纸质版一式3份及电子版于2016年12月31日前报省教育厅职业教育与成人教育处。

联系人：镇伟
联系电话：027-87328019
电子邮箱：hb87328019@126.com

附件：
1. 湖北省职业教育技能名师工作室申报表（略）
2. 2016年度湖北省职业教育技能名师工作室申报情况汇总表（略）

湖北省教育厅
2016年10月11日

江苏省政府办公厅关于印发《江苏高等职业教育创新发展卓越计划》的通知

苏政办发〔2017〕123号

各市、县（市、区）人民政府，省各委办厅局，省各直属单位：

《江苏高等职业教育创新发展卓越计划》已经省人民政府同意，现印发给你们，请认真组织实施。

附件：
江苏高等职业教育创新发展卓越计划

江苏省政府办公厅
2017年9月5日

附件

江苏高等职业教育创新发展卓越计划

为深入贯彻党中央、国务院关于加快发展现代职业教育的决策部署，认真落实《中共江苏省委 江苏省人民政府关于深入推进教育现代化建设努力办好人民满意教育的意见》（苏发〔2016〕17号），加快培育建设一批卓越高职院校，全面提升我省高等职业教育改革发展水平，更好地为推进"两聚一高"新实践和"强富美高"新江苏建设服务，制定本计划。

一、总体要求、基本原则和主要目标

（一）总体要求

深入学习贯彻习近平总书记系列重要讲话精神和治国理政新理念新思想新战略，贯彻落实省第十三次党代会部署要求，主动策应江苏"一中心、一基地"建设对技术技能人才的迫切需求，坚持以立德树人为根本、以能力提升为核心、以产教融合为抓手、以开放创新为突破，建设一批全国领先、特色鲜明、充满活力的高职院校，推动全省高等职业教育提高内涵质量、优化布局结构、创新体制机制，扩大优质高职资源总量和覆盖面，打造高等职业教育强省，为经济社会发展提供有力支撑和保障。

（二）基本原则

1. 服务发展，创新引领

适应经济发展新常态，服务国家和地方发展战略，引导高职院校紧紧围绕高素质技术技能人才培养目标，在体制与机制、结构与形态、管理与服务、教育与教学、技术与技能等方面创新发展，提升服务能力。

2. 扶优扶强，彰显特色

重点支持综合优势明显、整体实力较强或专业特色鲜明、在国内同类院校领先的学校，集中资源和力量实现关键突破，同时突出高职院校办学特色、专业（群）特色、文化特色，形成错位发展、竞争发展、特色发展的优良生态。

3. 产教融合，协同育人

健全政行校企协同育人体制机制，支持高职院校参与制定行业标准、企业用人标准、专业建设标准等，增强专业设置与产业结构的契合度，构建专业建设与产业发展的联动机制。

4. 以文化人，优化治理

加强和改进高职院校党建与思想政治工作，培育塑造以德为先、德技（艺）双馨、各具特色、薪火相传的职业教育文化。落实高职院校办学自主权，完善治理结构，推进高等职业教育治理能力现代化。

（三）主要目标

通过5年左右的努力，重点打造5~8所在全国具有领军地位、专业建设水平高、国际化程度高、特色鲜明、成果丰硕的江苏省卓越高职院校。为实现这一目标，遴选培育20所左右江苏省高水平高职院校，建设一批江苏省高职高水平专业集群，覆盖300个左右骨干专业，打造30个左右江苏省高职产教融合集成化实践平台，推动优质高职资源示范辐射作用进一步增强，促进高职院校结构优化、布局合理，全面提升高职教育质量、综合实力和服务能力。

二、重点任务

（一）突出立德树人，大力培养卓越技术技能人才

遵循以学生为中心的理念和高职人才培养规律，坚持养成教育与发展教育相结合，关键技能、专业知识与价值观相结合，探索技术技能人才培养新模式。制定高职卓越技术技能人才培养计划，大力弘扬工匠精神，推进"双元制"、现代学徒制等人才培养模式，开展卓越技术技能人才培养教学改革试点。加快对《悉尼协议》的研究和对接，积极探索工程教育认证。探索高职创新创业教育和文化育人新路径，支持高职院校建立30个省级大学生创新创业示范基地和省优秀创新创业导师人才库，打造30个高职院校文化育人示范基地。完善职业教育人才成长"立交桥"，促进技工教育与高职教育、中职与高职、应用型本科、专业学位研究生教育纵向贯通，探索本科层次职业教育实现形式。

（二）突出需求导向，集群建设高水平骨干专业

针对江苏产业集群式发展的特点和规律，联合行业主管部门和行业组织，制定高职重点专业集群建设规划，重点打造智能制造、信息技术、新材料、能源环保、交通建设、健康、财经、文化旅游、现代农业等9个专业集群。以9个专业集群和300个高水平骨干专业建设为抓手，优化专业结构，强化专业特色，加强专业协同和跨界整合，提升专业竞争力和服务力。贴近生产一线，坚持人才链、产业链、创新链相结合，促进各专业集群的教学、师资、实训和科技创新平台等资源共享，协同开展应用研究，面向企事业单位开展技术开发、转让、咨询和服务。建立科学的专业标准与专业评估制度，健全就业与招生人才培养联动机制，完善专业改造、优化与退出机制。

（三）突出人才强校，培育引进技术技能大师

大力实施人才强校战略，充分发挥高职院校人才"蓄水池"作用，制定技术技能大师校企双聘计划，分批引进聘请 200 名左右大国工匠和技能大师。加强"双师型"教师队伍建设，支持教师到企业兼职，选聘企业技术带头人到高职院校担任产业教授，实现高职院校教师与企业技术专家双向流动、两栖发展。优化高职院校师资队伍结构，提高高层次专任教师比例，鼓励支持符合条件的高职院校优秀教师到研究生培养单位兼任专业学位研究生导师。全面提高教师实践教学能力、应用技术研发水平，开展实践创新人才和技能教学大师评选，培养高职教育名师、技能大师，建设优秀教学团队。

（四）突出机制创新，集成打造产教融合实践平台

健全政行校企协同育人的体制机制，强化高职院校与市县、园区、行业组织的深度系统合作，制定江苏高职院校产教融合实践平台集成建设计划，建设 30 个融实践教学、技术服务、创新创业、产业培育于一体的产教融合大平台，努力成为行业、区域乃至全国教育培训与实训中心、技能鉴定中心、技术研发中心和公共技术服务中心。完善高职院校内部治理结构，支持组建由行业组织、企业参加的院校理（董）事会、专业建设委员会、校企合作委员会并有效发挥作用。探索建立以资本为纽带、专业为支撑的紧密型职教集团，探索具有现代学徒制特征的混合所有制办学。激发企业协同育人积极性和主动性，遴选、认定和支持一批省级校企合作育人示范企业。

（五）着眼世界一流，提升国际化水平

适应国家开放大格局，积极参与国际教育分工。依托高水平高职院校、骨干专业，重点建设一批留学江苏目标高职院校。探索高职院校中外合作办学新模式，重点建设 50 个高水平示范性中外合作办学专业和一批优质课程、实训基地。开展技术技能人才培养中外合作课程改革试点，着力引进国际先进的职业标准、专业课程、教材体系和数字化教育资源，推动专业核心课程与国际通用职业资格证书相衔接。加强教师交流、学生交换、学分互认，支持师生海外学习、实习和工作。服务国家"一带一路"倡议，依托中国－东盟国家职业教育合作对话会等平台，探索校行企联合"走出去"新模式，建立境外职业人才培养培训基地。鼓励高职院校参加世界技能大赛。

（六）着眼智慧高职，加快信息化步伐

结合"智慧江苏"建设，推进高职院校建设基于云架构的信息基础设施平台、数据共享平台、综合管理服务平台，推动一批高水平高职院校率先建成智慧校园，打造高速、泛在、安全的网络环境。建设网络学习空间、名师课堂、众创空间等各类学习载体，构建数字化、网络化、智能化、个性化的线上线下协同教育新体系。重点立项建设 20 个左右省级

专业教学资源库，开发 300 门左右省级精品在线开放课程，建成 10 个左右省级职业能力培养虚拟仿真实训中心。梳理高职院校管理服务关键业务，再造业务流程，开发应用模块，提升高职院校管理服务信息化水平。

三、保障措施

（一）强化统筹协调

省教育体制改革领导小组进一步加强对高等职业教育的统筹规划和宏观管理，建立健全推进机制，协调解决重要问题。对重点任务和重点项目加大督促检查力度，强化事中监督管理和事后评估验收。充分发挥省高职教育研究会、省高职院校书记（校长）联席会等组织的作用，集聚全省高职教育研究人才，开展前瞻性、实证性、政策性课题研究。

（二）加大经费投入

建立高等职业教育财政经费稳定增长机制。对入选江苏省卓越高职院校和高水平高职院校的公办院校，生均财政拨款按省属普通本科院校标准拨付，其中卓越高职院校根据办学绩效给予综合奖补；对入选的民办院校，适当给予奖补。

（三）完善质量体系

推进高职院校内部质量保证体系诊断与改进，完善评估制度，形成全要素、网络化的内部质量保证体系。完善和落实高职院校（企业）年度质量报告制度，发挥好人才培养状态数据在宏观管理、行政决策、院校治理、教学改革中的基础性作用。

（四）激发办学活力

探索发展股份制、混合所有制高职院校，积极支持各类主体以独资、合资、合作等方式或以资本、知识、技术、管理等要素参与举办高等职业教育。稳步扩大优质民办高等职业教育规模，政府对非营利性民办高职院校在土地供应、规划建设、金融税收、设置审批、项目申报和奖励评定等方面，给予公办高职院校同等待遇。

福建省教育厅关于开展职业院校
专业群实训基地建设的通知

闽教职成〔2017〕63号

各设区市、平潭综合实验区教育局，各高等职业院校、省属中等职业学校：

为贯彻落实《中共福建省委 福建省人民政府印发关于加快教育事业发展的实施意见》和《福建省人民政府关于加快发展现代职业教育的若干意见》，补齐职业教育短板，进一步加强职业教育实训基地建设，提升对接产业的专业群建设水平，决定遴选建设一批职业院校专业群实训基地。现将有关事项通知如下。

一、建设目标

2017—2020年，重点支持建设100个对接区域主导产业、特色产业、战略性新兴产业，对接职业岗位群和专业技术领域，面向职业院校专业群内所有专业，管理规范、运行高效的实训基地。

二、建设原则

（1）统筹规划。根据区域产业发展需求，结合职业院校专业建设规划和专业群建设实际，统筹规划专业群实训基地建设。优先建设产业急需、条件优良的专业群实训基地。

（2）校企共建。对照企业岗位实际要求，跟踪企业技术进步，通过引企入校、"校中厂"等校企合作方式，共建兼具生产、教学和研发功能的专业群实训基地。

（3）整合资源。以整合专业群内各专业实训资源为主线，优化资源配置，推进实训设施设备、课程、师资、信息化等资源建设，全面提升专业群实训基地建设水平。

（4）开放共享。专业群实训基地应面向职业院校、行业企业开放，提供实习实训、职业培训、技能鉴定、技术研发等服务，作为学生创新创业教育共享实践平台，助推行业企业发展。

三、建设内容

（1）提高设施设备水平。专业群实训基地的实训环境、设施应按照企业实际生产场景的要求建设。配足配齐与行业企业技术标准、工艺流程、设备水平同步的实训设备，达到教育部专业仪器设备装备规范的要求，开发专业教学仿真实训软件，满足学生基础性实训和生产性实训要求。

（2）加强实训队伍建设。将实践教学师资队伍建设作为专业群实训基地重要内容，建立健全培训制度，提高实践教学教师专业技能和教学能力，聘请行业企业技术人员和能工巧匠担任兼职教师，建设一支专兼职结合、业务精湛的高水平实践教学教师队伍。

（3）深化实践教学改革。围绕培育工匠精神，营造职场氛围，融入企业文化，强化实践育人功能。将实践教学过程与生产过程有效融合，实现教学做一体。按照职业院校专业教学标准、课程标准制订实践教学大纲，加强实践教学课程教材建设。

（4）完善管理运行机制。专业群实训基地要建立健全科学规范的人员、设备管理制度，落实岗位职责，加强工作考核，提高设备使用效率。创新专业群实训基地运行机制，探索市场化运作，不断提高服务水平和综合效益。

四、申报限额和程序

（一）申报限额

（1）高职。"省示范性现代职业院校建设工程"培育项目高职院校每年可申报2个，其他高职院校每年可申报1个。

（2）中职。福州、泉州每年可推荐6个，其他设区市可推荐4个，平潭综合实验区、省属中职学校每年可申报1个。

（二）申报程序

（1）学校申报。按照《福建省职业院校专业群实训基地遴选条件》（见附件1），经学校自评，符合条件的填写《福建省职业院校专业群实训基地项目申报书》（见附件2），报送设区市教育局（含平潭综合实验区教育局，下同），省属职业院校直接报送我厅。

（2）初审推荐。各设区市教育局对申报项目进行初审，填写《福建省职业院校专业群实训基地申报情况汇总表》（见附件3），连同学校《申报书》统一向我厅推荐。

五、其他事项

（1）2017—2019年每年遴选一批建设项目，建设期为2年。建设期满，我厅对建设项目进行验收，合格的认定为省级职业院校专业群实训基地。

（2）各设区市教育局和省属职业院校于 2017 年 10 月 31 日前将首批项目申报材料（一式 2 份）报送我厅职成处（联系人：倪维庆，联系电话：0591-87091307），电子版发送至 fjzcc@163.com。2018 年、2019 年项目申报材料报送时间为 7 月底。

附件：
1. 福建省职业院校专业群实训基地遴选条件
2. 福建省职业院校专业群实训基地项目申报书（略）
3. 福建省职业院校专业群实训基地申报情况汇总表（略）

福建省教育厅
2017 年 9 月 30 日

附件 1

福建省职业院校专业群实训基地遴选条件

指标	指标内涵及要求
产业需求	（1）基地对应的专业群与地方主导产业、支柱产业、特色产业、战略性新兴产业发展相对接 （2）未来三年本专业群对应产业对技术技能人才的需求较大
服务专业群	（1）基地对应的专业群原则上应为省级服务产业特色专业群 （2）专业群相关专业在校生数：高职院校不低于 600 人，中职学校不低于 360 人
设施设备	（1）基地建筑面积：高职院校不低于 1 500 平方米，中职学校不低于 1 000 平方米 （2）基地实训设备值：高职院校不低于 800 万元，生均不低于 8 000 元；中职学校不低于 500 万元，生均不低于 5 000 元 （3）基地布局合理，有相对独立的理论授课空间，便于开展理实一体教学。实训场景与现代企业生产服务场景相接近，实训场所符合相关建设标准，无安全隐患 （4）有 1 个以上数字化技能教室、虚拟仿真实训室，具备仿真实训虚拟环境，建有与专业教学配套的数字化实习实训平台和技能教学资源库
师资队伍	（1）基地负责人从事本专业实践教学 4 年以上；熟悉行业和本专业发展现状与趋势，具有较强的实训基地建设与管理能力 （2）基地对应的专业群专任专业教师获得高级以上职业资格（或相关行业执业资格、非教师系列技术职务）的比例：高职院校不低于 80%，中职学校不低于 60%；获得技师以上职业资格（或相关行业执业资格、非教师系列中级以上技术职务）的比例：高职院校不低于 30%，中职学校不低于 20% （3）基地配有专兼职管理人员，其中专职管理人员不低于管理人员总数的 20%，均具有技师以上职业资格或非教师系列中级以上技术职务
运行管理	（1）基地有完备的仪器设备及物资管理制度、安全管理制度、学生实训守则等制度规范，执行严格，使用台账即时齐全 （2）基地有严格规范的实训教学质量检查、监督、调控、保障体系
校企合作	（1）基地建立由行业、企业专家和学校有关人员共同组成的校企合作工作团队，形成了有效的工作机制，在技术应用研究、推广、开发与人才培养、在职职工培训服务等方面取得了实质性合作成果 （2）基地建设注重引进企业设备、人员、技术，以及生产和服务项目，共建共享实训基地，推动校企一体化办学
人才培养质量	（1）基地服务专业群近两年毕业生 95% 以上获得本专业职业资格证书 （2）基地服务专业群近两年毕业生就业率达 95% 以上，其中专业对口就业率达 70% 以上
建设方案	（1）基地建设方案合理可行，有明确的建设目标、功能定位、建设内容、方法途径、保障措施等 （2）学校成立基地建设领导小组，明确责任，分工负责；多方筹集建设经费，实行转账管理、专款专用

黑龙江省教育厅关于实施黑龙江省高等职业院校高水平骨干专业建设项目的通知

黑教职函〔2017〕568号

各高等职业院校：

为贯彻党的十九大精神，落实《中共中央办公厅 国务院办公厅关于深化教育体制机制改革的意见》《国务院关于加快发展现代职业教育的决定》《高等职业教育创新发展行动计划（2015—2018年）》《黑龙江省人民政府关于加快发展现代职业教育的实施意见》《黑龙江省教育事业发展"十三五"规划》等文件精神，经研究决定启动实施黑龙江省高等职业院校高水平骨干专业建设项目。现将有关事项通知如下。

一、建设目标

重点支持一批办学优势明显、位居国内同类前列且区域经济社会发展急需、专业服务定位明确的高职专业，进一步改善专业办学条件，创新专业办学模式，打造一流的教学团队，提升专业国际化水平，增强专业人才培养能力和服务产业发展能力。通过项目建设，加快形成我省骨干专业在国内同类专业中的领先优势，部分专业达到或通过国际专业认证标准，率先成为国内一流、国际上有一定影响的品牌专业；建成一批专业特色鲜明、办学声誉良好、服务产业发展能力强的骨干专业，为奋力推进黑龙江全面振兴提供技术技能人才保证、智力支持和技术支撑。充分发挥高水平骨干专业的示范引领作用，全面带动职业院校相关专业建设。

二、建设原则

（一）坚持服务需求

以黑龙江经济社会发展和改善民生对技术技能人才的迫切需求为导向，重点支持与黑龙江现代新产业体系、现代农业、"中蒙俄经济走廊"建设以及民生事业发展密切相关的专业，加快推进专业办学同产业行业的紧密对接，提升专业服务能力。

（二）坚持扶优扶强

以国际一流为导向，重点支持行业背景突出、专业优势明显、在全国同类专业中具有领先地位的专业，按照国际专业认证标准建设，提高专业人才培养质量和服务产业发展能力，提升专业在国际同领域中的影响力与竞争力。

（三）坚持特色发展

以强化专业特色为导向，重点支持能够充分体现学校专业特色和区域产业发展特色的专业，引导各校优化专业布局、满足产业需求、错位竞争发展，引导建设专业进一步明晰专业定位和发展目标，加强内涵建设，特质化发展，在各自领域内追求卓越、争创一流。

（四）坚持示范引领

以高水平骨干专业建设为引领，引导高等职业院校充分发挥高水平骨干专业对相关专业群和学校整体发展的引领带动作用，深化专业教育教学综合改革，不断完善专业建设机制，整体提升专业办学水平。

（五）实行动态管理

对申报建设的高水平骨干专业，实行公平竞争、择优遴选，坚持成效导向、绩效考核，强化过程监控，对中期建设评估不合格专业，予以淘汰，空缺出的名额将以适当方式增补。

三、建设任务

（一）创新专业办学模式

完善高职专业层面的校企合作机制，深化招生、培养和就业一体化改革，探索现代学徒制、双主体育人等协同育人模式，推动专业人才培养与岗位需求衔接；支持专业与行业企业合作开展技术创新、关键技术研发和横向课题研究，解决生产技术难点问题，促进新技术、新材料、新工艺、新装备的应用。设立专业建设委员会、课程建设委员会，50%以上的成员要来自用人单位，推动行业、企业和社区参与专业管理，不断提升专业治理能力。建立健全专业诊断与改进工作机制，引入第三方评价，建立常态化的专业质量内外部保障体系。

（二）改善实习实训条件

建立符合行业企业技术标准、工艺流程、管理规范要求的省级专业实习实训装备标准及实践教学标准。高水平骨干专业要围绕教学需要，配足、配齐、配优专业实践教学设备，建成设备先进、功能完备、工位满足要求的区域（行业）共享型生产性实训基地。鼓励专业与行业企业共建技术服务和产品开发中心、技能大师工作室、创业教育实践平台，加强创新意识、创新能力与工匠精神的培养。积极探索建设满足实习实训教学需要的数字化教学环境和技能教学资源库，改善实践教学组织形式，着力提高实习实训效率和教学质量。通过项目建设，高水平骨干专业生均仪器设备值处于国内同类专业前列，实训设备配置水平同步或领先企业技术发展。

（三）提升人才培养质量

落实立德树人根本任务，把培育和践行社会主义核心价值观融入教育教学全过程，强化公共基础课程、通识教育、学生活动的育人功能，注重培养学生的文化素质、科学素养、中华文化底蕴、职业核心素养和可持续发展能力。创新人才培养模式，深化专业综合改革，开发优质教学资源，推广以学生为中心、以成效为导向的项目教学、案例教学、情景教学等教学模式，广泛运用启发式、参与式等教学方法，创新多元化的学习评价方式，引导学生合作学习、自主学习，推动专业教学模式和教学方法改革。将学生的创新意识培养和创新思维养成融入教育教学全过程，强化创新精神、创业意识和创新创业能力的培养。通过项目建设，毕业生就业率保持在95%以上，用人单位满意率和就业相关度达80%以上，学生自主研发及转让专利实现突破性进展，高水平骨干专业参加国际大赛、全国职业院校技能大赛、全国一级行业协会大赛获奖数量达到国内同类专业领先水平。

（四）培育一流教学团队

加快建成一支师德高尚、素质优良、技艺精湛、结构合理、专兼结合的高素质"双师型"专业教师队伍。加强教师职业道德建设，引导教师爱岗敬业、乐于奉献，争创一流业绩。加强专业带头人领军能力培养，重点提升团队合作、应用技术研发与推广、专业资源整合能力和行业影响力。加强专业骨干教师培训，提升教师教育教学、专业实践、信息技术应用能力。积极聘用行业专家、企业工程技术人员和社会能工巧匠担任兼职教师，承担专业课的授课比例不低于50%，发挥其在专业教学和校企合作中的重要作用。打造名师领衔、骨干支撑、具有国际视野的专业教师梯队，形成教育教学、技术攻关和科研的协同创新机制，"双师型"教师占专任专业课教师的比例达到90%以上，专业教师中具有半年以上行业企业工作经历的比例逐步达到90%，专任教师中拥有国家级、省级行业协会和专业指导委员会委员、省部级教学名师、技能大师。

（五）增强社会服务能力

服务我省谱写"三篇大文章"、现代农业和畜牧产业以及现代服务业发展需求，培养大批适应区域经济发展方式转变与产业结构优化升级的高素质技术技能人才。以校企合作为切入点，为企业职工和社会成员提供多样化的继续教育，面向行业企业开展技术服务，参与企业技术创新和研发，促进科研成果转化；开展涉农高素质技术技能人才培养和新型职业农民培训，提供农业技术推广、农村新型合作组织建设等服务。建设开放教育教学资源，面向区域开展实用技术和新技术培训，大力发展社区教育、成人教育、老年教育，积极开发有针对性的培训课程和培训包，传播有利于社会进步的知识、科学技术和社会思想，高水平骨干专业本省就业比例达到70%以上，每年开展社会培训人次不少于本专业在校学生数。

（六）加强专业国际合作

积极探索多形式的中外合作办学，建立中外专业教师互派、学生互换、学分互认等合作关系，增强师生跨文化交流能力，部分优势专业积极参加国际工程技术教育等专业认证，在吸引国（境）外学生赴黑龙江留学或学习方面率先实现突破。引进、消化、吸收国外先进成熟适用的专业课程、教材体系和数字化教育资源，将跨国企业的标准、工艺流程、管理规范融入专业教学，提升人才培养的国际化水平。服务"龙江丝路带"等重大战略，开展多层次的职业教育和培训，为"走出去"企业培养具有国际视野、通晓国际规则的技术技能人才和中国企业海外生产经营需要的本土人才。积极参与职业教育国际标准与规则的研究制定，开发与之对应的高等职业教育专业教学标准和课程体系，提升黑龙江职业教育的国际影响力。

四、建设数量和条件

（一）数量和范围

遴选具有较好建设基础、我省经济社会发展急需的高水平骨干专业30个，原则上每种专业最多遴选一个专业点，服务民生事业的护理、学前教育可遴选2个专业点。全省各高等职业院校均可通过竞争参与立项建设。

（二）基本条件

（1）坚持以服务发展为宗旨，以促进就业为导向。申报专业符合学校办学定位，契合黑龙江产业发展需要，密切联系地方经济社会发展，具有明显的专业特色以及行业背景，在与相关产业和领域的合作方面有良好机制和途径，合作密切，促进学生就业和职业发展效果显著。

（2）申报专业要在全省高等职业院校同类专业中处于领先水平，专业声誉得到社会广泛认可，有优质的教学条件，生源充足、报到率高，毕业生就业质量好、就业率高，用人单位的综合评价较好，原则上须有一届以上毕业生、2017年专业招生规模不低于30人，艰苦行业以及老年服务与管理等社会需求较大专业可适当放宽。

（3）专业建设方案有先进的教育教学理念、明确的建设目标、清晰的改革思路和可量化的考核指标。人才培养目标符合社会发展需要，以市场需求为导向，注重知识、能力、素质协调发展，注重创新精神、实践能力和创业能力的培养，建设方案具有创新性、科学性、可操作性。

（4）坚持优化师资队伍建设，注重专业实践能力与教学能力协同提升。专业带头人具有较高的教学科研水平和相关行业工作经历，专业师资队伍的年龄结构、职称结构、学缘结构、专兼结构合理，有良好的科研背景或专业技术背景。

（5）坚持工学结合、校企合作，注重人才培养模式改革创新。积极推行订单培养、工学交替、任务驱动、项目导向、顶岗实习等有利于增强学生能力的教学模式。广泛吸收国内外先进的教育理念和教学经验，依据技术领域和职业岗位（群）的任职要求，参照相关的职业资格标准，按照终身教育理念和现代职业教育体系要求，开发课程体系和改革教学内容。

（6）专业教学基础设施良好，经费投入满足持续发展需要，校内外的实验、实习、实践条件能够满足实践教学的要求，与相关的行业、企业有比较密切的联系和有效合作，较好地发挥专业教学指导委员会的作用。

（7）教学管理制度健全，专业、课程、师资队伍、实训基地等建设规划和基本教学文件齐备，建立了切实有效的教学质量保证和监控体系，且执行情况较好。

五、项目实施

（一）时间和方式

建设周期为 3 年，建设第 2 年进行中期检查，建设期满后进行验收。

（二）申报遴选

各高等职业院校须按照申报条件，择优确定本校推荐专业后，向省教育厅申报。省教育厅根据申报条件要求对学校提交的申报材料进行形式审查，并组织专家组开展会议评审。会议评审设置答辩环节，答辩时间 20 分钟，其中专业汇报 15 分钟，要求制作 PPT。评审结果将在省教育厅网站上进行公示。公示无异议的专业将由省教育厅发文正式立项。

（三）项目管理

入选专业实行绩效考核、滚动支持的建设机制，自立项文件下达之日起，第 2 年进行中期检查，主要检查建设进度和资金使用情况，对于不合格的建设项目将中止建设计划并取消建设资格，空缺名额以适当方式递补。建设期满由省教育厅组织专家对项目完成情况、资金使用情况等进行验收。

（四）经费支持

为确保高水平骨干专业的建设成效，立项建设院校应根据建设任务足额安排经费预算，同时积极争取企业和社会资金对项目建设的支持。省级财政将为立项专业配套建设经费，同时按项目绩效给予奖补支持。项目建设资金主要用于支持高水平骨干专业创新办学模式、实训实习条件改善、学生创新创业教育、教育教学改革研究与实践、专业的教学团队建设、提升服务发展能力、加强中外合作交流等。项目建设资金不得用于基本建设、化债等方面。

六、申报事宜

（1）请各高等职业院校于 2017 年 11 月 7 日（星期二）前将《黑龙江省高等职业院校高水平骨干专业建设项目专业申报汇总表》（见附件1）的电子版发送至指定邮箱：guganzhuanye@163.com。

（2）请各高等职业院校于 2017 年 11 月 14 日（星期二）前将《黑龙江省高等职业院校高水平骨干专业建设项目专业申报汇总表》《黑龙江省高等职业院校高水平骨干专业建设项目申报书》（一式10份，见附件1和附件2）、《学校高水平骨干专业建设方案》（一式10份，学校自行编写）、《学校"十三五"专业发展规划》（1份，学校自行编写）等纸质文本报送至省教育厅职成处423室。上述所有电子版材料压缩后以"×××学校高水平骨干专业建设项目申报材料"命名并发送至指定邮箱：guganzhuanye@163.com。

邮寄地址：哈尔滨市南岗区红军街75号（邮编150001）
联系人：李海涛、石笑朋
联系电话：0451-82578298，53642446

附件：
1. 黑龙江省高等职业院校高水平骨干专业建设项目专业申报汇总表（略）
2. 黑龙江省高等职业院校高水平骨干专业建设项目申报书（略）

黑龙江省教育厅
2017 年 11 月 6 日

上海市教育委员会关于做好 2018 年度上海高职高专院校市级精品课程、教学团队申报工作的通知

沪教委高〔2018〕51 号

各有关高等学校：

为贯彻全国职业教育工作会议和全国高校思想政治工作会议精神，落实《上海市人民政府关于加快发展现代职业教育的决定》（沪府发〔2015〕9 号），深化高等职业教育课程教学改革，加快"双师型"教师队伍建设，经研究，决定开展 2018 年度上海高职高专院校市级精品课程、教学团队评选工作。现将上海高职高专院校市级精品课程、教学团队的评选指标及申报表印发给你们，并就有关事宜通知如下。

（1）请各校按照评选指标要求，切实做好本单位市级精品课程、教学团队的校内遴选工作。校内遴选结果须在学校网站进行为期不少于 5 天的公示。

（2）为确保市级精品课程、教学团队遴选质量，各校申报限额为市级精品课程 2 门，教学团队 2 个。

（3）精品课程须提交申报表、精品课程网站网址、不少于 30 分钟的说课录像和 45 分钟主讲老师上课录像。教学团队须提交推荐表。

（4）请各校于 2018 年 10 月 19 日前将相关申报材料纸质版（一式 2 份）及其电子版光盘（1 份）报送至上海市教育评估院（地址：陕西南路 202 号；邮编：200031；联系人：范露露、徐欣；电话：54041772，23116730）。

附件：
1. 2018 年上海高职高专院校市级精品课程评选指标
2. 2018 年上海高职高专院校市级教学团队评选指标
3. 2018 年上海高职高专院校市级精品课程申报表（略）
4. 2018 年上海高职高专院校市级教学团队推荐表（略）

上海市教育委员会
2018 年 7 月 13 日

附件 1
2018 年上海高职高专院校市级精品课程评选指标

评选指标		主要观测点	评选标准
一、课程设置	1-1 课程定位	性质与作用	专业课程体系符合高素质技术技能型人才培养目标和专业相关技术领域职业岗位（群）的任职要求；课程对学生职业能力培养和职业素养养成起主要支撑或明显促进作用，且与前、后续课程衔接得当
	1-2 课程设计	理念与思路	以职业能力和素养培养为重点，与行业企业合作进行基于工作过程的课程开发与设计，充分体现职业性、实践性和开放性的要求；将行业最新技术技能标准引入课程设计和课程内容中；体现课程思政理念；注重创新创业教育
二、教学内容	2-1 内容选取	针对性和适用性	根据行业企业发展需要和完成职业岗位群实际工作任务所需要的知识、能力、素质要求，突出技术技能要求，选取教学内容，并为学生可持续发展奠定良好的基础
	2-2 内容组织	组织与设计	遵循学生职业能力和素养培养的基本规律，以真实工作任务及其工作过程为依据整合、序化教学内容，科学设计学习领域教学任务或项目，教、学、做结合，理论与实践一体化，实验、实训、实习等教学环节设计合理
	2-3 表现形式	教学资源	选用先进、适用高职高专教材（原则上应为三年之内出版），与行业企业合作编写工学结合特色教材，引进行业企业教学资源，课件、案例、习题、实训见习项目、学习指南等教学相关资料齐全，符合课程设计要求，满足网络课程教学需要。负责人承担国家教学资源库或主编教材的课程优先
三、教学设计	3-1 教学模式	教学模式	重视学生在校学习与实际工作的一致性，根据学情分析，有针对性地采取工学交替、任务驱动、项目引领、理实一体化、翻转课堂等行动导向的教学模式
	3-2 教学方法	教学方法运用	根据课程内容和学生特点，灵活运用案例分析、分组讨论、角色扮演、启发引导等教学方法，突出技术技能教学特色，引导学生积极思考、乐于实践，提高教、学效果；注重培养学生解决工作岗位复杂事件能力
	3-3 教学形态	多元化展示	注重多元化的课程展示形态，要采用与课程内容相匹配的图文并茂课件、视频、音频、动画、录像、系列微课等多种信息形态协同组合，适合高职学生学习特征和认知规律，提高教学质量。有完整互动录像教学的课程优先
	3-4 教学手段	现代信息技术	运用现代信息技术，提高与课程内容教学设计的融合度，建立虚拟企业、虚拟车间、虚拟项目等仿真教学环境，优化教学过程，提高教学水平和效率，取得实效；利用信息技术手段对课程教学各环节进行有效管理，提高学生学习能力和教学效果
	3-5 网络教学环境	网络教学资源和硬件环境	网络教学资源丰富、架构合理，硬件环境能够支撑网络课程的正常运行，并能有效共享

续表

评选指标		主要观测点	评选标准
四、实践教学	4-1 实践条件	实训基地建设与利用	校企合作共同参与设计校内外实训基地，满足课程实践教学需求，满足学生培养实践能力的需要
	4-2 实践教学	实训项目的设计及考核	充分利用校内外实训基地，实践教学促进学生专业能力培养，合理设计完整的实践内容体系，注重教学模式、教学方法等方面的创新，推进多元化、过程性等考核方式的改革
五、教学队伍	5-1 主讲教师	师德、能力与水平	师德高尚、治学严谨；执教能力强，教学效果好，主持和参与职业教育理论研究或教学改革项目，成果显著；与企业联系密切，参与校企合作或相关专业技术服务项目，成效明显，并在行业企业有一定影响；主讲教师中有来自行业企业的技师及以上人员。课程负责人原则上具有高级职称及与本课程相关的高级职业资格证书
	5-2 教学队伍结构	"双师"结构、专兼职比例	专任教师中"双师"素质教师和有企业经历的教师比例、专业教师中来自行业企业的兼职教师比例符合课程性质和教学实施的要求；专任教师具有相关行业的职业技能证书；行业企业兼职教师承担适当比例的实践型课程教学任务。"双师"比例、职业技能证书和兼职教师等方面的要求，原则上应符合国家示范院校重点专业建设中的要求
六、教学效果	6-1 教学评价	专家、督导及学生评价	校外专家、行业企业专家、校内督导及学生评价结果优良；在省（市）级课程教学评比（如说课大赛）中获奖的课程优先；创新课程教学效果评价方式（如APP）的课程优先
	6-2 课程成效	课程认可度	课程有效提高职业资格证书或专业技能水平证书的获取比例，有效提高各类技能竞赛的获奖比例，有效满足学生顶岗实习的实际需求。参加市级以上各类大赛等获奖的相关课程优先

附件 2

2018 年上海高职高专院校市级教学团队评选指标

评选指标	评选标准
"双师"结构的团队组成	以专业或核心课程体系（群）为单位组建团队。团队主要由学校专任教师和来自行业企业的"大师""技师"（应担任一定比例的实践课时）等兼职教师组成。团队围绕专业建设开展校企合作，团队成员共同设计、开发和实施专业人才培养方案，人才培养和社会服务成效显著
制度保障	通过校企双方有效的管理制度，保证团队中兼职教师的来源、数量和质量，确保团队专任教师到企业开展实践的常态化和有效性。根据专业人才培养需要，学校专任教师和行业企业兼职教师发挥各自优势，团结协作，形成基础性课程主要由专任教师完成、实践技能课程主要由具有相应高技能水平的兼职教师讲授的机制
团队带头人	带头人师德高尚、事业心强、理念先进、治学严谨、富有开拓创新精神。每学年承担教学工作量超过 80 学时。教科研能力强，在本行业的技术领域有一定的影响力和较高的知名度；具有企业技术服务或技术研发经历。善于整合与利用社会资源，通过有效的团队管理，形成强大的团队凝聚力和创造力；能及时跟踪产业发展趋势和行业动态，准确把握专业建设与教学改革方向，保持专业建设的领先水平；能结合校企实际、针对专业发展方向，制订切实可行的团队建设规划和教师职业生涯规划，实现团队的可持续发展。原则上，应具有高级职称和高级职业资格证书，是本专业（或学科）带头人或骨干教师。带头人拥有省（市）级精品课程的团队优先
人才培养	课程思政理念强，团队教学能力和水平高，能追踪行业高技能岗位对技术、能力、知识、素质的要求，及时修订本专业人才培养方案（原则上，每三年应修订一次），更新教学内容，改革教学模式，融"教、学、做"为一体，着力培养学生的职业道德、创新创业精神和操作技能。在实施"工学结合"的人才培养过程中，团队成为校企合作的纽带，将学校教学管理覆盖学生培养的全过程，保障学生半年顶岗实习的效果；通过学校文化与企业文化的融合、教学与生产劳动及社会实践的结合，实现高素质技术技能人才的校企共育；本专业参加市级以上技能大赛（如星光大赛、全国技能大赛等）的获奖率较高；本专业毕业生职业素养好，高级职业资格证书通过率高，毕业生受用人单位欢迎，社会认可度高
校企合作	团队成员共同参与校企合作课程的开发、工学结合教材的建设、产教融合的产品研发及企业横向课题研究，成果显著
社会服务	依托团队人力资源和技术优势，开展职业培训、技能鉴定、技术服务等社会服务，具有良好的社会声誉。参与人力资源和社会保障部门或行业培训的团队优先
其他成果	获得市级及以上教学成果奖等情况优先

甘肃省教育厅关于开展 2018 年度甘肃省高等职业院校"应用技术协同创新中心"申报认定工作的通知

甘教职成〔2018〕17 号

各高等职业院校：

为贯彻落实教育部《高等职业教育创新发展行动计划（2015—2018 年）》（教职成〔2015〕9 号）精神，根据甘肃省教育厅《高等职业教育创新发展行动计划（2015—2018 年）实施方案》（甘教厅发〔2016〕18 号）要求，提升我省高等职业院校技术技能人才培养质量、应用技术研发能力和社会服务水平，经研究，决定启动 2018 年度甘肃省高等职业院校"应用技术协同创新中心"申报认定工作。现将有关事项通知如下。

一、认定原则

（一）坚持市场导向

以市场需求为导向，立足行业企业急需解决的应用技术问题，与企业、科研机构等联合开展应用技术研究，协同攻关，解决行业企业的实际问题。

（二）服务重大战略目标

符合有关规划确定的重点发展领域，符合甘肃省绿色生态产业发展规划等导向，符合提升核心竞争力的迫切要求。

（三）满足行业发展需求

有利于掌握应用技术和自主知识产权，有利于引导创新要素集聚，有利于形成产业技术创新链，有利于促进相关产业转型发展。

（四）注重技术技能人才培养

坚持寓教于研、产教融合，强化教学、学习、实训相融合的教育教学活动，推进校企一体化育人，培养与企业生产需求相适应的高技能人才。

二、申报数量

各高等职业院校限额申报 2 个。鼓励各高等职业院校积极参与协同创新中心建设，作为参加单位不受名额限制。

2018 年度甘肃省高等职业院校"应用技术协同创新中心"拟认定 15 个。

三、申报材料

请各高等职业院校于 2018 年 9 月 21 日前将《甘肃省高等职业院校"应用技术协同创新中心"认定申报书》（见附件，A4 纸，双面打印）一式 10 份、相关佐证材料 3 套送省教育厅职业教育与成人教育处（电子版请一并发送至 9903416@qq.com）。

四、其他

经认定的甘肃省高等职业院校"应用技术协同创新中心"建设期为 3 年。建立年度报告和建设期满第三方评估验收制度。对成效显著的中心，可进入下一建设期继续予以支持；对没有达到预期目标的中心，予以整改直至终止支持。

联系人：李杰、张昱
联系电话：0931-8283121

附件：
甘肃省高等职业院校"应用技术协同创新中心"认定申报书（略）

甘肃省教育厅
2018 年 9 月 6 日

重庆市教育委员会 重庆市财政局
关于开展高等职业教育双基地建设项目申报工作的通知

渝教高函〔2018〕50号

各高职（专科）院校：

为深入贯彻习近平新时代中国特色社会主义思想和党的十九大精神，落实《重庆市科教兴市人才强市行动计划（2018—2020年）》精神，推进产教融合人才培养改革，促进教育链、人才链与产业链、创新链有机衔接，决定开展高等职业教育双基地建设项目申报工作。现将有关事宜通知如下。

一、建设目标

通过学校与优势企业合作，以引企驻校、引校进企等方式，对学校实训基地、企业或园区生产资源进行整合利用，打造60个兼具教学和生产双重功能、校企双主体深度合作培养培训技术技能人才的双基地，实现人才培养模式创新、双师培养和互聘、双证培训和融通，促进人才培养与企业需求无缝对接，提升技术技能人才培养能力，增强高职教育服务地方经济社会发展的能力。

二、建设任务

（一）共同建设专业

充分利用双基地建设，学校与企业共同建设专业，共同确定人才培养标准、制定人才培养方案，参与专业规划、教材开发、教学设计、课程设置，完善专业（群）实践教学体系，优化实训项目与内容，推广项目教学、案例教学、情景教学、工作过程导向教学，最大程度将企业需求融入人才培养环节。

（二）共同培养"双师型"教师

充分利用双基地建设，学校与企业共同培养"双师型"教师，校企双方共同建立员工互聘机制，支持学校专业教师定期到双基地学习和顶岗锻炼，融"双师型"教师培养培训基地与双基地为一体，建设期内学校专业教师（含实习指导教师）到企业实践累计不少于4个月。鼓励学校设置产业教师（导师）特设岗位，聘请有实践经验的企业专家、工程技术人员、能工巧匠担任兼职教师。

（三）共同开展技术技能培训

充分利用双基地建设，融职业技术培训中心和双基地于一体，面向社会、行业、学生开展职业培训和资格证书培训。职业技术培训中心积极承接和开发社会服务项目，开展多形式的教育培训、终身教育服务、扶贫开发、移民培训、劳动力转移培训等，着力提升基地的服务能力和贡献度。通过双基地建设，实现与《国家职业资格目录》对接专业的学生"双证"获取率达到90%以上。

三、项目实施

（一）年度计划

2018年，启动高等职业教育双基地建设任务，遴选60个高等职业教育双基地立项建设；2019年，组织专家进行中期检查或抽查；2020年进行项目合格验收。

（二）申报要求

（1）申报学校。近两年办学无重大违规记录，未发生重大校园不稳定事件、重大安全责任事件、财政性资金管理和使用违规行为，且与企业建立了良好合作关系的高职（专科）院校均可进行申报。每个学校限申报3个双基地项目。

（2）申报专业。连续招生3年以上（新兴专业除外）；年均招生100人以上（新兴专业、农林牧渔类、文化艺术类除外）；专业实训基础较好，拥有教学水平较高的专业教师团队。优先支持与"8+3"行动计划紧密对接的专业，特别是以大数据智能化为引领的创新驱动发展战略行动计划、乡村振兴战略行动计划等相关专业。

（3）合作企业。合法经营、管理规范、技术先进、实习设备和安全防护完备，工作环境较好；能提供充足岗位供学生实践教学和教师企业实践，能选派足够数量的优秀技术人员担任兼职教师；未发生过环保、生产安全或其他违法事件。有校企合作经验、企业经营领域与学校专业对口的本地优质企业优先。

（三）遴选方式

符合条件且有意愿的高职院校可组织进行申报。市教委和市财政组织专家进行评审和遴选。

（四）资金支持

市财政与市教委协商出台相应的资金管理办法。统筹教育经费，对立项建设的双基地项目，予以补助 75 万元，分三年到位。各项目学校、企业要共同制定双基地专项资金管理办法，明确责权利边界，落实投入责任，科学、规范、合理使用专项资金，确保资金使用效益。各项目学校为项目资金管理的责任主体，要建立单独项目账，专款专用，明细核算。市级专项资金要紧紧围绕双基地重点建设任务安排，严禁用于基本建设、职工福利、偿还债务及与项目建设无关的其他支出，其中用于设备购置的资金不能超过 50%。

（五）申报材料要求

（1）《重庆市高等职业教育双基地建设项目申报书》（见附件 1）纸质件一式 2 份。

（2）《重庆市高等职业教育双基地建设项目实施方案》（见附件 2）纸质件一式 2 份。

（3）佐证材料一式 2 份，包括：学校基本情况相关佐证材料，专业基础能力相关佐证材料，合作企业提供的合法经营证件和相关证明材料，申报学校与合作企业签订的以双基地三项建设任务为主要内容的合作协议。

各申报学校请于 2018 年 9 月 21 日（星期五）18：00 前，将申报材料纸质件报送到市教委高教处（地址：重庆市江北区北滨一路市教委 533 办公室）。电子版发送到 460111416@qq.com，邮件名请标注为"学校名＋双基地申报材料"。

市教委联系人：彭炜峰，联系电话：60393034
市财政局联系人：陈定，联系电话：67575425

附件：
1. 重庆市高等职业教育双基地建设项目申报书（略）
2. 重庆市高等职业教育双基地建设项目实施方案（略）

重庆市教育委员会 重庆市财政局
2018 年 9 月 14 日

广西壮族自治区教育厅关于开展自治区级首批示范性职业教育集团遴选工作的通知

桂教职成〔2018〕47号

各市、县教育局，各有关高等学校，区直各中等职业学校：

为贯彻落实《广西壮族自治区人民政府关于贯彻〈国务院关于加快发展现代职业教育的决定〉的实施意见》（桂政发〔2014〕43号）、《教育部关于深入推进职业教育集团化办学的意见》（教职成〔2015〕4号）和《广西壮族自治区人民政府关于印发〈广西教育提升三年行动计划（2018—2020年）〉的通知》（桂政发〔2018〕5号）精神，深化职业教育改革，增强职业教育服务经济社会发展的能力，加快推进我区职业教育集团化办学，发挥我区职业教育集团在集团治理结构、运行机制、集团化办学模式、服务区域经济社会发展能力等方面的示范引领作用，决定面向全区开展自治区级示范性职业教育集团遴选工作。现就有关事项通知如下。

一、建设目标

到2020年，在全区范围内重点建设20个自治区级示范性职业教育集团。本次将遴选10个自治区级首批示范性职业教育集团，以推动产教深度融合、校企深度合作为重点，创新职业教育运行机制和人才培养模式，发挥职业教育集团在促进教育链和产业链有机融合中的重要作用，服务广西经济社会发展。

二、申报遴选对象

经自治区教育厅备案成立的职业教育集团。

三、遴选程序

（一）申报推荐

各职业教育集团牵头单位根据申报条件和实际情况组织填写申报书（见附件1），并由办学主管部门填写推荐意见后,再报送自治区教育厅。

(二)形式审查

自治区教育厅职成处对照有关条件进行形式审查。

(三)专家评审

自治区教育厅将组织专家根据自治区级首批示范性职业教育集团遴选认定指标体系(见附件2)对形式审查通过的申报材料进行评选、反馈。

(四)公示公布

根据专家组评审结果等确定自治区级首批示范性职业教育集团名单,经公示无异议后,公布遴选认定结果。

四、工作要求

(一)落实责任

请各职业教育集团高度重视,积极组织申报,落实责任到人,按文件要求认真填写申报书,并提供相关佐证材料。

(二)报送要求

请各申报集团于2018年10月20日前将申报书和佐证材料电子版发至邮箱gxzcc001@163.com,纸质版一式3份寄至南宁市青秀区竹溪大道69号广西教育厅2419室。

未尽事宜请与我厅职业教育与成人教育处联系。联系人及电话:郭进磊,0771-5815580。

附件:
1. 自治区级首批示范性职业教育集团申报书(略)
2. 自治区级首批示范性职业教育集团遴选认定指标体系

广西壮族自治区教育厅

2018年9月18日

附件 2

自治区级首批示范性职业教育集团遴选认定指标体系

一级指标	二级指标	观测点
1. 制度建设（5分）	1.1 集团章程（2分）	1.1.1 建立章程，且对集团的性质、目标、任务以及成员各方的责权利等界定清晰 1.1.2 章程通过的流程规范、科学
	1.2 管理制度（3分）	1.2.1 档案制度（成员单位基本信息、年度工作计划、年度工作总结、集团重大活动等） 1.2.2 人员、资源、财务与产权制度明晰 1.2.3 工作考核制度健全
2. 组织机构建设（10分）	2.1 成员单位组成（6分）	2.1.1 成员单位组成多元、有代表性，能涵盖区域行企校研等主要单位 2.1.2 牵头单位在区域行业具有一定的影响力和统筹协调能力
	2.2 集团机构（4分）	2.2.1 根据集团目标任务，有相应健全的组织机构（如集团理事会、专业建设委员会等）且职责明确 2.2.2 设有日常办事机构如秘书处，配备专职人员
3. 运行情况（25分）	3.1 集团运行（10分）	3.1.1 理事会（董事会）管理决策情况（工作纪要、记录） 3.1.2 秘书处（办公室）日常工作情况（工作纪要、记录） 3.1.3 各执行机构（包括分支机构）运行情况（包括学生职业素质教育等相关项目工作计划、活动开展的过程影音资料等原始证明材料、活动总结） 3.1.4 建立共同决策的组织结构和决策模式，集团内部治理结构和决策机制完善
	3.2 经费运行（3分）	3.2.1 有稳定的日常经费（财务预算、决算证明） 3.2.2 经费来源多元（财务来源证明） 3.2.3 经费使用情况（预算、决算、明细清单、绩效报告等）
	3.3 考核激励情况（6分）	3.3.1 根据制度制订的考核方案 3.3.2 考核过程（通知、纪要、总结等） 3.3.3 考核结果的使用情况
	3.4 信息建设（6分）	3.4.1 建立集团化办学管理与服务系统 3.4.2 建立集团网站且常态运行 3.4.3 共享信息资源丰富 3.4.4 合作需求信息发布及时 3.4.5 达成合作频次较高
4. 办学共享成效（30分）	4.1 资源共建共享（10分）	4.1.1 专业共建共享情况 4.1.2 师资共培共享情况 4.1.3 课程共建共享情况 4.1.4 教材共建共享情况 4.1.5 实训基地共建共享情况

续表

一级指标	二级指标	观测点	
4. 办学共享成效（30分）	4.2 人才培养质量（10分）	4.2.1	校企联合培养情况（如订单培养、委托培养、定向培养、现代学徒制试点等）
		4.2.2	集团内企业为学生提供实习实训岗位量
		4.2.3	中高职人才衔接培养量
		4.2.4	集团职业院校学生技能大赛获奖情况
		4.2.5	就业率（集团化办学提高成员院校就业率情况）
		4.2.6	集团覆盖专业的就业质量（对口就业率、薪酬水平、岗位升迁等）
	4.3 产学研合作（10分）	4.3.1	技术开发合作情况
		4.3.2	专利和科研成果及转化情况
		4.3.3	技术技能积累，对接产业发展、岗位变化的新工种开发和培育等
		4.3.4	产教融合情况（共建混合所有制的二级产业学院、校企共建协同创新平台等）
		4.3.5	集团职业院校毕业生在集团内其他成员单位就业情况
5. 综合服务能力（10分）	5.1 服务发展方式转变（3分）	5.1.1	行业企业对培养人才质量满意度
		5.1.2	服务脱贫攻坚情况
		5.1.3	响应国家"一带一路"倡议，开展国际合作办学情况
	5.2 服务区域发展（4分）	5.2.1	集团内院校的专业设置与区域经济社会发展需要契合度高，覆盖广西区域经济发展九大产业领域情况
		5.2.2	服务本区域、本行业发展情况（如推动或参与行业标准制定、技术研发、技术推广等）
		5.2.3	服务各成员单位所在地区的经济发展情况
	5.3 服务促进就业创业（3分）	5.3.1	院校为集团内企业职工开展培训
		5.3.2	就业创业服务
6. 保障机制（10分）	6.1 政策支持（2分）	6.1.1	制订职业教育集团化办学发展规划
		6.1.2	将集团化办学情况纳入年度工作目标考核体系
		6.1.3	积极开展优秀案例宣传且成绩突出
		6.1.4	组织并支持集团内成员单位积极参与职业教育发展
	6.2 经费支持（5分）	6.2.1	落实集团年度工作专门经费预算
		6.2.2	用于集团年运行经费不低于30万元
	6.3 人员支持（3分）	6.3.1	牵头单位配备日常办事专职人员且在岗位工作职责中明确
		6.3.2	将集团年度工作情况纳入专职人员年度绩效考核
7. 特色与创新（10分）		7.1	集团在服务国家或区域发展战略等方面理念先进、特色鲜明、成绩突出
		7.2	集团在制度建设、运行机制、办学模式、服务产业发展、国际合作等方面改革创新成效显著、示范效果明显
		7.3	集团在职业教育发展模式方面影响力大

附录

《高等职业教育创新发展行动计划（2015—2018年）》项目认定名单

（排序不分先后）

一、骨干专业

序号	院校名称	骨干专业名称	序号	院校名称	骨干专业名称
1	北京电子科技职业学院	机电一体化技术	47	北京农业职业学院	植物保护与检疫技术
2	北京电子科技职业学院	电气自动化技术	48	北京农业职业学院	动物医学
3	北京电子科技职业学院	机械制造与自动化	49	北京农业职业学院	畜牧兽医
4	北京电子科技职业学院	汽车制造与装配技术	50	北京农业职业学院	实验动物技术
5	北京电子科技职业学院	计算机应用技术	51	北京农业职业学院	动物药学
6	北京电子科技职业学院	物联网应用技术	52	北京青年政治学院	学前教育
7	北京电子科技职业学院	药品生物技术	53	北京社会管理职业学院	老年服务与管理
8	北京电子科技职业学院	电子商务	54	北京社会管理职业学院	护理
9	北京电子科技职业学院	数字媒体艺术设计	55	北京社会管理职业学院	物业管理
10	北京财贸职业学院	互联网金融	56	北京社会管理职业学院	社会工作
11	北京财贸职业学院	金融管理	57	北京社会管理职业学院	现代殡葬技术与管理
12	北京财贸职业学院	国际金融	58	北京社会管理职业学院	学前教育
13	北京财贸职业学院	证券与期货	59	北京社会管理职业学院	假肢与矫形器技术
14	北京财贸职业学院	投资与理财	60	北京社会管理职业学院	婚庆服务与管理
15	北京财贸职业学院	会计	61	北京卫生职业学院	护理
16	北京财贸职业学院	税务	62	北京卫生职业学院	药学
17	北京工业职业技术学院	机电一体化技术	63	北京戏曲艺术职业学院	戏曲表演
18	北京工业职业技术学院	电气自动化技术	64	北京信息职业技术学院	软件技术
19	北京工业职业技术学院	工业机器人技术	65	北京信息职业技术学院	大数据技术与应用
20	北京工业职业技术学院	无人机应用技术	66	北京信息职业技术学院	计算机应用技术
21	北京工业职业技术学院	工程测量技术	67	北京信息职业技术学院	计算机信息管理
22	北京汇佳职业学院	学前教育	68	北京信息职业技术学院	移动应用开发
23	北京交通运输职业学院	城市轨道交通运营管理	69	北京信息职业技术学院	计算机网络技术
24	北京交通运输职业学院	城市轨道交通车辆技术	70	北京信息职业技术学院	通信技术
25	北京交通运输职业学院	城市轨道交通机电技术	71	北京信息职业技术学院	云计算技术与应用
26	北京交通运输职业学院	城市轨道交通通信信号技术	72	北京信息职业技术学院	物联网应用技术
27	北京交通运输职业学院	城市轨道交通供配电技术	73	北京信息职业技术学院	电子信息工程技术
28	北京交通运输职业学院	城市轨道交通工程技术	74	北京信息职业技术学院	信息安全与管理
29	北京交通运输职业学院	汽车运用与维修技术	75	北京政法职业学院	国内安全保卫
30	北京交通运输职业学院	汽车车身维修技术	76	北京政法职业学院	安全防范技术
31	北京交通运输职业学院	汽车检测与维修技术	77	北京政法职业学院	消防工程技术
32	北京交通运输职业学院	汽车营销与服务	78	天津滨海职业学院	电气自动化技术
33	北京交通运输职业学院	新能源汽车技术	79	天津滨海职业学院	数字媒体艺术设计
34	北京交通职业技术学院	城市轨道交通运营管理	80	天津渤海职业技术学院	机电一体化技术
35	北京交通职业技术学院	城市轨道交通车辆技术	81	天津渤海职业技术学院	安全技术与管理
36	北京交通职业技术学院	机电设备维修与管理	82	天津渤海职业技术学院	精细化工技术
37	北京交通职业技术学院	机电一体化技术	83	天津渤海职业技术学院	环境工程技术
38	北京交通职业技术学院	城市轨道交通通信信号技术	84	天津渤海职业技术学院	工业分析技术
39	北京京北职业技术学院	社区康复	85	天津城市建设管理职业技术学院	建筑工程技术
40	北京京北职业技术学院	护理	86	天津城市建设管理职业技术学院	城市热能应用技术
41	北京经济管理职业学院	宝玉石鉴定与加工	87	天津城市职业学院	幼儿发展与健康管理
42	北京劳动保障职业学院	老年服务与管理	88	天津城市职业学院	会计
43	北京劳动保障职业学院	安全技术与管理	89	天津城市职业学院	老年服务与管理
44	北京农业职业学院	园艺技术	90	天津电子信息职业技术学院	机械制造与自动化
45	北京农业职业学院	园林技术	91	天津电子信息职业技术学院	计算机网络技术
46	北京农业职业学院	环境艺术设计	92	天津电子信息职业技术学院	软件技术

续表

序号	院校名称	骨干专业名称	序号	院校名称	骨干专业名称
93	天津电子信息职业技术学院	通信技术	144	天津医学高等专科学校	康复治疗技术
94	天津电子信息职业技术学院	动漫制作技术	145	天津医学高等专科学校	药学
95	天津工程职业技术学院	石油工程技术	146	天津艺术职业学院	戏曲表演
96	天津工程职业技术学院	物联网应用技术	147	天津艺术职业学院	曲艺表演
97	天津工艺美术职业学院	环境艺术设计	148	天津中德应用技术大学	汽车检测与维修技术
98	天津公安警官职业学院	治安管理	149	天津中德应用技术大学	无人机应用技术
99	天津广播影视职业学院	新闻采编与制作	150	天津中德应用技术大学	飞行器制造技术
100	天津国土资源和房屋职业学院	电梯工程技术	151	天津中德应用技术大学	物联网应用技术
101	天津国土资源和房屋职业学院	国土资源调查与管理	152	保定电力职业技术学院	供用电技术
102	天津海运职业学院	国际邮轮乘务管理	153	保定电力职业技术学院	电厂热能动力装置
103	天津海运职业学院	航海技术	154	保定幼儿师范高等专科学校	学前教育
104	天津海运职业学院	轮机工程技术	155	保定职业技术学院	畜牧兽医
105	天津机电职业技术学院	机电一体化技术	156	保定职业技术学院	软件技术
106	天津机电职业技术学院	数控技术	157	泊头职业学院	学前教育
107	天津机电职业技术学院	工业机器人技术	158	渤海理工职业学院	工程造价
108	天津机电职业技术学院	机械设计与制造	159	渤海理工职业学院	会计
109	天津交通职业学院	新能源汽车技术	160	沧州医学高等专科学校	临床医学
110	天津交通职业学院	道路桥梁工程技术	161	沧州职业技术学院	汽车检测与维修技术
111	天津交通职业学院	城市轨道交通车辆技术	162	沧州职业技术学院	会计
112	天津交通职业学院	物流管理	163	沧州职业技术学院	畜牧兽医
113	天津轻工职业技术学院	光伏发电技术与应用	164	承德护理职业学院	护理
114	天津轻工职业技术学院	模具设计与制造	165	承德石油高等专科学校	汽车制造与装配技术
115	天津轻工职业技术学院	电子商务	166	承德石油高等专科学校	电气自动化技术
116	天津轻工职业技术学院	环境艺术设计	167	承德石油高等专科学校	机械制造与自动化
117	天津轻工职业技术学院	数控设备应用与维护	168	承德石油高等专科学校	计算机网络技术
118	天津商务职业学院	软件技术	169	承德石油高等专科学校	工程造价
119	天津商务职业学院	报关与国际货运	170	邯郸职业技术学院	机电一体化技术
120	天津商务职业学院	国际贸易实务	171	邯郸职业技术学院	食品加工技术
121	天津生物工程职业技术学院	药品质量与安全	172	邯郸职业技术学院	建筑工程技术
122	天津生物工程职业技术学院	中药学	173	邯郸职业技术学院	物流管理
123	天津石油职业技术学院	石油化工技术	174	邯郸职业技术学院	视觉传播设计与制作
124	天津石油职业技术学院	石油工程技术	175	河北对外经贸职业学院	国际贸易实务
125	天津市职业大学	包装策划与设计	176	河北对外经贸职业学院	广播影视节目制作
126	天津市职业大学	烹调工艺与营养	177	河北对外经贸职业学院	商务英语
127	天津市职业大学	社区管理与服务	178	河北对外经贸职业学院	英语教育
128	天津市职业大学	机械制造与自动化	179	河北工业职业技术学院	黑色冶金技术
129	天津市职业大学	旅游管理	180	河北工业职业技术学院	汽车检测与维修技术
130	天津市职业大学	汽车运用与维修技术	181	河北工业职业技术学院	电子商务
131	天津市职业大学	眼视光技术	182	河北工业职业技术学院	应用化工技术
132	天津市职业大学	应用化工技术	183	河北工业职业技术学院	工程造价
133	天津市职业大学	老年服务与管理	184	河北工业职业技术学院	会计
134	天津铁道职业技术学院	城市轨道交通车辆技术	185	河北工业职业技术学院	电气自动化技术
135	天津铁道职业技术学院	动车组检修技术	186	河北工业职业技术学院	轧钢工程技术
136	天津现代职业技术学院	药品生产技术	187	河北公安警察职业学院	刑事侦查
137	天津现代职业技术学院	食品营养与检测	188	河北公安警察职业学院	治安管理
138	天津现代职业技术学院	无人机应用技术	189	河北轨道运输职业技术学院	铁道机车
139	天津现代职业技术学院	环境工程技术	190	河北化工医药职业技术学院	应用化工技术
140	天津冶金职业技术学院	黑色冶金技术	191	河北化工医药职业技术学院	医疗设备应用技术
141	天津冶金职业技术学院	机电一体化技术	192	河北化工医药职业技术学院	药品经营与管理
142	天津医学高等专科学校	医学美容技术	193	河北化工医药职业技术学院	药学
143	天津医学高等专科学校	护理	194	河北化工医药职业技术学院	软件技术

续表

序号	院校名称	骨干专业名称	序号	院校名称	骨干专业名称
195	河北化工医药职业技术学院	药品生产技术	246	石家庄铁路职业技术学院	铁道通信与信息化技术
196	河北化工医药职业技术学院	化工装备技术	247	石家庄铁路职业技术学院	铁道工程技术
197	河北化工医药职业技术学院	工业分析技术	248	石家庄铁路职业技术学院	工程测量技术
198	河北机电职业技术学院	机械制造与自动化	249	石家庄铁路职业技术学院	艺术设计
199	河北机电职业技术学院	数控技术	250	石家庄信息工程职业学院	广告设计与制作
200	河北机电职业技术学院	电气自动化技术	251	石家庄医学高等专科学校	护理
201	河北机电职业技术学院	机电一体化技术	252	石家庄邮电职业技术学院	通信工程设计与监理
202	河北建材职业技术学院	建筑工程技术	253	石家庄邮电职业技术学院	金融管理
203	河北建材职业技术学院	物流管理	254	石家庄邮电职业技术学院	邮政通信管理
204	河北建材职业技术学院	新型建筑材料技术	255	石家庄幼儿师范高等专科学校	学前教育
205	河北建材职业技术学院	建筑材料工程技术	256	石家庄职业技术学院	电气自动化技术
206	河北建材职业技术学院	机电一体化技术	257	石家庄职业技术学院	机械制造与自动化
207	河北交通职业技术学院	道路桥梁工程技术	258	石家庄职业技术学院	软件技术
208	河北交通职业技术学院	物流管理	259	石家庄职业技术学院	电子商务
209	河北交通职业技术学院	航海技术	260	石家庄职业技术学院	工程造价
210	河北交通职业技术学院	汽车检测与维修技术	261	唐山工业职业技术学院	动车组检修技术
211	河北交通职业技术学院	会计	262	唐山工业职业技术学院	机电一体化技术
212	河北劳动关系职业学院	机电一体化技术	263	唐山工业职业技术学院	机械制造与自动化
213	河北旅游职业学院	旅游管理	264	唐山工业职业技术学院	汽车检测与维修技术
214	河北旅游职业学院	动物医学	265	唐山工业职业技术学院	电气自动化技术
215	河北旅游职业学院	导游	266	唐山工业职业技术学院	会计
216	河北旅游职业学院	会计	267	唐山科技职业学院	无人机应用技术
217	河北能源职业技术学院	数字媒体应用技术	268	唐山职业技术学院	园林技术
218	河北能源职业技术学院	会计	269	唐山职业技术学院	会计
219	河北女子职业技术学院	学前教育	270	唐山职业技术学院	护理
220	河北女子职业技术学院	服装设计与工艺	271	唐山职业技术学院	计算机网络技术
221	河北女子职业技术学院	会计	272	邢台医学高等专科学校	口腔医学
222	河北女子职业技术学院	老年保健与管理	273	邢台医学高等专科学校	护理
223	河北软件职业技术学院	软件技术	274	邢台职业技术学院	汽车检测与维修技术
224	河北软件职业技术学院	动漫制作技术	275	邢台职业技术学院	服装设计与工艺
225	河北软件职业技术学院	电气自动化技术	276	邢台职业技术学院	机械制造与自动化
226	河北软件职业技术学院	电子商务	277	邢台职业技术学院	电气自动化技术
227	河北省艺术职业学院	舞蹈表演	278	邢台职业技术学院	计算机网络技术
228	河北省艺术职业学院	环境艺术设计	279	邢台职业技术学院	建筑工程技术
229	河北政法职业学院	数字媒体应用技术	280	邢台职业技术学院	汽车营销与服务
230	河北政法职业学院	法律事务	281	邢台职业技术学院	建筑钢结构工程技术
231	河北政法职业学院	人力资源管理	282	宣化科技职业学院	学前教育
232	河北政法职业学院	园林技术	283	张家口职业技术学院	移动通信技术
233	衡水职业技术学院	会计	284	张家口职业技术学院	道路桥梁工程技术
234	冀中职业学院	学前教育	285	晋城职业技术学院	机械制造与自动化
235	廊坊卫生职业学院	护理	286	晋中师范高等专科学校	学前教育
236	廊坊职业技术学院	畜牧兽医	287	晋中师范高等专科学校	语文教育
237	秦皇岛职业技术学院	旅游管理	288	晋中职业技术学院	畜牧兽医
238	秦皇岛职业技术学院	移动应用开发	289	晋中职业技术学院	室内艺术设计
239	秦皇岛职业技术学院	机电一体化技术	290	临汾职业技术学院	护理
240	秦皇岛职业技术学院	财务管理	291	山西财贸职业技术学院	会计
241	秦皇岛职业技术学院	审计	292	山西财贸职业技术学院	物流管理
242	秦皇岛职业技术学院	工程造价	293	山西工程职业技术学院	电气自动化技术
243	石家庄财经职业学院	会计	294	山西工程职业技术学院	机械设计与制造
244	石家庄科技工程职业学院	工程造价	295	山西工程职业技术学院	工业机器人技术
245	石家庄人民医学高等专科学校	口腔医学	296	山西工程职业技术学院	黑色冶金技术

续表

序号	院校名称	骨干专业名称	序号	院校名称	骨干专业名称
297	山西管理职业学院	计算机应用技术	347	包头铁道职业技术学院	铁道工程技术
298	山西华澳商贸职业学院	电子商务	348	包头职业技术学院	机械制造与自动化
299	山西机电职业技术学院	机械制造与自动化	349	包头职业技术学院	焊接技术与自动化
300	山西机电职业技术学院	数控技术	350	包头职业技术学院	汽车制造与装配技术
301	山西机电职业技术学院	机电一体化技术	351	包头职业技术学院	数控技术
302	山西交通职业技术学院	工程测量技术	352	包头职业技术学院	电气自动化技术
303	山西交通职业技术学院	物流管理	353	包头职业技术学院	机电一体化技术
304	山西金融职业学院	金融管理	354	赤峰工业职业技术学院	机电一体化技术
305	山西金融职业学院	会计	355	赤峰工业职业技术学院	数控技术
306	山西经贸职业学院	建设工程管理	356	鄂尔多斯职业学院	煤炭深加工与利用
307	山西经贸职业学院	电子商务	357	呼和浩特职业学院	药品生物技术
308	山西林业职业技术学院	园艺技术	358	呼和浩特职业学院	学前教育
309	山西林业职业技术学院	园林工程技术	359	呼和浩特职业学院	铁道机车
310	山西旅游职业学院	旅游管理	360	呼和浩特职业学院	汽车检测与维修技术
311	山西旅游职业学院	酒店管理	361	呼伦贝尔职业技术学院	护理
312	山西煤炭职业技术学院	工程测量技术	362	呼伦贝尔职业技术学院	蒙医学
313	山西青年职业学院	电子商务	363	满洲里俄语职业学院	应用俄语
314	山西轻工职业技术学院	光伏发电技术与应用	364	内蒙古电子信息职业技术学院	电子信息工程技术
315	山西省财政税务专科学校	保险	365	内蒙古电子信息职业技术学院	电子商务
316	山西省财政税务专科学校	软件技术	366	内蒙古电子信息职业技术学院	计算机应用技术
317	山西省财政税务专科学校	会计	367	内蒙古化工职业学院	应用化工技术
318	山西水利职业技术学院	工程测量技术	368	内蒙古化工职业学院	机电一体化技术
319	山西水利职业技术学院	水利水电建筑工程	369	内蒙古化工职业学院	工业分析技术
320	山西体育职业学院	社会体育	370	内蒙古化工职业学院	食品营养与检测
321	山西戏剧职业学院	戏曲表演	371	内蒙古机电职业技术学院	电力系统自动化技术
322	山西戏剧职业学院	舞蹈表演	372	内蒙古机电职业技术学院	机械制造与自动化
323	山西信息职业技术学院	软件技术	373	内蒙古机电职业技术学院	水利水电建筑工程
324	山西信息职业技术学院	计算机网络技术	374	内蒙古机电职业技术学院	机电一体化技术
325	山西药科职业学院	食品营养与检测	375	内蒙古机电职业技术学院	电气自动化技术
326	山西药科职业学院	中药学	376	内蒙古建筑职业技术学院	道路桥梁工程技术
327	山西药科职业学院	药品质量与安全	377	内蒙古建筑职业技术学院	建筑装饰工程技术
328	山西艺术职业学院	舞蹈表演	378	内蒙古建筑职业技术学院	工程造价
329	山西艺术职业学院	音乐表演	379	内蒙古建筑职业技术学院	供热通风与空调工程技术
330	山西职业技术学院	物流管理	380	内蒙古建筑职业技术学院	建筑工程技术
331	山西职业技术学院	视觉传播设计与制作	381	内蒙古交通职业技术学院	汽车营销与服务
332	朔州职业技术学院	机电一体化技术	382	内蒙古交通职业技术学院	汽车检测与维修技术
333	朔州职业技术学院	畜牧兽医	383	内蒙古民族幼儿师范高等专科学校	学前教育
334	太原城市职业技术学院	物业管理	384	内蒙古商贸职业学院	酒店管理
335	太原旅游职业学院	导游	385	内蒙古商贸职业学院	会计
336	太原旅游职业学院	旅游管理	386	内蒙古商贸职业学院	计算机应用技术
337	运城师范高等专科学校	数学教育	387	内蒙古商贸职业学院	连锁经营管理
338	运城师范高等专科学校	舞蹈教育	388	通辽职业学院	药学
339	运城幼儿师范高等专科学校	学前教育	389	通辽职业学院	护理
340	长治职业技术学院	机电一体化技术	390	乌海职业技术学院	应用化工技术
341	长治职业技术学院	会计	391	乌海职业技术学院	机电一体化技术
342	包头钢铁职业技术学院	黑色冶金技术	392	乌兰察布医学高等专科学校	康复治疗技术
343	包头轻工职业技术学院	机电一体化技术	393	乌兰察布职业学院	会计
344	包头轻工职业技术学院	工业分析技术	394	乌兰察布职业学院	新能源装备技术
345	包头轻工职业技术学院	食品加工技术	395	乌兰察布职业学院	畜牧兽医
346	包头铁道职业技术学院	铁道交通运营管理	396	锡林郭勒职业学院	畜牧兽医

续表

序号	院校名称	骨干专业名称	序号	院校名称	骨干专业名称
397	锡林郭勒职业学院	助产	448	辽宁农业职业技术学院	园林工程技术
398	锡林郭勒职业学院	护理	449	辽宁农业职业技术学院	动物医学
399	锡林郭勒职业学院	水土保持技术	450	辽宁农业职业技术学院	食品加工技术
400	兴安职业技术学院	护理	451	辽宁农业职业技术学院	农业生物技术
401	兴安职业技术学院	学前教育	452	辽宁农业职业技术学院	园林技术
402	渤海船舶职业学院	船舶工程技术	453	辽宁农业职业技术学院	宠物养护与驯导
403	渤海船舶职业学院	船舶涂装工程技术	454	辽宁轻工职业学院	服装设计与工艺
404	渤海船舶职业学院	船舶电气工程技术	455	辽宁轻工职业学院	机械制造与自动化
405	渤海船舶职业学院	船舶通信与导航	456	辽宁轻工职业学院	服装与服饰设计
406	渤海船舶职业学院	船舶动力工程技术	457	辽宁省交通高等专科学校	汽车运用与维修技术
407	渤海船舶职业学院	船舶舾装工程技术	458	辽宁省交通高等专科学校	城市轨道交通通信信号技术
408	朝阳师范高等专科学校	学前教育	459	辽宁省交通高等专科学校	道路运输与路政管理
409	大连职业技术学院	市场营销	460	辽宁省交通高等专科学校	汽车营销与服务
410	大连职业技术学院	汽车电子技术	461	辽宁省交通高等专科学校	道路养护与管理
411	大连职业技术学院	物流管理	462	辽宁省交通高等专科学校	城市轨道交通运营管理
412	大连职业技术学院	汽车检测与维修技术	463	辽宁省交通高等专科学校	道路桥梁工程技术
413	大连职业技术学院	移动通信技术	464	辽宁省交通高等专科学校	数控技术
414	大连职业技术学院	数控技术	465	辽宁省交通高等专科学校	物流管理
415	大连职业技术学院	软件技术	466	辽宁省交通高等专科学校	机电一体化技术
416	大连职业技术学院	电气自动化技术	467	辽宁石化职业技术学院	电厂热能动力装置
417	锦州师范高等专科学校	学前教育	468	辽宁石化职业技术学院	工业过程自动化技术
418	辽宁城市建设职业技术学院	建筑工程技术	469	辽宁石化职业技术学院	化工装备技术
419	辽宁城市建设职业技术学院	市政工程技术	470	辽宁石化职业技术学院	应用化工技术
420	辽宁城市建设职业技术学院	建设工程管理	471	辽宁石化职业技术学院	石油化工技术
421	辽宁地质工程职业学院	宝玉石鉴定与加工	472	辽宁石化职业技术学院	工业分析技术
422	辽宁轨道交通职业学院	铁道机车	473	辽宁水利职业学院	水利水电建筑工程
423	辽宁机电职业技术学院	数控设备应用与维护	474	辽宁铁道职业技术学院	铁道信号自动控制
424	辽宁机电职业技术学院	工业机器人技术	475	辽宁铁道职业技术学院	铁道交通运营管理
425	辽宁机电职业技术学院	机电一体化技术	476	辽宁铁道职业技术学院	城市轨道交通供配电技术
426	辽宁机电职业技术学院	电子信息工程技术	477	辽宁现代服务职业技术学院	烹调工艺与营养
427	辽宁机电职业技术学院	机械制造与自动化	478	辽宁医药职业学院	药品生产技术
428	辽宁机电职业技术学院	工业过程自动化技术	479	辽宁医药职业学院	护理
429	辽宁机电职业技术学院	电子商务	480	辽宁医药职业学院	医学美容技术
430	辽宁机电职业技术学院	模具设计与制造	481	辽宁职业学院	园艺技术
431	辽宁建筑职业学院	建筑工程技术	482	辽宁装备制造职业技术学院	数控技术
432	辽宁建筑职业学院	软件技术	483	辽宁装备制造职业技术学院	机电一体化技术
433	辽宁建筑职业学院	机械制造与自动化	484	辽宁装备制造职业技术学院	电气自动化技术
434	辽宁建筑职业学院	供热通风与空调工程技术	485	辽宁装备制造职业技术学院	汽车检测与维修技术
435	辽宁金融职业学院	会计	486	辽阳职业技术学院	汽车检测与维修技术
436	辽宁经济职业技术学院	市场营销	487	盘锦职业技术学院	机械制造与自动化
437	辽宁经济职业技术学院	会计	488	盘锦职业技术学院	石油化工技术
438	辽宁经济职业技术学院	财务管理	489	盘锦职业技术学院	应用化工技术
439	辽宁经济职业技术学院	物流管理	490	沈阳北软信息职业技术学院	软件技术
440	辽宁经济职业技术学院	视觉传播设计与制作	491	沈阳职业技术学院	软件技术
441	辽宁林业职业技术学院	园林技术	492	沈阳职业技术学院	机械设计与制造
442	辽宁林业职业技术学院	林业技术	493	沈阳职业技术学院	电气自动化技术
443	辽宁林业职业技术学院	污染修复与生态工程技术	494	沈阳职业技术学院	物流管理
444	辽宁农业职业技术学院	畜牧兽医	495	沈阳职业技术学院	计算机网络技术
445	辽宁农业职业技术学院	园艺技术	496	沈阳职业技术学院	电子商务
446	辽宁农业职业技术学院	作物生产技术	497	沈阳职业技术学院	机电一体化技术
447	辽宁农业职业技术学院	农业装备应用技术	498	沈阳职业技术学院	数控设备应用与维护

序号	院校名称	骨干专业名称	序号	院校名称	骨干专业名称
499	铁岭师范高等专科学校	电子商务	550	哈尔滨职业技术学院	软件技术
500	营口职业技术学院	物流管理	551	哈尔滨职业技术学院	环境艺术设计
501	白城医学高等专科学校	康复治疗技术	552	哈尔滨职业技术学院	机电一体化技术
502	白城医学高等专科学校	口腔医学技术	553	黑龙江护理高等专科学校	护理
503	白城医学高等专科学校	医学美容技术	554	黑龙江建筑职业技术学院	建筑材料工程技术
504	白城职业技术学院	机电一体化技术	555	黑龙江建筑职业技术学院	市政工程技术
505	白城职业技术学院	建筑工程技术	556	黑龙江建筑职业技术学院	建筑工程技术
506	吉林电子信息职业技术学院	移动通信技术	557	黑龙江建筑职业技术学院	道路桥梁工程技术
507	吉林电子信息职业技术学院	电气自动化技术	558	黑龙江建筑职业技术学院	材料工程技术
508	吉林工程职业学院	农产品加工与质量检测	559	黑龙江交通职业技术学院	铁道交通运营管理
509	吉林工业职业技术学院	机械制造与自动化	560	黑龙江交通职业技术学院	铁道车辆
510	吉林工业职业技术学院	应用化工技术	561	黑龙江交通职业技术学院	铁道机车
511	吉林交通职业技术学院	工程机械运用技术	562	黑龙江交通职业技术学院	铁道供电技术
512	吉林交通职业技术学院	物流管理	563	黑龙江林业职业技术学院	家具设计与制造
513	吉林交通职业技术学院	道路桥梁工程技术	564	黑龙江旅游职业技术学院	酒店管理
514	吉林铁道职业技术学院	铁道工程技术	565	黑龙江旅游职业技术学院	旅游管理
515	吉林铁道职业技术学院	城市轨道交通运营管理	566	黑龙江民族职业学院	音乐教育
516	吉林铁道职业技术学院	铁道机车	567	黑龙江民族职业学院	艺术设计
517	吉林铁道职业技术学院	铁道供电技术	568	黑龙江能源职业学院	安全技术与管理
518	辽源职业技术学院	工程测量技术	569	黑龙江农垦科技职业学院	水利水电建筑工程
519	四平职业大学	机械设计与制造	570	黑龙江农垦职业学院	农产品加工与质量检测
520	松原职业技术学院	畜牧兽医	571	黑龙江农垦职业学院	食品加工技术
521	长春金融高等专科学校	市场营销	572	黑龙江农业工程职业学院	物联网应用技术
522	长春金融高等专科学校	会计	573	黑龙江农业工程职业学院	农业装备应用技术
523	长春金融高等专科学校	金融管理	574	黑龙江农业工程职业学院	汽车检测与维修技术
524	长春汽车工业高等专科学校	汽车营销与服务	575	黑龙江农业工程职业学院	汽车电子技术
525	长春汽车工业高等专科学校	数控技术	576	黑龙江农业经济职业学院	报关与国际货运
526	长春汽车工业高等专科学校	工业机器人技术	577	黑龙江农业经济职业学院	中药制药技术
527	长春汽车工业高等专科学校	汽车检测与维修技术	578	黑龙江农业经济职业学院	农业经济管理
528	长春汽车工业高等专科学校	模具设计与制造	579	黑龙江农业经济职业学院	作物生产技术
529	长春汽车工业高等专科学校	新能源汽车技术	580	黑龙江商业职业学院	市场营销
530	长春信息技术职业学院	软件技术	581	黑龙江生态工程职业学院	中药学
531	长春医学高等专科学校	护理	582	黑龙江生态工程职业学院	园林工程技术
532	长春医学高等专科学校	药学	583	黑龙江生物科技职业学院	生物制药技术
533	长春医学高等专科学校	临床医学	584	黑龙江信息技术职业学院	电子信息工程技术
534	长春职业技术学院	机电一体化技术	585	黑龙江信息技术职业学院	计算机网络技术
535	长春职业技术学院	旅游管理	586	黑龙江艺术职业学院	舞蹈表演
536	长春职业技术学院	计算机网络技术	587	黑龙江幼儿师范高等专科学校	学前教育
537	长春职业技术学院	药品生物技术	588	黑龙江职业学院	畜牧兽医
538	长春职业技术学院	应用韩语	589	黑龙江职业学院	机械制造与自动化
539	大庆医学高等专科学校	护理	590	黑龙江职业学院	会计
540	大庆医学高等专科学校	药学	591	黑龙江职业学院	食品质量与安全
541	大庆医学高等专科学校	康复治疗技术	592	上海邦德职业技术学院	艺术设计
542	大庆职业学院	石油工程技术	593	上海邦德职业技术学院	物流管理
543	哈尔滨科学技术职业学院	城市轨道交通运营管理	594	上海邦德职业技术学院	烹调工艺与营养
544	哈尔滨铁道职业技术学院	铁道信号自动控制	595	上海城建职业学院	市政工程技术
545	哈尔滨铁道职业技术学院	高速铁道工程技术	596	上海城建职业学院	食品质量与安全
546	哈尔滨铁道职业技术学院	城市轨道交通工程技术	597	上海城建职业学院	食品营养与检测
547	哈尔滨铁道职业技术学院	工程造价	598	上海城建职业学院	连锁经营管理
548	哈尔滨幼儿师范高等专科学校	学前教育	599	上海城建职业学院	建筑装饰工程技术
549	哈尔滨职业技术学院	物流管理	600	上海城建职业学院	建筑工程技术

续表

序号	院校名称	骨干专业名称	序号	院校名称	骨干专业名称
601	上海城建职业学院	物业管理	652	上海交通职业技术学院	物流管理
602	上海城建职业学院	酒店管理	653	上海交通职业技术学院	城市轨道交通车辆技术
603	上海城建职业学院	护理	654	上海交通职业技术学院	汽车运用与维修技术
604	上海城建职业学院	文物修复与保护	655	上海科学技术职业学院	电子商务
605	上海城建职业学院	劳动与社会保障	656	上海科学技术职业学院	社会工作
606	上海城建职业学院	供热通风与空调工程技术	657	上海民航职业技术学院	民航安全技术管理
607	上海城建职业学院	工程造价	658	上海民航职业技术学院	民航运输
608	上海城建职业学院	物流管理	659	上海民航职业技术学院	飞行器制造技术
609	上海出版印刷高等专科学校	数字出版	660	上海民航职业技术学院	空中乘务
610	上海出版印刷高等专科学校	印刷设备应用技术	661	上海民航职业技术学院	飞机机电设备维修
611	上海出版印刷高等专科学校	数字印刷技术	662	上海农林职业技术学院	药品生物技术
612	上海出版印刷高等专科学校	文化市场经营管理	663	上海农林职业技术学院	设施农业与装备
613	上海出版印刷高等专科学校	数字媒体艺术设计	664	上海农林职业技术学院	动物医学
614	上海出版印刷高等专科学校	广播影视节目制作	665	上海农林职业技术学院	农业经济管理
615	上海电影艺术职业学院	影视动画	666	上海农林职业技术学院	园艺技术
616	上海电影艺术职业学院	广告设计与制作	667	上海农林职业技术学院	园林技术
617	上海电影艺术职业学院	影视编导	668	上海思博职业技术学院	国际商务
618	上海电子信息职业技术学院	机电一体化技术	669	上海思博职业技术学院	健身指导与管理
619	上海电子信息职业技术学院	智能控制技术	670	上海思博职业技术学院	护理
620	上海电子信息职业技术学院	通信技术	671	上海思博职业技术学院	艺术设计
621	上海电子信息职业技术学院	物联网工程技术	672	上海思博职业技术学院	工程造价
622	上海电子信息职业技术学院	工业机器人技术	673	上海震旦职业学院	学前教育
623	上海东海职业技术学院	机电一体化技术	674	上海震旦职业学院	药学
624	上海东海职业技术学院	会计	675	上海震旦职业学院	物联网应用技术
625	上海东海职业技术学院	报关与国际货运	676	上海中侨职业技术学院	物流管理
626	上海东海职业技术学院	影视动画	677	上海中侨职业技术学院	护理
627	上海东海职业技术学院	国际金融	678	常州纺织服装职业技术学院	服装与服饰设计
628	上海工商外国语职业学院	应用英语	679	常州纺织服装职业技术学院	机电一体化技术
629	上海工商外国语职业学院	国际商务	680	常州纺织服装职业技术学院	服装设计与工艺
630	上海工商外国语职业学院	应用韩语	681	常州纺织服装职业技术学院	影视动画
631	上海工商职业技术学院	移动互联应用技术	682	常州纺织服装职业技术学院	国际经济与贸易
632	上海工商职业技术学院	机械制造与自动化	683	常州纺织服装职业技术学院	现代纺织技术
633	上海工商职业技术学院	首饰设计与工艺	684	常州纺织服装职业技术学院	视觉传播设计与制作
634	上海工商职业技术学院	汽车运用与维修技术	685	常州工程职业技术学院	应用化工技术
635	上海工艺美术职业学院	产品艺术设计	686	常州工程职业技术学院	工业分析技术
636	上海工艺美术职业学院	影视多媒体技术	687	常州工程职业技术学院	焊接技术与自动化
637	上海工艺美术职业学院	工艺美术品设计	688	常州工程职业技术学院	精细化工技术
638	上海工艺美术职业学院	环境艺术设计	689	常州工程职业技术学院	建筑工程技术
639	上海工艺美术职业学院	首饰设计与工艺	690	常州工程职业技术学院	药品生产技术
640	上海工艺美术职业学院	广告设计与制作	691	常州机电职业技术学院	物联网应用技术
641	上海海事职业技术学院	港口与航运管理	692	常州机电职业技术学院	工业机器人技术
642	上海海事职业技术学院	航海技术	693	常州机电职业技术学院	数控技术
643	上海海事职业技术学院	轮机工程技术	694	常州机电职业技术学院	汽车检测与维修技术
644	上海行健职业学院	飞行器制造技术	695	常州机电职业技术学院	产品艺术设计
645	上海行健职业学院	学前教育	696	常州机电职业技术学院	物流管理
646	上海行健职业学院	电子商务	697	常州机电职业技术学院	模具设计与制造
647	上海济光职业技术学院	建筑设计	698	常州轻工职业技术学院	机械设计与制造
648	上海济光职业技术学院	工程造价	699	常州轻工职业技术学院	光电技术应用
649	上海济光职业技术学院	助产	700	常州轻工职业技术学院	酒店管理
650	上海交通职业技术学院	汽车车身维修技术	701	常州轻工职业技术学院	电气自动化技术
651	上海交通职业技术学院	汽车营销与服务	702	常州轻工职业技术学院	高分子材料工程技术

续表

序号	院校名称	骨干专业名称	序号	院校名称	骨干专业名称
703	常州轻工职业技术学院	数控技术	754	江苏农林职业技术学院	宠物养护与驯导
704	常州轻工职业技术学院	机电一体化技术	755	江苏农林职业技术学院	园林技术
705	常州信息职业技术学院	软件技术	756	江苏农林职业技术学院	林业技术
706	常州信息职业技术学院	计算机应用技术	757	江苏农林职业技术学院	茶艺与茶叶营销
707	常州信息职业技术学院	电气自动化技术	758	江苏农林职业技术学院	作物生产技术
708	常州信息职业技术学院	电子商务	759	江苏农林职业技术学院	园艺技术
709	常州信息职业技术学院	机电一体化技术	760	江苏农林职业技术学院	畜牧兽医
710	常州信息职业技术学院	电子信息工程技术	761	江苏农牧科技职业学院	动物医学
711	常州信息职业技术学院	计算机网络技术	762	江苏农牧科技职业学院	畜牧兽医
712	淮安信息职业技术学院	电子信息工程技术	763	江苏农牧科技职业学院	动物防疫与检疫
713	淮安信息职业技术学院	电子商务	764	江苏农牧科技职业学院	食品营养与检测
714	淮安信息职业技术学院	通信技术	765	江苏农牧科技职业学院	宠物养护与驯导
715	淮安信息职业技术学院	模具设计与制造	766	江苏农牧科技职业学院	动物药学
716	淮安信息职业技术学院	电气自动化技术	767	江苏商贸职业学院	报关与国际货运
717	淮安信息职业技术学院	应用电子技术	768	江苏食品药品职业技术学院	药品生产技术
718	淮安信息职业技术学院	软件技术	769	江苏食品药品职业技术学院	市场营销
719	江苏财经职业技术学院	会计	770	江苏食品药品职业技术学院	食品加工技术
720	江苏财经职业技术学院	市场营销	771	江苏食品药品职业技术学院	食品生物技术
721	江苏财经职业技术学院	金融管理	772	江苏食品药品职业技术学院	烹调工艺与营养
722	江苏财经职业技术学院	工商企业管理	773	江苏卫生健康职业学院	药学
723	江苏财经职业技术学院	财务管理	774	江苏卫生健康职业学院	卫生信息管理
724	江苏财经职业技术学院	粮食工程技术	775	江苏卫生健康职业学院	护理
725	江苏城市职业学院	物流管理	776	江苏卫生健康职业学院	助产
726	江苏城乡建设职业学院	建筑智能化工程技术	777	江苏卫生健康职业学院	康复治疗技术
727	江苏工程职业技术学院	电子商务	778	江苏信息职业技术学院	电气自动化技术
728	江苏工程职业技术学院	工程造价	779	江苏信息职业技术学院	计算机网络技术
729	江苏工程职业技术学院	染整技术	780	江苏信息职业技术学院	模具设计与制造
730	江苏工程职业技术学院	现代纺织技术	781	江苏信息职业技术学院	微电子技术
731	江苏工程职业技术学院	服装设计与工艺	782	江苏信息职业技术学院	物联网应用技术
732	江苏工程职业技术学院	家用纺织品设计	783	江苏信息职业技术学院	软件技术
733	江苏工程职业技术学院	服装与服饰设计	784	江苏信息职业技术学院	电子信息工程技术
734	江苏海事职业技术学院	船舶电子电气技术	785	江苏医药职业学院	康复治疗技术
735	江苏海事职业技术学院	港口与航运管理	786	江苏医药职业学院	药学
736	江苏海事职业技术学院	软件技术	787	江苏医药职业学院	护理
737	江苏海事职业技术学院	船舶工程技术	788	江苏医药职业学院	医学影像技术
738	江苏海事职业技术学院	航海技术	789	江苏医药职业学院	临床医学
739	江苏海事职业技术学院	轮机工程技术	790	江阴职业技术学院	服装设计与工艺
740	江苏海事职业技术学院	海洋工程技术	791	金肯职业技术学院	建筑工程技术
741	江苏建筑职业技术学院	会计	792	连云港师范高等专科学校	美术教育
742	江苏建筑职业技术学院	建筑装饰工程技术	793	连云港师范高等专科学校	学前教育
743	江苏建筑职业技术学院	道路桥梁工程技术	794	连云港职业技术学院	药品生产技术
744	江苏建筑职业技术学院	供热通风与空调工程技术	795	南京工业职业技术学院	汽车制造与装配技术
745	江苏建筑职业技术学院	建筑工程技术	796	南京工业职业技术学院	电气自动化技术
746	江苏建筑职业技术学院	机电一体化技术	797	南京工业职业技术学院	软件技术
747	江苏建筑职业技术学院	工程造价	798	南京工业职业技术学院	电子信息工程技术
748	江苏经贸职业技术学院	老年服务与管理	799	南京工业职业技术学院	分布式发电与微电网技术
749	江苏经贸职业技术学院	旅游管理	800	南京工业职业技术学院	机械制造与自动化
750	江苏经贸职业技术学院	连锁经营管理	801	南京工业职业技术学院	机电一体化技术
751	江苏经贸职业技术学院	物流管理	802	南京交通职业技术学院	汽车营销与服务
752	江苏经贸职业技术学院	会计	803	南京交通职业技术学院	建筑工程技术
753	江苏经贸职业技术学院	电子商务	804	南京交通职业技术学院	道路桥梁工程技术

序号	院校名称	骨干专业名称	序号	院校名称	骨干专业名称
805	南京交通职业技术学院	汽车运用与维修技术	856	沙洲职业工学院	机械制造与自动化
806	南京交通职业技术学院	物流管理	857	苏州百年职业学院	会计
807	南京交通职业技术学院	工程机械运用技术	858	苏州工业园区服务外包职业学院	嵌入式技术与应用
808	南京交通职业技术学院	计算机网络技术	859	苏州工业园区服务外包职业学院	商务管理
809	南京交通职业技术学院	汽车车身维修技术	860	苏州工业园区服务外包职业学院	计算机网络技术
810	南京交通职业技术学院	城市轨道交通运营管理	861	苏州工业园区职业技术学院	数控技术
811	南京科技职业学院	市场营销	862	苏州工业园区职业技术学院	微电子技术
812	南京科技职业学院	精细化工技术	863	苏州工业园区职业技术学院	机电一体化技术
813	南京科技职业学院	工业过程自动化技术	864	苏州工业园区职业技术学院	软件技术
814	南京科技职业学院	化工装备技术	865	苏州工业职业技术学院	软件技术
815	南京科技职业学院	应用化工技术	866	苏州工业职业技术学院	工业机器人技术
816	南京科技职业学院	环境工程技术	867	苏州工业职业技术学院	数控设备应用与维护
817	南京科技职业学院	计算机网络技术	868	苏州工业职业技术学院	数控技术
818	南京旅游职业学院	酒店管理	869	苏州工业职业技术学院	机电一体化技术
819	南京旅游职业学院	旅游管理	870	苏州工业职业技术学院	应用电子技术
820	南京旅游职业学院	西餐工艺	871	苏州工艺美术职业技术学院	产品艺术设计
821	南京旅游职业学院	烹调工艺与营养	872	苏州工艺美术职业技术学院	视觉传播设计与制作
822	南京铁道职业技术学院	城市轨道交通运营管理	873	苏州工艺美术职业技术学院	室内艺术设计
823	南京铁道职业技术学院	铁道供电技术	874	苏州工艺美术职业技术学院	动漫设计
824	南京铁道职业技术学院	动车组检修技术	875	苏州工艺美术职业技术学院	服装与服饰设计
825	南京铁道职业技术学院	铁道交通运营管理	876	苏州工艺美术职业技术学院	环境艺术设计
826	南京铁道职业技术学院	铁道信号自动控制	877	苏州健雄职业技术学院	模具设计与制造
827	南京铁道职业技术学院	通信技术	878	苏州健雄职业技术学院	机电一体化技术
828	南京铁道职业技术学院	会计	879	苏州健雄职业技术学院	物流管理
829	南京信息职业技术学院	数字媒体应用技术	880	苏州经贸职业技术学院	电子商务
830	南京信息职业技术学院	通信技术	881	苏州经贸职业技术学院	纺织品检验与贸易
831	南京信息职业技术学院	机电一体化技术	882	苏州经贸职业技术学院	计算机应用技术
832	南京信息职业技术学院	电子信息工程技术	883	苏州经贸职业技术学院	会计
833	南京信息职业技术学院	软件技术	884	苏州经贸职业技术学院	物流管理
834	南京信息职业技术学院	光伏发电技术与应用	885	苏州经贸职业技术学院	市场营销
835	南通航运职业技术学院	船舶机械工程技术	886	苏州农业职业技术学院	现代农业技术
836	南通航运职业技术学院	航海技术	887	苏州农业职业技术学院	连锁经营管理
837	南通航运职业技术学院	港口机械与自动控制	888	苏州农业职业技术学院	园林技术
838	南通航运职业技术学院	船舶工程技术	889	苏州农业职业技术学院	园艺技术
839	南通航运职业技术学院	轮机工程技术	890	苏州农业职业技术学院	食品加工技术
840	南通航运职业技术学院	港口与航运管理	891	苏州农业职业技术学院	园林工程技术
841	南通航运职业技术学院	港口与航道工程技术	892	苏州农业职业技术学院	食品营养与检测
842	南通航运职业技术学院	国际邮轮乘务管理	893	苏州卫生职业技术学院	药学
843	南通航运职业技术学院	船舶电子电气技术	894	苏州卫生职业技术学院	护理
844	南通科技职业学院	农产品加工与质量检测	895	苏州卫生职业技术学院	口腔医学技术
845	南通科技职业学院	植物保护与检疫技术	896	苏州卫生职业技术学院	眼视光技术
846	南通科技职业学院	园艺技术	897	苏州卫生职业技术学院	医学检验技术
847	南通科技职业学院	环境工程技术	898	苏州信息职业技术学院	通信技术
848	南通科技职业学院	药品生物技术	899	苏州职业大学	会计
849	南通师范高等专科学校	语文教育	900	苏州职业大学	电气自动化技术
850	南通职业大学	应用化工技术	901	苏州职业大学	应用电子技术
851	南通职业大学	应用电子技术	902	苏州职业大学	机电一体化技术
852	南通职业大学	建筑工程技术	903	泰州职业技术学院	建筑工程技术
853	南通职业大学	新能源汽车技术	904	泰州职业技术学院	计算机应用技术
854	南通职业大学	机械制造与自动化	905	无锡城市职业技术学院	会展策划与管理
855	沙洲职业工学院	机电一体化技术	906	无锡城市职业技术学院	酒店管理

续表

序号	院校名称	骨干专业名称	序号	院校名称	骨干专业名称
907	无锡城市职业技术学院	建筑工程技术	958	杭州科技职业技术学院	市政工程技术
908	无锡工艺职业技术学院	室内艺术设计	959	杭州万向职业技术学院	服装设计与工艺
909	无锡工艺职业技术学院	服装与服饰设计	960	杭州职业技术学院	服装设计与工艺
910	无锡工艺职业技术学院	陶瓷设计与工艺	961	杭州职业技术学院	精细化工技术
911	无锡工艺职业技术学院	电线电缆制造技术	962	杭州职业技术学院	园艺技术
912	无锡工艺职业技术学院	陶瓷制造工艺	963	杭州职业技术学院	数控技术
913	无锡科技职业学院	机电一体化技术	964	杭州职业技术学院	汽车检测与维修技术
914	无锡科技职业学院	会计	965	杭州职业技术学院	信息安全与管理
915	无锡科技职业学院	软件技术	966	杭州职业技术学院	动漫设计
916	无锡科技职业学院	移动互联应用技术	967	杭州职业技术学院	电子商务
917	无锡商业职业技术学院	烹调工艺与营养	968	湖州职业技术学院	建筑工程技术
918	无锡商业职业技术学院	旅游管理	969	湖州职业技术学院	工业过程自动化技术
919	无锡商业职业技术学院	市场营销	970	湖州职业技术学院	旅游管理
920	无锡商业职业技术学院	会计	971	湖州职业技术学院	国际贸易实务
921	无锡商业职业技术学院	应用电子技术	972	嘉兴职业技术学院	园艺技术
922	无锡商业职业技术学院	电子商务	973	嘉兴职业技术学院	机电一体化技术
923	无锡职业技术学院	市场营销	974	嘉兴职业技术学院	服装与服饰设计
924	无锡职业技术学院	汽车检测与维修技术	975	金华职业技术学院	护理
925	无锡职业技术学院	物联网应用技术	976	金华职业技术学院	畜牧兽医
926	无锡职业技术学院	软件技术	977	金华职业技术学院	机械制造与自动化
927	无锡职业技术学院	数控技术	978	金华职业技术学院	应用电子技术
928	无锡职业技术学院	电气自动化技术	979	金华职业技术学院	学前教育
929	无锡职业技术学院	材料成型与控制技术	980	金华职业技术学院	艺术设计
930	徐州工业职业技术学院	应用电子技术	981	金华职业技术学院	商务数据分析与应用
931	徐州工业职业技术学院	机械制造与自动化	982	金华职业技术学院	模具设计与制造
932	徐州工业职业技术学院	物联网应用技术	983	丽水职业技术学院	园林工程技术
933	徐州工业职业技术学院	高分子材料工程技术	984	丽水职业技术学院	林业技术
934	徐州工业职业技术学院	物流管理	985	丽水职业技术学院	文秘
935	徐州工业职业技术学院	药品生产技术	986	丽水职业技术学院	会计
936	徐州工业职业技术学院	橡胶工程技术	987	宁波城市职业技术学院	园艺技术
937	徐州幼儿师范高等专科学校	特殊教育	988	宁波城市职业技术学院	艺术设计
938	徐州幼儿师范高等专科学校	学前教育	989	宁波城市职业技术学院	旅游管理
939	盐城工业职业技术学院	现代纺织技术	990	宁波城市职业技术学院	应用英语
940	盐城工业职业技术学院	汽车营销与服务	991	宁波城市职业技术学院	园林技术
941	盐城工业职业技术学院	机电一体化技术	992	宁波卫生职业学院	护理
942	扬州工业职业技术学院	电气自动化技术	993	宁波卫生职业学院	老年保健与管理
943	扬州工业职业技术学院	建筑装饰工程技术	994	宁波卫生职业学院	康复治疗技术
944	扬州工业职业技术学院	建筑工程技术	995	宁波职业技术学院	应用化工技术
945	扬州工业职业技术学院	工业分析技术	996	宁波职业技术学院	电子信息工程技术
946	扬州工业职业技术学院	石油化工技术	997	宁波职业技术学院	模具设计与制造
947	扬州工业职业技术学院	汽车检测与维修技术	998	宁波职业技术学院	机电一体化技术
948	扬州市职业大学	服装与服饰设计	999	宁波职业技术学院	商务英语
949	扬州市职业大学	环境工程技术	1000	宁波职业技术学院	物流管理
950	扬州市职业大学	护理	1001	宁波职业技术学院	市场营销
951	扬州市职业大学	机械制造与自动化	1002	宁波职业技术学院	电子商务
952	扬州市职业大学	旅游管理	1003	宁波职业技术学院	会计
953	镇江市高等专科学校	旅游管理	1004	宁波职业技术学院	国际经济与贸易
954	镇江市高等专科学校	工业分析技术	1005	衢州职业技术学院	护理
955	镇江市高等专科学校	机械制造与自动化	1006	衢州职业技术学院	艺术设计
956	杭州科技职业技术学院	模具设计与制造	1007	绍兴职业技术学院	计算机网络技术
957	杭州科技职业技术学院	应用电子技术	1008	绍兴职业技术学院	计算机应用技术

续表

序号	院校名称	骨干专业名称	序号	院校名称	骨干专业名称
1009	台州科技职业学院	园艺技术	1060	浙江建设职业技术学院	房地产经营与管理
1010	台州职业技术学院	药品生产技术	1061	浙江交通职业技术学院	市政工程技术
1011	台州职业技术学院	动漫制作技术	1062	浙江交通职业技术学院	汽车运用与维修技术
1012	台州职业技术学院	数控技术	1063	浙江交通职业技术学院	道路桥梁工程技术
1013	温州科技职业学院	动物医学	1064	浙江交通职业技术学院	通信技术
1014	温州科技职业学院	计算机网络技术	1065	浙江交通职业技术学院	航海技术
1015	温州职业技术学院	鞋类设计与工艺	1066	浙江交通职业技术学院	汽车营销与服务
1016	温州职业技术学院	电气自动化技术	1067	浙江交通职业技术学院	物流管理
1017	温州职业技术学院	机械设计与制造	1068	浙江交通职业技术学院	轮机工程技术
1018	温州职业技术学院	服装与服饰设计	1069	浙江交通职业技术学院	国际邮轮乘务管理
1019	温州职业技术学院	电子商务	1070	浙江金融职业学院	商务英语
1020	温州职业技术学院	市场营销	1071	浙江金融职业学院	会计
1021	义乌工商职业技术学院	计算机信息管理	1072	浙江金融职业学院	金融管理
1022	义乌工商职业技术学院	产品艺术设计	1073	浙江金融职业学院	国际贸易实务
1023	义乌工商职业技术学院	社会工作	1074	浙江金融职业学院	保险
1024	义乌工商职业技术学院	电子商务	1075	浙江金融职业学院	投资与理财
1025	义乌工商职业技术学院	国际经济与贸易	1076	浙江金融职业学院	市场营销
1026	义乌工商职业技术学院	应用英语	1077	浙江经济职业技术学院	汽车检测与维修技术
1027	浙江纺织服装职业技术学院	纺织品设计	1078	浙江经济职业技术学院	计算机网络技术
1028	浙江纺织服装职业技术学院	服装与服饰设计	1079	浙江经济职业技术学院	物流管理
1029	浙江工贸职业技术学院	鞋类设计与工艺	1080	浙江经济职业技术学院	电子商务
1030	浙江工贸职业技术学院	软件技术	1081	浙江经济职业技术学院	报关与国际货运
1031	浙江工贸职业技术学院	光电制造与应用技术	1082	浙江经济职业技术学院	金融管理
1032	浙江工商职业技术学院	应用电子技术	1083	浙江经贸职业技术学院	食品营养与检测
1033	浙江工商职业技术学院	模具设计与制造	1084	浙江经贸职业技术学院	会展策划与管理
1034	浙江工商职业技术学院	影视动画	1085	浙江经贸职业技术学院	电子商务
1035	浙江工商职业技术学院	市场营销	1086	浙江经贸职业技术学院	会计
1036	浙江工业职业技术学院	建筑工程技术	1087	浙江经贸职业技术学院	国际贸易实务
1037	浙江工业职业技术学院	工程造价	1088	浙江经贸职业技术学院	市场营销
1038	浙江工业职业技术学院	数控技术	1089	浙江警官职业学院	刑事执行
1039	浙江工业职业技术学院	电气自动化技术	1090	浙江警官职业学院	安全防范技术
1040	浙江工业职业技术学院	机电一体化技术	1091	浙江警官职业学院	法律事务
1041	浙江工业职业技术学院	计算机应用技术	1092	浙江警官职业学院	司法警务
1042	浙江广厦建设职业技术学院	建筑工程技术	1093	浙江警官职业学院	司法信息安全
1043	浙江广厦建设职业技术学院	工程造价	1094	浙江旅游职业学院	空中乘务
1044	浙江国际海运职业技术学院	航海技术	1095	浙江旅游职业学院	酒店管理
1045	浙江国际海运职业技术学院	国际邮轮乘务管理	1096	浙江旅游职业学院	导游
1046	浙江国际海运职业技术学院	港口与航运管理	1097	浙江旅游职业学院	会展策划与管理
1047	浙江横店影视职业学院	广播影视节目制作	1098	浙江旅游职业学院	景区开发与管理
1048	浙江机电职业技术学院	机电一体化技术	1099	浙江旅游职业学院	旅游日语
1049	浙江机电职业技术学院	电气自动化技术	1100	浙江旅游职业学院	西餐工艺
1050	浙江机电职业技术学院	机械制造与自动化	1101	浙江农业商贸职业学院	烹调工艺与营养
1051	浙江机电职业技术学院	应用电子技术	1102	浙江农业商贸职业学院	农村经营管理
1052	浙江机电职业技术学院	模具设计与制造	1103	浙江商业职业技术学院	供热通风与空调工程技术
1053	浙江机电职业技术学院	数控技术	1104	浙江商业职业技术学院	环境艺术设计
1054	浙江机电职业技术学院	工业设计	1105	浙江商业职业技术学院	烹调工艺与营养
1055	浙江建设职业技术学院	建筑工程技术	1106	浙江商业职业技术学院	会计
1056	浙江建设职业技术学院	建筑经济管理	1107	浙江商业职业技术学院	商务数据分析与应用
1057	浙江建设职业技术学院	市政工程技术	1108	浙江商业职业技术学院	移动商务
1058	浙江建设职业技术学院	建筑装饰工程技术	1109	浙江商业职业技术学院	电子商务
1059	浙江建设职业技术学院	园林工程技术	1110	浙江体育职业技术学院	运动训练

续表

序号	院校名称	骨干专业名称	序号	院校名称	骨干专业名称
1111	浙江同济科技职业学院	水利工程	1162	安徽汽车职业技术学院	汽车营销与服务
1112	浙江同济科技职业学院	环境艺术设计	1163	安徽商贸职业技术学院	电子商务
1113	浙江医药高等专科学校	中药学	1164	安徽商贸职业技术学院	移动互联应用技术
1114	浙江医药高等专科学校	药品生产技术	1165	安徽商贸职业技术学院	金融管理
1115	浙江医药高等专科学校	药品质量与安全	1166	安徽商贸职业技术学院	会计
1116	浙江医药高等专科学校	药学	1167	安徽涉外经济职业学院	国际经济与贸易
1117	浙江医药高等专科学校	医疗器械维护与管理	1168	安徽审计职业学院	审计
1118	浙江艺术职业学院	戏曲表演	1169	安徽水利水电职业技术学院	给排水工程技术
1119	浙江艺术职业学院	舞蹈表演	1170	安徽水利水电职业技术学院	工程测量技术
1120	浙江艺术职业学院	音乐表演	1171	安徽水利水电职业技术学院	水利水电工程管理
1121	浙江艺术职业学院	影视多媒体技术	1172	安徽水利水电职业技术学院	建筑工程技术
1122	浙江艺术职业学院	戏剧影视表演	1173	安徽卫生健康职业学院	康复治疗技术
1123	浙江育英职业技术学院	计算机应用技术	1174	安徽新闻出版职业技术学院	包装策划与设计
1124	浙江育英职业技术学院	电子商务	1175	安徽冶金科技职业学院	黑色冶金技术
1125	浙江长征职业技术学院	国际经济与贸易	1176	安徽医学高等专科学校	药学
1126	安徽财贸职业学院	农村金融	1177	安徽医学高等专科学校	医学检验技术
1127	安徽财贸职业学院	会计	1178	安徽医学高等专科学校	临床医学
1128	安徽财贸职业学院	连锁经营管理	1179	安徽医学高等专科学校	护理
1129	安徽城市管理职业学院	老年服务与管理	1180	安徽邮电职业技术学院	通信技术
1130	安徽城市管理职业学院	城市轨道交通运营管理	1181	安徽职业技术学院	数控技术
1131	安徽电气工程职业技术学院	电厂热能动力装置	1182	安徽职业技术学院	软件技术
1132	安徽电气工程职业技术学院	发电厂及电力系统	1183	安徽职业技术学院	精细化工技术
1133	安徽电气工程职业技术学院	高压输配电线路施工运行与维护	1184	安徽职业技术学院	机电一体化技术
1134	安徽电子信息职业技术学院	软件技术	1185	安徽中澳科技职业学院	酒店管理
1135	安徽工贸职业技术学院	计算机应用技术	1186	安徽中医药高等专科学校	康复治疗技术
1136	安徽工商职业学院	烹调工艺与营养	1187	安徽中医药高等专科学校	医学检验技术
1137	安徽工商职业学院	会计	1188	安徽中医药高等专科学校	护理
1138	安徽工商职业学院	物联网应用技术	1189	安庆医药高等专科学校	药品质量与安全
1139	安徽工商职业学院	物流管理	1190	安庆职业技术学院	服装设计与工艺
1140	安徽工业经济职业技术学院	酒店管理	1191	安庆职业技术学院	工程造价
1141	安徽工业职业技术学院	模具设计与制造	1192	安庆职业技术学院	环境工程技术
1142	安徽公安职业学院	交通管理	1193	亳州职业技术学院	中药学
1143	安徽广播影视职业技术学院	播音与主持	1194	池州职业技术学院	园林技术
1144	安徽国防科技职业学院	电子商务	1195	滁州城市职业学院	医学检验技术
1145	安徽国防科技职业学院	计算机网络技术	1196	滁州职业技术学院	应用化工技术
1146	安徽国防科技职业学院	机械制造与自动化	1197	滁州职业技术学院	建筑工程技术
1147	安徽国际商务职业学院	商务英语	1198	滁州职业技术学院	工业设计
1148	安徽国际商务职业学院	国际商务	1199	阜阳职业技术学院	计算机网络技术
1149	安徽黄梅戏艺术职业学院	戏曲表演	1200	阜阳职业技术学院	机电一体化技术
1150	安徽机电职业技术学院	计算机网络技术	1201	阜阳职业技术学院	数控技术
1151	安徽机电职业技术学院	机械制造与自动化	1202	合肥科技职业学院	建筑工程技术
1152	安徽机电职业技术学院	工业机器人技术	1203	合肥通用职业技术学院	制冷与空调技术
1153	安徽机电职业技术学院	市场营销	1204	合肥信息技术职业学院	信息安全与管理
1154	安徽机电职业技术学院	汽车检测与维修技术	1205	合肥幼儿师范高等专科学校	特殊教育
1155	安徽交通职业技术学院	工程机械运用技术	1206	合肥幼儿师范高等专科学校	学前教育
1156	安徽交通职业技术学院	城市轨道交通车辆技术	1207	合肥幼儿师范高等专科学校	美术教育
1157	安徽交通职业技术学院	土木工程检测技术	1208	合肥职业技术学院	汽车检测与维修技术
1158	安徽警官职业学院	法律事务	1209	合肥职业技术学院	工程造价
1159	安徽矿业职业技术学院	机电一体化技术	1210	合肥职业技术学院	护理
1160	安徽粮食工程职业学院	粮食工程技术	1211	合肥职业技术学院	会计
1161	安徽绿海商务职业学院	动漫制作技术	1212	淮北职业技术学院	护理

续表

序号	院校名称	骨干专业名称	序号	院校名称	骨干专业名称
1213	淮南联合大学	建筑工程技术	1264	福建信息职业技术学院	模具设计与制造
1214	淮南职业技术学院	安全技术与管理	1265	福建信息职业技术学院	物联网应用技术
1215	黄山职业技术学院	护理	1266	福建艺术职业学院	陶瓷设计与工艺
1216	徽商职业学院	物流管理	1267	福建艺术职业学院	艺术设计
1217	六安职业技术学院	旅游管理	1268	福建幼儿师范高等专科学校	学前教育
1218	六安职业技术学院	园林技术	1269	福建幼儿师范高等专科学校	艺术教育
1219	六安职业技术学院	汽车运用与维修技术	1270	福州墨尔本理工职业学院	国际经济与贸易
1220	马鞍山师范高等专科学校	旅游管理	1271	福州软件职业技术学院	数字媒体应用技术
1221	马鞍山师范高等专科学校	音乐教育	1272	福州职业技术学院	新能源汽车技术
1222	马鞍山师范高等专科学校	学前教育	1273	福州职业技术学院	机械制造与自动化
1223	马鞍山职业技术学院	数控技术	1274	福州职业技术学院	广告设计与制作
1224	民办合肥财经职业学院	会计	1275	福州职业技术学院	物流管理
1225	民办万博科技职业学院	汽车营销与服务	1276	福州职业技术学院	工业机器人技术
1226	铜陵职业技术学院	应用电子技术	1277	福州职业技术学院	大数据技术与应用
1227	皖西卫生职业学院	助产	1278	黎明职业大学	影视多媒体技术
1228	芜湖职业技术学院	食品营养与检测	1279	黎明职业大学	机电一体化技术
1229	芜湖职业技术学院	数控技术	1280	黎明职业大学	建筑工程技术
1230	芜湖职业技术学院	机电一体化技术	1281	黎明职业大学	高分子材料加工技术
1231	芜湖职业技术学院	汽车检测与维修技术	1282	黎明职业大学	汽车智能技术
1232	宿州职业技术学院	动物医学	1283	湄洲湾职业技术学院	医疗设备应用技术
1233	宣城职业技术学院	数字媒体应用技术	1284	湄洲湾职业技术学院	物流管理
1234	福建船政交通职业学院	机电一体化技术	1285	湄洲湾职业技术学院	宝玉石鉴定与加工
1235	福建船政交通职业学院	航海技术	1286	湄洲湾职业技术学院	电气自动化技术
1236	福建船政交通职业学院	道路桥梁工程技术	1287	闽北职业技术学院	建筑室内设计
1237	福建船政交通职业学院	汽车检测与维修技术	1288	闽江师范高等专科学校	小学教育
1238	福建船政交通职业学院	计算机应用技术	1289	闽江师范高等专科学校	物联网应用技术
1239	福建船政交通职业学院	报关与国际货运	1290	闽西职业技术学院	电子商务
1240	福建船政交通职业学院	安全技术与管理	1291	闽西职业技术学院	机电一体化技术
1241	福建电力职业技术学院	供用电技术	1292	闽西职业技术学院	护理
1242	福建华南女子职业学院	服装与服饰设计	1293	闽西职业技术学院	建筑室内设计
1243	福建林业职业技术学院	林业技术	1294	宁德职业技术学院	机械制造与自动化
1244	福建林业职业技术学院	建筑工程技术	1295	宁德职业技术学院	计算机应用技术
1245	福建林业职业技术学院	市场营销	1296	泉州纺织服装职业学院	服装设计与工艺
1246	福建林业职业技术学院	园林技术	1297	泉州工艺美术职业学院	视觉传播设计与制作
1247	福建农业职业技术学院	连锁经营管理	1298	泉州工艺美术职业学院	雕刻艺术设计
1248	福建农业职业技术学院	园林技术	1299	泉州华光职业学院	鞋类设计与工艺
1249	福建生物工程职业技术学院	康复治疗技术	1300	泉州华光职业学院	摄影摄像技术
1250	福建生物工程职业技术学院	中药学	1301	泉州经贸职业技术学院	电子商务
1251	福建生物工程职业技术学院	药品经营与管理	1302	泉州理工职业学院	机械制造与自动化
1252	福建水利电力职业技术学院	水利水电建筑工程	1303	泉州轻工职业学院	工业机器人技术
1253	福建水利电力职业技术学院	电气自动化技术	1304	泉州轻工职业学院	动漫制作技术
1254	福建水利电力职业技术学院	建筑工程技术	1305	泉州轻工职业学院	电子商务
1255	福建水利电力职业技术学院	发电厂及电力系统	1306	泉州医学高等专科学校	药学
1256	福建卫生职业技术学院	药学	1307	泉州医学高等专科学校	医学检验技术
1257	福建卫生职业技术学院	医学检验技术	1308	泉州医学高等专科学校	临床医学
1258	福建卫生职业技术学院	护理	1309	泉州幼儿师范高等专科学校	小学教育
1259	福建卫生职业技术学院	临床医学	1310	泉州幼儿师范高等专科学校	艺术教育
1260	福建信息职业技术学院	机电一体化技术	1311	三明医学科技职业学院	物流管理
1261	福建信息职业技术学院	电子信息工程技术	1312	三明医学科技职业学院	现代纺织技术
1262	福建信息职业技术学院	电子商务	1313	厦门安防科技职业学院	软件技术
1263	福建信息职业技术学院	软件技术	1314	厦门城市职业学院	数字媒体艺术设计

续表

序号	院校名称	骨干专业名称	序号	院校名称	骨干专业名称
1315	厦门城市职业学院	云计算技术与应用	1366	江西建设职业技术学院	建筑工程技术
1316	厦门城市职业学院	旅游管理	1367	江西交通职业技术学院	道路桥梁工程技术
1317	厦门城市职业学院	数控技术	1368	江西交通职业技术学院	智能交通技术运用
1318	厦门城市职业学院	物流管理	1369	江西交通职业技术学院	物流管理
1319	厦门海洋职业技术学院	国际商务	1370	江西交通职业技术学院	建筑工程技术
1320	厦门海洋职业技术学院	水产养殖技术	1371	江西交通职业技术学院	汽车运用与维修技术
1321	厦门海洋职业技术学院	机电一体化技术	1372	江西交通职业技术学院	城市轨道交通通信信号技术
1322	厦门华天涉外职业技术学院	软件技术	1373	江西交通职业技术学院	道路养护与管理
1323	厦门华天涉外职业技术学院	物流管理	1374	江西旅游商贸职业学院	旅游管理
1324	厦门南洋职业学院	国际经济与贸易	1375	江西旅游商贸职业学院	商务英语
1325	厦门软件职业技术学院	动漫制作技术	1376	江西旅游商贸职业学院	会计
1326	厦门软件职业技术学院	软件技术	1377	江西旅游商贸职业学院	酒店管理
1327	厦门兴才职业技术学院	电子商务	1378	江西旅游商贸职业学院	物流管理
1328	厦门兴才职业技术学院	室内艺术设计	1379	江西农业工程职业学院	畜牧兽医
1329	厦门演艺职业学院	舞蹈表演	1380	江西青年职业学院	电子商务
1330	漳州城市职业学院	小学教育	1381	江西青年职业学院	青少年工作与管理
1331	漳州科技职业学院	茶艺与茶叶营销	1382	江西生物科技职业学院	水产养殖技术
1332	漳州科技职业学院	艺术设计	1383	江西生物科技职业学院	畜牧兽医
1333	漳州理工职业学院	印刷媒体技术	1384	江西生物科技职业学院	园林技术
1334	漳州理工职业学院	工业机器人技术	1385	江西师范高等专科学校	学前教育
1335	漳州卫生职业学院	护理	1386	江西陶瓷工艺美术职业技术学院	产品艺术设计
1336	漳州职业技术学院	新能源汽车运用与维修	1387	江西陶瓷工艺美术职业技术学院	陶瓷制造工艺
1337	漳州职业技术学院	应用电子技术	1388	江西陶瓷工艺美术职业技术学院	陶瓷设计与工艺
1338	漳州职业技术学院	机械设计与制造	1389	江西陶瓷工艺美术职业技术学院	电子商务
1339	江西财经职业学院	市场营销	1390	江西陶瓷工艺美术职业技术学院	动漫制作技术
1340	江西财经职业学院	会计	1391	江西外语外贸职业学院	国际商务
1341	江西财经职业学院	计算机网络技术	1392	江西外语外贸职业学院	商务英语
1342	江西财经职业学院	金融管理	1393	江西外语外贸职业学院	电子商务
1343	江西电力职业技术学院	高压输配电线路施工运行与维护	1394	江西外语外贸职业学院	会计
1344	江西电力职业技术学院	电力系统自动化技术	1395	江西卫生职业学院	医学检验技术
1345	江西工业工程职业技术学院	煤矿开采技术	1396	江西卫生职业学院	助产
1346	江西工业工程职业技术学院	会计	1397	江西卫生职业学院	药学
1347	江西工业工程职业技术学院	电子商务	1398	江西卫生职业学院	护理
1348	江西工业工程职业技术学院	光伏发电技术与应用	1399	江西卫生职业学院	口腔医学技术
1349	江西工业工程职业技术学院	机电一体化技术	1400	江西现代职业技术学院	电子信息工程技术
1350	江西工业贸易职业技术学院	市场营销	1401	江西现代职业技术学院	汽车检测与维修技术
1351	江西工业贸易职业技术学院	酒店管理	1402	江西现代职业技术学院	材料工程技术
1352	江西工业贸易职业技术学院	粮食工程技术	1403	江西现代职业技术学院	物流管理
1353	江西工业贸易职业技术学院	物联网应用技术	1404	江西现代职业技术学院	建筑工程技术
1354	江西环境工程职业学院	园林技术	1405	江西信息应用职业技术学院	计算机网络技术
1355	江西环境工程职业学院	家具设计与制造	1406	江西信息应用职业技术学院	软件技术
1356	江西环境工程职业学院	林业技术	1407	江西医学高等专科学校	临床医学
1357	江西环境工程职业学院	建筑室内设计	1408	江西应用技术职业学院	电子商务
1358	江西机电职业技术学院	机械设计与制造	1409	江西应用技术职业学院	工程测量技术
1359	江西机电职业技术学院	计算机应用技术	1410	江西应用技术职业学院	水文与工程地质
1360	江西机电职业技术学院	汽车检测与维修技术	1411	江西应用技术职业学院	数控技术
1361	江西机电职业技术学院	机电一体化技术	1412	江西制造职业技术学院	数控技术
1362	江西机电职业技术学院	数控技术	1413	江西制造职业技术学院	应用电子技术
1363	江西建设职业技术学院	建筑设计	1414	九江职业大学	会计
1364	江西建设职业技术学院	建设工程监理	1415	九江职业大学	机电一体化技术
1365	江西建设职业技术学院	工程造价	1416	九江职业大学	语文教育

续表

序号	院校名称	骨干专业名称	序号	院校名称	骨干专业名称
1417	九江职业大学	建筑工程技术	1468	济南职业学院	旅游管理
1418	九江职业大学	学前教育	1469	济宁职业技术学院	机电一体化技术
1419	九江职业技术学院	数控技术	1470	莱芜职业技术学院	黑色冶金技术
1420	九江职业技术学院	机械产品检测检验技术	1471	莱芜职业技术学院	机电一体化技术
1421	九江职业技术学院	电气自动化技术	1472	莱芜职业技术学院	工业机器人技术
1422	九江职业技术学院	会计	1473	莱芜职业技术学院	文物修复与保护
1423	九江职业技术学院	移动互联应用技术	1474	莱芜职业技术学院	材料工程技术
1424	九江职业技术学院	船舶工程技术	1475	聊城职业技术学院	护理
1425	九江职业技术学院	工程造价	1476	聊城职业技术学院	软件技术
1426	宜春职业技术学院	护理	1477	聊城职业技术学院	机电一体化技术
1427	宜春职业技术学院	药学	1478	临沂职业学院	物流管理
1428	宜春职业技术学院	会计	1479	临沂职业学院	机械制造与自动化
1429	宜春职业技术学院	医学检验技术	1480	青岛港湾职业技术学院	航海技术
1430	宜春职业技术学院	学前教育	1481	青岛港湾职业技术学院	国际贸易实务
1431	滨州职业学院	化工生物技术	1482	青岛港湾职业技术学院	港口机械与自动控制
1432	滨州职业学院	应用化工技术	1483	青岛港湾职业技术学院	港口电气技术
1433	滨州职业学院	机电一体化技术	1484	青岛酒店管理职业技术学院	烹调工艺与营养
1434	滨州职业学院	护理	1485	青岛酒店管理职业技术学院	物业管理
1435	滨州职业学院	助产	1486	青岛酒店管理职业技术学院	会展策划与管理
1436	滨州职业学院	航海技术	1487	青岛酒店管理职业技术学院	西餐工艺
1437	滨州职业学院	工业机器人技术	1488	青岛酒店管理职业技术学院	旅游管理
1438	滨州职业学院	电气自动化技术	1489	青岛酒店管理职业技术学院	酒店管理
1439	滨州职业学院	数控技术	1490	青岛酒店管理职业技术学院	会计
1440	滨州职业学院	计算机网络技术	1491	青岛酒店管理职业技术学院	中西面点工艺
1441	滨州职业学院	机械制造与自动化	1492	青岛远洋船员职业学院	航海技术
1442	滨州职业学院	口腔医学技术	1493	青岛远洋船员职业学院	轮机工程技术
1443	滨州职业学院	药品生产技术	1494	青岛职业技术学院	数控技术
1444	滨州职业学院	康复治疗技术	1495	青岛职业技术学院	服装与服饰设计
1445	德州职业技术学院	汽车运用与维修技术	1496	青岛职业技术学院	学前教育
1446	德州职业技术学院	机电一体化技术	1497	青岛职业技术学院	物联网应用技术
1447	东营职业学院	计算机网络技术	1498	青岛职业技术学院	旅游管理
1448	东营职业学院	机械制造与自动化	1499	青岛职业技术学院	机电一体化技术
1449	东营职业学院	应用化工技术	1500	青岛职业技术学院	电子商务技术
1450	东营职业学院	石油化工技术	1501	青岛职业技术学院	应用化工技术
1451	东营职业学院	物流管理	1502	青岛职业技术学院	物流管理
1452	菏泽家政职业学院	家政服务与管理	1503	日照职业技术学院	数控技术
1453	菏泽家政职业学院	康复治疗技术	1504	日照职业技术学院	物联网应用技术
1454	菏泽医学专科学校	临床医学	1505	日照职业技术学院	汽车制造与装配技术
1455	菏泽医学专科学校	药学	1506	日照职业技术学院	动漫制作技术
1456	菏泽医学专科学校	医学检验技术	1507	日照职业技术学院	电气自动化技术
1457	济南工程职业技术学院	工程造价	1508	日照职业技术学院	工业机器人技术
1458	济南工程职业技术学院	建筑工程技术	1509	日照职业技术学院	机电一体化技术
1459	济南工程职业技术学院	机电一体化技术	1510	日照职业技术学院	汽车检测与维修技术
1460	济南幼儿师范高等专科学校	小学教育	1511	日照职业技术学院	水产养殖技术
1461	济南幼儿师范高等专科学校	学前教育	1512	山东城市建设职业学院	工程造价
1462	济南职业学院	计算机应用技术	1513	山东城市建设职业学院	建筑工程技术
1463	济南职业学院	应用电子技术	1514	山东城市建设职业学院	园林工程技术
1464	济南职业学院	机电一体化技术	1515	山东城市建设职业学院	城市燃气工程技术
1465	济南职业学院	会计	1516	山东畜牧兽医职业学院	食品检测技术
1466	济南职业学院	电梯工程技术	1517	山东畜牧兽医职业学院	动物防疫与检疫
1467	济南职业学院	软件技术	1518	山东畜牧兽医职业学院	饲料与动物营养

续表

序号	院校名称	骨干专业名称	序号	院校名称	骨干专业名称
1519	山东畜牧兽医职业学院	宠物养护与驯导	1570	山东商业职业技术学院	会计
1520	山东畜牧兽医职业学院	电子商务	1571	山东商业职业技术学院	食品营养与检测
1521	山东畜牧兽医职业学院	畜牧兽医	1572	山东商业职业技术学院	市场营销
1522	山东畜牧兽医职业学院	动物药学	1573	山东商业职业技术学院	云计算技术与应用
1523	山东畜牧兽医职业学院	动物医学	1574	山东商业职业技术学院	物联网应用技术
1524	山东电子职业技术学院	软件技术	1575	山东水利职业学院	水利水电建筑工程
1525	山东电子职业技术学院	计算机网络技术	1576	山东水利职业学院	道路桥梁工程技术
1526	山东电子职业技术学院	电子商务	1577	山东水利职业学院	建筑工程技术
1527	山东工业职业学院	机械制造与自动化	1578	山东水利职业学院	水利工程
1528	山东工业职业学院	应用化工技术	1579	山东水利职业学院	水利水电工程管理
1529	山东工业职业学院	黑色冶金技术	1580	山东司法警官职业学院	法律事务
1530	山东海事职业学院	港口与航运管理	1581	山东司法警官职业学院	刑事执行
1531	山东海事职业学院	航海技术	1582	山东外贸职业学院	国际贸易实务
1532	山东交通职业学院	汽车运用与维修技术	1583	山东外贸职业学院	报关与国际货运
1533	山东交通职业学院	汽车制造与装配技术	1584	山东外贸职业学院	旅游管理
1534	山东交通职业学院	物流管理	1585	山东外贸职业学院	电子商务
1535	山东交通职业学院	道路桥梁工程技术	1586	山东外贸职业学院	商务英语
1536	山东交通职业学院	轮机工程技术	1587	山东外贸职业学院	会计
1537	山东交通职业学院	航海技术	1588	山东外贸职业学院	国际金融
1538	山东交通职业学院	机械设计与制造	1589	山东外贸职业学院	软件技术
1539	山东经贸职业学院	资产评估与管理	1590	山东外贸职业学院	保险
1540	山东经贸职业学院	金融管理	1591	山东外贸职业学院	国际商务
1541	山东经贸职业学院	市场营销	1592	山东药品食品职业学院	中药学
1542	山东经贸职业学院	连锁经营管理	1593	山东药品食品职业学院	医疗器械维护与管理
1543	山东科技职业学院	工商企业管理	1594	山东药品食品职业学院	药学
1544	山东科技职业学院	软件技术	1595	山东药品食品职业学院	药品经营与管理
1545	山东科技职业学院	建筑工程技术	1596	山东医学高等专科学校	康复治疗技术
1546	山东科技职业学院	机械制造与自动化	1597	山东职业学院	电气自动化技术
1547	山东科技职业学院	服装设计与工艺	1598	山东职业学院	机电一体化技术
1548	山东科技职业学院	机电一体化技术	1599	山东职业学院	机械制造与自动化
1549	山东科技职业学院	食品质量与安全	1600	山东中医药高等专科学校	针灸推拿
1550	山东劳动职业技术学院	软件技术	1601	山东中医药高等专科学校	中医学
1551	山东劳动职业技术学院	计算机网络技术	1602	山东中医药高等专科学校	护理
1552	山东劳动职业技术学院	计算机应用技术	1603	山东中医药高等专科学校	中药学
1553	山东理工职业学院	光伏发电技术与应用	1604	泰山护理职业学院	助产
1554	山东理工职业学院	机电一体化技术	1605	泰山护理职业学院	护理
1555	山东理工职业学院	汽车检测与维修技术	1606	泰山职业技术学院	会计
1556	山东理工职业学院	物流管理	1607	泰山职业技术学院	园艺技术
1557	山东铝业职业学院	机电一体化技术	1608	泰山职业技术学院	机电一体化技术
1558	山东铝业职业学院	有色冶金技术	1609	威海海洋职业学院	水产养殖技术
1559	山东轻工职业学院	服装设计与工艺	1610	威海海洋职业学院	工业机器人技术
1560	山东轻工职业学院	艺术设计	1611	威海海洋职业学院	电子商务
1561	山东商务职业学院	国际经济与贸易	1612	威海职业学院	软件技术
1562	山东商务职业学院	物流管理	1613	威海职业学院	电气自动化技术
1563	山东商务职业学院	粮食工程技术	1614	威海职业学院	服装与服饰设计
1564	山东商务职业学院	食品营养与检测	1615	威海职业学院	机械设计与制造
1565	山东商业职业技术学院	旅游管理	1616	威海职业学院	机械制造与自动化
1566	山东商业职业技术学院	电子商务	1617	威海职业学院	市场营销
1567	山东商业职业技术学院	应用电子技术	1618	潍坊工程职业学院	食品营养与检测
1568	山东商业职业技术学院	软件技术	1619	潍坊工程职业学院	机电一体化技术
1569	山东商业职业技术学院	制冷与空调技术	1620	潍坊工程职业学院	计算机应用技术

续表

序号	院校名称	骨干专业名称	序号	院校名称	骨干专业名称
1621	潍坊工商职业学院	机电一体化技术	1672	河南建筑职业技术学院	工程造价
1622	潍坊护理职业学院	护理	1673	河南交通职业技术学院	道路桥梁工程技术
1623	潍坊护理职业学院	老年服务与管理	1674	河南交通职业技术学院	物流管理
1624	潍坊职业学院	数控技术	1675	河南交通职业技术学院	汽车运用与维修技术
1625	潍坊职业学院	物流管理	1676	河南交通职业技术学院	智能交通技术运用
1626	潍坊职业学院	园林工程技术	1677	河南交通职业技术学院	城市轨道交通运营管理
1627	潍坊职业学院	应用化工技术	1678	河南经贸职业学院	物联网应用技术
1628	潍坊职业学院	园艺技术	1679	河南经贸职业学院	计算机应用技术
1629	潍坊职业学院	工业分析技术	1680	河南经贸职业学院	财务管理
1630	潍坊职业学院	物联网应用技术	1681	河南经贸职业学院	网络营销
1631	潍坊职业学院	园林技术	1682	河南林业职业学院	计算机网络技术
1632	潍坊职业学院	电气自动化技术	1683	河南林业职业学院	机电一体化技术
1633	烟台工程职业技术学院	机械制造与自动化	1684	河南农业职业学院	园林技术
1634	烟台工程职业技术学院	机电一体化技术	1685	河南农业职业学院	种子生产与经营
1635	烟台职业学院	软件技术	1686	河南农业职业学院	园艺技术
1636	烟台职业学院	工程造价	1687	河南农业职业学院	畜牧兽医
1637	烟台职业学院	电气自动化技术	1688	河南水利与环境职业学院	工程测量技术
1638	烟台职业学院	模具设计与制造	1689	河南水利与环境职业学院	水利水电建筑工程
1639	烟台职业学院	会计	1690	河南司法警官职业学院	刑事执行
1640	枣庄职业学院	口腔医学	1691	河南司法警官职业学院	法律事务
1641	枣庄职业学院	旅游管理	1692	河南信息统计职业学院	统计与会计核算
1642	枣庄职业学院	数控技术	1693	河南医学高等专科学校	护理
1643	淄博职业学院	机械制造与自动化	1694	河南医学高等专科学校	临床医学
1644	淄博职业学院	电气自动化技术	1695	河南应用技术职业学院	应用化工技术
1645	淄博职业学院	汽车检测与维修技术	1696	河南应用技术职业学院	药品生产技术
1646	淄博职业学院	老年服务与管理	1697	河南职业技术学院	酒店管理
1647	淄博职业学院	机电一体化技术	1698	河南职业技术学院	汽车检测与维修技术
1648	淄博职业学院	物联网应用技术	1699	河南职业技术学院	电子信息工程技术
1649	淄博职业学院	康复治疗技术	1700	河南职业技术学院	烹调工艺与营养
1650	淄博职业学院	护理	1701	河南职业技术学院	数控技术
1651	淄博职业学院	数控技术	1702	河南质量工程职业学院	机电一体化技术
1652	淄博职业学院	临床医学	1703	鹤壁汽车工程职业学院	汽车电子技术
1653	淄博职业学院	市场营销	1704	鹤壁职业技术学院	护理
1654	淄博职业学院	会计	1705	鹤壁职业技术学院	通信工程设计与监理
1655	安阳幼儿师范高等专科学校	学前教育	1706	黄河水利职业技术学院	计算机网络技术
1656	安阳职业技术学院	飞机机电设备维修	1707	黄河水利职业技术学院	建筑工程技术
1657	河南工业和信息化职业学院	建筑工程技术	1708	黄河水利职业技术学院	水利水电建筑工程
1658	河南工业和信息化职业学院	计算机应用技术	1709	黄河水利职业技术学院	工程测量技术
1659	河南工业贸易职业学院	物流管理	1710	黄河水利职业技术学院	会计
1660	河南工业贸易职业学院	计算机应用技术	1711	黄河水利职业技术学院	机械设计与制造
1661	河南工业职业技术学院	汽车检测与维修技术	1712	黄河水利职业技术学院	电子商务
1662	河南工业职业技术学院	机电一体化技术	1713	济源职业技术学院	有色冶金技术
1663	河南工业职业技术学院	机械设计与制造	1714	济源职业技术学院	电气自动化技术
1664	河南工业职业技术学院	电子商务	1715	济源职业技术学院	护理
1665	河南工业职业技术学院	数控技术	1716	济源职业技术学院	机电一体化技术
1666	河南工业职业技术学院	电气自动化技术	1717	焦作大学	化工生物技术
1667	河南护理职业学院	护理	1718	焦作大学	机械制造与自动化
1668	河南机电职业学院	汽车检测与维修技术	1719	焦作师范高等专科学校	小学教育
1669	河南检察职业学院	法律文秘	1720	开封大学	应用化工技术
1670	河南检察职业学院	检察事务	1721	开封大学	建筑工程技术
1671	河南建筑职业技术学院	建筑工程技术	1722	开封大学	旅游管理

续表

序号	院校名称	骨干专业名称	序号	院校名称	骨干专业名称
1723	开封大学	机械制造与自动化	1774	郑州城市职业学院	数字媒体应用技术
1724	开封文化艺术职业学院	视觉传播设计与制作	1775	郑州电力高等专科学校	电力系统继电保护与自动化技术
1725	开封文化艺术职业学院	学前教育	1776	郑州电力高等专科学校	发电厂及电力系统
1726	洛阳科技职业学院	汽车检测与维修技术	1777	郑州电子信息职业技术学院	计算机应用技术
1727	洛阳职业技术学院	医学检验技术	1778	郑州理工职业学院	计算机网络技术
1728	洛阳职业技术学院	护理	1779	郑州旅游职业学院	酒店管理
1729	漯河食品职业学院	食品加工技术	1780	郑州旅游职业学院	旅游管理
1730	漯河食品职业学院	食品营养与检测	1781	郑州旅游职业学院	空中乘务
1731	漯河医学高等专科学校	口腔医学	1782	郑州旅游职业学院	旅游英语
1732	漯河医学高等专科学校	护理	1783	郑州澍青医学高等专科学校	康复治疗技术
1733	漯河医学高等专科学校	医学影像技术	1784	郑州铁路职业技术学院	铁道通信与信息化技术
1734	漯河医学高等专科学校	临床医学	1785	郑州铁路职业技术学院	城市轨道交通运营管理
1735	漯河职业技术学院	机电一体化技术	1786	郑州铁路职业技术学院	护理
1736	漯河职业技术学院	食品营养与检测	1787	郑州铁路职业技术学院	眼视光技术
1737	漯河职业技术学院	建筑工程技术	1788	郑州铁路职业技术学院	城市轨道交通车辆技术
1738	漯河职业技术学院	市场营销	1789	郑州幼儿师范高等专科学校	特殊教育
1739	南阳农业职业学院	畜牧兽医	1790	郑州幼儿师范高等专科学校	学前教育
1740	南阳医学高等专科学校	医学影像技术	1791	郑州职业技术学院	药品生产技术
1741	南阳医学高等专科学校	针灸推拿	1792	郑州职业技术学院	焊接技术与自动化
1742	南阳医学高等专科学校	中医学	1793	周口科技职业学院	物流管理
1743	平顶山工业职业技术学院	建筑工程技术	1794	周口职业技术学院	汽车检测与维修技术
1744	平顶山工业职业技术学院	煤矿开采技术	1795	周口职业技术学院	建筑工程技术
1745	平顶山工业职业技术学院	电气自动化技术	1796	鄂州职业大学	工程测量技术
1746	平顶山工业职业技术学院	数控技术	1797	鄂州职业大学	电气自动化技术
1747	濮阳职业技术学院	汽车检测与维修技术	1798	恩施职业技术学院	园林技术
1748	濮阳职业技术学院	计算机应用技术	1799	恩施职业技术学院	畜牧兽医
1749	三门峡职业技术学院	旅游管理	1800	湖北财税职业学院	会计
1750	三门峡职业技术学院	建筑室内设计	1801	湖北财税职业学院	税务
1751	三门峡职业技术学院	建筑工程技术	1802	湖北城市建设职业技术学院	物流管理
1752	三门峡职业技术学院	机电一体化技术	1803	湖北城市建设职业技术学院	工程造价
1753	商丘医学高等专科学校	护理	1804	湖北城市建设职业技术学院	建筑装饰工程技术
1754	商丘医学高等专科学校	临床医学	1805	湖北城市建设职业技术学院	道路桥梁工程技术
1755	商丘职业技术学院	机电一体化技术	1806	湖北城市建设职业技术学院	建筑工程技术
1756	商丘职业技术学院	会计	1807	湖北城市建设职业技术学院	建筑智能化工程技术
1757	商丘职业技术学院	物流管理	1808	湖北工程职业学院	大数据技术与应用
1758	商丘职业技术学院	畜牧兽医	1809	湖北工程职业学院	模具设计与制造
1759	商丘职业技术学院	汽车检测与维修技术	1810	湖北工业职业技术学院	嵌入式技术与应用
1760	商丘职业技术学院	机械制造与自动化	1811	湖北工业职业技术学院	会计
1761	嵩山少林武术职业学院	民族传统体育	1812	湖北工业职业技术学院	应用电子技术
1762	新乡职业技术学院	会计	1813	湖北工业职业技术学院	环境艺术设计
1763	新乡职业技术学院	数控技术	1814	湖北国土资源职业学院	宝玉石鉴定与加工
1764	信阳职业技术学院	学前教育	1815	湖北交通职业技术学院	轮机工程技术
1765	信阳职业技术学院	护理	1816	湖北交通职业技术学院	智能交通技术运用
1766	许昌电气职业学院	电气自动化技术	1817	湖北交通职业技术学院	计算机网络技术
1767	许昌职业技术学院	电子商务	1818	湖北交通职业技术学院	工程机械运用技术
1768	许昌职业技术学院	园林技术	1819	湖北交通职业技术学院	城市轨道交通工程技术
1769	许昌职业技术学院	计算机网络技术	1820	湖北交通职业技术学院	道路桥梁工程技术
1770	许昌职业技术学院	机电一体化技术	1821	湖北科技职业学院	信息安全与管理
1771	永城职业学院	机电一体化技术	1822	湖北科技职业学院	旅游管理
1772	长垣烹饪职业技术学院	烹调工艺与营养	1823	湖北科技职业学院	工业机器人技术
1773	郑州财税金融职业学院	会计	1824	湖北轻工职业技术学院	酿酒技术

续表

序号	院校名称	骨干专业名称	序号	院校名称	骨干专业名称
1825	湖北轻工职业技术学院	机电一体化技术	1876	荆州职业技术学院	护理
1826	湖北轻工职业技术学院	建筑装饰工程技术	1877	荆州职业技术学院	畜牧兽医
1827	湖北轻工职业技术学院	食品加工技术	1878	三峡电力职业学院	电力系统继电保护与自动化技术
1828	湖北三峡职业技术学院	汽车运用与维修技术	1879	三峡旅游职业学院	旅游管理
1829	湖北三峡职业技术学院	临床医学	1880	随州职业技术学院	旅游管理
1830	湖北三峡职业技术学院	畜牧兽医	1881	武汉城市职业学院	科学教育
1831	湖北三峡职业技术学院	计算机网络技术	1882	武汉城市职业学院	学前教育
1832	湖北三峡职业技术学院	机电一体化技术	1883	武汉城市职业学院	商务英语
1833	湖北生态工程职业技术学院	森林生态旅游	1884	武汉城市职业学院	数字媒体应用技术
1834	湖北生态工程职业技术学院	园林技术	1885	武汉城市职业学院	机械制造与自动化
1835	湖北生态工程职业技术学院	林业技术	1886	武汉城市职业学院	汽车检测与维修技术
1836	湖北生态工程职业技术学院	园艺技术	1887	武汉船舶职业技术学院	船舶舾装工程技术
1837	湖北生态工程职业技术学院	家具设计与制造	1888	武汉船舶职业技术学院	海洋工程技术
1838	湖北生物科技职业学院	畜牧兽医	1889	武汉船舶职业技术学院	物流管理
1839	湖北生物科技职业学院	水产养殖技术	1890	武汉船舶职业技术学院	数控技术
1840	湖北生物科技职业学院	种子生产与经营	1891	武汉船舶职业技术学院	船舶动力工程技术
1841	湖北生物科技职业学院	信息安全与管理	1892	武汉船舶职业技术学院	船舶电气工程技术
1842	湖北生物科技职业学院	园艺技术	1893	武汉船舶职业技术学院	船舶工程技术
1843	湖北水利水电职业技术学院	水利水电建筑工程	1894	武汉电力职业技术学院	发电厂及电力系统
1844	湖北水利水电职业技术学院	发电厂及电力系统	1895	武汉电力职业技术学院	火电厂集控运行
1845	湖北水利水电职业技术学院	电梯工程技术	1896	武汉电力职业技术学院	工程测量技术
1846	湖北水利水电职业技术学院	建筑工程技术	1897	武汉工程职业技术学院	物流管理
1847	湖北水利水电职业技术学院	工程造价	1898	武汉交通职业学院	应用电子技术
1848	湖北艺术职业学院	音乐表演	1899	武汉交通职业学院	计算机网络技术
1849	湖北艺术职业学院	戏剧影视表演	1900	武汉交通职业学院	工程造价
1850	湖北艺术职业学院	人物形象设计	1901	武汉交通职业学院	汽车检测与维修技术
1851	湖北幼儿师范高等专科学校	学前教育	1902	武汉交通职业学院	船舶工程技术
1852	湖北职业技术学院	康复治疗技术	1903	武汉交通职业学院	数控技术
1853	湖北职业技术学院	口腔医学	1904	武汉交通职业学院	物流管理
1854	湖北职业技术学院	医学美容技术	1905	武汉警官职业学院	司法鉴定技术
1855	湖北职业技术学院	软件技术	1906	武汉民政职业学院	老年服务与管理
1856	湖北职业技术学院	临床医学	1907	武汉软件工程职业学院	服装与服饰设计
1857	湖北中医药高等专科学校	口腔医学	1908	武汉软件工程职业学院	机械设计与制造
1858	湖北中医药高等专科学校	中医学	1909	武汉软件工程职业学院	报关与国际货运
1859	湖北中医药高等专科学校	护理	1910	武汉软件工程职业学院	计算机网络技术
1860	湖北中医药高等专科学校	针灸推拿	1911	武汉软件工程职业学院	应用化工技术
1861	黄冈职业技术学院	临床医学	1912	武汉商贸职业学院	酒店管理
1862	黄冈职业技术学院	助产	1913	武汉铁路桥梁职业学院	铁路桥梁与隧道工程技术
1863	黄冈职业技术学院	工程造价	1914	武汉铁路职业技术学院	铁道机车
1864	黄冈职业技术学院	数字媒体艺术设计	1915	武汉铁路职业技术学院	电气自动化技术
1865	黄冈职业技术学院	会计	1916	武汉铁路职业技术学院	铁道供电技术
1866	黄冈职业技术学院	制冷与空调技术	1917	武汉铁路职业技术学院	铁道信号自动控制
1867	黄冈职业技术学院	建筑装饰工程技术	1918	武汉铁路职业技术学院	铁道车辆
1868	江汉艺术职业学院	音乐表演	1919	武汉铁路职业技术学院	旅游管理
1869	江汉艺术职业学院	学前教育	1920	武汉职业技术学院	电子信息工程技术
1870	荆州理工职业学院	电子商务	1921	武汉职业技术学院	电子商务
1871	荆州理工职业学院	工业机器人技术	1922	武汉职业技术学院	计算机网络技术
1872	荆州职业技术学院	机电一体化技术	1923	武汉职业技术学院	服装设计与工艺
1873	荆州职业技术学院	环境艺术设计	1924	武汉职业技术学院	商务英语
1874	荆州职业技术学院	服装与服饰设计	1925	武汉职业技术学院	建筑工程技术
1875	荆州职业技术学院	汽车检测与维修技术	1926	武汉职业技术学院	通信技术

续表

序号	院校名称	骨干专业名称	序号	院校名称	骨干专业名称
1927	武汉职业技术学院	酒店管理	1978	湖南工业职业技术学院	工程机械运用技术
1928	仙桃职业学院	护理	1979	湖南工艺美术职业学院	服装与服饰设计
1929	仙桃职业学院	物联网应用技术	1980	湖南工艺美术职业学院	环境艺术设计
1930	仙桃职业学院	电子商务	1981	湖南工艺美术职业学院	刺绣设计与工艺
1931	咸宁职业技术学院	机电一体化技术	1982	湖南工艺美术职业学院	陶瓷设计与工艺
1932	咸宁职业技术学院	会计	1983	湖南工艺美术职业学院	视觉传播设计与制作
1933	咸宁职业技术学院	园林技术	1984	湖南国防工业职业技术学院	机械设计与制造
1934	咸宁职业技术学院	学前教育	1985	湖南国防工业职业技术学院	应用电子技术
1935	咸宁职业技术学院	物流管理	1986	湖南化工职业技术学院	工业过程自动化技术
1936	襄阳汽车职业技术学院	汽车检测与维修技术	1987	湖南化工职业技术学院	应用化工技术
1937	襄阳职业技术学院	临床医学	1988	湖南化工职业技术学院	药品生产技术
1938	襄阳职业技术学院	特殊教育	1989	湖南化工职业技术学院	精细化工技术
1939	襄阳职业技术学院	电子商务	1990	湖南化工职业技术学院	工业分析技术
1940	襄阳职业技术学院	汽车制造与装配技术	1991	湖南环境生物职业技术学院	园林技术
1941	襄阳职业技术学院	建筑装饰工程技术	1992	湖南环境生物职业技术学院	畜牧兽医
1942	襄阳职业技术学院	医学检验技术	1993	湖南环境生物职业技术学院	护理
1943	长江工程职业技术学院	建筑工程技术	1994	湖南环境生物职业技术学院	康复治疗技术
1944	长江工程职业技术学院	电气自动化技术	1995	湖南机电职业技术学院	机械制造与自动化
1945	长江职业学院	广告设计与制作	1996	湖南机电职业技术学院	机电一体化技术
1946	长江职业学院	药品生产技术	1997	湖南机电职业技术学院	汽车电子技术
1947	保险职业学院	保险	1998	湖南机电职业技术学院	工业机器人技术
1948	常德职业技术学院	药学	1999	湖南交通职业技术学院	智能交通技术运用
1949	常德职业技术学院	园林技术	2000	湖南交通职业技术学院	道路桥梁工程技术
1950	常德职业技术学院	护理	2001	湖南交通职业技术学院	汽车运用与维修技术
1951	常德职业技术学院	药品生产技术	2002	湖南科技职业学院	机电一体化技术
1952	郴州职业技术学院	机电一体化技术	2003	湖南科技职业学院	软件技术
1953	湖南安全技术职业学院	安全技术与管理	2004	湖南科技职业学院	室内艺术设计
1954	湖南安全技术职业学院	安全生产监测监控	2005	湖南科技职业学院	移动商务
1955	湖南安全技术职业学院	烟花爆竹技术与管理	2006	湖南理工职业技术学院	光伏发电技术与应用
1956	湖南财经工业职业技术学院	模具设计与制造	2007	湖南理工职业技术学院	机电一体化技术
1957	湖南财经工业职业技术学院	会计	2008	湖南民族职业学院	小学教育
1958	湖南财经工业职业技术学院	电子商务	2009	湖南民族职业学院	学前教育
1959	湖南城建职业技术学院	建筑工程技术	2010	湖南民族职业学院	艺术设计
1960	湖南城建职业技术学院	建筑设计	2011	湖南汽车工程职业学院	汽车电子技术
1961	湖南城建职业技术学院	工程造价	2012	湖南汽车工程职业学院	汽车运用与维修技术
1962	湖南大众传媒职业技术学院	数字媒体应用技术	2013	湖南汽车工程职业学院	会计
1963	湖南大众传媒职业技术学院	新闻采编与制作	2014	湖南汽车工程职业学院	汽车制造与装配技术
1964	湖南大众传媒职业技术学院	影视动画	2015	湖南软件职业学院	动漫制作技术
1965	湖南大众传媒职业技术学院	广播影视节目制作	2016	湖南三一工业职业技术学院	机电一体化技术
1966	湖南电气职业技术学院	新能源装备技术	2017	湖南商务职业技术学院	电子商务
1967	湖南电气职业技术学院	电梯工程技术	2018	湖南商务职业技术学院	市场营销
1968	湖南都市职业学院	印刷媒体技术	2019	湖南商务职业技术学院	旅游管理
1969	湖南高速铁路职业技术学院	铁道工程技术	2020	湖南生物机电职业技术学院	种子生产与经营
1970	湖南高速铁路职业技术学院	建筑工程技术	2021	湖南生物机电职业技术学院	畜牧兽医
1971	湖南高速铁路职业技术学院	铁道交通运营管理	2022	湖南生物机电职业技术学院	机电一体化技术
1972	湖南工程职业技术学院	工程测量技术	2023	湖南生物机电职业技术学院	动物医学
1973	湖南工业职业技术学院	数控技术	2024	湖南生物机电职业技术学院	机械制造与自动化
1974	湖南工业职业技术学院	电气自动化技术	2025	湖南石油化工职业技术学院	石油化工技术
1975	湖南工业职业技术学院	汽车制造与装配技术	2026	湖南水利水电职业技术学院	水利工程
1976	湖南工业职业技术学院	机电一体化技术	2027	湖南司法警官职业学院	法律事务
1977	湖南工业职业技术学院	电子信息工程技术	2028	湖南司法警官职业学院	刑事侦查技术

续表

序号	院校名称	骨干专业名称	序号	院校名称	骨干专业名称
2029	湖南铁道职业技术学院	铁道机车车辆制造与维护	2080	长沙电力职业技术学院	火电厂集控运行
2030	湖南铁道职业技术学院	铁道机车	2081	长沙电力职业技术学院	供用电技术
2031	湖南铁道职业技术学院	应用电子技术	2082	长沙航空职业技术学院	飞行器制造技术
2032	湖南铁道职业技术学院	城市轨道交通车辆技术	2083	长沙航空职业技术学院	飞行器维修技术
2033	湖南铁路科技职业技术学院	铁道机车	2084	长沙航空职业技术学院	飞机电子设备维修
2034	湖南铁路科技职业技术学院	铁道车辆	2085	长沙航空职业技术学院	空中乘务
2035	湖南铁路科技职业技术学院	铁道交通运营管理	2086	长沙环境保护职业技术学院	环境监测与控制技术
2036	湖南铁路科技职业技术学院	铁道信号自动控制	2087	长沙环境保护职业技术学院	环境工程技术
2037	湖南外贸职业学院	国际经济与贸易	2088	长沙民政职业技术学院	计算机网络技术
2038	湖南外贸职业学院	电子商务	2089	长沙民政职业技术学院	电子商务
2039	湖南外贸职业学院	旅游管理	2090	长沙民政职业技术学院	社会工作
2040	湖南外贸职业学院	酒店管理	2091	长沙民政职业技术学院	老年服务与管理
2041	湖南网络工程职业学院	数字媒体应用技术	2092	长沙民政职业技术学院	机电一体化技术
2042	湖南网络工程职业学院	计算机网络技术	2093	长沙民政职业技术学院	康复治疗技术
2043	湖南现代物流职业技术学院	物流管理	2094	长沙民政职业技术学院	现代殡葬技术与管理
2044	湖南现代物流职业技术学院	物流信息技术	2095	长沙商贸旅游职业技术学院	市场营销
2045	湖南现代物流职业技术学院	电子商务	2096	长沙商贸旅游职业技术学院	旅游管理
2046	湖南现代物流职业技术学院	物联网应用技术	2097	长沙商贸旅游职业技术学院	烹调工艺与营养
2047	湖南现代物流职业技术学院	物流工程技术	2098	长沙商贸旅游职业技术学院	会计
2048	湖南信息职业技术学院	软件技术	2099	长沙商贸旅游职业技术学院	会展策划与管理
2049	湖南信息职业技术学院	电气自动化技术	2100	长沙卫生职业学院	护理
2050	湖南艺术职业学院	戏曲表演	2101	长沙卫生职业学院	临床医学
2051	湖南邮电职业技术学院	通信技术	2102	长沙卫生职业学院	口腔医学技术
2052	湖南邮电职业技术学院	移动互联应用技术	2103	长沙职业技术学院	特殊教育
2053	湖南邮电职业技术学院	市场营销	2104	长沙职业技术学院	机械制造与自动化
2054	湖南邮电职业技术学院	移动通信技术	2105	长沙职业技术学院	汽车运用与维修技术
2055	湖南邮电职业技术学院	光通信技术	2106	东莞职业技术学院	电子信息工程技术
2056	湖南邮电职业技术学院	电子商务	2107	佛山职业技术学院	物联网应用技术
2057	湖南幼儿师范高等专科学校	小学教育	2108	佛山职业技术学院	电气自动化技术
2058	湖南幼儿师范高等专科学校	学前教育	2109	佛山职业技术学院	工业机器人技术
2059	湖南中医药高等专科学校	中药学	2110	佛山职业技术学院	汽车车身维修技术
2060	湖南中医药高等专科学校	针灸推拿	2111	广东工程职业技术学院	软件技术
2061	怀化职业技术学院	种子生产与经营	2112	广东工贸职业技术学院	电气自动化技术
2062	怀化职业技术学院	畜牧兽医	2113	广东工贸职业技术学院	工程测量技术
2063	娄底职业技术学院	机电一体化技术	2114	广东工贸职业技术学院	电子商务
2064	邵阳职业技术学院	机电一体化技术	2115	广东工贸职业技术学院	测绘地理信息技术
2065	邵阳职业技术学院	电梯工程技术	2116	广东环境保护工程职业学院	环境工程技术
2066	湘潭医卫职业技术学院	康复治疗技术	2117	广东环境保护工程职业学院	工业节能技术
2067	湘潭医卫职业技术学院	助产	2118	广东环境保护工程职业学院	室内环境检测与控制技术
2068	湘西民族职业技术学院	服装与服饰设计	2119	广东机电职业技术学院	数控技术
2069	湘西民族职业技术学院	旅游管理	2120	广东机电职业技术学院	光伏发电技术与应用
2070	湘西民族职业技术学院	民族传统技艺	2121	广东机电职业技术学院	计算机网络技术
2071	益阳职业技术学院	船舶工程技术	2122	广东机电职业技术学院	汽车电子技术
2072	永州职业技术学院	医学影像技术	2123	广东机电职业技术学院	工业设计
2073	永州职业技术学院	畜牧兽医	2124	广东机电职业技术学院	模具设计与制造
2074	永州职业技术学院	护理	2125	广东机电职业技术学院	物流管理
2075	岳阳职业技术学院	机电一体化技术	2126	广东机电职业技术学院	应用电子技术
2076	岳阳职业技术学院	护理	2127	广东机电职业技术学院	报关与国际货运
2077	岳阳职业技术学院	临床医学	2128	广东机电职业技术学院	机械设计与制造
2078	岳阳职业技术学院	助产	2129	广东建设职业技术学院	建筑动画与模型制作
2079	张家界航空工业职业技术学院	数控技术	2130	广东建设职业技术学院	工程造价

续表

序号	院校名称	骨干专业名称	序号	院校名称	骨干专业名称
2131	广东建设职业技术学院	建筑智能化工程技术	2182	广东轻工职业技术学院	高分子材料加工技术
2132	广东建设职业技术学院	建筑设备工程技术	2183	广东轻工职业技术学院	通信工程设计与监理
2133	广东建设职业技术学院	建筑工程技术	2184	广东轻工职业技术学院	食品营养与检测
2134	广东交通职业技术学院	软件技术	2185	广东省外语艺术职业学院	商务日语
2135	广东交通职业技术学院	物联网应用技术	2186	广东省外语艺术职业学院	学前教育
2136	广东交通职业技术学院	船舶电气工程技术	2187	广东省外语艺术职业学院	玉器设计与工艺
2137	广东交通职业技术学院	城市轨道交通工程技术	2188	广东食品药品职业学院	食品质量与安全
2138	广东交通职业技术学院	物流管理	2189	广东食品药品职业学院	中医养生保健
2139	广东交通职业技术学院	汽车检测与维修技术	2190	广东食品药品职业学院	中药学
2140	广东交通职业技术学院	道路桥梁工程技术	2191	广东食品药品职业学院	人物形象设计
2141	广东交通职业技术学院	高速铁道工程技术	2192	广东食品药品职业学院	医疗设备应用技术
2142	广东交通职业技术学院	智能交通技术运用	2193	广东水利电力职业技术学院	水利水电建筑工程
2143	广东交通职业技术学院	计算机网络技术	2194	广东水利电力职业技术学院	供用电技术
2144	广东交通职业技术学院	工程机械运用技术	2195	广东水利电力职业技术学院	水利工程
2145	广东交通职业技术学院	电气自动化技术	2196	广东水利电力职业技术学院	物联网应用技术
2146	广东交通职业技术学院	汽车营销与服务	2197	广东司法警官职业学院	刑事侦查技术
2147	广东交通职业技术学院	交通运营管理	2198	广东松山职业技术学院	机电一体化技术
2148	广东科贸职业学院	商检技术	2199	广东舞蹈戏剧职业学院	戏曲表演
2149	广东科贸职业学院	动物医学	2200	广东邮电职业技术学院	移动通信技术
2150	广东科学技术职业学院	计算机网络技术	2201	广东职业技术学院	现代纺织技术
2151	广东科学技术职业学院	机械设计与制造	2202	广东职业技术学院	染整技术
2152	广东科学技术职业学院	文秘	2203	广东职业技术学院	服装与服饰设计
2153	广东科学技术职业学院	旅游管理	2204	广东职业技术学院	物联网应用技术
2154	广东科学技术职业学院	电子商务	2205	广州城建职业学院	机电一体化技术
2155	广东科学技术职业学院	连锁经营管理	2206	广州城建职业学院	建筑工程技术
2156	广东科学技术职业学院	应用电子技术	2207	广州城建职业学院	市场营销
2157	广东科学技术职业学院	国际经济与贸易	2208	广州城市职业学院	市场营销
2158	广东科学技术职业学院	会计	2209	广州城市职业学院	食品营养与检测
2159	广东科学技术职业学院	软件技术	2210	广州城市职业学院	市政工程技术
2160	广东科学技术职业学院	移动商务	2211	广州番禺职业技术学院	建筑工程技术
2161	广东理工职业学院	社会工作	2212	广州番禺职业技术学院	国际商务
2162	广东理工职业学院	物联网应用技术	2213	广州番禺职业技术学院	艺术设计
2163	广东农工商职业技术学院	通信技术	2214	广州番禺职业技术学院	皮具艺术设计
2164	广东农工商职业技术学院	酒店管理	2215	广州番禺职业技术学院	投资与理财
2165	广东农工商职业技术学院	作物生产技术	2216	广州番禺职业技术学院	金融管理
2166	广东农工商职业技术学院	食品加工技术	2217	广州番禺职业技术学院	首饰设计与工艺
2167	广东农工商职业技术学院	商务英语	2218	广州番禺职业技术学院	嵌入式技术与应用
2168	广东农工商职业技术学院	软件技术	2219	广州番禺职业技术学院	环境艺术设计
2169	广东农工商职业技术学院	市场营销	2220	广州番禺职业技术学院	会计
2170	广东农工商职业技术学院	会计	2221	广州工程技术职业学院	石油化工技术
2171	广东女子职业技术学院	市场营销	2222	广州工程技术职业学院	应用化工技术
2172	广东女子职业技术学院	学前教育	2223	广州工程技术职业学院	汽车检测与维修技术
2173	广东青年职业学院	社会工作	2224	广州工程技术职业学院	工业机器人技术
2174	广东轻工职业技术学院	化工生物技术	2225	广州科技贸易职业学院	社会工作
2175	广东轻工职业技术学院	会计	2226	广州科技贸易职业学院	市场营销
2176	广东轻工职业技术学院	酒店管理	2227	广州民航职业技术学院	飞机机电设备维修
2177	广东轻工职业技术学院	影视动画	2228	广州民航职业技术学院	飞机结构修理
2178	广东轻工职业技术学院	应用英语	2229	广州民航职业技术学院	航空物流
2179	广东轻工职业技术学院	会展策划与管理	2230	广州南洋理工职业学院	服装与服饰设计
2180	广东轻工职业技术学院	软件技术	2231	广州铁路职业技术学院	物流管理
2181	广东轻工职业技术学院	广告设计与制作	2232	广州铁路职业技术学院	城市轨道交通运营管理

续表

序号	院校名称	骨干专业名称	序号	院校名称	骨干专业名称
2233	广州铁路职业技术学院	应用电子技术	2284	中山职业技术学院	机电一体化技术
2234	广州铁路职业技术学院	机电一体化技术	2285	中山职业技术学院	物联网应用技术
2235	广州铁路职业技术学院	机电设备维修与管理	2286	中山职业技术学院	模具设计与制造
2236	广州铁路职业技术学院	铁道供电技术	2287	中山职业技术学院	电梯工程技术
2237	广州卫生职业技术学院	老年服务与管理	2288	中山职业技术学院	社会工作
2238	河源职业技术学院	高分子材料工程技术	2289	中山职业技术学院	商务管理
2239	河源职业技术学院	移动通信技术	2290	珠海城市职业技术学院	港口与航运管理
2240	河源职业技术学院	嵌入式技术与应用	2291	珠海城市职业技术学院	产品艺术设计
2241	江门职业技术学院	智能产品开发	2292	珠海艺术职业学院	首饰设计与工艺
2242	清远职业技术学院	家政服务与管理	2293	广西电力职业技术学院	发电厂及电力系统
2243	清远职业技术学院	药品经营与管理	2294	广西电力职业技术学院	移动互联应用技术
2244	深圳信息职业技术学院	信息安全与管理	2295	广西电力职业技术学院	机电一体化技术
2245	深圳信息职业技术学院	环境工程技术	2296	广西电力职业技术学院	电厂热能动力装置
2246	深圳信息职业技术学院	数字媒体应用技术	2297	广西工商职业技术学院	工商企业管理
2247	深圳信息职业技术学院	投资与理财	2298	广西工业职业技术学院	机械制造与自动化
2248	深圳信息职业技术学院	软件技术	2299	广西工业职业技术学院	食品加工技术
2249	深圳信息职业技术学院	物流管理	2300	广西工业职业技术学院	电气自动化技术
2250	深圳信息职业技术学院	嵌入式技术与应用	2301	广西工业职业技术学院	汽车检测与维修技术
2251	深圳信息职业技术学院	微电子技术	2302	广西工业职业技术学院	石油化工技术
2252	深圳信息职业技术学院	机械设计与制造	2303	广西工业职业技术学院	工业机器人技术
2253	深圳职业技术学院	数字图文信息技术	2304	广西国际商务职业技术学院	电子商务
2254	深圳职业技术学院	风景园林设计	2305	广西国际商务职业技术学院	金融管理
2255	深圳职业技术学院	食品生物技术	2306	广西国际商务职业技术学院	会计
2256	深圳职业技术学院	物流管理	2307	广西国际商务职业技术学院	国际商务
2257	深圳职业技术学院	商务日语	2308	广西机电职业技术学院	数控技术
2258	深圳职业技术学院	电子信息工程技术	2309	广西机电职业技术学院	汽车车身维修技术
2259	深圳职业技术学院	建筑智能化工程技术	2310	广西机电职业技术学院	焊接技术与自动化
2260	深圳职业技术学院	软件技术	2311	广西建设职业技术学院	市政工程技术
2261	深圳职业技术学院	汽车电子技术	2312	广西建设职业技术学院	工程造价
2262	深圳职业技术学院	游戏设计	2313	广西建设职业技术学院	建筑工程技术
2263	深圳职业技术学院	商务英语	2314	广西交通职业技术学院	计算机网络技术
2264	深圳职业技术学院	电气自动化技术	2315	广西交通职业技术学院	物流管理
2265	深圳职业技术学院	国际商务	2316	广西交通职业技术学院	道路桥梁工程技术
2266	顺德职业技术学院	制冷与空调技术	2317	广西交通职业技术学院	建筑工程技术
2267	顺德职业技术学院	电子信息工程技术	2318	广西交通职业技术学院	汽车检测与维修技术
2268	顺德职业技术学院	烹调工艺与营养	2319	广西金融职业技术学院	互联网金融
2269	顺德职业技术学院	数字媒体艺术设计	2320	广西金融职业技术学院	金融管理
2270	顺德职业技术学院	展示艺术设计	2321	广西金融职业技术学院	会计
2271	顺德职业技术学院	应用化工技术	2322	广西经贸职业技术学院	服装与服饰设计
2272	顺德职业技术学院	工业机器人技术	2323	广西经贸职业技术学院	烹调工艺与营养
2273	顺德职业技术学院	金融管理	2324	广西经贸职业技术学院	会计
2274	顺德职业技术学院	家具艺术设计	2325	广西经贸职业技术学院	电子商务
2275	顺德职业技术学院	康复治疗技术	2326	广西农业职业技术学院	食品加工技术
2276	顺德职业技术学院	社会工作	2327	广西农业职业技术学院	畜牧兽医
2277	顺德职业技术学院	计算机应用技术	2328	广西农业职业技术学院	中草药栽培技术
2278	顺德职业技术学院	数控技术	2329	广西农业职业技术学院	作物生产技术
2279	肇庆医学高等专科学校	临床医学	2330	广西农业职业技术学院	园艺技术
2280	中山火炬职业技术学院	包装策划与设计	2331	广西生态工程职业技术学院	园林技术
2281	中山火炬职业技术学院	电子商务	2332	广西生态工程职业技术学院	林业技术
2282	中山火炬职业技术学院	光电技术应用	2333	广西水利电力职业技术学院	电力系统自动化技术
2283	中山火炬职业技术学院	模具设计与制造	2334	广西水利电力职业技术学院	水利工程

续表

序号	院校名称	骨干专业名称	序号	院校名称	骨干专业名称
2335	广西水利电力职业技术学院	机电一体化技术	2386	重庆城市管理职业学院	物流管理
2336	广西体育高等专科学校	体育教育	2387	重庆城市职业学院	文秘
2337	广西体育高等专科学校	体育保健与康复	2388	重庆电力高等专科学校	发电厂及电力系统
2338	广西体育高等专科学校	运动训练	2389	重庆电力高等专科学校	供用电技术
2339	广西卫生职业技术学院	药学	2390	重庆电子工程职业学院	移动应用开发
2340	广西卫生职业技术学院	护理	2391	重庆电子工程职业学院	移动通信技术
2341	广西现代职业技术学院	机电一体化技术	2392	重庆电子工程职业学院	电子信息工程技术
2342	广西幼儿师范高等专科学校	学前教育	2393	重庆电子工程职业学院	物联网应用技术
2343	广西职业技术学院	物流管理	2394	重庆电子工程职业学院	通信系统运行管理
2344	广西职业技术学院	环境艺术设计	2395	重庆电子工程职业学院	建筑智能化工程技术
2345	广西职业技术学院	茶树栽培与茶叶加工	2396	重庆电子工程职业学院	信息安全与管理
2346	广西职业技术学院	食品加工技术	2397	重庆房地产职业学院	建筑工程技术
2347	广西职业技术学院	电气自动化技术	2398	重庆工程职业技术学院	机电一体化技术
2348	广西职业技术学院	新闻采编与制作	2399	重庆工程职业技术学院	移动通信技术
2349	桂林师范高等专科学校	音乐教育	2400	重庆工程职业技术学院	物联网应用技术
2350	柳州城市职业学院	电气自动化技术	2401	重庆工程职业技术学院	工程测量技术
2351	柳州铁道职业技术学院	城市轨道交通运营管理	2402	重庆工程职业技术学院	安全技术与管理
2352	柳州铁道职业技术学院	铁道信号自动控制	2403	重庆工程职业技术学院	智能控制技术
2353	柳州铁道职业技术学院	铁道机车	2404	重庆工贸职业技术学院	应用化工技术
2354	柳州铁道职业技术学院	铁道工程技术	2405	重庆工贸职业技术学院	药品生产技术
2355	柳州铁道职业技术学院	铁道通信与信息化技术	2406	重庆工商职业学院	新能源汽车技术
2356	柳州职业技术学院	机电一体化技术	2407	重庆工商职业学院	电气自动化技术
2357	柳州职业技术学院	工程机械运用技术	2408	重庆工商职业学院	物联网应用技术
2358	柳州职业技术学院	数控技术	2409	重庆工商职业学院	建筑室内设计
2359	柳州职业技术学院	通信技术	2410	重庆工商职业学院	视觉传播设计与制作
2360	柳州职业技术学院	工业机器人技术	2411	重庆工业职业技术学院	汽车检测与维修技术
2361	柳州职业技术学院	汽车检测与维修技术	2412	重庆工业职业技术学院	模具设计与制造
2362	南宁职业技术学院	酒店管理	2413	重庆工业职业技术学院	数控技术
2363	南宁职业技术学院	移动通信技术	2414	重庆工业职业技术学院	电气自动化技术
2364	南宁职业技术学院	软件技术	2415	重庆工业职业技术学院	机械设计与制造
2365	南宁职业技术学院	建筑室内设计	2416	重庆工业职业技术学院	汽车车身维修技术
2366	南宁职业技术学院	机电一体化技术	2417	重庆工业职业技术学院	汽车电子技术
2367	海南工商职业学院	药品生产技术	2418	重庆公共运输职业学院	城市轨道交通机电技术
2368	海南经贸职业技术学院	物流管理	2419	重庆航天职业技术学院	数控技术
2369	海南经贸职业技术学院	会计信息管理	2420	重庆航天职业技术学院	软件技术
2370	海南经贸职业技术学院	旅游管理	2421	重庆航天职业技术学院	应用电子技术
2371	海南科技职业学院	航海技术	2422	重庆航天职业技术学院	飞行器制造技术
2372	海南科技职业学院	健康管理	2423	重庆航天职业技术学院	机电一体化技术
2373	海南软件职业技术学院	动漫制作技术	2424	重庆化工职业学院	工业分析技术
2374	海南外国语职业学院	应用英语	2425	重庆化工职业学院	应用化工技术
2375	海南职业技术学院	电子商务	2426	重庆化工职业学院	机电一体化技术
2376	海南职业技术学院	汽车运用与维修技术	2427	重庆建筑工程职业学院	建设工程管理
2377	海南职业技术学院	畜牧兽医	2428	重庆交通职业学院	汽车检测与维修技术
2378	三亚城市职业学院	旅游管理	2429	重庆科创职业学院	计算机应用技术
2379	三亚航空旅游职业学院	飞机机电设备维修	2430	重庆能源职业学院	油气储运技术
2380	三亚理工职业学院	酒店管理	2431	重庆青年职业技术学院	机电一体化技术
2381	重庆财经职业学院	会计	2432	重庆三峡医药高等专科学校	护理
2382	重庆财经职业学院	市场营销	2433	重庆三峡医药高等专科学校	中药学
2383	重庆城市管理职业学院	民政管理	2434	重庆三峡医药高等专科学校	中医学
2384	重庆城市管理职业学院	连锁经营管理	2435	重庆三峡医药高等专科学校	临床医学
2385	重庆城市管理职业学院	微电子技术	2436	重庆三峡职业学院	园林技术

续表

序号	院校名称	骨干专业名称	序号	院校名称	骨干专业名称
2437	重庆三峡职业学院	机电一体化技术	2488	四川工程职业技术学院	机械制造与自动化
2438	重庆三峡职业学院	农业装备应用技术	2489	四川工程职业技术学院	计算机应用技术
2439	重庆三峡职业学院	畜牧兽医	2490	四川工程职业技术学院	机电一体化技术
2440	重庆水利电力职业技术学院	电力系统继电保护与自动化技术	2491	四川工程职业技术学院	理化测试与质检技术
2441	重庆水利电力职业技术学院	水利水电建筑工程	2492	四川工程职业技术学院	焊接技术与自动化
2442	重庆医药高等专科学校	护理	2493	四川工商职业技术学院	食品生物技术
2443	重庆医药高等专科学校	药品生产技术	2494	四川工商职业技术学院	工商企业管理
2444	重庆医药高等专科学校	药学	2495	四川工商职业技术学院	艺术设计
2445	重庆医药高等专科学校	药品质量与安全	2496	四川国际标榜职业学院	人物形象设计
2446	重庆医药高等专科学校	中药学	2497	四川国际标榜职业学院	社会体育
2447	重庆艺术工程职业学院	环境艺术设计	2498	四川航天职业技术学院	物流管理
2448	重庆幼儿师范高等专科学校	早期教育	2499	四川航天职业技术学院	机电一体化技术
2449	成都纺织高等专科学校	电气自动化技术	2500	四川航天职业技术学院	电气自动化技术
2450	成都纺织高等专科学校	会计	2501	四川华新现代职业学院	电子商务
2451	成都纺织高等专科学校	服装设计与工艺	2502	四川华新现代职业学院	移动商务
2452	成都纺织高等专科学校	纺织品检验与贸易	2503	四川化工职业技术学院	工业分析技术
2453	成都航空职业技术学院	飞机机电设备维修	2504	四川化工职业技术学院	化工装备技术
2454	成都航空职业技术学院	飞行器制造技术	2505	四川化工职业技术学院	应用化工技术
2455	成都航空职业技术学院	空中乘务	2506	四川机电职业技术学院	机电一体化技术
2456	成都航空职业技术学院	电子信息工程技术	2507	四川机电职业技术学院	机械制造与自动化
2457	成都农业科技职业学院	畜牧兽医	2508	四川机电职业技术学院	电气自动化技术
2458	成都农业科技职业学院	园艺技术	2509	四川机电职业技术学院	黑色冶金技术
2459	成都农业科技职业学院	作物生产技术	2510	四川建筑职业技术学院	建筑室内设计
2460	成都艺术职业学院	环境艺术设计	2511	四川建筑职业技术学院	建筑经济管理
2461	成都职业技术学院	护理	2512	四川建筑职业技术学院	地下与隧道工程技术
2462	成都职业技术学院	会计	2513	四川建筑职业技术学院	工程测量技术
2463	成都职业技术学院	旅游管理	2514	四川建筑职业技术学院	建设工程管理
2464	达州职业技术学院	医学影像技术	2515	四川交通职业技术学院	航海技术
2465	达州职业技术学院	会计	2516	四川交通职业技术学院	市政工程技术
2466	广安职业技术学院	语文教育	2517	四川交通职业技术学院	汽车制造与装配技术
2467	广安职业技术学院	会计	2518	四川交通职业技术学院	汽车营销与服务
2468	乐山职业技术学院	护理	2519	四川交通职业技术学院	智能交通技术运用
2469	乐山职业技术学院	硅材料制备技术	2520	四川交通职业技术学院	道路养护与管理
2470	乐山职业技术学院	移动通信技术	2521	四川科技职业学院	工程造价
2471	泸州职业技术学院	市场营销	2522	四川商务职业学院	市场营销
2472	泸州职业技术学院	学前教育	2523	四川商务职业学院	电子商务
2473	泸州职业技术学院	机电一体化技术	2524	四川水利职业技术学院	电力系统自动化技术
2474	眉山职业技术学院	学前教育	2525	四川水利职业技术学院	水文与工程地质
2475	眉山职业技术学院	畜牧兽医	2526	四川水利职业技术学院	水利水电工程技术
2476	绵阳职业技术学院	电子信息工程技术	2527	四川司法警官职业学院	刑事侦查技术
2477	绵阳职业技术学院	建筑材料工程技术	2528	四川托普信息技术职业学院	软件技术
2478	绵阳职业技术学院	机械设计与制造	2529	四川文化产业职业学院	文化市场经营管理
2479	绵阳职业技术学院	复合材料工程技术	2530	四川文化产业职业学院	新闻采编与制作
2480	南充职业技术学院	会计	2531	四川文化产业职业学院	网络舆情监测
2481	内江职业技术学院	畜牧兽医	2532	四川现代职业学院	会计
2482	内江职业技术学院	汽车制造与装配技术	2533	四川信息职业技术学院	数控技术
2483	四川财经职业学院	会计	2534	四川信息职业技术学院	通信技术
2484	四川财经职业学院	金融管理	2535	四川信息职业技术学院	软件技术
2485	四川财经职业学院	市场营销	2536	四川艺术职业学院	室内艺术设计
2486	四川城市职业学院	艺术设计	2537	四川邮电职业技术学院	移动通信技术
2487	四川电力职业技术学院	发电厂及电力系统	2538	四川邮电职业技术学院	市场营销

续表

序号	院校名称	骨干专业名称	序号	院校名称	骨干专业名称
2539	四川邮电职业技术学院	光通信技术	2590	六盘水职业技术学院	计算机网络技术
2540	四川邮电职业技术学院	通信技术	2591	六盘水职业技术学院	会计
2541	四川幼儿师范高等专科学校	学前教育	2592	六盘水职业技术学院	康复治疗技术
2542	四川长江职业学院	通信技术	2593	黔东南民族职业技术学院	酒店管理
2543	四川职业技术学院	建筑工程技术	2594	黔东南民族职业技术学院	口腔医学
2544	四川职业技术学院	语文教育	2595	黔东南民族职业技术学院	药学
2545	四川职业技术学院	物流管理	2596	黔东南民族职业技术学院	会计
2546	四川中医药高等专科学校	针灸推拿	2597	黔东南民族职业技术学院	建筑工程技术
2547	四川中医药高等专科学校	护理	2598	黔东南民族职业技术学院	旅游管理
2548	雅安职业技术学院	护理	2599	黔南民族幼儿师范高等专科学校	美术
2549	雅安职业技术学院	药学	2600	黔南民族职业技术学院	汽车检测与维修技术
2550	雅安职业技术学院	医学影像技术	2601	黔南民族职业技术学院	计算机信息管理
2551	宜宾职业技术学院	畜牧兽医	2602	黔南民族职业技术学院	建筑室内设计
2552	宜宾职业技术学院	建筑装饰工程技术	2603	黔南民族职业技术学院	会计
2553	宜宾职业技术学院	数控技术	2604	黔南民族职业技术学院	畜牧兽医
2554	宜宾职业技术学院	汽车运用与维修技术	2605	铜仁幼儿师范高等专科学校	学前教育
2555	安顺职业技术学院	医学影像技术	2606	铜仁职业技术学院	护理
2556	安顺职业技术学院	护理	2607	铜仁职业技术学院	康复治疗技术
2557	安顺职业技术学院	会计	2608	铜仁职业技术学院	畜牧兽医
2558	贵阳护理职业学院	护理	2609	铜仁职业技术学院	药品生产技术
2559	贵阳护理职业学院	医学检验技术	2610	铜仁职业技术学院	会计
2560	贵阳护理职业学院	中药学	2611	遵义职业技术学院	电子商务
2561	贵阳护理职业学院	公共卫生管理	2612	遵义职业技术学院	畜牧兽医
2562	贵阳护理职业学院	药学	2613	遵义职业技术学院	财务管理
2563	贵阳职业技术学院	建筑工程技术	2614	遵义职业技术学院	园艺技术
2564	贵阳职业技术学院	铁道机车	2615	保山中医药高等专科学校	中药学
2565	贵阳职业技术学院	机电一体化技术	2616	保山中医药高等专科学校	针灸推拿
2566	贵阳职业技术学院	计算机网络技术	2617	保山中医药高等专科学校	中医学
2567	贵州电子信息职业技术学院	电子信息工程技术	2618	德宏职业学院	医学影像技术
2568	贵州电子信息职业技术学院	机电一体化技术	2619	德宏职业学院	临床医学
2569	贵州电子信息职业技术学院	软件技术	2620	德宏职业学院	护理
2570	贵州电子信息职业技术学院	通信技术	2621	红河卫生职业学院	护理
2571	贵州工业职业技术学院	应用化工技术	2622	昆明工业职业技术学院	机电设备维修与管理
2572	贵州建设职业技术学院	工程测量技术	2623	昆明工业职业技术学院	建筑钢结构工程技术
2573	贵州建设职业技术学院	建筑装饰工程技术	2624	昆明工业职业技术学院	物流管理
2574	贵州建设职业技术学院	建筑工程技术	2625	昆明冶金高等专科学校	金属与非金属矿开采技术
2575	贵州建设职业技术学院	建筑设备工程技术	2626	昆明冶金高等专科学校	会计
2576	贵州交通职业技术学院	计算机网络技术	2627	昆明冶金高等专科学校	建筑材料工程技术
2577	贵州交通职业技术学院	旅游管理	2628	昆明冶金高等专科学校	有色冶金技术
2578	贵州交通职业技术学院	工程机械运用技术	2629	昆明冶金高等专科学校	环境工程技术
2579	贵州交通职业技术学院	物流管理	2630	昆明冶金高等专科学校	建筑工程技术
2580	贵州交通职业技术学院	汽车运用与维修技术	2631	昆明冶金高等专科学校	测绘工程技术
2581	贵州交通职业技术学院	道路桥梁工程技术	2632	昆明冶金高等专科学校	电气自动化技术
2582	贵州交通职业技术学院	土木工程检测技术	2633	昆明冶金高等专科学校	测绘地理信息技术
2583	贵州轻工职业技术学院	酿酒技术	2634	昆明冶金高等专科学校	电子商务
2584	贵州轻工职业技术学院	物流管理	2635	昆明冶金高等专科学校	黑色冶金技术
2585	贵州轻工职业技术学院	大数据技术与应用	2636	丽江师范高等专科学校	生物教育
2586	贵州轻工职业技术学院	机电一体化技术	2637	曲靖医学高等专科学校	药品经营与管理
2587	贵州轻工职业技术学院	室内艺术设计	2638	曲靖医学高等专科学校	临床医学
2588	贵州盛华职业学院	网络营销	2639	曲靖医学高等专科学校	护理
2589	贵州职业技术学院	电子商务	2640	曲靖医学高等专科学校	眼视光技术

续表

序号	院校名称	骨干专业名称	序号	院校名称	骨干专业名称
2641	西双版纳职业技术学院	应用泰语	2692	陕西工业职业技术学院	电子商务
2642	玉溪农业职业技术学院	烟草栽培与加工	2693	陕西工业职业技术学院	数字媒体应用技术
2643	云南国防工业职业技术学院	学前教育	2694	陕西工业职业技术学院	应用化工技术
2644	云南国防工业职业技术学院	通信技术	2695	陕西工业职业技术学院	电气自动化技术
2645	云南国土资源职业学院	国土资源调查与管理	2696	陕西工业职业技术学院	机电一体化技术
2646	云南国土资源职业学院	宝玉石鉴定与加工	2697	陕西工业职业技术学院	计算机应用技术
2647	云南机电职业技术学院	汽车检测与维修技术	2698	陕西工业职业技术学院	会计
2648	云南机电职业技术学院	数控技术	2699	陕西工业职业技术学院	机械制造与自动化
2649	云南机电职业技术学院	焊接技术与自动化	2700	陕西工业职业技术学院	材料成型与控制技术
2650	云南机电职业技术学院	产品艺术设计	2701	陕西国防工业职业技术学院	软件技术
2651	云南机电职业技术学院	市场营销	2702	陕西国防工业职业技术学院	机械制造与自动化
2652	云南机电职业技术学院	机电一体化技术	2703	陕西国防工业职业技术学院	机械产品检测检验技术
2653	云南机电职业技术学院	电气自动化技术	2704	陕西国防工业职业技术学院	数控技术
2654	云南机电职业技术学院	机械制造与自动化	2705	陕西国防工业职业技术学院	机电一体化技术
2655	云南交通职业技术学院	物流管理	2706	陕西国防工业职业技术学院	应用电子技术
2656	云南交通职业技术学院	汽车运用与维修技术	2707	陕西国防工业职业技术学院	石油化工技术
2657	云南交通职业技术学院	会计	2708	陕西航空职业技术学院	飞行器制造技术
2658	云南交通职业技术学院	道路桥梁工程技术	2709	陕西机电职业技术学院	机电一体化技术
2659	云南交通职业技术学院	城市轨道交通运营管理	2710	陕西交通职业技术学院	汽车检测与维修技术
2660	云南交通职业技术学院	工程机械运用技术	2711	陕西交通职业技术学院	道路桥梁工程技术
2661	云南交通职业技术学院	地下与隧道工程技术	2712	陕西交通职业技术学院	城市轨道交通运营管理
2662	云南交通职业技术学院	城市轨道交通机电技术	2713	陕西能源职业技术学院	煤化工技术
2663	云南经贸外事职业学院	工程造价	2714	陕西能源职业技术学院	护理
2664	云南经贸外事职业学院	建筑工程技术	2715	陕西能源职业技术学院	煤田地质与勘查技术
2665	云南林业职业技术学院	木材加工技术	2716	陕西能源职业技术学院	机电一体化技术
2666	云南林业职业技术学院	家具设计与制造	2717	陕西铁路工程职业技术学院	高速铁道工程技术
2667	云南林业职业技术学院	园林技术	2718	陕西铁路工程职业技术学院	道路桥梁工程技术
2668	云南林业职业技术学院	林业技术	2719	陕西铁路工程职业技术学院	工程造价
2669	云南林业职业技术学院	野生植物资源保护与利用	2720	陕西铁路工程职业技术学院	地下与隧道工程技术
2670	云南林业职业技术学院	森林生态旅游	2721	陕西铁路工程职业技术学院	土木工程检测技术
2671	云南林业职业技术学院	林业信息技术与管理	2722	陕西铁路工程职业技术学院	铁道信号自动控制
2672	云南旅游职业学院	酒店管理	2723	陕西铁路工程职业技术学院	铁道工程技术
2673	云南旅游职业学院	导游	2724	陕西铁路工程职业技术学院	工程测量技术
2674	云南能源职业技术学院	发电厂及电力系统	2725	陕西艺术职业学院	音乐表演
2675	云南能源职业技术学院	工程测量技术	2726	陕西艺术职业学院	戏曲表演
2676	云南能源职业技术学院	煤矿开采技术	2727	陕西邮电职业技术学院	通信技术
2677	云南农业职业技术学院	园艺技术	2728	陕西职业技术学院	电子商务
2678	云南农业职业技术学院	畜牧兽医	2729	陕西职业技术学院	学前教育
2679	云南农业职业技术学院	工程造价	2730	陕西职业技术学院	物流管理
2680	云南体育运动职业技术学院	运动训练	2731	陕西职业技术学院	计算机应用技术
2681	西藏职业技术学院	会计	2732	陕西职业技术学院	旅游管理
2682	西藏职业技术学院	电子商务	2733	商洛职业技术学院	临床医学
2683	安康职业技术学院	护理	2734	渭南职业学院	中医学
2684	宝鸡职业技术学院	学前教育	2735	渭南职业学院	中药学
2685	陕西财经职业技术学院	会计	2736	渭南职业学院	护理
2686	陕西工商职业学院	酒店管理	2737	西安电力高等专科学校	发电厂及电力系统
2687	陕西工商职业学院	会计	2738	西安航空职业技术学院	电气自动化技术
2688	陕西工商职业学院	物流管理	2739	西安航空职业技术学院	软件技术
2689	陕西工业职业技术学院	物流管理	2740	西安航空职业技术学院	飞机机电设备维修
2690	陕西工业职业技术学院	模具设计与制造	2741	西安航空职业技术学院	飞行器制造技术
2691	陕西工业职业技术学院	机械设计与制造	2742	西安航空职业技术学院	机械设计与制造

续表

序号	院校名称	骨干专业名称	序号	院校名称	骨干专业名称
2743	西安航空职业技术学院	空中乘务	2794	酒泉职业技术学院	太阳能光热技术与应用
2744	西安航空职业技术学院	机电一体化技术	2795	兰州石化职业技术学院	工业过程自动化技术
2745	西安铁路职业技术学院	铁道供电技术	2796	兰州石化职业技术学院	工业分析技术
2746	西安铁路职业技术学院	铁道交通运营管理	2797	兰州石化职业技术学院	化工设备技术
2747	西安铁路职业技术学院	铁道机车	2798	兰州石化职业技术学院	精细化工技术
2748	西安医学高等专科学校	药学	2799	兰州石化职业技术学院	石油炼制技术
2749	西安职业技术学院	动漫制作技术	2800	兰州石化职业技术学院	应用英语
2750	咸阳职业技术学院	护理	2801	兰州石化职业技术学院	应用化工技术
2751	咸阳职业技术学院	学前教育	2802	兰州石化职业技术学院	电子商务
2752	咸阳职业技术学院	计算机应用技术	2803	兰州石化职业技术学院	煤化工技术
2753	延安职业技术学院	石油化工技术	2804	兰州石化职业技术学院	石油化工技术
2754	延安职业技术学院	航海技术	2805	兰州职业技术学院	学前教育
2755	杨凌职业技术学院	园艺技术	2806	兰州职业技术学院	数控技术
2756	杨凌职业技术学院	水利工程	2807	兰州资源环境职业技术学院	矿山测量
2757	杨凌职业技术学院	农业生物技术	2808	兰州资源环境职业技术学院	环境工程技术
2758	杨凌职业技术学院	建筑工程技术	2809	兰州资源环境职业技术学院	视觉传播设计与制作
2759	杨凌职业技术学院	药品经营与管理	2810	兰州资源环境职业技术学院	机电一体化技术
2760	杨凌职业技术学院	水利水电建筑工程	2811	兰州资源环境职业技术学院	大气探测技术
2761	杨凌职业技术学院	畜牧兽医	2812	兰州资源环境职业技术学院	安全技术与管理
2762	杨凌职业技术学院	园林工程技术	2813	兰州资源环境职业技术学院	宝玉石鉴定与加工
2763	杨凌职业技术学院	电子商务	2814	兰州资源环境职业技术学院	物流管理
2764	白银矿冶职业技术学院	矿物加工技术	2815	兰州资源环境职业技术学院	电力系统继电保护与自动化技术
2765	白银矿冶职业技术学院	有色冶金技术	2816	兰州资源环境职业技术学院	有色冶金技术
2766	甘肃畜牧工程职业技术学院	畜牧兽医	2817	陇南师范高等专科学校	电子商务
2767	甘肃钢铁职业技术学院	焊接技术与自动化	2818	武威职业学院	学前教育
2768	甘肃工业职业技术学院	工业分析技术	2819	武威职业学院	光伏发电技术与应用
2769	甘肃工业职业技术学院	旅游管理	2820	武威职业学院	旅游管理
2770	甘肃机电职业技术学院	模具设计与制造	2821	青海柴达木职业技术学院	电气自动化技术
2771	甘肃建筑职业技术学院	建筑装饰工程技术	2822	青海畜牧兽医职业技术学院	动物医学
2772	甘肃建筑职业技术学院	工程造价	2823	青海畜牧兽医职业技术学院	动物防疫与检疫
2773	甘肃建筑职业技术学院	建筑工程技术	2824	青海高等职业技术学院	材料成型与控制技术
2774	甘肃建筑职业技术学院	建设工程监理	2825	青海建筑职业技术学院	建筑智能化工程技术
2775	甘肃建筑职业技术学院	建筑室内设计	2826	青海建筑职业技术学院	城乡规划
2776	甘肃交通职业技术学院	工程机械运用技术	2827	青海交通职业技术学院	汽车检测与维修技术
2777	甘肃交通职业技术学院	工程造价	2828	青海交通职业技术学院	道路桥梁工程技术
2778	甘肃交通职业技术学院	计算机网络技术	2829	青海警官职业学院	刑事执行
2779	甘肃交通职业技术学院	道路桥梁工程技术	2830	青海卫生职业技术学院	医学检验技术
2780	甘肃交通职业技术学院	物流管理	2831	青海卫生职业技术学院	口腔医学
2781	甘肃警察职业学院	治安管理	2832	西宁城市职业技术学院	学前教育
2782	甘肃林业职业技术学院	园林技术	2833	西宁城市职业技术学院	广告设计与制作
2783	甘肃林业职业技术学院	林业技术	2834	宁夏财经职业技术学院	会计
2784	甘肃林业职业技术学院	林业信息技术与管理	2835	宁夏财经职业技术学院	金融管理
2785	甘肃农业职业技术学院	畜牧兽医	2836	宁夏财经职业技术学院	物业管理
2786	甘肃农业职业技术学院	食品营养与检测	2837	宁夏财经职业技术学院	市场营销
2787	甘肃农业职业技术学院	园林技术	2838	宁夏财经职业技术学院	应用英语
2788	甘肃农业职业技术学院	作物生产技术	2839	宁夏工商职业技术学院	机电一体化技术
2789	甘肃卫生职业学院	口腔医学技术	2840	宁夏工商职业技术学院	应用化工技术
2790	甘肃卫生职业学院	护理	2841	宁夏工商职业技术学院	物联网应用技术
2791	酒泉职业技术学院	风力发电工程技术	2842	宁夏工商职业技术学院	烹调工艺与营养
2792	酒泉职业技术学院	种子生产与经营	2843	宁夏工商职业技术学院	机械制造与自动化
2793	酒泉职业技术学院	水利工程	2844	宁夏工商职业技术学院	工商企业管理

序号	院校名称	骨干专业名称	序号	院校名称	骨干专业名称
2845	宁夏工业职业学院	煤矿开采技术	2883	新疆交通职业技术学院	物流管理
2846	宁夏工业职业学院	矿山机电技术	2884	新疆交通职业技术学院	工程机械运用技术
2847	宁夏建设职业技术学院	市政工程技术	2885	新疆交通职业技术学院	机电一体化技术
2848	宁夏建设职业技术学院	建设工程管理	2886	新疆农业职业技术学院	园林工程技术
2849	宁夏建设职业技术学院	建筑电气工程技术	2887	新疆农业职业技术学院	电子商务
2850	宁夏警官职业学院	交通管理	2888	新疆农业职业技术学院	种子生产与经营
2851	宁夏民族职业技术学院	护理	2889	新疆农业职业技术学院	商务英语
2852	宁夏民族职业技术学院	室内艺术设计	2890	新疆农业职业技术学院	软件技术
2853	宁夏葡萄酒与防沙治沙职业技术学院	酿酒技术	2891	新疆农业职业技术学院	农产品加工与质量检测
2854	宁夏幼儿师范高等专科学校	学前教育	2892	新疆农业职业技术学院	商务管理
2855	宁夏职业技术学院	机电一体化技术	2893	新疆农业职业技术学院	动物医学
2856	宁夏职业技术学院	电气自动化技术	2894	新疆农业职业技术学院	计算机网络技术
2857	宁夏职业技术学院	旅游管理	2895	新疆农业职业技术学院	会计
2858	宁夏职业技术学院	计算机网络技术	2896	新疆农业职业技术学院	水利工程
2859	宁夏职业技术学院	药品生产技术	2897	新疆农业职业技术学院	药品生产技术
2860	宁夏职业技术学院	园林技术	2898	新疆农业职业技术学院	园艺技术
2861	宁夏职业技术学院	健康管理	2899	新疆农业职业技术学院	食品加工技术
2862	昌吉职业技术学院	药学	2900	新疆农业职业技术学院	畜牧兽医
2863	昌吉职业技术学院	电气自动化技术	2901	新疆农业职业技术学院	机电一体化技术
2864	昌吉职业技术学院	护理	2902	新疆轻工职业技术学院	服装设计与工艺
2865	昌吉职业技术学院	机电一体化技术	2903	新疆轻工职业技术学院	食品生物技术
2866	克拉玛依职业技术学院	工业过程自动化技术	2904	新疆轻工职业技术学院	机电一体化技术
2867	克拉玛依职业技术学院	油气地质勘探技术	2905	新疆轻工职业技术学院	食品营养与检测
2868	克拉玛依职业技术学院	油气开采技术	2906	新疆轻工职业技术学院	现代纺织技术
2869	克拉玛依职业技术学院	电气自动化技术	2907	新疆轻工职业技术学院	应用化工技术
2870	克拉玛依职业技术学院	石油化工技术	2908	新疆轻工职业技术学院	石油化工技术
2871	克拉玛依职业技术学院	汽车检测与维修技术	2909	新疆轻工职业技术学院	工业过程自动化技术
2872	克拉玛依职业技术学院	化工装备技术	2910	新疆轻工职业技术学院	电气自动化技术
2873	克拉玛依职业技术学院	工业分析技术	2911	新疆职业大学	机电一体化技术
2874	克拉玛依职业技术学院	煤化工技术	2912	新疆职业大学	空中乘务
2875	克拉玛依职业技术学院	油气储运技术	2913	新疆职业大学	烹调工艺与营养
2876	新疆交通职业技术学院	城市轨道交通机电技术	2914	新疆职业大学	旅游管理
2877	新疆交通职业技术学院	工程测量技术	2915	新疆职业大学	酒店管理
2878	新疆交通职业技术学院	土木工程检测技术	2916	新疆职业大学	电气自动化技术
2879	新疆交通职业技术学院	汽车运用与维修技术	2917	新疆石河子职业技术学院	电气自动化技术
2880	新疆交通职业技术学院	智能交通技术运用	2918	新疆石河子职业技术学院	物联网应用技术
2881	新疆交通职业技术学院	新能源汽车运用与维修	2919	哈尔滨职业技术学院	电子商务
2882	新疆交通职业技术学院	道路桥梁工程技术			

二、生产性实训基地

序号	院校名称	生产性实训基地名称	序号	院校名称	生产性实训基地名称
1	北京电子科技职业学院	景泰蓝生产性实训基地	42	天津电子信息职业技术学院	网络技术实训基地
2	北京电子科技职业学院	奔驰汽车制造实训基地	43	天津工程职业技术学院	数字化油田生产综合实训中心
3	北京电子科技职业学院	生物医药中试生产性实训基地	44	天津国土资源和房屋职业学院	智能电梯综合实训中心
4	北京电子科技职业学院	大数据应用生产性实训基地	45	天津海运职业学院	航海技术专业实训基地
5	北京财贸职业学院	珠宝首饰设计与营销实训基地	46	天津海运职业学院	轮机工程技术专业实训基地
6	北京财贸职业学院	智慧财金实训基地	47	天津机电职业技术学院	机电一体化技术专业实训基地
7	北京财贸职业学院	智能商旅实训基地	48	天津机电职业技术学院	机械设计与制造3D制作专业实训基地
8	北京工业职业技术学院	华为信息与网络生产性实训基地	49	天津机电职业技术学院	工业机器人领域公共实训基地
9	北京工业职业技术学院	京东智能设备生产性实训基地	50	天津交通职业学院	校企共建物流管理专业生产性实训基地
10	北京工业职业技术学院	大疆无人机测绘生产性实训基地	51	天津交通职业学院	商贸服务实训基地
11	北京工业职业技术学院	建筑信息模型（BIM）生产性实训基地	52	天津轻工职业技术学院	数控设备应用与维护实训基地
12	北京交通运输职业学院	边精一古建营造实训基地	53	天津轻工职业技术学院	新能源实训基地
13	北京交通运输职业学院	城市轨道交通生产性教学实训基地	54	天津轻工职业技术学院	精密模具智能制造实训基地
14	北京交通运输职业学院	TOCC交通大数据实训基地	55	天津商务职业学院	北贸通实训基地
15	北京经济管理职业学院	西门子智能制造实训基地	56	天津商务职业学院	津通报关行实训基地
16	北京经济管理职业学院	数字视效生产性实训基地	57	天津石油职业技术学院	井控仿真实训基地
17	北京劳动保障职业学院	老年服务与管理专业实训基地	58	天津市职业大学	眼屈光检查及接触镜验配实训基地
18	北京劳动保障职业学院	人力资源管理专业实训基地	59	天津市职业大学	跨境电商生产性实训基地
19	北京农业职业学院	首农西郊农场生产性实训基地	60	天津市职业大学	顺丰速递实训基地
20	北京农业职业学院	稻香村焙烤食品生产实训基地	61	天津市职业大学	化工生产性实训基地
21	北京农业职业学院	骑乘生产性实训基地	62	天津市职业大学	林肯汽车天津技术培训中心
22	北京青年政治学院	信息传媒艺术生产性实训基地	63	天津市职业大学	海德堡印刷实训中心
23	北京社会管理职业学院	格林彩虹娇形生产性实训基地	64	天津铁道职业技术学院	城轨车辆实训基地
24	北京社会管理职业学院	校企共建康复辅具生产性实训基础	65	天津铁道职业技术学院	高铁综合实训基地
25	北京社会管理职业学院	校企共建殡葬专业群生产性实训基地	66	天津现代职业技术学院	航空模拟驾驶实训基地
26	北京戏曲艺术职业学院	艺术创作校企共建生产性实训基地	67	天津现代职业技术学院	GMP制剂生产实训基地
27	北京信息职业技术学院	信息安全生产性实训基地	68	天津现代职业技术学院	天津-河北食品工业协会校企实训基地
28	北京信息职业技术学院	燕东微电子生产性实训基地	69	天津冶金职业技术学院	现代冶金生产性实训基地
29	北京信息职业技术学院	现代服务与管理实训基地	70	天津医学高等专科学校	老年护理实训基地
30	北京信息职业技术学院	电子与自动化生产性实训基地	71	天津医学高等专科学校	眼视光技术实训基地
31	北京信息职业技术学院	软件技术专业实训基地	72	天津医学高等专科学校	医药电子商务生产性实训基地
32	天津滨海职业学院	数字媒体艺术设计实训基地	73	天津中德应用技术大学	中西机床实训中心
33	天津渤海职业技术学院	鲁班工坊工程实践创新项目实训中心	74	天津中德应用技术大学	基础实验实训中心
34	天津渤海职业技术学院	中国化工石化行业环保领域全流程一站式实训基地	75	保定电力职业技术学院	校企共建科诺伟业、新源绿网、柏斯顿生产性实训基地
35	天津渤海职业技术学院	专通结合的化工安全开放性实训基地	76	渤海理工职业学院	高尔夫球运动与管理实训基地
36	天津渤海职业技术学院	石油化工安全与应急技术生产性实训基地	77	渤海理工职业学院	建材检测实训基地
37	天津城市建设管理职业技术学院	太阳能清洁能源系统实训基地	78	沧州职业技术学院	现代农业实训基地
38	天津城市职业学院	老年服务与管理实训基地	79	沧州职业技术学院	机器人实训基地
39	天津城市职业学院	幼儿发展与健康管理实训基地	80	承德护理职业学院	护理实训基地
40	天津电子信息职业技术学院	东软慧聚软件技术实训基地	81	承德护理职业学院	口腔类生产性实训基地
41	天津电子信息职业技术学院	动漫生产实训基地	82	承德石油高等专科学校	汽车综合生产性实训基地

续表

序号	院校名称	生产性实训基地名称	序号	院校名称	生产性实训基地名称
83	承德石油高等专科学校	工业技术中心生产性实训基地	124	晋中职业技术学院	校企共建汽车生产性实训基地
84	邯郸职业技术学院	数控技术生产性实训基地	125	临汾职业技术学院	校院共建护理实训基地
85	邯郸职业技术学院	食品加工技术生产性实训基地	126	潞安职业学院	矿山机电生产性实训基地
86	河北对外经贸职业学院	国际贸易生产性实训基地	127	山西财贸职业技术学院	互联网+装饰BIM实训基地
87	河北工业职业技术学院	电商类生产性实训基地	128	山西电力职业技术学院	新能源应用技术专业实训基地
88	河北工业职业技术学院	智能制造生产性实训基地	129	山西工程职业技术学院	轧钢工程技术专业生产性实训基地
89	河北工业职业技术学院	轧钢及设备应用技术专业生产性实训基地	130	山西工程职业技术学院	智能控制生产性实训基地
90	河北公安警察职业学院	校局共建信息网络安全监察实训基地	131	山西工程职业技术学院	机器人与智能装配实训基地
91	河北公安警察职业学院	校局共建交通管理实训基地	132	山西华澳商贸职业学院	电子商务技术专业生产性实训基地
92	河北化工医药职业技术学院	医药电子商务实训基地	133	山西机电职业技术学院	数控技术专业生产性实训基地
93	河北化工医药职业技术学院	青霉素钾盐生产性实训基地	134	山西交通职业技术学院	新能源汽车校企合作共建生产性实训基地
94	河北化工医药职业技术学院	智能制造生产性实训基地	135	山西经贸职业学院	ICT行业生产性实训基地
95	河北机电职业技术学院	机电类专业生产性实训基地	136	山西林业职业技术学院	家具产品研发生产性实训基地
96	河北交通职业技术学院	道路桥梁工程技术生产性实训基地	137	山西旅游职业学院	校企共建烹饪生产性实训基地
97	河北交通职业技术学院	汽车检测与维修生产性实训基地	138	山西煤炭职业技术学院	工程地质勘查生产性实训基地
98	河北旅游职业学院	电子商务创业实训基地	139	山西青年职业学院	资产评估与管理实训基地
99	河北旅游职业学院	承德市旅苑旅行社生产性实训基地	140	山西省财政税务专科学校	真账实操会计工厂
100	河北能源职业技术学院	校企共建机加工生产性实训基地	141	山西水利职业技术学院	节水灌溉技术生产性实训基地
101	河北女子职业学院	学前教育专业附属幼儿园	142	山西体育职业学院	高尔夫生产性实训基地
102	河北女子职业学院	摄影测量与遥感技术专业生产实践中心	143	山西戏剧职业学院	校企共建视觉传达生产性实习实训基地
103	河北软件职业技术学院	软件技术实训基地	144	山西药科职业学院	中药学专业实训基地
104	河北软件职业技术学院	动漫制作技术实训基地	145	山西艺术职业学院	音乐表演生产性实训基地
105	河北省艺术职业学院	艺术设计生产性实训基地	146	山西艺术职业学院	表演艺术实训基地
106	衡水职业技术学院	新能源汽车生产性实训基地	147	山西职业技术学院	校企共建生产性电子商务实训基地
107	廊坊职业技术学院	校企共建现代制造生产性实习基地	148	朔州职业技术学院	朔州市朔城区景山养殖实训基地
108	秦皇岛职业技术学院	智能制造技术生产性实训基地	149	太原城市职业技术学院	校企共建的建筑工程技术专业生产性实训基地
109	秦皇岛职业技术学院	焙烤食品加工技术实训基地	150	太原旅游职业学院	市场营销专业金融客服实训基地
110	石家庄铁路职业技术学院	石家庄轨道交通生产性实训基地	151	渤海船舶职业学院	船舶工程技术专业校企共建的生产性实训基地
111	石家庄邮电职业技术学院	邮政类生产性实训基地	152	朝阳师范高等专科学校	传播与策划专业生产性实训基地
112	石家庄职业技术学院	校企共建电子信息类生产性实训基地	153	辽宁经济职业技术学院	生产现代商贸流通一体化公共实训基地
113	石家庄职业技术学院	校企共建食品检测生产性实训基地	154	辽宁省交通高等专科学校	共享型工业机器人应用生产性实训基地
114	唐山工业职业技术学院	陶瓷设计与工艺生产性实训基地	155	辽宁石化职业技术学院	石油化工轻烃加工生产性实训基地
115	唐山工业职业技术学院	工业机器人生产性实训基地	156	白城医学高等专科学校	梅河口市中心医院
116	唐山幼儿师范高等专科学校	学前教育实训基地	157	吉林电子信息职业技术学院	移动应用开发实训基地
117	唐山职业技术学院	"e创客+"电子商务创业实训基地	158	吉林工程职业学院	农产品加工与检测示范性实习实训基地
118	唐山职业技术学院	校企共建口腔实训基地	159	吉林工业职业技术学院	东北炼化吉林化建工程有限公司焊接技术实训基地
119	邢台职业技术学院	产教融合型智能制造技术实训基地	160	吉林工业职业技术学院	吉林省石油和化工专业职业教育实习实训基地
120	邢台职业技术学院	校企共建土木建筑工程生产性实训基地	161	吉林工业职业技术学院	中油吉林石化分公司电仪实训基地
121	邢台职业技术学院	汽车类生产性实训基地	162	吉林工业职业技术学院	中油吉林石化分公司分析实训基地
122	宣化科技职业学院	汽车生产性实训基地	163	吉林工业职业技术学院	东北炼化吉林化建工程有限公司化工装备技术实训基地
123	晋城职业技术学院	烹调工艺与营养校内生产性实训基地	164	辽源职业技术学院	汽车维护维修实训基地

续表

序号	院校名称	生产性实训基地名称	序号	院校名称	生产性实训基地名称
165	辽源职业技术学院	电商实训基地	209	上海城建职业学院	校企共建工程造价生产性实训基地
166	辽源职业技术学院	纺织机电实训基地	210	上海城建职业学院	建筑工程技术实训基地
167	长春金融高等专科学校	创新型物流高技能人才示范性实习实训基地	211	上海城建职业学院	老年护理实训基地
168	长春职业技术学院	信息技术实训中心	212	上海出版印刷高等专科学校	印刷电子商务实训基地
169	长春职业技术学院	现代制造技术实训中心	213	上海出版印刷高等专科学校	高保真艺术品复制生产性实训基地
170	长春职业技术学院	机电技术实训中心	214	上海出版印刷高等专科学校	影视传媒制作生产性实训基地
171	长春职业技术学院	城市轨道交通实训中心	215	上海电影艺术职业学院	动漫设计实训基地
172	长春职业技术学院	食品与生物技术实训中心	216	上海电子信息职业技术学院	信息安全与管理专业校企共建的生产性实训基地
173	长春职业技术学院	旅游管理专业校企合作实训基地	217	上海电子信息职业技术学院	维攀芯片测试生产性实训基地
174	哈尔滨科学技术职业学院	冰雪产业运营与服务实训中心	218	上海电子信息职业技术学院	代理记账实训中心
175	哈尔滨科学技术职业学院	轨道交通实训中心	219	上海电子信息职业技术学院	数控技术生产性实训基地
176	哈尔滨铁道职业技术学院	铁道供电技术综合实训基地	220	上海电子信息职业技术学院	虚拟现实生产性实训基地
177	哈尔滨铁道职业技术学院	西区测量综合实训基地	221	上海东海职业技术学院	财务管理生产性实训基地
178	哈尔滨铁道职业技术学院	盾构专业校企共建生产性实训基地	222	上海东海职业技术学院	影视与动画生产性实训基地
179	哈尔滨职业技术学院	汽车检测与维修专业生产性实训基地	223	上海工商外国语职业学院	酒店管理专业校企合作实训基地
180	哈尔滨职业技术学院	建筑设计类专业生产性实训基地	224	上海工商职业技术学院	首饰设计与工艺专业生产性实训基地
181	哈尔滨职业技术学院	电子信息工程技术专业生产性实训基地	225	上海工商职业技术学院	移动互联网产业生产性实训基地
182	哈尔滨职业技术学院	焊接技术与自动化专业生产性实训基地	226	上海济光职业技术学院	装配式建筑实训基地
183	哈尔滨职业技术学院	机电一体化专业群生产性实训基地	227	上海济光职业技术学院	护理生产性实训基地
184	黑龙江护理高等专科学校	附属口腔医院	228	上海交通职业技术学院	校企共建轨道交通车辆实训中心
185	黑龙江护理高等专科学校	老年护理实训中心	229	上海科学技术职业学院	汽车综合服务实训基地
186	黑龙江建筑职业技术学院	精细木工实训基地	230	上海科学技术职业学院	会计专业生产性实训基地
187	黑龙江建筑职业技术学院	市政道桥实训基地	231	上海科学技术职业学院	电子商务校企共建生产性实训基地
188	黑龙江建筑职业技术学院	智能制造实训中心	232	上海立达职业技术学院	服装设计与工艺实训基地
189	黑龙江交通职业技术学院	机车检修实训基地	233	上海旅游高等专科学校	校企共建旅游管理专业生产性实训基地
190	黑龙江林业职业技术学院	食品检验检测实训基地	234	上海旅游高等专科学校	校企共建的酒店管理专业生产性实训基地
191	黑龙江民族职业学院	校企共建制药实训基地	235	上海旅游高等专科学校	校企共建的会展策划与管理专业生产性实训基地
192	黑龙江民族职业学院	乳品加工生产性实训基地	236	上海旅游高等专科学校	校企共建的智慧酒店实训基地
193	黑龙江农垦职业学院	护理专业群校企共建生产性实训基地	237	上海思博职业技术学院	先进制造技术实训中心
194	黑龙江农垦职业学院	乳品生产实训基地	238	上海震旦职业学院	药学专业生产性实训基地
195	黑龙江农业工程职业学院	DMG数控技术专业实训基地	239	常州纺织服装职业技术学院	纺织服装智创实训平台
196	黑龙江农业工程职业学院	宝马BEST哈尔滨培训基地	240	常州纺织服装职业技术学院	"创意设计1+N"产教深度融合实训平台
197	黑龙江农业工程职业学院	北方寒地设施农业与装备实训基地	241	常州工程职业技术学院	化学检验与环境检测协同实训平台
198	黑龙江农业经济职业学院	园艺生产性实训基地	242	常州工程职业技术学院	智能焊接实训平台
199	黑龙江农业经济职业学院	作物生产技术生产性实训基地	243	常州工程职业技术学院	现代地下工程与建筑技术实训中心
200	黑龙江农业经济职业学院	设施农业与装备生产性实训基地	244	常州机电职业技术学院	现代模具技术实训平台
201	黑龙江农业经济职业学院	现代农业技术生产性实训基地	245	常州机电职业技术学院	工业机器人技术应用实训平台
202	黑龙江生物科技职业学院	小葵花中药炮制实训基地	246	常州轻工职业技术学院	"互联网+"商务场景实训平台
203	黑龙江生物科技职业学院	农用无人机应用技术实训基地	247	常州轻工职业技术学院	智能制造生产线实训平台
204	黑龙江职业学院	工业机器人生产性实训基地	248	常州信息职业技术学院	工业机器人技术与应用实训平台
205	黑龙江职业学院	龙designed东安实业装备制造实训基地	249	常州信息职业技术学院	商苗电子商务技能训练与创业孵化云平台
206	黑龙江职业学院	物流立体库综合实训基地	250	淮安信息职业技术学院	电梯工程产教融合实训平台
207	上海城建职业学院	老年康复护理实训基地	251	淮安信息职业技术学院	电子精密模具设计与制造产教深度融合实训平台
208	上海城建职业学院	铁路运输组织与服务生产性实训基地	252	江苏财会职业学院	"三层递进"式大商科智慧教育实训平台

续表

序号	院校名称	生产性实训基地名称	序号	院校名称	生产性实训基地名称
253	江苏财经职业技术学院	现代模具智能制造与虚拟仿真实训平台	291	南京交通职业技术学院	物流管理专业群产教深度融合实训平台
254	江苏财经职业技术学院	智慧商科创新创业实训平台	292	南京交通职业技术学院	汽车应用技术生产性实训基地
255	江苏城市职业学院	"互联网+"现代商贸物流产教深度融合实训平台	293	南京科技职业学院	"O2O"一体化生物医药与精细化学品产教融合实训平台
256	江苏城乡建设职业学院	建筑工业化综合实训平台	294	南京科技职业学院	云计算应用技术产教融合实训平台
257	江苏工程职业技术学院	先进纺织技术技能人才培养与创新中心	295	南京旅游职业学院	智能化仿真化烹饪综合实训平台
258	江苏工程职业技术学院	航空装备制造与维修实训平台	296	南京旅游职业学院	酒店经营管理虚拟仿真实训平台
259	江苏海事职业技术学院	现代港口生产技术公共实训基地	297	南京铁道职业技术学院	动车组检修产教融合实训平台
260	江苏海事职业技术学院	先进船舶制造技术实训基地	298	南京铁道职业技术学院	高速铁路供电系统实训平台
261	江苏海事职业技术学院	海洋工程技术实训基地	299	南京信息职业技术学院	无线科技服务平台
262	江苏护理职业学院	苏护迪安医学检验中心	300	南京信息职业技术学院	江苏省工业机器人4S中心
263	江苏建筑职业技术学院	建筑工业化建造技术实训平台	301	南京信息职业技术学院	通信技术实训基地
264	江苏建筑职业技术学院	交通工程智慧建造技术研发与实训平台	302	南通航运职业学院	船舶与海洋工程产教融合实训平台
265	江苏经贸职业技术学院	农产品冷链品控技术实训平台	303	南通航运职业学院	现代航运技术开放性公共实训平台
266	江苏经贸职业技术学院	"互联网+"会计工厂实训平台	304	南通科技职业学院	环境分析测试中心
267	江苏农林职业技术学院	植物种苗工厂化繁育实训平台	305	南通职业大学	现代装备制造技术产教融合实训平台
268	江苏农林职业技术学院	宠物养护实训平台	306	南通职业大学	现代绿色建筑产教融合实训平台
269	江苏农牧科技职业学院	"互联网+"现代畜牧业产教深度融合实训平台	307	沙洲职业工学院	产教深度融合电子信息专业群实训平台
270	江苏农牧科技职业学院	动物药学专业群校企协同育人实训平台	308	沙洲职业工学院	沙工中天校内生产性实训基地
271	江苏商贸职业学院	"智慧+共享"物流产教深度融合实训平台	309	苏州高博软件技术职业学院	江苏移动互联技术产教深度融合实训平台
272	江苏食品药品职业技术学院	食品加工技术专业群综合实训平台	310	苏州工业园区服务外包职业学院	BPO（业务流程外包）实训平台
273	江苏食品药品职业技术学院	"校企一体化"药品生产与流通实训平台	311	苏州工业园区服务外包职业学院	跨境电商运营服务中心与创业孵化基地
274	江苏食品药品职业技术学院	苏北农产品市场营销生产性实训基地	312	苏州工业园区职业技术学院	微电子技术实训平台
275	江苏卫生健康职业学院	中药栽培与加工传统技能实训平台	313	苏州工业园区职业技术学院	电子商务实训平台
276	江苏卫生健康职业学院	康复治疗适宜技术实训平台	314	苏州工业职业技术学院	江苏省工业机器人与智能装备产教融合实训平台
277	江苏信息职业技术学院	物联网融合创新实训平台	315	苏州工业职业技术学院	数字化智能制造与精密检测技术实训平台
278	江苏信息职业技术学院	面向集成电路产业链的微电子技术产教融合实训基地	316	苏州工艺美术职业技术学院	工艺美术传承创新示范区
279	江苏信息职业技术学院	模具设计与制造专业群生产性实训基地	317	苏州工艺美术职业技术学院	苏州数字艺术协同创新平台
280	江苏医药职业学院	数字化医学影像实训中心	318	苏州健雄职业技术学院	AHK-中德培训中心
281	江苏医药职业学院	盐卫-金域医学检验实训平台	319	苏州经贸职业技术学院	现代商务产教深度融合实训平台
282	江阴职业技术学院	工业互联与先进智造产教融合实训平台	320	苏州经贸职业技术学院	在线旅游服务实训平台
283	昆山登云科技职业学院	汽车技术公共服务实训平台	321	苏州农业职业技术学院	农产品质量安全检测产教深度融合实训平台
284	连云港师范高等专科学校	儿童教育与发展实训平台	322	苏州农业职业技术学院	智能型数字植物工厂产教深度融合实训平台
285	连云港职业技术学院	机械工程中心	323	苏州卫生职业技术学院	口腔医技一体化综合实训平台
286	南京工业职业技术学院	协同制造公共实训平台	324	苏州卫生职业技术学院	智慧药品产业链综合实训平台
287	南京工业职业技术学院	智能控制技术公共实训平台	325	苏州信息职业技术学院	智能电梯制造与维护实训平台
288	南京工业职业技术学院	校企共建语言类专业跨境电商实训基地	326	苏州职业大学	工业自动化与智能控制产教融合实训平台
289	南京机电职业技术学院	ICT产教深度融合创新创业实训平台	327	泰州职业技术学院	企业信息化与通信工程实训平台
290	南京交通职业技术学院	交通土建工程无损检测实训平台	328	泰州职业技术学院	智能制造产教融合实训平台

续表

序号	院校名称	生产性实训基地名称	序号	院校名称	生产性实训基地名称
329	泰州职业技术学院	建筑工程技术生产性实训基地	371	宁波卫生职业技术学院	护理实训中心
330	无锡工艺职业技术学院	陶瓷艺术传承创新产教融合实训平台	372	宁波职业技术学院	现代电子信息技术与应用实训基地
331	无锡工艺职业技术学院	数码印花服饰产教融合实训平台	373	宁波职业技术学院	精密模具与工业机器人应用开放式实训基地
332	无锡科技职业学院	"实训、服务、创业一体化"BPO专业群综合实训平台	374	宁波职业技术学院	智慧物流与跨境电商综合实训基地
333	无锡商业职业技术学院	"互联网+"工业智能技术应用实训平台	375	宁波职业技术学院	新型绿色建筑工业化生产性实训基地
334	无锡商业职业技术学院	"互联网+"现代商贸实训平台	376	宁波职业技术学院	国际商贸综合实训基地
335	无锡职业技术学院	数字化设计与制造实训平台	377	宁波职业技术学院	宁波传家电商物流生产性实训基地
336	无锡职业技术学院	物联网工业应用领域产教融合实训平台	378	衢州职业技术学院	现代护理实训中心
337	无锡职业技术学院	智能制造工程中心	379	衢州职业技术学院	艺术设计实训基地
338	徐州工业职业技术学院	江苏省分布式能源与智能微电网技术实训平台	380	绍兴职业技术学院	工业机器人实训基地
339	徐州工业职业技术学院	江苏省重大装备智能制造技术实训平台	381	绍兴职业技术学院	建筑新技术实训基地
340	徐州工业职业技术学院	制药技术校企共建生产性实训基地	382	绍兴职业技术学院	现代信息技术实训基地
341	徐州工业职业技术学院	校企共建的生产性高分子材料智能制造技术实训基地	383	台州科技职业学院	现代模具生产性实训基地
342	徐州生物工程职业技术学院	植物种苗生产中心	384	台州职业技术学院	台州市高端装备开放性公共技能实训基地
343	徐州幼儿师范高等专科学校	卓越幼儿园教师实践与创新能力提升实训平台	385	台州职业技术学院	台州市汽车维修现代学徒制人才培养实训基地
344	盐城工业职业技术学院	绿色智慧纺织服装云实训平台	386	温州科技职业学院	园林专业群实训基地
345	盐城工业职业技术学院	智慧建造开放实训平台	387	温州科技职业学院	智慧农业实训基地
346	盐城幼儿师范高等专科学校	盐城建筑工程现代综合共享实训平台	388	温州职业技术学院	鞋类训研创综合实训基地
347	扬州工业职业技术学院	建筑施工虚实结合仿真实训平台	389	温州职业技术学院	训研创智能制造公共服务平台
348	扬州工业职业技术学院	石油化工技术专业群校企协同育人实训平台	390	温州职业技术学院	"物联网+"工业机器人技术实训平台
349	扬州工业职业技术学院	校企共建的生产性实训基地——汽车检测线	391	义乌工商职业技术学院	新媒体制作与应用创新实训基地
350	扬州市职业大学	服装设计与贸易产业链产教深度融合实训平台	392	义乌工商职业技术学院	时尚产品智造基地
351	扬州市职业大学	国土资源勘测与环境保护产教深度融合实训平台	393	浙江东方职业技术学院	电气自动化技术实训基地
352	镇江市高等专科学校	智能装备制造与检测技术集成应用与服务实训平台	394	浙江纺织服装职业技术学院	纺织实训基地
353	杭州科技职业技术学院	智能制造技术实训中心	395	浙江工贸职业技术学院	眼视光技术生产性实训基地
354	杭州科技职业技术学院	地下工程智能化实训基地	396	浙江工贸职业技术学院	数控技术生产性实训基地
355	杭州万向职业技术学院	开放式产教融合共享食品实训基地	397	浙江工贸职业技术学院	校企共建海外（法语）实训基地
356	杭州职业技术学院	电梯装调与维修实训基地	398	浙江工商职业技术学院	模具数控实训基地
357	杭州职业技术学院	智能制造技术实训基地	399	浙江工业职业技术学院	高端装备制造技术实训基地
358	杭州职业技术学院	新能源汽车技术实训基地	400	浙江工业职业技术学院	电气实训基地
359	杭州职业技术学院	女装工业工程实训基地	401	浙江广厦建设职业技术学院	智能制造技术实训基地
360	湖州职业技术学院	智能制造生产性实训基地	402	浙江广厦建设职业技术学院	建筑技术实训基地
361	嘉兴南洋职业技术学院	机械制造与自动化实训基地	403	浙江广厦建设职业技术学院	建筑工程管理信息化实训基地
362	嘉兴职业技术学院	智慧物流实训基地	404	浙江国际海运职业技术学院	航海技术专业实训基地
363	金华职业技术学院	新能源汽车技术实训中心	405	浙江横店影视职业学院	影视制作梦工场
364	金华职业技术学院	华夏护理实训中心	406	浙江机电职业技术学院	模具智能制造技术实训基地
365	金华职业技术学院	电力电子技术应用中心	407	浙江机电职业技术学院	工业机器人应用技术实训基地
366	丽水职业技术学院	名优种苗生产基地	408	浙江机电职业技术学院	先进制造技术实训基地
367	丽水职业技术学院	工场体验式机电创新实训基地	409	浙江机电职业技术学院	智能控制技术实训基地
368	宁波城市职业技术学院	智能信息实训基地	410	浙江建设职业技术学院	基于BIM的建设经济管理类实训基地
369	宁波城市职业技术学院	电子商务类专业生产性实训基地	411	浙江交通职业技术学院	信息通信技术实训基地
370	宁波卫生职业技术学院	数字化口腔医学技术实训中心	412	浙江交通职业技术学院	汽车技术服务综合实训基地

续表

序号	院校名称	生产性实训基地名称	序号	院校名称	生产性实训基地名称
413	浙江交通职业技术学院	轨道交通实训基地	455	安徽警官职业学院	警信实训基地
414	浙江交通职业技术学院	校企共建交通工程建设与管理专业群生产性实训基地	456	安徽粮食工程职业学院	粮油储藏与检测技术生产性实训基地
415	浙江金融职业学院	"互联网+"国际贸易创新创业实训基地	457	安徽商贸职业技术学院	快递生产性实训基地
416	浙江金融职业学院	互联网金融虚拟运营创新创业实训基地	458	安徽商贸职业技术学院	创新工坊生产性实训基地
417	浙江经济职业技术学院	物流与报关实训中心	459	安徽审计职业学院	审计专业校企共建实训基地
418	浙江经济职业技术学院	汽车后服务岗位人才培养实训基地	460	安徽水利水电职业技术学院	环境与化工检测工程生产性实训基地
419	浙江经贸职业技术学院	食品（农产品）质量与安全综合实训基地	461	安徽水利水电职业技术学院	校企共建物业管理生产性实训基地
420	浙江经贸职业技术学院	计算机应用与软件技术实训基地	462	安徽新闻出版职业技术学院	校企共建融媒体新闻采编实训基地
421	浙江警官职业学院	安全防范技术专业实训基地	463	安徽医学高等专科学校	校企共建临床医学实训基地
422	浙江警官职业学院	司法警务技能综合实训基地	464	安徽医学高等专科学校	校企共建生物制药生产性实训基地
423	浙江旅游职业学院	酒店管理专业综合实训中心	465	安徽邮电职业技术学院	校企共建通信新技术生产性实训基地
424	浙江旅游职业学院	烹饪实验实训中心	466	安徽职业技术学院	机电一体化专业群智能制造生产性实训基地
425	浙江农业商贸职业学院	浙菜创新生产性实训基地	467	安徽职业技术学院	虚拟现实训基地
426	浙江商业职业技术学院	烹调工艺与营养实训基地	468	安徽中澳科技职业学院	旅游管理实训基地
427	浙江商业职业技术学院	电子商务专业群综合性实训基地	469	安徽中医药高等专科学校	校企共建药品生产实训基地
428	浙江体育职业技术学院	运动医学与体育保健康复实训基地	470	安庆医药高等专科学校	双主体模式下医学影像技术实训基地
429	浙江同济科技职业学院	水利工程实训基地	471	安庆职业技术学院	基于自媒体应用技术的建筑工程生产性实训基地
430	浙江医药高等专科学校	药品生产与质量控制实训基地	472	亳州职业技术学院	中药制药综合实训基地
431	浙江医药高等专科学校	食品质量与安全实训基地	473	池州职业技术学院	机械制造与自动化生产性实训基地
432	浙江医药高等专科学校	中药品质评价综合实训基地	474	滁州城市职业学院	校企共建康复治疗技术专业实训基地
433	浙江医药高等专科学校	药品生产与检测实训基地	475	滁州职业技术学院	校企共建园艺技术生产性实训基地
434	浙江艺术职业学院	戏剧影视与舞台美术综合性实训基地	476	阜阳职业技术学院	园艺生产性实训基地
435	浙江艺术职业学院	非遗文化实训基地	477	合肥通用职业技术学院	电气自动化生产性实训基地
436	浙江艺术职业学院	舞台艺术设计生产性实训基地	478	合肥幼儿师范高等专科学校	校企共建学前教育专业实习实训基地
437	浙江邮电职业技术学院	光网工程实训基地	479	合肥职业技术学院	校企共建一汽大众汽车4S店生产性实训基地
438	浙江邮电职业技术学院	通信服务实训基地	480	合肥职业技术学院	校企共建康复技术实训基地
439	浙江长征职业学院	跨境电子商务实训基地	481	淮北职业技术学院	校企共建服装专业生产性实训基地
440	安徽财贸职业学院	校企共建连锁经营管理实训基地	482	淮南联合大学	数字化工业园生产性实训基地
441	安徽财贸职业学院	环境艺术设计专业生产性实训基地	483	徽商职业学院	连锁经营管理实训基地
442	安徽城市管理职业学院	医养结合型养老服务实训基地	484	六安职业技术学院	校企共建"中药材生产"实训基地
443	安徽电子信息职业技术学院	电子信息实训基地	485	马鞍山师范高等专科学校	校企共建计算机与软件专业群实训基地
444	安徽工商职业学院	酒店管理实训基地	486	马鞍山职业技术学院	校企共建食品营养与检测专业生产性实训基地
445	安徽工商职业学院	电子商务实训基地	487	铜陵职业技术学院	校企共建医学检验技能实训基地
446	安徽工业经济职业技术学院	财税服务实训基地	488	皖西卫生职业学院	校企共建医学检验技术实训基地
447	安徽公安职业学院	治安管理实训基地	489	芜湖职业技术学院	校企共建高分子材料生产性实训基地
448	安徽广播影视职业技术学院	"明日之星"新媒体实训基地	490	芜湖职业技术学院	结构检测与试验实训基地
449	安徽国防科技职业学院	校企共建模具设计与制造生产性实训基地	491	宿州职业技术学院	园林园艺综合实训基地
450	安徽国际商务职业学院	国际商务实训基地	492	福建船政交通职业学院	航海专业群生产性实训基地
451	安徽机电职业技术学院	金属3D打印生产性实训基地	493	福建船政交通职业学院	信息技术与智能交通专业群生产性实训基地
452	安徽机电职业技术学院	新能源汽车技术与服务生产性实训基地	494	福建船政交通职业学院	交通土建专业群生产性实训基地
453	安徽机电职业技术学院	校企共建材料成型工艺与模具设计制造生产性实训基地	495	福建电力职业技术学院	自动化专业群生产性实训基地
454	安徽交通职业技术学院	汽车运用与维修技术实训基地	496	福建林业职业技术学院	木材加工机械专业群生产性实训基地

续表

序号	院校名称	生产性实训基地名称	序号	院校名称	生产性实训基地名称
497	福建林业职业技术学院	园林园艺专业群生产性实训基地	540	江西航空职业技术学院	飞机机电设备维修专业生产性实训基地
498	福建林业职业技术学院	植物工厂化育苗实训基地	541	江西航空职业技术学院	飞行器制造技术专业生产性实训基地
499	福建农业职业技术学院	园林技术专业群生产性实训基地	542	江西环境工程职业学院	林业校外综合实训基地
500	福建生物工程职业技术学院	健康养老专业群生产性实训基地	543	江西机电职业技术学院	工业机器人生产性实训基地
501	福建水利电力职业技术学院	水利专业群生产性实训基地	544	江西机电职业技术学院	汽车检测与维修生产性实训基地
502	福建水利电力职业技术学院	电力技术专业群生产性实训基地	545	江西交通职业技术学院	汽车检测与维修生产性实训基地
503	福建水利电力职业技术学院	土木建筑专业群生产性实训基地	546	江西交通职业技术学院	道路桥梁工程技术生产性实训基地
504	福建卫生职业技术学院	医学技术专业群生产性实训基地	547	江西交通职业技术学院	交通土建类生产性实训基地
505	福建卫生职业技术学院	药学专业群生产性实训基地	548	江西旅游商贸职业学院	汽车旅游服务与维修保养生产性实训基地
506	福建信息职业技术学院	数字传媒专业群生产性实训基地	549	江西农业工程职业学院	药品生产技术生产性实训基地
507	福建信息职业技术学院	电子信息专业群生产性实训基地	550	江西青年职业学院	电子商务生产性实训基地
508	福建信息职业技术学院	机械装备制造专业群生产性实训基地	551	江西生物科技职业学院	水产养殖实训中心
509	福建信息职业技术学院	旅游管理专业校企合作实训基地	552	江西生物科技职业学院	农产品质量检测实训中心
510	福建艺术职业学院	创意设计校企共建生产性实训基地	553	江西生物科技职业学院	农业装备实训中心
511	福州墨尔本理工职业学院	跨境电商专业群生产性实训基地	554	江西生物科技职业学院	动物疾病诊疗中心
512	福州软件职业技术学院	VR技术专业群生产性实训基地	555	江西师范高等专科学校	"互联网+"国际商务英语综合实训基地
513	福州职业技术学院	现代商贸专业群生产性实训基地	556	江西外语外贸职业学院	BIM技术实训基地
514	福州职业技术学院	互联网应用技术专业群生产性实训基地	557	江西外语外贸职业学院	现代商务综合实训基地
515	福州职业技术学院	机电技术专业群生产性实训基地	558	江西卫生职业学院	医学检验中心
516	黎明职业大学	新材料与海洋化工专业群生产性实训基地	559	江西卫生职业学院	药学校企合作生产性实训基地
517	黎明职业大学	现代建筑专业群生产性实训基地	560	江西现代职业技术学院	跨境电商创业综合实训中心
518	黎明职业大学	智能制造技术专业群生产性实训基地	561	江西应用技术职业学院	立达科技开发总公司生产性实训基地
519	闽北职业技术学院	食品加工与制造专业群生产性实训基地	562	江西应用技术职业学院	江西望诺国际电子商务创新创业孵化基地
520	宁德职业技术学院	信息技术专业群生产性实训基地	563	江西制造职业技术学院	模具制造生产性实训基地
521	泉州工艺美术职业学院	文化创意专业群生产性实训基地	564	九江职业大学	汽车检测与维修校企共建实训基地
522	泉州华光职业学院	运动鞋服专业群生产性实训基地	565	九江职业技术学院	ICT生产性实训基地
523	泉州轻工职业学院	现代服务业专业群生产性实训基地	566	九江职业技术学院	内河航运生产性实训基地
524	泉州医学高等专科学校	药学专业群生产性实训基地	567	九江职业技术学院	智能制造生产性数控实训基地
525	泉州幼儿师范高等专科学校	艺术教育专业群生产性实训基地	568	九江职业技术学院	建筑工程测量生产性实训基地
526	三明医学科技职业学院	现代物流专业群生产性实训基地	569	南昌职业学院	物流管理专业校企共建生产性实训基地
527	厦门城市职业学院	智能制造专业群生产性实训基地	570	宜春职业技术学院	新能源汽车技术生产性实训基地
528	厦门海洋职业技术学院	海洋工程技术专业群生产性实训基地	571	滨州职业学院	建筑类专业生产性实训基地
529	厦门海洋职业技术学院	海洋交通运输专业群生产性实训基地	572	滨州职业学院	机械加工生产性实训基地
530	漳州科技职业学院	茶产业专业群生产性实训基地	573	滨州职业学院	学前教育生产性实训基地
531	漳州卫生职业学院	临床医学与护理专业群生产性实训基地	574	德州职业技术学院	智能制造技术专业群实训基地
532	漳州职业技术学院	电子信息专业群生产性实训基地	575	德州职业技术学院	机电一体化生产性实训基地
533	漳州职业技术学院	创意设计专业群生产性实训基地	576	东营职业学院	装备制造类专业生产性实训基地
534	抚州职业技术学院	"四梦"宾馆实训基地	577	东营职业学院	食品营养与检测专业生产性实训基地
535	江西财经职业学院	会计专业人才培养生产性实训基地	578	菏泽医学专科学校	健康养老服务生产性实训基地
536	江西电力职业技术学院	变电综合实训基地	579	济南工程职业技术学院	建筑检测中心
537	江西工业工程职业技术学院	汽车驾驶与维修生产性实训基地	580	济南职业学院	电梯工程技术专业实训基地
538	江西工业贸易职业技术学院	酒店管理生产性实训基地	581	济南职业学院	数控加工生产性实训基地
539	江西工业职业技术学院	工业机器人技术实训基地	582	济南职业学院	智能制造生产性实训基地

续表

序号	院校名称	生产性实训基地名称	序号	院校名称	生产性实训基地名称
583	莱芜职业技术学院	智能制造实训基地	627	山东职业学院	和谐型电力机车综合实训室
584	莱芜职业技术学院	文物修复与保护实训基地	628	山东职业学院	电力机车乘务作业技能实训练场
585	聊城职业技术学院	口腔医学技术数字化应用实训基地	629	泰山职业技术学院	华中数控工业机器人拆装实训平台
586	青岛港湾职业技术学院	电气设备安装调试实训基地	630	威海职业学院	智能制造公共实训中心
587	青岛酒店管理职业技术学院	快递实训中心	631	威海职业学院	现代商业综合实训基地
588	青岛酒店管理职业技术学院	咖啡调酒实训中心	632	威海职业学院	装配式建筑实训基地
589	青岛酒店管理职业技术学院	酒店模拟运营实训中心	633	潍坊工程职业学院	食品营养与检测专业群生产性实训基地
590	青岛职业技术学院	斯八达海洋化工实训基地	634	潍坊工程职业学院	智能制造专业群生产性实训基地
591	青岛职业技术学院	O2O旅游技能实训中心	635	潍坊护理职业学院	口腔数字化生产实训基地
592	青岛职业技术学院	数控技术实训基地	636	潍坊职业学院	化工生产技能实训基地
593	日照职业技术学院	GE 实训中心	637	潍坊职业学院	SMT 校企共建生产性实训基地
594	日照职业技术学院	信息技术云服务实训基地	638	潍坊职业学院	万声通讯市场营销专业实训基地
595	山东城市建设职业学院	装配式建筑预制构件生产性综合实训基地	639	烟台工程职业技术学院	阿里巴巴跨境电商人才孵化基地
596	山东城市建设职业学院	建筑装饰工程技术专业校企共建生产性实训基地	640	烟台汽车工程职业学院	一汽大众 DEP 项目实训基地
597	山东畜牧兽医职业学院	食品检测技术生产性实训基地	641	烟台汽车工程职业学院	捷豹路虎卓越培训中心
598	山东畜牧兽医职业学院	饲料与动物营养生产性实训基地	642	烟台职业学院	建筑工程技术综合性实训基地
599	山东畜牧兽医职业学院	畜牧兽医生产性实训基地	643	烟台职业学院	建筑安全管理生产性实训基地
600	山东电子职业技术学院	现代商务服务生产性实训基地	644	枣庄职业学院	中德诺浩汽车认知与维护保养实训中心
601	山东工业职业学院	京东校园实训基地	645	淄博职业学院	智能制造实训中心
602	山东工业职业学院	智能制造实训基地	646	淄博职业学院	上汽通用汽车检测与维修技术实训中心
603	山东交通职业学院	机电实训中心	647	淄博职业学院	建筑施工安全与装配式建筑实训中心
604	山东科技职业学院	山东省智能制造公共实训基地	648	安阳职业技术学院	汽车检测与维修技术生产性实训基地
605	山东科技职业学院	服装服饰类专业生产性实训基地	649	河南工业贸易职业学院	粮食工程生产性实训基地
606	山东科技职业学院	阿里巴巴跨境电子商务实训基地	650	河南工业职业技术学院	测绘与空间信息生产性实训基地
607	山东劳动职业技术学院	新能源汽车实训基地	651	河南工业职业学院	智能控制技术生产性实训基地
608	山东理工职业学院	新能源光伏技术实训基地	652	河南护理职业学院	护理专业共建实训基地
609	山东理工职业学院	智能制造实训基地	653	河南建筑职业技术学院	河南电梯技能培训中心生产性实训基地
610	山东理工职业学院	校企股份制电商产业园模式的生产性实训基地	654	河南建筑职业技术学院	建筑工程质量检测中心实训基地
611	山东铝业职业学院	中铝山东企业焊接实训基地	655	河南交通职业技术学院	道路桥梁工程技术生产性实训基地
612	山东商务职业学院	粮油储藏与检测技术专业实训基地	656	河南交通职业技术学院	汽车运用与维修技术专业群合众明德生产性实训基地
613	山东商业职业技术学院	智能控制技术生产性实训基地	657	河南经贸职业学院	电子商务生产性实训基地
614	山东商业职业技术学院	养老服务实训基地	658	河南经贸职业学院	动漫服务外包生产性实训基地
615	山东商业职业技术学院	智慧会计生产性实训基地	659	河南农业职业学院	园艺技术生产性实训基地
616	山东商业职业技术学院	食品药品安全检测生产性实训基地	660	河南农业职业学院	畜牧兽医类生产性实训基地
617	山东水利职业学院	无人机应用技术产教融合实训基地	661	河南水利与环境职业学院	水处理生产性实训基地
618	山东水利职业学院	电子商务综合运营实训基地	662	河南应用技术职业学院	化工生产性实训基地
619	山东水利职业学院	节水灌溉生产性实训基地	663	河南职业技术学院	菜鸟驿站快递物流生产性实训基地
620	山东外贸职业学院	商务英语专业生产性实训基地	664	河南职业技术学院	信誉汽车修配生产性实训基地
621	山东外贸职业学院	会计专业生产性实训基地	665	河南质量工程职业学院	食品加工技术（葡萄酒生产）生产性实训基地
622	山东外贸职业学院	跨境电商生产性实训基地	666	鹤壁汽车工程职业学院	汽车制造与装配产教研多功能综合实训基地
623	山东药品食品职业学院	制药工程实训基地	667	鹤壁职业技术学院	模具设计与制造生产性实训基地
624	山东药品食品职业学院	医疗器械生产性公共实训基地	668	黄河水利职业技术学院	智慧水利——海绵城市生态苑生产性实训基地
625	山东药品食品职业学院	药品经营与管理类生产性实训基地	669	黄河水利职业技术学院	测绘地理信息技术工程中心生产性实训基地
626	山东职业学院	SMT 生产性实训基地	670	济源职业技术学院	光通讯连接器精密制造实训基地

续表

序号	院校名称	生产性实训基地名称	序号	院校名称	生产性实训基地名称
671	济源职业技术学院	玉川瓷艺生产性实训基地	716	湖北轻工业职业技术学院	酿酒技术专业群生产性实训基地
672	焦作大学	多氟多生产性实训基地	717	湖北三峡职业技术学院	智能制造生产性实训基地
673	焦作师范高等专科学校	计算机应用技术实训基地	718	湖北三峡职业技术学院	物流管理专业群生产性实训基地
674	开封大学	中机华远校企共建现代制造技术中心生产性实训基地	719	湖北生态工程职业技术学院	木工设备应用技术校企共建生产性实训基地
675	开封大学	应用化工技术生产性实训基地	720	湖北生物科技职业学院	水产养殖技术专业生产性实训基地
676	洛阳职业技术学院	全科医生生产性实训基地	721	湖北水利水电职业技术学院	水利水电建筑工程专业群生产性实训基地
677	漯河食品职业学院	漯河中标检测服务有限公司校企共建的生产性实训基地	722	湖北水利水电职业技术学院	发电类专业群生产性实训基地
678	漯河医学高等专科学校	药学校企共建的生产性实训基地	723	湖北水利水电职业技术学院	电梯工程技术专业群生产性实训基地
679	漯河医学高等专科学校	康复治疗技术校企共建的生产性实训基地	724	湖北幼儿师范高等专科学校	学前教育专业实训基地
680	漯河职业技术学院	服装创意产业园	725	湖北职业技术学院	电子商务生产性实训基地
681	漯河职业技术学院	O2O模式"健康家"装饰装修生产性实训基地	726	湖北职业技术学院	汽车专业群生产性实训基地
682	南阳医学高等专科学校	中医养生保健生产性实训基地	727	湖北职业技术学院	数控专业群生产性实训基地
683	平顶山工业职业技术学院	机械制造实训工厂生产性实训基地	728	湖北中医药高等专科学校	医学美容技术生产性实训基地
684	平顶山工业职业技术学院	校企合作教学矿井生产性实训基地	729	黄冈职业技术学院	烹调工艺与营养专业生产性实训基地
685	平顶山工业职业技术学院	物联网专业实训基地	730	黄冈职业技术学院	汽车检测与维修技术专业群实训基地
686	濮阳职业技术学院	3D食品打印与焙烤加工技术校企共建生产性实训基地	731	黄冈职业技术学院	建筑钢结构工程技术专业群实训基地
687	三门峡职业技术学院	机电技术实训基地	732	荆州理工职业学院	模具设计与制造生产性实训基地
688	三门峡职业技术学院	"互联网+"智能仓储物流服务平台	733	荆州职业技术学院	电子商务实训基地
689	商丘职业技术学院	园艺技术生产性实训基地	734	荆州职业技术学院	汽车检测与维修实训基地
690	商丘职业技术学院	食品加工技术生产性实训基地	735	随州职业技术学院	工业机器人技术实训基地
691	信阳职业技术学院	药学生产性实训基地	736	武汉城市职业学院	汽车技术与服务实训基地
692	许昌电气职业学院	智能制造生产实训基地	737	武汉城市职业学院	工程测量技术生产性实训基地
693	许昌职业技术学院	"四季春天"园林园艺实训基地	738	武汉船舶职业技术学院	装备智能制造实训基地
694	许昌职业技术学院	现代电气装备生产性实训基地	739	武汉船舶职业技术学院	船舶工程技术专业群实训基地
695	长垣烹饪职业技术学院	餐饮食品研发配送中心	740	武汉电力职业技术学院	电力营销实训基地
696	郑州电力高等专科学校	数控加工生产性实训基地	741	武汉电力职业技术学院	220 kV智能变电站二次系统实训基地
697	郑州旅游职业学院	酒店实训中心	742	武汉光谷职业学院	工业机器人技术实训基地
698	郑州澍青医学高等专科学校	药学专业校企结合生产性实训基地	743	武汉交通职业学院	汽车技术服务实训基地
699	郑州铁路职业技术学院	智能制造生产性实训基地	744	武汉交通职业学院	船舶工程技术专业群实训基地
700	郑州铁路职业技术学院	土木工程试验与检测实训基地	745	武汉软件工程职业学院	软件技术专业群实训基地
701	郑州幼儿师范高等专科学校	融合教育发展中心生产性实训基地	746	武汉软件工程职业学院	电子商务专业群生产性实训基地
702	郑州职业技术学院	工业4.0智能工厂实训基地	747	武汉软件工程职业学院	校企共建智能制造生产性实训基地
703	鄂州职业大学	汽车检测与维修技术生产性实训基地	748	武汉软件工程职业学院	校企共建智能化工医药专业群生产性实训基地
704	鄂州职业大学	电子商务生产性实训基地	749	武汉商贸职业学院	软件技术生产性实训基地
705	鄂州职业大学	药物制剂与检测生产性实训基地	750	武汉商贸职业学院	健康管理实训基地
706	恩施职业技术学院	机电一体化技术生产性实训基地	751	武汉铁路职业技术学院	护理专业实训基地
707	湖北城市建设职业技术学院	园林工程技术生产性实训基地	752	武汉铁路职业技术学院	机车检修实训基地
708	湖北城市建设职业技术学院	工程测量生产性实训基地	753	武汉铁路职业技术学院	动车组检修技术实训基地
709	湖北城市建设职业技术学院	建筑工程技术生产性实训基地	754	武汉职业技术学院	环境艺术设计生产性实训基地
710	湖北工程职业学院	汽车检测与维修技术生产性实训基地	755	仙桃职业学院	机电专业群实训基地
711	湖北工业职业技术学院	艺术设计专业群实训基地	756	仙桃职业学院	物流管理生产性实训基地
712	湖北工业职业技术学院	汽车检测与维修技术生产性实训基地	757	咸宁职业技术学院	先进制造技术生产性实训基地
713	湖北交通职业技术学院	智慧物流专业群生产性实训基地	758	咸宁职业技术学院	汽车检测与维修实训基地
714	湖北交通职业技术学院	智能交通专业群生产性实训基地	759	咸宁职业技术学院	园林园艺生产性实训基地
715	湖北交通职业技术学院	轮机工程技术生产性实训基地	760	襄阳职业技术学院	智能制造与装配生产性实训基地

续表

序号	院校名称	生产性实训基地名称	序号	院校名称	生产性实训基地名称
761	襄阳职业技术学院	工业4.0模式机电一体化生产性实训基地	806	张家界航空工业职业技术学院	数控技术生产性实训基地
762	襄阳职业技术学院	动物疫病检测生产性实训基地	807	长沙电力职业技术学院	供用电技术生产性实训基地
763	长江工程职业技术学院	陆水水利枢纽实习实训基地	808	长沙环境保护职业技术学院	城市水净化技术生产性实训基地
764	长江职业学院	药品生产技术专业实训基地	809	长沙卫生职业学院	口腔医学技术生产性实训基地
765	常德职业技术学院	汽车检测与维修生产性实训基地	810	长沙职业技术学院	汽车运用技术生产性实训基地
766	郴州职业技术学院	机电一体化技术生产性实训基地	811	佛山职业技术学院	食品安全检测与溯源技术应用公共实训中心
767	湖南安全技术职业学院	烟花爆竹技术与管理生产性实训基地	812	佛山职业技术学院	3D打印技术研究与应用公共实训中心
768	湖南城建职业技术学院	工程造价生产性实训基地	813	广东创新科技职业学院	电子信息（基于云计算的移动互联网+大数据）公共实训中心
769	湖南大众传媒职业技术学院	电视节目制作生产性实训基地	814	广东工贸职业技术学院	机器人创新应用技术公共实训中心
770	湖南电气职业技术学院	电梯工程技术生产性实训基地	815	广东环境保护工程职业学院	节能类专业公共实训中心
771	湖南都市职业学院	航空服务生产性实训基地	816	广东环境保护工程职业学院	环保类专业公共实训中心
772	湖南高速铁路职业技术学院	铁道交通运营管理生产性实训基地	817	广东机电职业技术学院	"智能学习工厂"公共实训中心
773	湖南工程职业技术学院	工程造价生产性实训基地	818	广东建设职业技术学院	建筑工业化公共实训中心
774	湖南工业职业技术学院	电子信息工程技术生产性实训基地	819	广东建设职业技术学院	广东省BIM技术公共实训中心
775	湖南工艺美术职业学院	环境艺术设计生产性实训基地	820	广东建设职业技术学院	建筑工程技术生产性实训基地
776	湖南工艺美术职业学院	陶瓷设计与工艺专业生产性实训基地	821	广东建设职业技术学院	装配式建筑生产性实训基地
777	湖南工艺美术职业学院	服装与服饰设计专业生产性实训基地	822	广东交通职业技术学院	机电装备专业群公共实训中心
778	湖南国防工业职业技术学院	武器制造技术生产性实训基地	823	广东交通职业技术学院	信息技术专业大类公共实训中心
779	湖南化工职业技术学院	工业分析与检验生产性实训基地	824	广东交通职业技术学院	网络工程综合技能实训基地
780	湖南环境生物职业技术学院	康复治疗技术生产性实训基地	825	广东交通职业技术学院	汽车维修类专业校企共建生产性实训基地
781	湖南环境生物职业技术学院	生态绿化技术生产性实训基地	826	广东科贸职业学院	广东现代园艺园林公共实训中心
782	湖南交通职业技术学院	交通土建技术专业群生产性实训基地	827	广东科学技术职业学院	广科先进制造公共实训中心
783	湖南劳动人事职业学院	供热通风与空调工程技术生产性实训基地	828	广东科学技术职业学院	广科嘉兆文化创意公共实训中心
784	湖南理工职业技术学院	光伏发电技术应用生产性实训基地	829	广东理工职业学院	工业设计专业群公共实训中心
785	湖南汽车工程职业学院	汽车运用与维修生产性实训基地	830	广东理工职业学院	跨境电子商务专业群公共实训中心
786	湖南汽车工程职业学院	新能源汽车及关键零部件精益生产实训基地	831	广东岭南职业技术学院	医药健康专业群公共实训中心
787	湖南软件职业学院	电子信息工程技术生产性实训基地	832	广东农工商职业技术学院	农产品质量安全检测公共实训中心
788	湖南三一工业职业技术学院	机电一体化技术生产性实训基地	833	广东农工商职业技术学院	现代农业公共实训中心
789	湖南商务职业技术学院	市场营销生产性实训基地	834	广东女子职业技术学院	广东镇街社区公共管理与服务公共实训中心
790	湖南生物机电职业技术学院	机械制造与自动化生产性实训基地	835	广东轻工业职业技术学院	艺术设计专业公共实训中心
791	湖南石油化工职业技术学院	化工设备维修技术生产性实训基地	836	广东轻工业职业技术学院	先进制造技术及检测公共实训中心
792	湖南水利水电职业技术学院	电力系统自动化技术生产性实训基地	837	广东轻工业职业技术学院	食品加工技术专业生产性实训基地
793	湖南铁道职业技术学院	应用电子技术生产性实训基地	838	广东生态工程职业学院	现代林业公共实训中心
794	湖南铁路科技职业技术学院	铁道通信信号生产性实训基地	839	广东生态工程职业学院	林业类专业生产性实训基地
795	湖南外贸职业学院	酒店管理生产性实训基地	840	广东省外语艺术职业学院	高技能型通用管理人才培养公共实训中心
796	湖南现代物流职业技术学院	物联网应用技术生产性实训基地	841	广东食品药品职业学院	广东省现代健康服务公共实训中心
797	湖南信息职业技术学院	电子商务生产性实训基地	842	广东食品药品职业学院	食品药品公共实训中心
798	湖南艺术职业学院	广播影视校企共建生产性实训基地	843	广东水利电力职业技术学院	土木工程技术公共实训中心
799	湖南邮电职业技术学院	电子商务生产性实训基地	844	广东松山职业技术学院	工业机器人公共实训中心
800	怀化职业技术学院	畜牧兽医生产性实训基地	845	广东松山职业技术学院	机电技术公共实训中心
801	娄底职业技术学院	煤矿开采技术生产性实训基地	846	广东体育职业技术学院	广东省全民健身公共实训中心
802	邵阳职业技术学院	电梯工程技术生产性实训基地	847	广东邮电职业技术学院	通信网络公共实训中心
803	湘西民族职业技术学院	旅游管理生产性实训基地	848	广东职业技术学院	广东纺织服装公共实训中心
804	永州职业技术学院	畜牧兽医生产性实训基地	849	广州城建职业学院	财经商贸公共实训中心
805	岳阳职业技术学院	护理生产性实训基地	850	广州城市职业学院	现代城市建设与服务公共实训中心

续表

序号	院校名称	生产性实训基地名称	序号	院校名称	生产性实训基地名称
851	广州城市职业学院	食品安全与营养公共实训中心	893	广西电力职业技术学院	智能制造技术实训基地
852	广州番禺职业技术学院	广州智能装备制造公共实训中心	894	广西工商职业技术学院	会计事务实训基地
853	广州番禺职业技术学院	广州工业机器人公共实训中心	895	广西工商职业技术学院	粮油产品安全检测实训基地
854	广州工程技术职业学院	广东虚拟仿真教学公共实训中心	896	广西工业职业技术学院	精酿啤酒生产性实训基地
855	广州工程技术职业学院	广东石油化工公共实训中心	897	广西国际商务职业技术学院	校企共建物流生产性实训基地
856	广州华立科技职业学院	大商科综合公共实训中心	898	广西机电职业技术学院	SMT 电子生产性实训基地
857	广州科技贸易职业学院	商务服务公共实训中心	899	广西机电职业技术学院	汽车维修实训基地
858	广州南洋理工职业学院	现代商贸公共实训中心	900	广西建设职业技术学院	建筑信息模型（BIM）技术生产性实训基地
859	广州铁路职业技术学院	轨道装备制造公共实训中心	901	广西建设职业技术学院	家具艺术实训中心
860	河源职业技术学院	高端机械五轴联动高技能人才培养公共实训中心	902	广西交通职业技术学院	路桥工场生产性实训基地
861	河源职业技术学院	经管类公共实训中心	903	广西交通职业技术学院	360 大学生创新创业实践中心
862	河源职业技术学院	河源客家山歌、花朝戏人才培养公共实训中心	904	广西金融职业技术学院	电子商务生产性实训基地
863	惠州卫生职业技术学院	医学技术公共实训中心	905	广西经贸职业技术学院	农产品流通实训基地
864	江门职业技术学院	江门传统工艺美术类非物质文化遗产公共实训中心	906	广西农业职业技术学院	校企共建食品加工生产性实训基地
865	江门职业技术学院	工业机器人与自动化设备技术应用公共实训中心	907	广西农业职业技术学院	校企共建园艺园林类生产性实训基地
866	江门职业技术学院	智能制造公共实训中心	908	广西生态工程职业技术学院	现代林业育苗技术实训基地
867	揭阳职业技术学院	揭职院军埔电商"双创基地"公共实训中心	909	广西生态工程职业技术学院	园林实训基地
868	罗定职业技术学院	电子信息类人才培养与技术创新公共实训中心	910	广西水利电力职业技术学院	节水灌溉实训基地
869	罗定职业技术学院	装备制造类专业公共实训中心	911	广西水利电力职业技术学院	供用电技术生产性实训基地
870	罗定职业技术学院	跨境电子商务公共实训中心	912	广西卫生职业技术学院	医药物流生产性实训基地
871	茂名职业技术学院	化工技术类公共实训中心	913	广西现代职业技术学院	建筑材料检测实训中心
872	清远职业技术学院	信息技术与创意设计共享型公共实训中心	914	广西职业技术学院	电子商务跨专业实训基地
873	清远职业技术学院	互联网技术创新创业公共实训中心	915	广西职业技术学院	物流管理实训基地
874	汕尾职业技术学院	艺术设计公共实训中心	916	广西职业技术学院	环境艺术设计实训基地
875	汕尾职业技术学院	电子信息公共实训中心	917	柳州城市职业学院	智能制造实训基地
876	汕尾职业技术学院	"产教融合"艺术设计公共实训中心	918	柳州铁道职业技术学院	铁道工程生产性实训基地
877	深圳信息职业技术学院	网络技术与应用公共实训中心	919	柳州铁道职业技术学院	汽车销售服务实训基地
878	深圳职业技术学院	计算机专业群公共实训中心	920	柳州职业技术学院	汽车零部件智能制造生产性实训基地
879	深圳职业技术学院	广东省高职院校数字内容产业专业群公共实训中心	921	柳州职业技术学院	机械全球销售与维修服务实训基地
880	顺德职业学院	汽车技术类专业公共实训中心	922	南宁职业技术学院	酒店管理实训基地
881	阳江职业技术学院	师范综合技能公共实训中心	923	南宁职业技术学院	机电产品加工技术训练基地
882	阳江职业技术学院	海洋渔业环境监测与产品质量安全控制公共实训中心	924	海南职业技术学院	自贸港新商科产教融合实训基地
883	阳江职业技术学院	粤德合作阳江先进制造公共实训中心	925	海南职业技术学院	人工智能与大数据生产性实训基地
884	阳江职业技术学院	商贸类人才营销技能公共实训中心	926	海南职业技术学院	热带农产品电子商务生产性实训基地
885	肇庆医学高等专科学校	康复治疗技术公共实训中心	927	海南职业技术学院	易事特新能源装备实训基地
886	中山火炬职业技术学院	现代光机电技术专业群公共实训中心	928	重庆财经职业学院	校企共建物流生产性实训基地
887	中山火炬职业技术学院	智能装备制造技术公共实训中心	929	重庆城市管理职业学院	电子产品制造实训基地
888	中山火炬职业技术学院	中国包装科研测试中心中山分中心	930	重庆城市职业学院	材料与工艺实训室
889	中山职业技术学院	老年宁养服务公共实训中心	931	重庆电力高等专科学校	10 kV 配电变压器检测中心
890	珠海城市职业技术学院	珠港澳协同行校企共建智慧旅游公共实训中心	932	重庆电讯职业学院	电讯工匠校企共建生产性实训基地
891	珠海城市职业技术学院	云平台移动商务软件技术公共实训中心	933	重庆电子工程职业学院	机器人技术应用生产性实训基地
892	珠海艺术职业学院	"珠艺明辉校中厂"艺术设计公共实训中心	934	重庆电子工程职业学院	电子产品智能制造技术生产性实训基地

续表

序号	院校名称	生产性实训基地名称	序号	院校名称	生产性实训基地名称
935	重庆电子工程职业学院	长安汽车校企实训基地	980	四川工程职业技术学院	酒店服务与管理生产性实训基地
936	重庆房地产职业学院	育创机器人实践教学基地	981	四川工商职业技术学院	四川工商-食研院产教融合食品饮料检测中心
937	重庆工程职业技术学院	园林工程技术实训基地	982	四川工商职业技术学院	金山HP成都大数据创新应用基地
938	重庆工程职业技术学院	重庆茂田工程职院生产车间	983	四川国际标榜职业学院	中国传统手工艺传承创新生产性实训基地
939	重庆工商职业学院	京东方智能制造实训基地	984	四川航天职业技术学院	数控加工生产性实训基地
940	重庆工业职业技术学院	现代制造技术实训中心	985	四川化工职业技术学院	高分子材料生产性实训基地
941	重庆工业职业技术学院	智能制造共享实训基地	986	四川建筑职业技术学院	道路桥梁工程生产性实训基地
942	重庆工业职业技术学院	校企共建DMG生产性实训基地	987	四川建筑职业技术学院	城市轨道交通生产性实训基地
943	重庆工业职业技术学院	上汽大众SCEP重庆培训基地	988	四川建筑职业技术学院	建筑工程生产性实训基地
944	重庆公共运输职业学院	轨道（铁道）类综合实训基地	989	四川交通职业技术学院	汽车技术服务综合实训基地
945	重庆航天职业技术学院	智能制造生产性实训基地	990	四川交通职业技术学院	工程机械运用与维修综合实训基地
946	重庆机电职业技术学院	宇海模具实训基地	991	四川交通职业技术学院	基于BIM技术的建筑工业化实训基地
947	重庆科创职业学院	科大讯飞人工智能实训基地	992	四川水利职业技术学院	四川省水利技术科研究中心
948	重庆旅游职业学院	旅行社生产性实训基地	993	四川文化产业职业学院	影视节目制作全流程生产性实训基地
949	重庆能源职业学院	校企共建生产性实训基地——电梯安装	994	四川信息职业技术学院	软件测试生产性实训基地
950	重庆三峡医药高等专科学校	药品经营生产性实训基地	995	四川邮电职业技术学院	数字媒体创意与设计生产性实训基地
951	重庆三峡医药高等专科学校	康复治疗技术生产性实训基地	996	四川邮电职业技术学院	通信工程设计生产性实训基地
952	重庆三峡职业学院	阿里巴巴新零售人才孵化基地	997	四川职业技术学院	智能制造生产性实训基地
953	重庆商务职业学院	数字媒体技术生产性实训基地	998	四川中医药高等专科学校	中药生产性实训基地
954	重庆水利电力职业技术学院	水工建筑材料检测生产性实训基地	999	雅安职业技术学院	医学临床实训中心
955	重庆文化艺术职业学院	虚拟软件建模/视频物料加工/3D渲染实训室	1000	宜宾职业技术学院	浓香型白酒生产性实训基地
956	重庆医药高等专科学校	医电产品生产性实训基地	1001	贵阳护理职业学院	药学开放实训基地
957	重庆医药高等专科学校	临床药学实训中心	1002	贵阳职业技术学院	装备制造开放实训基地
958	重庆医药高等专科学校	GMP校企共建生产性实训基地	1003	贵阳职业技术学院	轨道交通专业生产性实训基地
959	重庆艺术工程职业学院	服装生产实训基地	1004	贵州电子信息职业技术学院	智能制造开放实训基地
960	成都纺织高等专科学校	环境监测与控制技术实训中心	1005	贵州电子信息职业技术学院	电子信息开放实训基地
961	成都纺织高等专科学校	纺织新材料及产品研发与生产实训基地	1006	贵州建设职业技术学院	BIM技术开放实训基地
962	成都工贸职业技术学院	智能制造生产性实训基地	1007	贵州交通职业技术学院	汽车专业开放实训基地
963	成都工业职业技术学院	精密制造生产性实训基地	1008	贵州交通职业技术学院	交通土建开放实训基地
964	成都航空职业技术学院	海克斯康高端制造几何计量实训基地	1009	贵州交通职业技术学院	工程机械运用技术专业生产性实训基地
965	成都航空职业技术学院	校企合作共建航空复合材料生产性实训基地	1010	贵州轻工业职业学院	食品生物开放实训基地
966	成都航空职业技术学院	华仁电子SMT生产性实训基地	1011	贵州轻工业职业学院	现代物流开放实训基地
967	成都航空职业技术学院	GF智能制造技术实训基地	1012	黔南民族职业技术学院	互联网营销开放实训基地
968	成都农业科技职业学院	畜牧兽医生产性实训基地	1013	铜仁职业技术学院	数字化医学影像开放实训基地
969	成都职业技术学院	互联网金融实训服务中心	1014	铜仁职业技术学院	"互联网+"农业开放性实训基地
970	成都职业技术学院	电子商务"城中校"生产性实训基地	1015	铜仁职业技术学院	大数据人工智能开放性实训基地
971	成都职业技术学院	成都高新区成职软件教育园	1016	遵义职业技术学院	卓越经管人才开放实训基地
972	广安职业技术学院	产教融合型汽车服务生产性实训基地	1017	大理农林职业技术学院	兰花工厂化生产性实训基地
973	乐山职业技术学院	医学临床生产性实训基地	1018	昆明工业职业技术学院	物流管理校企共建生产性实训基地
974	泸州职业技术学院	工程造价生产性实训基地	1019	昆明工业职业技术学院	钢铁冶金生产性实训基地
975	绵阳职业技术学院	电子电气及自动化生产性实训基地	1020	昆明冶金高等专科学校	电气自动化（西门子、罗克韦尔）生产性实训基地
976	南充职业技术学院	川东北ICT产业服务生产性实训基地	1021	昆明冶金高等专科学校	宝玉石类专业（乾兴翠）生产性实训基地
977	四川工程职业技术学院	机械制造生产性实训基地	1022	昆明冶金高等专科学校	测绘地理信息生产性实训基地
978	四川工程职业技术学院	工业机器人应用生产性实训基地	1023	曲靖医学高等专科学校	眼视光技术专业校企共建的生产性实训基地
979	四川工程职业技术学院	航空材料检验检测生产性实训基地	1024	曲靖医学高等专科学校	康复治疗技术专业校企共建生产性实训基地

续表

序号	院校名称	生产性实训基地名称	序号	院校名称	生产性实训基地名称
1025	云南国防工业职业技术学院	高端数控加工生产性实训基地	1069	商洛职业技术学院	汽车检测与维修生产性实训基地
1026	云南国防工业职业技术学院	对外电子商务校企合作实训基地	1070	渭南职业技术学院	护理校企共建生产性实训基地
1027	云南国土资源职业学院	地质类专业生产性实训基地	1071	渭南职业技术学院	学前教育校企共建生产性实训基地
1028	云南机电职业技术学院	智能制造机电设备生产及维修生产性实训基地	1072	西安电力高等专科学校	输配电实训基地
1029	云南机电职业技术学院	民航运输校企共建实训基地	1073	西安航空职业技术学院	航空制造工程中心
1030	云南交通职业技术学院	工程机械再制造实训中心	1074	西安航空职业技术学院	联想服务生产性实训基地
1031	云南交通职业技术学院	道路桥梁工程技术专业生产性实训基地	1075	西安航空职业技术学院	无人机应用技术实训基地
1032	云南交通职业技术学院	城市轨道交通专业校企共建生产性实训基地	1076	西安航空职业技术学院	摄影测量与遥感生产性实训基地
1033	云南经贸外事职业学院	汽车快修及美容生产性实训基地	1077	西安铁路职业技术学院	铁道机车生产性实训基地
1034	云南林业职业技术学院	木材综合利用实训基地	1078	西安铁路职业技术学院	铁道交通运营管理专业生产性实训基地
1035	云南林业职业技术学院	园林技术专业群综合实训基地	1079	西安铁路职业技术学院	高速铁路信号控制系统校企共建生产性实训基地
1036	云南林业职业技术学院	林业专业群生产性实训基地	1080	西安职业技术学院	动画工场
1037	云南能源职业技术学院	校企合作教学矿井生产性实训基地	1081	咸阳职业技术学院	厚溥IT软件技术生产性实训基地
1038	云南农业职业技术学院	生猪标准化养殖示范基地	1082	延安职业技术学院	西部船员培训基地
1039	云南农业职业技术学院	太空蔬菜生产性示范实训基地	1083	杨凌职业技术学院	园艺专业生产性实训基地
1040	云南文化艺术职业学院	云南地方戏实习实训基地	1084	杨凌职业技术学院	新一带一路农业电商实训基地
1041	云南锡业职业技术学院	有色金属冶金生产性实训基地	1085	杨凌职业技术学院	水处理生产性实训基地
1042	安康职业技术学院	护理实训基地	1086	杨凌职业技术学院	动物养殖实训基地
1043	宝鸡职业技术学院	汽车检测与维修实训基地	1087	榆林职业技术学院	机电一体化技术专业校企共建生产性实训基地
1044	汉中职业技术学院	临床医学专业生产性实训基地	1088	甘肃畜牧工程职业技术学院	现代养猪生产性实训基地
1045	陕西财经职业技术学院	会计专业群生产性实训基地	1089	甘肃畜牧工程职业技术学院	现代养鸡生产性实训基地
1046	陕西工业职业技术学院	机加工技术训练中心	1090	甘肃钢铁职业技术学院	焊接冶金实训基地
1047	陕西工业职业技术学院	新能源生产性实训基地	1091	甘肃工业职业技术学院	华为ICT生产性实训基地
1048	陕西工业职业技术学院	物流管理实训基地	1092	甘肃工业职业技术学院	旅视界生产性实训基地
1049	陕西工业职业技术学院	土木工程实训基地	1093	甘肃机电职业技术学院	数控技术生产性实训基地
1050	陕西国防工业职业技术学院	数控生产性实训基地	1094	甘肃建筑职业技术学院	建筑工程教学实验实训中心
1051	陕西国防工业职业技术学院	统一融合移动业务生产性实训基地	1095	甘肃建筑职业技术学院	建筑电气工程生产性实训基地
1052	陕西国防工业职业技术学院	基于戴姆勒铸星教育生产性实训基地	1096	甘肃建筑职业技术学院	道路桥梁工程技术专业实训基地
1053	陕西航空职业技术学院	无人机装调实训基地	1097	甘肃建筑职业技术学院	测绘地理信息生产性实训基地
1054	陕西机电职业技术学院	智慧工厂生产性实训基地	1098	甘肃交通职业技术学院	交通土建类专业群生产性实训基地
1055	陕西交通职业技术学院	汽车检测与维修校企共建生产性实训基地	1099	甘肃交通职业技术学院	物流管理生产性实训基地
1056	陕西交通职业技术学院	校企共建道路桥梁工程技术生产性实训基地	1100	甘肃警察职业学院	公安实战化教学实训基地
1057	陕西交通职业技术学院	城市轨道交通专业群实训基地	1101	甘肃林业职业技术学院	环境检测技术生产性实训基地
1058	陕西能源职业技术学院	口腔医学技术实训基地	1102	甘肃林业职业技术学院	林业技术生产性实训基地
1059	陕西青年职业学院	采编与制作实训基地	1103	甘肃林业职业技术学院	植物种苗生产与有害生物防治技术生产性实训基地
1060	陕西铁路工程职业技术学院	建筑施工实训基地	1104	甘肃农业职业技术学院	校企共建农作物生产性实训基地
1061	陕西铁路工程职业技术学院	土木类检测综合实训基地	1105	甘肃农业职业技术学院	食品安全检测与加工生产性实训基地
1062	陕西铁路工程职业技术学院	高速铁路实训基地	1106	甘肃农业职业技术学院	"园林园艺智慧农业+"生产性实训基地
1063	陕西艺术职业学院	"长恨歌"生产性实训基地	1107	甘肃卫生职业学院	口腔医学技术数字化生产性实训基地
1064	陕西艺术职业学院	表演艺术生产性实训基地	1108	酒泉职业技术学院	10.1 MW光伏发电生产性实训基地
1065	陕西职业技术学院	雕塑艺术实训中心	1109	兰州石化职业技术学院	智能制造专业群生产性实训基地
1066	陕西职业技术学院	SMT表面组装技术实训基地	1110	兰州石化职业技术学院	化工安全生产性实训基地
1067	陕西职业技术学院	会计专业校企共建实训基地	1111	兰州石化职业技术学院	自动控制生产性实训基地
1068	陕西职业技术学院	怡亚通创业工厂	1112	兰州石化职业技术学院	石油炼制校企共建生产性实训基地

续表

序号	院校名称	生产性实训基地名称	序号	院校名称	生产性实训基地名称
1113	兰州石化职业技术学院	煤制甲醇生产性实训基地	1139	克拉玛依职业技术学院	软件技术实训基地
1114	兰州石化职业技术学院	煤化工生产性实训基地	1140	克拉玛依职业技术学院	汽车检测与维修技术专业生产性实训基地
1115	兰州职业技术学院	食品工程实训中心	1141	克拉玛依职业技术学院	钻井技术专业生产性实训基地
1116	兰州职业技术学院	机械工程实训中心	1142	克拉玛依职业技术学院	酒店管理专业校企共建生产性实训基地
1117	兰州职业技术学院	汽车钣喷实训中心	1143	克拉玛依职业技术学院	油气储运生产性实训基地
1118	兰州资源环境职业技术学院	工业机器人实训中心	1144	新疆交通职业技术学院	校企共建道路桥梁工程生产性实训基地
1119	兰州资源环境职业技术学院	气象服务生产性实训基地	1145	新疆农业职业技术学院	计算机网络技术专业共建实训基地
1120	兰州资源环境职业技术学院	宝玉石鉴定与加工生产性实训基地	1146	新疆农业职业技术学院	产教融合型制药技术综合实训基地
1121	青海畜牧兽医职业技术学院	食品加工技术专业校企共建高原特色肉品开发生产性实训基地	1147	新疆农业职业技术学院	种子生产与经营专业校企共建生产性实训基地
1122	青海畜牧兽医职业技术学院	畜牧兽医专业校企共建饲料开发生产性实训基地	1148	新疆农业职业技术学院	现代马产业生产性实训基地
1123	青海建筑职业技术学院	建筑装饰工程技术校企共建生产性实训基地	1149	新疆农业职业技术学院	工程训练中心
1124	青海交通职业技术学院	物流管理实训基地	1150	新疆农业职业技术学院	环境保护专业校企共建实训基地
1125	青海交通职业技术学院	ICT实训基地	1151	新疆农业职业技术学院	电子商务实训中心
1126	青海警官职业学院	公安专业综合实训基地	1152	新疆农业职业技术学院	建筑工程生产性实训基地
1127	西宁城市职业技术学院	校企共建"互联网+"生态种植生产性实训基地	1153	新疆农业职业技术学院	校企共建天山春生产性实训基地
1128	宁夏财经职业技术学院	汇财代理记账中心	1154	新疆轻工职业技术学院	校企共建现代纺织技术生产性实训基地
1129	宁夏工商职业技术学院	电子信息技术与维修实训基地	1155	新疆轻工职业技术学院	第三方检测机构生产性实训基地
1130	宁夏工商职业技术学院	现代烹调工艺与营养实训中心	1156	新疆轻工职业技术学院	高分子材料成型实训中心
1131	宁夏工商职业技术学院	现代装备实训中心	1157	新疆轻工职业技术学院	物联网工程技术实训基地
1132	宁夏工业职业学院	煤炭类生产性实训基地	1158	新疆天山职业技术学院	移动通信技术生产性实训基地
1133	宁夏民族职业技术学院	机电一体化专业校企共建的生产性实训基地	1159	新疆铁道职业技术学院	轨道交通信号实训基地
1134	宁夏职业技术学院	软件技术校企共建生产性实训基地	1160	新疆铁道职业技术学院	校企合作接发列车实训基地
1135	宁夏职业技术学院	智能制造实训基地	1161	新疆石河子职业技术学院	约翰迪尔农机装备4S生产性实训基地
1136	昌吉职业技术学院	激光加工与3D打印实训中心	1162	新疆石河子职业技术学院	数字媒体应用技术实训基地
1137	昌吉职业技术学院	特色产业公共实训基地	1163	新疆石河子职业技术学院	智能电气安装实训基地
1138	克拉玛依职业技术学院	煤化工生产性实训基地	1164	新疆石河子职业技术学院	物流仓储实训中心

三、优质专科高等职业院校

序号	优质专科高等职业院校名称	序号	优质专科高等职业院校名称	序号	优质专科高等职业院校名称	序号	优质专科高等职业院校名称
1	北京电子科技职业学院	10	天津机电职业技术学院	19	秦皇岛职业技术学院	28	山西职业技术学院
2	北京财贸职业学院	11	天津电子信息职业技术学院	20	承德石油高等专科学校	29	内蒙古建筑职业技术学院
3	北京工业职业技术学院	12	天津轻工职业技术学院	21	河北软件职业技术学院	30	内蒙古商贸职业学院
4	北京农业职业学院	13	天津渤海职业技术学院	22	河北交通职业技术学院	31	内蒙古机电职业技术学院
5	北京信息职业技术学院	14	河北工业职业技术学院	23	唐山职业技术学院	32	包头职业技术学院
6	天津市职业大学	15	邢台职业技术学院	24	石家庄铁路职业技术学院	33	辽宁省交通高等专科学校
7	天津医学高等专科学校	16	唐山工业职业技术学院	25	山西省财政税务专科学校	34	辽宁农业职业技术学院
8	天津现代职业技术学院	17	河北化工医药职业技术学院	26	山西药科职业学院	35	辽宁机电职业技术学院
9	天津交通职业学院	18	石家庄职业技术学院	27	山西工程职业技术学院	36	沈阳职业技术学院

续表

序号	优质专科高等职业院校名称	序号	优质专科高等职业院校名称	序号	优质专科高等职业院校名称	序号	优质专科高等职业院校名称
37	大连职业技术学院	78	浙江交通职业技术学院	119	郑州铁路职业技术学院	160	海南经贸职业技术学院
38	辽宁经济职业技术学院	79	浙江商业职业技术学院	120	武汉职业技术学院	161	重庆城市管理职业学院
39	长春汽车工业高等专科学校	80	芜湖职业技术学院	121	武汉船舶职业技术学院	162	重庆工业职业技术学院
40	长春职业技术学院	81	安徽机电职业技术学院	122	襄阳职业技术学院	163	重庆三峡医药高等专科学校
41	吉林铁道职业技术学院	82	安徽商贸职业技术学院	123	黄冈职业技术学院	164	重庆电子工程职业学院
42	黑龙江农业经济职业学院	83	安徽水利水电职业技术学院	124	湖北三峡职业技术学院	165	重庆工程职业技术学院
43	哈尔滨职业技术学院	84	合肥职业技术学院	125	湖北交通职业技术学院	166	四川工程职业技术学院
44	黑龙江职业学院	85	安徽职业技术学院	126	武汉铁路职业技术学院	167	成都航空职业技术学院
45	黑龙江农业工程职业学院	86	安徽工商职业学院	127	武汉城市职业学院	168	成都纺织高等专科学校
46	黑龙江建筑职业技术学院	87	安徽医学高等专科学校	128	湖北职业技术学院	169	四川交通职业技术学院
47	上海电子信息职业技术学院	88	黎明职业大学	129	武汉软件工程职业学院	170	成都职业技术学院
48	上海城建职业学院	89	福州职业技术学院	130	长沙民政职业技术学院	171	四川建筑职业技术学院
49	上海工艺美术职业学院	90	福建船政交通职业学院	131	湖南工业职业技术学院	172	四川邮电职业技术学院
50	上海济光职业技术学院	91	福建水利电力职业技术学院	132	长沙航空职业技术学院	173	四川工商职业技术学院
51	南京铁道职业技术学院	92	福建信息职业技术学院	133	湖南铁道职业技术学院	174	成都农业科技职业学院
52	南京信息职业技术学院	93	厦门城市职业学院	134	湖南交通职业技术学院	175	贵州交通职业技术学院
53	南京工业职业技术学院	94	九江职业技术学院	135	长沙商贸旅游职业技术学院	176	铜仁职业技术学院
54	江苏建筑职业技术学院	95	江西交通职业技术学院	136	岳阳职业技术学院	177	贵州轻工职业技术学院
55	常州机电职业技术学院	96	江西应用技术职业学院	137	湖南化工职业技术学院	178	云南机电职业技术学院
56	常州信息职业技术学院	97	江西外语外贸职业学院	138	湖南工艺美术职业学院	179	云南农业职业技术学院
57	无锡商业职业技术学院	98	江西环境工程职业学院	139	湖南汽车工程职业学院	180	昆明冶金高等专科学校
58	无锡职业技术学院	99	山东商业职业技术学院	140	广东轻工职业技术学院	181	云南交通职业技术学院
59	南通航运职业技术学院	100	淄博职业学院	141	广东交通职业技术学院	182	陕西工业职业技术学院
60	江苏食品药品职业技术学院	101	日照职业技术学院	142	中山职业技术学院	183	杨凌职业技术学院
61	常州工程职业技术学院	102	山东科技职业学院	143	广东机电职业技术学院	184	西安航空职业技术学院
62	江苏农牧科技职业学院	103	潍坊职业学院	144	广东食品药品职业学院	185	陕西铁路工程职业技术学院
63	江苏经贸职业技术学院	104	滨州职业学院	145	深圳职业技术学院	186	陕西国防工业职业技术学院
64	江苏农林职业技术学院	105	烟台职业学院	146	广州铁路职业技术学院	187	陕西交通职业技术学院
65	苏州农业职业技术学院	106	济南职业学院	147	深圳信息职业技术学院	188	陕西职业技术学院
66	江苏海事职业技术学院	107	山东交通职业学院	148	广州民航职业技术学院	189	兰州资源环境职业技术学院
67	江苏工程职业技术学院	108	威海职业学院	149	广州番禺职业技术学院	190	兰州石化职业技术学院
68	金华职业技术学院	109	青岛职业技术学院	150	顺德职业技术学院	191	甘肃林业职业技术学院
69	浙江机电职业技术学院	110	山东外贸职业学院	151	中山火炬职业技术学院	192	酒泉职业技术学院
70	浙江金融职业学院	111	河南工业职业技术学院	152	广东科学技术职业学院	193	甘肃工业职业技术学院
71	宁波职业技术学院	112	河南交通职业技术学院	153	广东水利电力职业技术学院	194	青海交通职业技术学院
72	温州职业技术学院	113	河南经贸职业学院	154	南宁职业技术学院	195	青海建筑职业技术学院
73	杭州职业技术学院	114	河南农业职业学院	155	柳州职业技术学院	196	宁夏职业技术学院
74	浙江经贸职业技术学院	115	河南职业技术学院	156	广西职业技术学院	197	宁夏工商职业技术学院
75	浙江经济职业技术学院	116	黄河水利职业技术学院	157	广西机电职业技术学院	198	新疆农业职业技术学院
76	浙江建设职业技术学院	117	平顶山工业职业技术学院	158	广西交通职业技术学院	199	新疆交通职业技术学院
77	浙江旅游职业学院	118	许昌职业技术学院	159	广西电力职业技术学院	200	新疆轻工职业技术学院

四、"双师型"教师培养培训基地

序号	院校名称	"双师型"教师培养培训基地名称	序号	院校名称	"双师型"教师培养培训基地名称
1	北京电子科技职业学院	汽车制造与装配技术类专业"双师型"教师培养培训基地	29	邯郸职业技术学院	食品加工技术"双师型"教师培养培训基地
2	北京财贸职业学院	智慧财经类专业"双师型"教师培养培训基地	30	河北对外经贸职业学院	国际商务"双师型"教师培养培训基地
3	北京工业职业技术学院	建筑测绘类、机电类"双师型"教师培养培训基地	31	河北工业职业技术学院	能源材料类专业"双师型"教师培养培训基地
4	北京交通运输职业学院	城市轨道交通类专业"双师型"教师培养培训基地	32	河北工业职业技术学院	汽车类专业"双师型"教师培养培训基地
5	北京劳动保障职业学院	人力资源管理专业"双师型"教师培养培训基地	33	河北工业职业技术学院	自动化专业群"双师型"教师培养培训基地
6	北京农业职业学院	园艺技术类专业"双师型"教师培养培训基地	34	河北工业职业技术学院	轧钢及设备应用技术类专业"双师型"教师培养培训基地
7	北京青年政治学院	学前教育专业"双师型"教师培养培训基地	35	河北化工医药职业技术学院	化工类专业"双师型"教师培养培训基地
8	北京社会管理职业学院	老年服务与管理专业"双师型"教师培养培训基地	36	河北化工医药职业技术学院	制药技术"双师型"教师培养培训基地
9	北京戏曲艺术职业学院	戏曲表演专业"双师型"教师培养培训基地	37	河北化工医药职业技术学院	食品药品技术"双师型"教师培养培训基地
10	北京信息职业技术学院	信息技术类专业"双师型"教师培养培训基地	38	河北化工医药职业技术学院	药品生产技术"双师型"教师培养培训基地
11	天津滨海职业学院	约翰迪尔"双师型"教师培养培训基地	39	河北机电职业技术学院	机械制造类专业"双师型"教师培养培训基地
12	天津渤海职业技术学院	石油化工"双师型"教师培养培训基地	40	河北交通职业技术学院	交通运输类专业"双师型"教师培养培训基地
13	天津城市建设管理职业技术学院	城市热能"双师型"教师培养培训基地	41	河北旅游职业学院	旅游管理类"双师型"教师培养培训基地
14	天津城市职业学院	学前教育"双师型"教师培养培训基地	42	河北女子职业学院	学前教育专业"双师型"教师培养培训基地
15	天津电子信息职业技术学院	信息技术"双师型"教师培养培训基地	43	河北软件职业技术学院	软件技术专业"双师型"教师培养培训基地
16	天津海运职业学院	水上运输类"双师型"教师培养培训基地	44	河北省艺术职业学院	舞蹈表演专业"双师型"教师培养培训基地
17	天津机电职业技术学院	自动化类专业"双师型"教师培养培训基地	45	河北政法职业学院	财经商贸类专业"双师型"教师培养培训基地
18	天津交通职业学院	物流管理专业"双师型"教师培养培训基地	46	秦皇岛职业技术学院	会计专业"双师型"教师培养培训基地
19	天津轻工职业技术学院	精密模具设计与制造"双师型"教师培养培训基地	47	石家庄铁路职业技术学院	轨道交通工程类专业"双师型"教师培养培训基地
20	天津商务职业学院	报关行业"双师型"教师培养培训基地	48	石家庄邮电职业技术学院	邮政通信管理专业"双师型"教师培养培训基地
21	天津市职业大学	眼视光技术专业"双师型"教师培养培训基地	49	石家庄职业学院	新能源汽车技术专业"双师型"教师培养培训基地
22	天津市职业大学	"双师型"教师综合培养培训基地	50	唐山工业职业技术学院	工业机器人技术"双师型"教师培养培训基地
23	天津铁道职业技术学院	城市轨道车辆"双师型"教师培养培训基地	51	唐山职业技术学院	口腔专业"双师型"教师培养培训基地
24	天津现代职业技术学院	食品药品"双师型"教师培养培训基地	52	邢台医学高等专科学校	护理专业"双师型"教师培养培训基地
25	天津医学高等专科学校	口腔医学"双师型"教师培养培训基地	53	邢台职业技术学院	汽车类专业"双师型"教师培养培训基地
26	保定职业技术学院	电子信息类专业"双师型"教师培养培训基地	54	张家口职业技术学院	汽车检测与维修专业"双师型"教师培养培训基地
27	承德石油高等专科学校	石油化工技术"双师型"教师培养培训基地	55	晋中职业技术学院	畜牧兽医专业"双师型"教师培养培训基地
28	承德石油高等专科学校	机械类"双师型"教师培养培训基地	56	山西工程职业技术学院	冶金类专业"双师型"教师培养培训基地

续表

序号	院校名称	"双师型"教师培养培训基地名称	序号	院校名称	"双师型"教师培养培训基地名称
57	山西工程职业技术学院	电气类"双师型"教师培养培训基地	88	黑龙江旅游职业技术学院	现代服务业"双师型"教师培养培训基地
58	山西交通职业技术学院	交通工程安全设施试验检测"双师型"教师培养培训基地	89	黑龙江农垦职业学院	北大荒农垦"双师型"教师培养培训基地
59	山西林业职业技术学院	林业类专业"双师型"教师培养培训基地	90	黑龙江农业工程职业学院	装备制造技术"双师型"教师培养培训基地
60	山西煤炭职业技术学院	煤炭类专业"双师型"教师培养培训基地	91	黑龙江农业经济职业学院	现代农业"双师型"教师培养培训基地
61	山西戏剧职业学院	音乐表演"双师型"教师培养培训基地	92	黑龙江司法警官职业学院	司法类"双师型"教师培养培训基地
62	山西药科职业学院	药品食品类专业"双师型"教师培养培训基地	93	黑龙江职业学院	冰雪产业营销专业群"双师型"教师培养培训基地
63	山西艺术职业学院	舞蹈表演专业"双师型"教师培养培训基地	94	上海城建职业学院	酒店管理"双师型"教师培养培训基地
64	包头钢铁职业技术学院	电气自动化专业"双师型"教师培养培训基地	95	上海电子信息职业技术学院	中德合作职教师资培训中心
65	包头轻工职业技术学院	工业分析技术专业"双师型"教师培养培训基地	96	上海东海职业技术学院	会计专业"双师型"教师培养培训基地
66	包头职业技术学院	装备制造类专业群"双师型"教师培养培训基地	97	上海工商外国语职业学院	机电设备类"双师型"教师培养培训基地
67	赤峰工业职业技术学院	数控技术专业（多轴数控加工方向）"双师型"教师培养培训基地	98	上海工商职业技术学院	汽车运用技术专业群"双师型"教师培养培训基地
68	内蒙古电子信息职业技术学院	大数据专业群"双师型"教师培养培训基地	99	上海济光职业技术学院	护理类"双师型"教师培养培训基地
69	内蒙古机电职业技术学院	中国焊接协会机器人焊接（呼和浩特）"双师型"教师培养培训基地	100	上海交通职业技术学院	新能源汽车"双师型"教师培养培训基地
70	内蒙古交通职业技术学院	汽车检测与维修技术专业"双师型"教师培养培训基地	101	上海科学技术职业学院	电子商务专业"双师型"教师培养培训基地
71	通辽职业学院	蒙汉双语"双师型"教师培养培训基地	102	上海思博职业技术学院	财经类"双师型"教师培养培训基地
72	锡林郭勒职业学院	畜牧兽医专业"双师型"教师培养培训基地	103	上海思博职业技术学院	土建类专业"双师型"教师培养培训基地
73	辽宁机电职业技术学院	仪器仪表与自动化技术"双师型"教师培养培训基地	104	常州纺织服装职业技术学院	影视动画专业"双师型"教师培养培训基地
74	辽宁农业职业技术学院	食品类专业"双师型"教师培养培训基地	105	常州工程职业技术学院	能源与化工专业类"双师型"教师培养培训基地
75	吉林工业职业技术学院	石油和化工类专业"双师型"教师培养培训基地	106	常州机电职业技术学院	模具设计与制造专业"双师型"教师培养培训基地
76	吉林工业职业技术学院	工业过程自动化技术"双师型"教师培养培训基地	107	常州机电职业技术学院	数控设备应用与维护专业"双师型"教师培养培训基地
77	吉林交通职业技术学院	物流类专业"双师型"教师培养培训基地	108	常州机电职业技术学院	工业机器人技术专业"双师型"教师培养培训基地
78	吉林铁道职业技术学院	轨道运营类"双师型"教师培养培训基地	109	常州信息职业技术学院	电子信息类"双师型"教师培养培训基地
79	辽源职业技术学院	机电一体化（纺织机电方向）"双师型"教师培养培训基地	110	常州信息职业技术学院	电子商务专业"双师型"教师培养培训基地
80	长春汽车工业高等专科学校	汽车类专业"双师型"教师培养培训基地	111	淮安信息职业技术学院	电子信息类"双师型"教师培养培训基地
81	长春职业技术学院	信息类专业"双师型"教师培养培训基地	112	淮安信息职业技术学院	计算机类"双师型"教师培养培训基地
82	长春职业技术学院	财经商贸类"双师型"教师培养培训基地	113	江苏财经职业技术学院	财务会计类"双师型"教师培养培训基地
83	哈尔滨职业技术学院	工科类"双师型"教师培养培训基地	114	江苏财经职业技术学院	商贸类专业"双师型"教师培养培训基地
84	哈尔滨职业技术学院	电子商务专业"双师型"教师培养培训基地	115	江苏城乡建设职业学院	BIM"双师型"教师培养培训基地
85	黑龙江冰雪体育职业学院	冰雪类专业"双师型"教师培养培训基地	116	江苏城乡建设职业学院	建筑产业现代化"双师型"教师培养培训基地
86	黑龙江护理高等专科学校	卫生健康类"双师型"教师培养培训基地	117	江苏城乡建设职业学院	绿色建筑"双师型"教师培养培训基地
87	黑龙江建筑职业技术学院	建筑施工专业群"双师型"培训基地	118	江苏工程职业技术学院	建设工程管理类"双师型"教师培养培训基地

续表

序号	院校名称	"双师型"教师培养培训基地名称	序号	院校名称	"双师型"教师培养培训基地名称
119	江苏工程职业技术学院	工业机器人技术专业"双师型"教师培养培训基地	150	苏州农业职业技术学院	园艺园林类"双师型"教师培养培训基地
120	江苏工程职业技术学院	纺织服装类"双师型"教师培养培训基地	151	苏州卫生职业技术学院	医药卫生大类"双师型"教师培养培训基地
121	江苏海事职业技术学院	水上运输类"双师型"教师培养培训基地	152	苏州卫生职业技术学院	口腔医学专业"双师型"教师培养培训基地
122	江苏海事职业技术学院	海洋工程技术"双师型"教师培养培训基地	153	无锡商业职业技术学院	财务会计类"双师型"教师培养培训基地
123	江苏建筑职业技术学院	土建施工类"双师型"教师培养培训基地	154	无锡职业技术学院	机械设计制造类"双师型"教师培养培训基地
124	江苏经贸职业技术学院	电子商务类"双师型"教师培养培训基地	155	徐州工业职业技术学院	电子商务专业"双师型"教师培养培训基地
125	江苏农林职业技术学院	园林园艺专业类"双师型"教师培养培训基地	156	徐州工业职业技术学院	应用化工技术专业"双师型"教师培养培训基地
126	江苏农牧科技职业学院	畜牧兽医专业"双师型"教师培养培训基地	157	盐城工业职业技术学院	汽车制造类"双师型"教师培养培训基地
127	江苏农牧科技职业学院	食品药品监督管理专业"双师型"教师培养培训基地	158	盐城工业职业技术学院	纺织服装类"双师型"教师培养培训基地
128	江苏食品药品职业技术学院	食品药品类专业"双师型"教师培养培训基地	159	盐城工业职业技术学院	自动化类"双师型"教师培养培训基地
129	江苏信息职业技术学院	高端装备制造"双师型"教师培养培训基地	160	扬州工业职业技术学院	工业分析技术"双师型"教师培养培训基地
130	江苏医药职业学院	医药卫生大类"双师型"教师培养培训基地	161	杭州科技职业技术学院	汽车及零部件智能制造"双师型"教师培养培训基地
131	南京工业职业技术学院	机电一体化技术专业"双师型"教师培养培训基地	162	杭州职业技术学院	服装设计与工艺"双师型"教师培养培训基地
132	南京工业职业技术学院	云计算技术与应用专业"双师型"教师培养培训基地	163	湖州职业技术学院	智能制造"双师型"教师培养培训基地
133	南京交通职业技术学院	新能源汽车技术专业"双师型"教师培养培训基地	164	嘉兴职业技术学院	安恒信息安全技术"双师型"教师培养培训基地
134	南京交通职业技术学院	道路桥梁工程技术专业"双师型"教师培养培训基地	165	金华职业技术学院	文化教育专业群"双师型"教师培养培训基地
135	南京交通职业技术学院	汽车运用与维修技术专业"双师型"教师培养培训基地	166	金华职业技术学院	应用电子技术专业群"双师型"教师培养培训基地
136	南京科技职业学院	资源环境与安全大类"双师型"教师培养培训基地	167	丽水职业技术学院	农林类专业群"双师型"教师培养培训基地
137	南京科技职业学院	电子信息类"双师型"教师培养培训基地	168	宁波职业技术学院	生物与化工技术类"双师型"教师培养培训基地
138	南京科技职业学院	生物与化工类专业"双师型"教师培养培训基地	169	宁波职业技术学院	智能制造"双师型"教师培养培训基地
139	南京旅游职业学院	酒店管理专业"双师型"教师培训基地	170	宁波职业技术学院	物流专业群"双师型"教师培养培训基地
140	南京铁道职业技术学院	机车车辆专业类"双师型"教师培养培训基地	171	绍兴职业技术学院	建筑技术及施工管理专业教师培养培训基地
141	南京铁道职业技术学院	高速铁路专业"双师型"教师培养培训基地	172	台州职业技术学院	基于德国IHK标准的智能制造专业群"双师型"教师培养培训基地
142	南京铁道职业技术学院	城市轨道交通类"双师型"教师培养培训基地	173	温州职业技术学院	亚龙智能制造"双师型"教师培养培训基地
143	南京信息职业技术学院	通信类"双师型"教师培养培训基地	174	义乌工商职业技术学院	跨境电商"双师型"教师培养培训基地
144	南通航运职业技术学院	航海类专业"双师型"教师培养培训基地	175	浙江纺织服装职业技术学院	时尚服饰"双师型"教师培养培训基地
145	南通职业大学	林洋电子"双师型"教师培养培训基地	176	浙江纺织服装职业技术学院	新零售"双师型"教师培养培训基地
146	南通职业大学	林森物流"双师型"教师培养培训基地	177	浙江工贸职业技术学院	知识产权(创新创业)"双师型"教师培养培训基地
147	苏州工业职业技术学院	机械制造与自动化专业"双师型"教师培养培训基地	178	浙江工商职业技术学院	影视动画"双师型"教师培养培训基地
148	苏州工业职业技术学院	智能控制技术专业"双师型"教师培养培训基地	179	浙江工业职业技术学院	酿酒技术专业群"双师型"教师培养培训基地
149	苏州经贸职业技术学院	通信类专业"双师型"教师培养培训基地	180	浙江国际海运职业技术学院	交通运输工程类专业"双师型"教师培养培训基地

续表

序号	院校名称	"双师型"教师培养培训基地名称	序号	院校名称	"双师型"教师培养培训基地名称
181	浙江机电职业技术学院	数控技术专业"双师型"教师培养培训基地	213	福建水利电力职业技术学院	水利大类"双师型"教师培养培训基地
182	浙江机电职业技术学院	智能控制技术专业群"双师型"教师培养培训基地	214	福建卫生职业技术学院	护理类"双师型"教师培养培训基地
183	浙江建设职业技术学院	建设管理"双师型"教师培养培训基地	215	福建信息职业技术学院	电子信息类"双师型"教师培养培训基地
184	浙江建设职业技术学院	土建类BIM技术"双师型"教师培养培训基地	216	福建艺术职业学院	艺术设计类"双师型"教师培养培训基地
185	浙江交通职业技术学院	汽车技术与服务专业群"双师型"教师培养培训基地	217	福建幼儿师范高等专科学校	学前教育类"双师型"教师培养培训基地
186	浙江金融职业学院	会计专业群"双师型"教师培养培训基地	218	福州软件职业学院	虚拟现实技术（VR）类"双师型"教师培养培训基地
187	浙江金融职业学院	金融管理专业群"双师型"教师培养培训基地	219	福州职业技术学院	电子商务类"双师型"教师培养培训基地
188	浙江经济职业技术学院	物流与供应链管理专业"双师型"教师培养培训基地	220	黎明职业大学	土木建筑类"双师型"教师培养培训基地
189	浙江经贸职业技术学院	食品（农产品）质量安全"双师型"教师培养培训基地	221	闽西职业技术学院	自动化类"双师型"教师培养培训基地
190	浙江经贸职业技术学院	台州市供销社"双师型"教师培养培训基地	222	泉州华光职业学院	广播影视类"双师型"教师培养培训基地
191	浙江旅游职业学院	酒店管理专业"双师型"教师培养培训基地	223	厦门海洋职业技术学院	水上运输类"双师型"教师培养培训基地
192	浙江旅游职业学院	导游服务专业"双师型"教师培养培训基地	224	漳州理工职业学院	印刷类"双师型"教师培养培训基地
193	浙江商业职业技术学院	会计"双师型"教师培养培训基地	225	漳州职业技术学院	食品工业类"双师型"教师培养培训基地
194	浙江医药高等专科学校	食品类专业"双师型"教师培养培训基地	226	江西财经职业学院	财经类专业"双师型"教师培养培训基地
195	浙江艺术职业学院	文物修复与保护"双师型"教师培养培训基地	227	江西工业工程职业技术学院	"光伏+煤炭"能源类"双师型"教师培养培训基地
196	安徽城市管理职业学院	城市轨道交通运营管理"双师型"教师培养培训基地	228	江西航空职业技术学院	航空类"双师型"教师培养培训基地
197	安徽工商职业学院	财经类"双师型"教师培训基地	229	江西机电职业技术学院	智能制造技术"双师型"教师培养培训基地
198	安徽国防科技职业学院	校企共建信息安全与管理"双师型"教师培养培训基地	230	江西交通职业技术学院	交通运输类专业"双师型"教师培养培训基地
199	安徽国际商务职业学院	电子商务专业"双师型"教师培养培训基地	231	江西外语外贸职业学院	多语言+商务"双师型"教师培养培训基地
200	安徽机电职业技术学院	校企深度合作下的"1+X""双师型"教师培养培训基地	232	江西卫生职业学院	药学专业"双师型"教师培养培训基地
201	安徽交通职业技术学院	路桥专业"双师型"教师培养培训基地	233	江西应用技术职业学院	ICT行业技术"双师型"教师培养培训基地
202	安徽商贸职业技术学院	财经商贸类专业"双师型"教师培养培训基地	234	九江职业技术学院	现代制造技术"双师型"教师培养培训基地
203	安徽商贸职业技术学院	旅游管理类专业"双师型"教师培养培训基地	235	九江职业技术学院	工业自动化"双师型"教师培养培训基地
204	安徽水利水电职业技术学院	土建水利类专业"双师型"教师培养培训基地	236	青岛酒店管理职业技术学院	商科类专业"双师型"教师培养培训基地
205	安徽医学高等专科学校	药物制剂"双师型"教师培养培训基地	237	青岛职业技术学院	化工技术类专业"双师型"教师培养培训基地
206	安徽职业技术学院	工业智能化技术"双师型"教师培养培训基地	238	山东城市建设职业学院	BIM建筑信息化"双师型"教师培养培训基地
207	安庆职业技术学院	土建类"双师型"教师培养培训基地	239	山东城市建设职业学院	校企共建建筑产业化"双师型"教师培养培训基地
208	合肥职业技术学院	物联网技术应用专业"双师型"教师培养培训基地	240	山东工业职业学院	山东工职-山钢集团"双师型"教师培养培训基地
209	合肥职业技术学院	电子商务专业"双师型"教师培养培训基地	241	山东旅游职业学院	酒店管理专业"双师型"教师培养培训基地
210	马鞍山师范高等专科学校	软件技术、移动应用开发专业师资培训基地	242	山东铝业职业学院	有色冶金技术"双师型"教师培养培训基地
211	福建船政交通职业学院	汽车类"双师型"教师培养培训基地	243	山东商业职业技术学院	计算机类"双师型"教师培养培训基地
212	福建林业职业技术学院	林业类"双师型"教师培养培训基地	244	山东外贸职业学院	电子商务专业"双师型"教师培养培训基地

续表

序号	院校名称	"双师型"教师培养培训基地名称	序号	院校名称	"双师型"教师培养培训基地名称
245	潍坊职业学院	化工"双师型"教师培养培训基地	275	湖北生物科技职业学院	信息安全专业"双师型"教师培养培训基地
246	河南工业职业技术学院	计算机应用技术专业"双师型"教师培养培训基地	276	湖北艺术职业学院	艺术类"双师型"教师培养培训基地
247	河南机电职业学院	汽车专业"双师型"教师培养培训基地	277	湖北幼儿师范高等专科学校	学前教育专业"双师型"教师培养培训基地
248	河南建筑职业技术学院	建设工程管理类"双师型"教师培养培训基地	278	湖北职业技术学院	临床医学、护理"双师型"教师培养培训基地
249	河南交通职业技术学院	道路桥梁工程技术专业"双师型"教师培养培训基地	279	湖北中医药高等专科学校	健康管理与促进类"双师型"教师培养培训基地
250	河南经贸职业学院	会计"双师型"教师培养培训基地	280	黄冈职业技术学院	财经商贸类"双师型"教师培养培训基地
251	河南农业职业学院	园林技术专业"双师型"教师培养培训基地	281	黄冈职业技术学院	建筑钢结构工程技术"双师型"教师培养培训基地
252	河南应用技术职业学院	药品生产技术专业"双师型"教师培养培训基地	282	江汉艺术职业学院	学前教育专业"双师型"教师培养培训基地
253	河南职业技术学院	数控技术"双师型"教师培养培训基地	283	荆州理工职业学院	工业机器人"双师型"教师培养培训基地
254	鹤壁职业技术学院	汽车检测与维修技术"双师型"教师培养培训基地	284	荆州职业技术学院	机电类专业"双师型"教师培养培训基地
255	黄河水利职业技术学院	西门子自动化技术"双师型"教师培养培训基地	285	武汉船舶职业技术学院	船舶与海洋工程"双师型"教师培养培训基地
256	济源职业技术学院	物联网应用技术"双师型"教师培养培训基地	286	武汉电力职业技术学院	电力技术类"双师型"教师培养培训基地
257	开封大学	建筑工程技术"双师型"教师培养培训基地	287	武汉交通职业学院	轨道交通类专业"双师型"教师培养培训基地
258	漯河医学高等专科学校	护理专业"双师型"教师培养培训基地	288	武汉软件工程职业学院	报关与国际货运专业"双师型"教师培养培训基地
259	南阳医学高等专科学校	临床医学类"双师型"教师培养培训基地	289	武汉软件工程职业学院	电子信息类激光技术"双师型"教师培养培训基地
260	平顶山工业职业技术学院	煤炭技术类"双师型"教师培养培训基地	290	武汉软件工程职业学院	汽车检测与维修技术专业"双师型"教师培养培训基地
261	平顶山工业职业技术学院	计算机类及通信类"双师型"教师培养培训基地	291	武汉铁路职业技术学院	轨道交通专业"双师型"教师培养培训基地
262	濮阳职业技术学院	移动互联网软件开发"双师型"教师培养培训基地	292	武汉职业技术学院	交通土建类"双师"型教师培养培训基地
263	三门峡职业技术学院	建筑工程技术"双师型"教师培养培训基地	293	仙桃职业学院	护理专业"双师型"教师培养培训基地
264	商丘职业技术学院	计算机类"双师型"教师培养培训基地	294	襄阳职业技术学院	畜牧兽医专业"双师型"教师培养培训基地
265	许昌职业技术学院	互联网+智能制造"双师型"教师培养培训基地	295	长江职业学院	市场营销"双师型"教师培养培训基地
266	郑州旅游职业学院	旅游类"双师型"教师培养培训基地	296	常德职业技术学院	汽车检测与维修技术"双师型"教师培养培训基地
267	郑州铁路职业技术学院	高速铁路养护维修"双师型"教师培养培训基地	297	湖南财经工业职业技术学院	会计"双师型"教师培养培训基地
268	鄂州职业大学	建筑工程技术专业"双师型"教师培养培训基地	298	湖南城建职业学院	建筑工程技术"双师型"教师培养培训基地
269	湖北城市建设职业技术学院	建筑工程技术专业"双师型"教师培养培训基地	299	湖南大众传媒职业技术学院	影视动画"双师型"教师培养培训基地
270	湖北工业职业技术学院	汽车制造与服务"双师型"教师培养培训基地	300	湖南工程职业学院	建筑工程技术"双师型"教师培养培训基地
271	湖北交通职业技术学院	汽车运用与维修技术"双师型"教师培养培训基地	301	湖南工业职业技术学院	机电一体化技术"双师型"教师培养培训基地
272	湖北青年职业学院	青少年事务社工"双师型"教师培养培训基地	302	湖南工艺美术职业学院	服装与服饰设计"双师型"教师培养培训基地
273	湖北三峡职业技术学院	养老护理人才"双师型"教师培养培训基地	303	湖南工艺美术职业学院	平面设计专业"双师型"教师培养培训基地
274	湖北生态工程职业技术学院	花艺"双师型"教师培养培训基地	304	湖南国防工业职业技术学院	机械设计与制造"双师型"教师培养培训基地

续表

序号	院校名称	"双师型"教师培养培训基地名称	序号	院校名称	"双师型"教师培养培训基地名称
305	湖南化工职业技术学院	化工装备技术"双师型"教师培养培训基地	336	广东工贸职业技术学院	虚拟现实应用技术"双师型"教师培养培训基地
306	湖南化工职业技术学院	电子商务专业"双师型"教师培养培训基地	337	广东工贸职业技术学院	测绘地理信息技术"双师型"教师培养培训基地
307	湖南化工职业技术学院	工业过程自动化技术专业"双师型"教师培养培训基地	338	广东机电职业技术学院	新能源汽车专业群"双师型"教师培养培训基地
308	湖南环境生物职业技术学院	园林技术"双师型"教师培养培训基地	339	广东建设职业技术学院	建筑节能技术（光伏＋绿网＋微网）"双师型"教师培养培训基地
309	湖南机电职业技术学院	机械制造与自动化"双师型"教师培养培训基地	340	广东交通职业技术学院	信息技术专业群"双师型"教师培养培训基地
310	湖南交通职业技术学院	汽车运用与维修技术"双师型"教师培养培训基地	341	广东交通职业技术学院	城市轨道交通"双师型"教师培养培训基地
311	湖南科技职业学院	机电一体化技术"双师型"教师培养培训基地	342	广东科学技术职业学院	电子商务专业"双师型"教师培养培训基地
312	湖南民族职业学院	小学教育"双师型"教师培养培训基地	343	广东女子职业技术学院	商贸专业群"双师型"教师培养培训基地
313	湖南汽车工程职业学院	汽车运用与维修技术"双师型"教师培养培训基地	344	广东轻工职业技术学院	智能制造专业（群）"双师型"教师培养培训基地
314	湖南汽车工程职业学院	多轴加工技术"双师型"教师培养培训基地	345	广东水利电力职业技术学院	水利水电建筑工程专业群"双师型"教师培养培训基地
315	湖南商务职业技术学院	物流管理"双师型"教师培养培训基地	346	广州城建职业学院	建筑工程技术专业（群）"双师型"教师培养培训基地
316	湖南生物机电职业技术学院	种子生产与经营"双师型"教师培养培训基地	347	广州民航职业技术学院	无人机应用专业"双师型"教师培养培训基地
317	湖南司法警官职业学院	法律事务"双师型"教师培养培训基地	348	惠州城市职业学院	智能制造工科专业（群）"双师型"教师培养培训基地
318	湖南铁道职业技术学院	工业机器人技术"双师型"教师培养培训基地	349	惠州城市职业学院	设计专业"双师型"教师培养培训基地
319	湖南铁路科技职业技术学院	铁道信号自动控制"双师型"教师培养培训基地	350	茂名职业技术学院	食品营养与检测专业群"双师型"教师培养培训基地
320	湖南外贸职业学院	旅游管理"双师型"教师培养培训基地	351	深圳职业技术学院	信息通信专业群"双师型"教师培养培训基地
321	湖南网络工程职业学院	数字媒体应用技术"双师型"教师培养培训基地	352	顺德职业技术学院	智能制造专业群"双师型"教师培养培训基地
322	湖南信息职业技术学院	软件技术"双师型"教师培养培训基地	353	顺德职业技术学院	烹调工艺与营养专业群"双师型"教师培养培训基地
323	湖南艺术职业学院	音乐剧表演专业"双师型"教师培养培训基地	354	顺德职业技术学院	环境艺术设计专业"双师型"教师培养培训基地
324	湖南邮电职业技术学院	移动通信技术"双师型"教师培养培训基地	355	顺德职业技术学院	家具设计与制造专业群"双师型"教师培养培训基地
325	湘潭医卫职业技术学院	康复治疗技术"双师型"教师培养培训基地	356	顺德职业技术学院	财经专业群"双师型"教师培养培训基地
326	湘西民族职业技术学院	旅游管理"双师型"教师培养培训基地	357	顺德职业技术学院	商贸专业群"双师型"教师培养培训基地
327	岳阳职业技术学院	护理"双师型"教师培养培训基地	358	顺德职业技术学院	医药卫生类专业群"双师型"教师培养培训基地
328	长沙航空职业技术学院	飞行器维修技术"双师型"教师培养培训基地	359	中山火炬职业技术学院	装备制造专业群"双师型"教师培养培训基地
329	长沙民政职业技术学院	软件技术"双师型"教师培养培训基地	360	中山职业技术学院	电子商务专业"双师型"教师培养培训基地
330	长沙民政职业技术学院	电子商务专业"双师型"教师培养培训基地	361	海南职业技术学院	新能源专业群"双师型"教师培养培训基地
331	长沙商贸旅游职业技术学院	烹调工艺与营养"双师型"教师培养培训基地	362	海南职业技术学院	电子商务专业"双师型"教师培养培训基地
332	佛山职业技术学院	工业机器人技术专业"双师型"教师培养培训基地	363	海南职业技术学院	旅游类专业群产教融合"双师型"人才培养培训基地
333	佛山职业技术学院	旅游管理专业群"双师型"教师培养培训基地	364	重庆城市管理职业学院	民政社会工作"双师型"教师培养培训基地
334	佛山职业技术学院	机械设计与制造专业群"双师型"教师培养培训基地	365	重庆电力高等专科学校	电力技术"双师型"教师培养培训基地
335	广东工程职业技术学院	建筑工程技术专业（群）"双师型"教师培养培训基地	366	重庆电讯职业学院	移动通信技术专业"双师型"教师培养培训基地

续表

序号	院校名称	"双师型"教师培养培训基地名称	序号	院校名称	"双师型"教师培养培训基地名称
367	重庆电子工程职业学院	新一代电子信息技术"双师型"教师培养培训基地	398	曲靖医学高等专科学校	医药卫生"双师型"教师培养培训基地
368	重庆房地产职业学院	建筑工程技术专业群"双师型"教师培养培训基地	399	云南财经职业学院	会计"双师型"教师培养培训基地
369	重庆工程职业技术学院	建筑专业群"双师型"教师培养培训基地	400	云南国土资源职业学院	国土资源类专业"双师型"教师培养培训基地
370	重庆工商职业学院	汽车技术服务专业群"双师型"教师培养培训基地	401	云南机电职业技术学院	先进装备制造技术"双师型"教师培养培训基地
371	重庆工业职业技术学院	车辆类专业"双师型"教师培养培训基地	402	云南交通运输职业学院	汽车运用与维修技术"双师型"教师培养培训基地
372	重庆工业职业技术学院	机电一体化专业"双师型"教师培养培训基地	403	云南交通职业技术学院	电子信息技术"双师型"教师培养培训基地
373	重庆工业职业技术学院	模具类"双师型"教师培养培训基地	404	云南林业职业技术学院	林业技术"双师型"教师培养培训基地
374	重庆航天职业技术学院	电子信息类"双师型"教师培养培训基地	405	云南旅游职业学院	旅游服务与管理"双师型"教师培养培训基地
375	重庆化工职业学院	重庆药友制药有限责任公司"双师型"教师培养培训基地	406	云南农业职业技术学院	食品加工类"双师型"教师培养培训基地
376	重庆科创职业学院	工业机器人应用技术"双师型"教师培养培训基地	407	陕西工业职业技术学院	制造类专业"双师型"教师培养培训基地
377	重庆三峡医药高等专科学校	医药卫生"双师型"教师培养培训基地	408	陕西工业职业技术学院	电气自动化技术"双师型"教师培养培训基地
378	重庆商务职业学院	电子商务"双师型"教师培养培训基地	409	陕西工业职业技术学院	机电类专业"双师型"教师培养培训基地
379	重庆文化艺术职业学院	公共文化服务与管理"双师型"教师培养培训基地	410	陕西国防工业职业技术学院	制造类"双师型"教师培养培训基地
380	重庆医药高等专科学校	老年护理"双师型"教师培养培训基地	411	陕西能源职业技术学院	煤炭类"双师型"教师培养培训基地
381	重庆幼儿师范高等专科学校	学前教育"双师型"教师培养培训基地	412	陕西铁路工程职业技术学院	土木工程检测技术专业"双师型"教师培养培训基地
382	乐山职业技术学院	光伏材料制备技术"双师型"教师培养培训基地	413	陕西铁路工程职业技术学院	地下工程与隧道工程技术专业"双师型"教师培养培训基地
383	绵阳职业技术学院	建筑材料工程技术专业"双师型"教师培养培训基地	414	陕西职业技术学院	旅游类专业"双师型"教师培养培训基地
384	四川工程职业技术学院	高端装备制造"双师型"教师培养培训基地	415	渭南职业技术学院	医学类"双师型"教师培养培训基地
385	四川化工职业技术学院	工业分析"双师型"教师培养培训基地	416	西安航空职业技术学院	航空机电类"双师型"教师培养培训基地
386	贵州交通职业技术学院	西部交通职业教育"双师型"教师培养培训基地	417	西安航空职业技术学院	航空制造类"双师型"教师培养培训基地
387	贵州交通职业技术学院	道路桥梁工程技术(试验检测方向)"双师型"教师培养培训基地	418	西安铁路职业技术学院	轨道交通类"双师型"教师培养培训基地
388	贵州交通职业技术学院	信息技术类专业"双师型"教师培养培训基地	419	杨凌职业技术学院	水利类"双师型"教师培养培训基地
389	贵州交通职业技术学院	交通土建专业群"双师型"教师培养培训基地	420	杨凌职业技术学院	农产品质量检测"双师型"教师培养培训基地
390	贵州交通职业技术学院	物流管理专业群"双师型"教师培养培训基地	421	杨凌职业技术学院	畜牧养殖"双师型"教师培养培训基地
391	贵州交通职业技术学院	汽车技术服务"双师型"教师培养培训基地	422	兰州石化职业技术学院	机电设备类专业"双师型"教师培养培训基地
392	昆明工业职业技术学院	冶金机械电气专业"双师型"教师培养培训基地	423	兰州石化职业技术学院	化工技术类专业"双师型"教师培养培训基地
393	昆明卫生职业学院	护理"双师型"教师培养培训基地	424	兰州石化职业技术学院	自动化类专业"双师型"教师培养培训基地
394	昆明冶金高等专科学校	冶金材料"双师型"教师培养培训基地	425	兰州资源环境职业技术学院	有色冶金技术"双师型"教师培养培训基地
395	昆明冶金高等专科学校	昆明冶专-青拓集团"双师型"教师培养培训基地	426	青海警官职业学院	汉藏双语公安专业"双师型"教师培养培训基地
396	兰州石化职业技术学院	电子商务专业"双师型"教师培养培训基地	427	宁夏财经职业技术学院	财务会计类"双师型"教师培养培训基地
397	丽江师范高等专科学校	学前教育"双师型"教师培养培训基地	428	宁夏艺术职业学院	民族表演艺术"双师型"教师培养培训基地

续表

序号	院校名称	"双师型"教师培养培训基地名称	序号	院校名称	"双师型"教师培养培训基地名称
429	阿克苏职业技术学院	现代纺织技术专业群"双师型"教师培养培训基地	435	新疆农业职业技术学院	畜牧兽医专业群"双师型"教师培养培训基地
430	昌吉职业技术学院	电力系统自动化技术专业群"双师型"教师培养培训基地	436	新疆轻工职业技术学院	食品加工技术专业群"双师型"教师培养培训基地
431	克拉玛依职业技术学院	石油化工技术专业群"双师型"教师培养培训基地	437	新疆轻工职业技术学院	应用化工技术专业群"双师型"教师培养培训基地
432	新疆交通职业技术学院	汽车运用与维修技术专业群"双师型"教师培养培训基地	438	新疆师范高等专科学校	心理健康教育专业群"双师型"教师培养培训基地
433	新疆交通职业技术学院	道路桥梁工程技术专业群"双师型"教师培养培训基地	439	新疆职业大学	汽车检测与维修技术专业群"双师型"教师培养培训基地
434	新疆农业职业技术学院	种子生产与经营专业群"双师型"教师培养培训基地	440	新疆生产建设兵团兴新职业技术学院	机电一体化技术"双师型"教师培养培训基地

五、虚拟仿真实训中心

序号	院校名称	虚拟仿真实训中心名称	序号	院校名称	虚拟仿真实训中心名称
1	北京交通运输职业学院	道路桥梁工程虚拟仿真实训中心	24	山东商业职业技术学院	商科职业能力培养综合虚拟仿真实训中心
2	天津市职业大学	眼视光虚拟仿真实训中心	25	日照职业技术学院	海洋渔业船员培训虚拟仿真实训中心
3	天津轻工职业技术学院	光伏、风力发电未来课堂	26	黄河水利职业技术学院	水利工程虚拟仿真实训中心
4	河北交通职业技术学院	航海跨专业虚拟仿真综合实训中心	27	郑州铁路职业技术学院	轨道交通虚拟仿真实训中心
5	河北化工医药职业技术学院	化工过程虚拟仿真实训中心	28	南阳医学高等专科学校	护理虚拟仿真实训中心
6	山西交通职业技术学院	公路实训场虚拟仿真实训中心	29	湖北水利水电职业技术学院	电力技术虚拟仿真实训中心
7	黑龙江农业经济职业学院	新型农业经营主体智慧运营虚拟仿真实训中心	30	湖北城市建设职业技术学院	土木工程技术虚拟仿真实训中心
8	上海电子信息职业技术学院	智能制造技术虚拟仿真实训中心	31	武汉铁路职业技术学院	高速动车组检修职业能力培养虚拟实训中心
9	江苏农林职业技术学院	现代农牧虚拟仿真实训中心	32	湖南交通职业技术学院	BIM虚拟仿真实训中心
10	南通航运职业技术学院	航海类职业能力培养虚拟仿真实训中心	33	湖南化工职业技术学院	煤制甲醇仿真实训工厂
11	江苏海事职业技术学院	现代航海虚拟仿真实训中心	34	湖南铁路科技职业技术学院	动车组虚拟检修与模拟驾驶实训中心
12	无锡职业技术学院	江苏省智能制造仿真实训中心	35	中山职业技术学院	电梯工程技术专业虚拟仿真实训中心
13	浙江交通职业技术学院	航运技术虚拟仿真实训中心	36	广州民航职业技术学院	飞机维修虚拟仿真中心
14	浙江国际海运职业技术学院	港口与航运虚拟仿真实训中心	37	佛山职业技术学院	光伏虚拟仿真实训中心
15	浙江工业职业技术学院	建筑工程虚拟仿真实训中心	38	广东机电职业技术学院	智能制造虚拟现实仿真实训中心
16	合肥职业技术学院	护理专业职业能力培养虚拟仿真实训中心	39	柳州铁道职业技术学院	轨道交通技术虚拟仿真实训中心
17	福州职业技术学院	工程技术虚拟仿真实训中心	40	重庆电子工程职业学院	智能电子产品设计和生产虚拟仿真实训中心
18	福建船政交通职业学院	安全技术与管理虚拟仿真实训中心	41	成都航空职业技术学院	空中客车A320飞机维修仿真训练中心
19	九江职业技术学院	内河船舶驾驶虚拟仿真实训中心	42	四川邮电职业技术学院	移动通信虚拟仿真实训中心
20	江西应用技术职业学院	LTE虚拟仿真实训中心	43	昆明冶金高等专科学校	冶金材料虚拟仿真实训中心
21	滨州职业学院	化工虚拟仿真实训中心	44	陕西工业职业技术学院	电气工程虚拟仿真实训中心
22	淄博职业学院	智能装备制造专业群虚拟仿真实训中心	45	宁夏职业技术学院	安全技术与应急救援技术虚拟仿真实训中心
23	山东商业职业技术学院	物联网工程实施虚拟仿真实训中心	46	新疆交通职业技术学院	道桥桥梁工程虚拟仿真实训中心

六、协同创新中心

序号	院校名称	协同创新中心名称	序号	院校名称	协同创新中心名称
1	北京交通运输职业学院	工程检测技术协同创新中心	39	石家庄邮电职业技术学院	邮政电子商务协同创新中心
2	北京农业职业学院	食品营养与安全应用技术协同创新中心	40	石家庄职业技术学院	绿色建筑节能集成应用技术协同创新中心
3	北京社会管理职业学院	现代殡葬协同创新中心	41	唐山工业职业技术学院	河北省高校骨质瓷应用技术研发中心
4	天津渤海职业技术学院	物联网创新研发中心	42	唐山工业职业技术学院	唐山市快速制造应用技术研发中心
5	天津城市职业学院	LSE应用技术协同创新中心	43	唐山职业技术学院	电气自动化应用技术协同创新中心
6	天津电子信息职业技术学院	东软慧聚软件技术协同创新中心	44	唐山职业技术学院	京津冀协同发展燕山果业试验站协同创新中心
7	天津国土资源和房屋职业学院	电梯应用技术协同创新中心	45	邢台职业技术学院	工业机器人应用技术协同创新中心
8	天津海运职业学院	船舶装备开发与维护应用技术协同创新中心	46	晋中职业技术学院	晋中核桃产业协同创新中心
9	天津机电职业技术学院	数控技术协同创新中心	47	晋中职业技术学院	动物保健与疾病防控协同创新中心
10	天津交通职业学院	新能源汽车协同创新中心	48	山西财贸职业技术学院	互联网装饰技术创新中心
11	天津轻工职业技术学院	精密模具协同创新研发中心	49	山西工程职业技术学院	3D数字化应用技术协同创新中心
12	天津轻工职业技术学院	新能源协同创新中心	50	山西华澳商贸职业学院	电子商务技术协同创新中心
13	天津商务职业学院	进出口货物通关协同创新中心	51	山西机电职业技术学院	电气应用技术协同创新中心
14	天津市职业大学	眼视光技术协同创新中心	52	山西交通职业技术学院	新能源汽车应用技术协同创新中心
15	天津市职业大学	包装印刷技术协同创新中心	53	山西经贸职业学院	ICT行业应用技术（大数据）协同创新中心
16	天津铁道职业技术学院	动车组检修技术协同创新中心	54	山西林业职业技术学院	干果经济林产品质量检测协同创新中心
17	天津现代职业技术学院	无人机生产制造协同创新中心	55	山西药科职业学院	山西中药产业应用技术协同创新中心
18	天津现代职业技术学院	生物制药应用技术协同创新中心	56	山西职业技术学院	高性能建筑材料及其功能开发与应用协同创新中心
19	天津冶金职业技术学院	冶金环境检测创新中心	57	包头职业学院	自动化焊接及特种加工技术协同创新中心
20	天津医学高等专科学校	健康教育与技术服务中心	58	内蒙古化工职业学院	化工应用技术协同创新中心
21	渤海理工职业学院	电子商务应用技术协同创新中心	59	内蒙古建筑职业技术学院	内蒙古古迹遗址保护与利用协同创新中心
22	渤海理工职业学院	材料检测应用技术协同创新中心	60	渤海船舶职业学院	先进材料应用技术协同创新中心
23	承德石油高等专科学校	河北省仪器仪表工程应用技术协同创新中心	61	大连职业技术学院	汽车技术协同创新中心
24	邯郸职业技术学院	信息技术协同创新中心	62	辽宁机电职业技术学院	智能检测与控制技术协同创新中心
25	邯郸职业技术学院	河北紧固件产业技术研究院	63	辽宁机电职业技术学院	装备服务技术协同创新中心
26	河北工业职业技术学院	物联网应用技术协同创新中心	64	辽宁农业职业技术学院	农业装备虚拟仿真协同创新中心
27	河北工业职业技术学院	BIM应用技术协同创新中心	65	辽宁省交通高等专科学校	道路桥梁工程应用技术协同创新中心
28	河北机电职业技术学院	机电类专业应用技术协同创新中心	66	沈阳职业技术学院	技能型人力资源开发协同创新中心
29	河北交通职业技术学院	建设技术协同创新中心	67	哈尔滨铁道职业技术学院	盾构技术协同创新中心
30	河北能源职业技术学院	矿山机电应用技术协同创新中心	68	哈尔滨职业技术学院	难加工材料应用技术协同创新中心
31	河北软件职业技术学院	河北省计算机软件技术优化与信息安全协同创新中心	69	哈尔滨职业学院	现代设计类专业集群协同创新中心
32	河北政法职业学院	农产品上行应用技术协同创新中心	70	黑龙江建筑职业技术学院	工业废水特殊浸润性生物质与油水分离协同创新中心
33	衡水职业技术学院	现代装备制造协同创新中心	71	黑龙江建筑职业技术学院	黑龙江省BIM技术联盟协同创新中心
34	廊坊职业技术学院	绿色畜产品生产技术与应用协同创新中心	72	黑龙江农垦职业学院	农产品应用技术协同创新中心
35	秦皇岛职业技术学院	现代物流技术研发中心	73	黑龙江农业经济职业学院	食用菌协同创新中心
36	秦皇岛职业技术学院	电子非晶合金材料应用技术研发中心	74	黑龙江农业经济职业学院	绿色食品分析检测中心
37	石家庄铁路职业技术学院	金融智能装备应用技术协同创新中心	75	黑龙江农业经济职业学院	农业技术服务协同创新中心
38	石家庄邮电职业技术学院	邮政应用技术协同创新中心	76	黑龙江生物科技职业学院	黑龙江省北部地区大豆选育协同创新中心

续表

序号	院校名称	协同创新中心名称	序号	院校名称	协同创新中心名称
77	上海城建职业学院	现代物业服务应用技术协同创新中心	118	南京铁道职业技术学院	高铁安全协同创新中心
78	上海城建职业学院	会展策划与管理应用技术协同创新中心	119	南京信息职业技术学院	新能源产品认证检测协同创新中心
79	上海城建职业学院	国际BIM产教研协同基地	120	南通航运职业技术学院	船舶动力装置协同创新中心
80	上海出版印刷高等专科学校	现代印刷媒体技术工程研究中心	121	南通职业大学	预制装配式建筑施工协同创新中心
81	上海电子信息职业技术学院	智能制造技术协同创新中心	122	苏州工业园区服务外包职业学院	高通量基因测序协同创新中心
82	上海电子信息职业技术学院	大数据智能处理技术与应用协同创新中心	123	苏州工业职业技术学院	机械行业精密制造及智能化产教协同创新中心
83	上海东海职业技术学院	移动互联网微电影产教研协同基地	124	苏州健雄职业技术学院	智能化链条设备协同创新中心
84	上海工商职业技术学院	移动互联网技术应用协同创新中心	125	苏州经贸职业技术学院	智能服务协同创新中心
85	上海工艺美术职业学院	虚拟现实协同创新中心	126	苏州经贸职业技术学院	跨境电子商务应用研究与人才培养协同创新中心
86	上海济光职业技术学院	建筑设计专业群"行企校"应用技术协同创新中心	127	苏州农业职业技术学院	生鲜农产品保鲜协同创新中心
87	上海济光职业技术学院	建筑信息化应用技术协同创新中心	128	苏州卫生职业技术学院	医学诊断抗体协同创新中心
88	上海交通职业技术学院	上海交通物流人才培养产教研创新协同基地	129	苏州职业大学	3C产品智能制造协同创新中心
89	上海科学技术职业学院	智能监控应用技术系统创新中心	130	泰州职业技术学院	固体制剂协同创新中心
90	上海科学技术职业学院	智能制造创新中心	131	无锡工艺职业技术学院	360°数码印花服饰协同创新中心
91	上海思博职业技术学院	装配式产教研协同创新中心	132	无锡科技职业学院	智能制造应用技术协同创新中心
92	常州纺织服装职业技术学院	三维人体数据与数字艺术产品协同创新中心	133	无锡商业职业技术学院	商业智能协同创新中心
93	常州工程职业技术学院	能源互联网及大数据集成应用协同创新中心	134	无锡职业技术学院	难加工零部件协同创新中心
94	常州工程职业技术学院	绿色节能与新能源材料技术协同创新中心	135	无锡职业技术学院	智能制造协同创新中心
95	常州机电职业技术学院	工业机器人系统集成协同创新中心	136	徐州工业职业技术学院	工程装备智能制造协同创新中心
96	常州轻工职业技术学院	协作机器人开发应用协同创新中心	137	徐州工业职业技术学院	橡胶循环利用应用技术协同创新中心
97	常州信息职业技术学院	工业大数据与工业智能协同创新中心	138	盐城工业职业技术学院	智能农业装备协同创新中心
98	淮安信息职业技术学院	软件测试协同创新中心	139	扬州工业职业技术学院	装配式竹木结构建筑协同创新中心
99	淮安信息职业技术学院	华为应用技术协同创新中心	140	扬州市职业大学	地理信息采集加工及应用协同创新中心
100	江苏城市职业学院	城市水体修复功能材料协同创新中心	141	杭州科技职业技术学院	汽车模具及零部件智能制造技术应用技术协同创新中心
101	江苏工程职业技术学院	智能网联汽车协同创新中心	142	杭州职业学院	电梯评估与改造应用技术协同创新中心
102	江苏海事职业技术学院	船舶节能减排协同创新中心	143	金华职业学院	现代农机装备应用协同创新中心
103	江苏海事职业技术学院	智慧港口应用技术协同创新中心	144	宁波城市职业学院	浙江园林绿化应用技术协同创新中心
104	江苏建筑职业技术学院	新能源工程装备协同创新中心	145	宁波卫生职业学院	健康养老应用技术与标准协同创新中心
105	江苏经贸职业技术学院	新零售数字化协同创新中心	146	宁波职业技术学院	乙烯工程副产物高质化利用应用技术协同创新中心
106	江苏经贸职业技术学院	电子商务协同创新中心	147	台州职业技术学院	工业机器人与智能制造生产线集成推广应用技术协同创新中心
107	江苏农林职业技术学院	现代茶叶协同创新中心	148	温州科技职业学院	浙江越冬蔬菜应用技术协同创新中心
108	江苏农牧科技职业学院	农业物联网协同创新中心	149	温州职业学院	浙南轻工装备智能制造协同创新中心
109	江苏商贸职业学院	物联网与视觉智能处理协同创新中心	150	浙江工贸职业技术学院	浙江省激光制造与材料应用技术协同创新中心
110	江苏食品药品职业技术学院	天然活性物质分离协同创新中心	151	浙江工贸职业技术学院	电子商务综合服务协同创新中心
111	九州职业技术学院	装配式地下管廊协同创新中心	152	浙江工商职业技术学院	模塑制品表面装饰与智能成型技术创新中心
112	昆山登云科技职业学院	高端装备制造数字化协同创新中心	153	浙江国际海运职业技术学院	虚拟航海技术协同创新中心
113	南京工业职业技术学院	工业软件协同创新中心	154	浙江机电职业技术学院	中小企业车间智能化改造应用技术创新中心
114	南京交通职业技术学院	新能源与无人驾驶汽车协同创新中心	155	浙江建设职业技术学院	浙江省古建保护及名艺传承应用技术协同创新中心
115	南京交通职业技术学院	交通运输节能减排应用技术协同创新中心	156	浙江建设职业技术学院	建筑工程技术协同创新中心
116	南京科技职业学院	挥发性有机污染物治理协同创新中心	157	浙江交通职业技术学院	长大桥梁安全运营应用技术协同创新中心
117	南京科技职业学院	有机光电材料应用技术协同创新中心	158	浙江交通职业技术学院	公路水运钢结构桥梁协同创新中心

续表

序号	院校名称	协同创新中心名称	序号	院校名称	协同创新中心名称
159	浙江金融职业学院	跨境电商综合服务应用技术协同创新中心	197	湄洲湾职业技术学院	码垛机器人应用技术协同创新中心
160	浙江经济职业技术学院	基于大数据的汽车故障诊断应用技术协同创新中心	198	宁德职业技术学院	机电设备及绿色冶金新材料加工应用技术协同创新中心
161	浙江经贸职业技术学院	县域农产品电商化应用技术协同创新中心	199	泉州工艺美术职业学院	陶瓷智造应用技术协同创新中心
162	浙江经贸职业技术学院	农产品（食品）质量安全技术协同创新中心	200	泉州轻工职业学院	休闲食品加工应用技术协同创新中心
163	浙江经贸职业技术学院	跨境电子商务产教融合发展中心	201	泉州医学高等专科学校	母婴健康服务应用技术协同创新中心
164	浙江旅游职业学院	乡村振兴与乡村旅游应用技术协同创新中心	202	厦门城市职业学院	海洋新能源与智能装备应用技术协同创新中心
165	浙江商业职业技术学院	冷链物流应用技术协同创新中心	203	厦门海洋职业技术学院	海洋生物应用技术协同创新中心
166	浙江医药高等专科学校	特色原料药及制剂质量提升协同创新中心	204	漳州理工职业学院	印刷包装应用技术协同创新中心
167	安徽电气工程职业技术学院	电气安全协同创新中心	205	漳州卫生职业学院	转化医学检测应用技术协同创新中心
168	安徽国防科技职业学院	高分辨率对地观测系统数据应用技术协同创新中心	206	漳州职业技术学院	精细化工应用技术协同创新中心
169	安徽机电职业技术学院	3D打印技术应用协同创新中心	207	江西工程职业学院	以市场为导向多方共建BIM应用技术协同创新中心
170	安徽机电职业技术学院	以市场为导向多方共建ICT应用技术协同创新中心	208	江西工业工程职业技术学院	新能源应用技术协同创新中心
171	安徽交通职业技术学院	轨道交通应用技术协同创新中心	209	江西工业贸易职业技术学院	食品安全检测应用技术协同创新中心
172	安徽交通职业技术学院	基于"四元合一"的汽车技术运用协同创新中心	210	江西航空职业技术学院	无人机应用技术协同创新中心
173	安徽交通职业技术学院	产教融合BIM技术应用协同创新中心	211	江西环境工程职业学院	油茶应用技术协同创新中心
174	安徽商贸职业技术学院	云计算应用技术协同创新中心	212	江西机电职业技术学院	智能制造协同创新中心
175	安徽商贸职业技术学院	物流信息技术协同创新中心	213	江西交通职业技术学院	交通运输应用技术协同创新中心
176	安徽水利水电职业技术学院	先进制造技术协同创新中心	214	江西旅游商贸职业学院	江西教育旅游示范区（3A级旅游景区）应用技术协同创新中心
177	安徽水利水电职业技术学院	水文自动测报与水资源优化配置应用技术协同创新中心	215	江西青年职业学院	陶行知国际众创空间协同创新中心
178	安徽职业技术学院	工业机器人技术协同创新中心	216	江西应用技术职业学院	ICT应用技术协同创新中心
179	安徽职业技术学院	化学与生命科学协同创新中心	217	江西制造职业技术学院	智能制造技术协同创新中心
180	安庆职业技术学院	白芨产业化技术协同创新中心	218	九江职业技术学院	智能电子产品与控制协同创新中心
181	安庆职业技术学院	区域新能源汽车技术协同创新中心	219	九江职业技术学院	移动互联应用技术协同创新中心
182	亳州师范高等专科学校	新媒体语境下亳州非遗数字化传承技术协同创新中心	220	九江职业技术学院	船舶设计技术协同创新中心
183	阜阳职业技术学院	酿酒技术协同创新中心	221	九江职业技术学院	智能制造应用技术协同创新中心
184	阜阳职业技术学院	BIM技术协同创新中心	222	滨州职业学院	BIM工程技术研究中心
185	芜湖职业技术学院	光机电一体化应用技术协同创新中心	223	滨州职业学院	黄河三角洲生物工程技术研发中心
186	芜湖职业技术学院	"互联网+"现代农业应用技术协同创新中心	224	德州职业技术学院	光伏系统工程技术研发中心
187	福建船政交通职业学院	交通土建智能与绿色建造应用技术协同创新中心	225	东营职业学院	众创空间协同创新中心
188	福建林业职业技术学院	种苗繁育应用技术协同创新中心	226	东营职业学院	食品药品工程技术研发中心
189	福建农业职业技术学院	动物保健与食品安全应用技术协同创新中心	227	济南职业学院	智能制造工程技术研发中心
190	福建生物工程职业技术学院	健康养老应用技术协同创新中心	228	济南职业学院	智能电子与控制技术研发中心
191	福建水利电力职业技术学院	智慧水利应用技术协同创新中心	229	济宁职业技术学院	山东省高等学校物联网与制造业信息化工程技术研发中心
192	福建卫生职业技术学院	现代养生保健产品研发应用技术协同创新中心	230	莱芜职业技术学院	现代中草药开发应用技术协同创新中心
193	福建信息职业技术学院	物联网及农业光电子应用技术协同创新中心	231	莱芜职业技术学院	粉末冶金应用技术协同创新中心
194	福建幼儿师范高等专科学校	VR/AR教育资源应用技术协同创新中心	232	青岛酒店管理职业技术学院	酒店职业教育大数据协同创新中心
195	福州职业技术学院	文创产业虚拟现实与可视化应用技术协同创新中心	233	青岛职业技术学院	海洋化工专业群协同创新中心
196	黎明职业大学	智能制造应用技术协同创新中心	234	青岛职业技术学院	海尔学院应用技术协同创新中心

续表

序号	院校名称	协同创新中心名称	序号	院校名称	协同创新中心名称
235	日照职业技术学院	智慧城市工程技术协同创新中心	277	郑州铁路职业技术学院	高铁司机健康与安全研究协同创新中心
236	日照职业技术学院	山东省海洋甲壳类综合资源利用工程技术中心	278	鄂州职业大学	金刚石刀具应用技术协同创新中心
237	山东城市建设职业学院	被动式低能耗绿色建筑技术协同创新中心（研发中心）	279	恩施职业技术学院	富硒产品研发协同创新中心
238	山东电子职业技术学院	ICT工程技术研发中心	280	湖北城市建设职业技术学院	建筑应用技术协同创新中心
239	山东电子职业技术学院	企业信息化应用技术协同创新中心	281	湖北城市建设职业技术学院	软件技术应用协同创新中心
240	山东工业职业学院	山工工程材料技术研发中心	282	湖北工业职业技术学院	南水北调核心水源区水净化应用技术协同创新中心
241	山东交通职业学院	公路工程协同创新中心	283	湖北交通职业技术学院	无人机应用技术协同创新中心
242	山东科技职业学院	山东省工业设计中心	284	湖北交通职业技术学院	公路桥梁建造与维护应用技术协同创新中心
243	山东科技职业学院	山东省服装制版与技术服务中心	285	湖北轻工业职业学院	啤酒和饮料技术研发及应用中心
244	山东理工职业学院	山东省现代农业装备工程技术研发中心	286	湖北三峡职业技术学院	宜昌市城市路桥工程技术研究中心
245	山东商业职业技术学院	云计算大数据协同创新中心	287	湖北三峡职业技术学院	互联网应用技术协同创新中心
246	山东商业职业技术学院	会计信息化技术协同创新中心	288	湖北职业技术学院	建筑工程施工技术协同创新中心
247	山东水利职业学院	水工机械装备制造技术创新中心	289	黄冈职业技术学院	建筑技术协同创新中心
248	山东水利职业学院	水利技术协同创新中心	290	江汉艺术职业学院	服装数字化应用技术协同创新中心
249	山东外贸职业学院	国际商务应用技术协同创新中心	291	荆州理工职业学院	智慧照明协同创新中心
250	山东外贸职业学院	自贸区应用技术协同创新中心	292	荆州职业技术学院	江汉平原机电应用技术协同创新中心
251	山东职业学院	轨道交通装备制造工程技术研发中心	293	武汉城市职业学院	汽车后市场先进技术协同创新中心
252	山东职业学院	生物技术研发中心	294	武汉船舶职业技术学院	现代制造应用技术协同创新中心
253	威海职业学院	芳香植物产品开发研究工程技术研究中心	295	武汉电力职业技术学院	电力技术协同创新中心
254	威海职业学院	海产品综合利用协同创新中心	296	武汉电力职业技术学院	机电技术协同创新中心
255	潍坊工程职业学院	特色农产品深加工技术研发中心	297	武汉交通职业学院	汽车工程学院协同创新中心
256	潍坊职业学院	潍坊市可视化交互设计VR协同创新中心	298	武汉交通职业学院	基于船舶各专业审图的工程系统的应用研发协同创新中心
257	潍坊职业学院	山东省滨海耐盐碱植物引种繁育工程技术研发中心	299	武汉软件工程职业学院	VR/AR应用技术协同创新中心
258	潍坊职业学院	环渤海绿色化工应用技术协同创新中心	300	武汉软件工程职业学院	智能商业新零售协同创新中心
259	烟台职业学院	视频图像大数据分析应用工程技术研发中心	301	武汉软件工程职业学院	武汉智能制造技术应用协同创新中心
260	烟台职业学院	电气工程安全性评估及故障诊断技术研究中心	302	武汉软件工程职业学院	药物增溶技术协同创新中心
261	淄博职业学院	淄博市虚拟现实技术工程技术研究中心	303	武汉铁路职业技术学院	移动互联网+应用技术多方共建协同创新中心
262	淄博职业学院	淄博市汽车钣金粗修复工程技术研究中心	304	武汉铁路职业技术学院	高速铁路病害整治技术协同创新中心
263	河南工业职业技术学院	智能制造应用技术协同创新中心	305	武汉职业技术学院	3D打印应用技术协同创新中心
264	河南交通职业技术学院	桥梁安全维护与加固技术协同创新中心	306	武汉职业技术学院	商业与电商教育大数据协同创新中心
265	河南经贸职业学院	企业运营管理协同创新中心	307	咸宁职业技术学院	起重运输机械优化设计与制造协同创新中心
266	河南水利与环境职业学院	环境工程技术协同创新中心	308	襄阳职业技术学院	智能制造应用技术协同创新中心
267	河南应用技术职业学院	绿色化工技术协同创新中心	309	襄阳职业技术学院	湖北麦冬应用技术协同创新中心
268	河南职业技术学院	智能制造的"两化"融合应用技术协同创新中心	310	长江职业学院	物联网应用技术协同创新中心
269	黄河水利职业技术学院	有机光电材料应用技术协同创新中心	311	湖南安全技术职业学院	烟花爆竹安全技术协同创新中心
270	济源职业技术学院	现代精密制造技术协同创新中心	312	湖南城建职业技术学院	建筑工程绿色施工应用技术协同创新中心
271	漯河食品职业学院	漯河市食品研发公共平台应用技术协同创新中心	313	湖南高速铁路职业技术学院	盐卤化工技术协同创新中心
272	漯河职业技术学院	休闲食品协同创新中心	314	湖南工程职业学院	BIM技术协同创新中心
273	南阳医学高等专科学校	中医微创应用技术协同创新中心	315	湖南工艺美术职业学院	侗族非遗保护与研发中心
274	三门峡职业技术学院	三门峡高端装备先进技术协同创新中心	316	湖南化工职业技术学院	应用技术协同创新中心
275	商丘职业技术学院	新能源汽车关键技术协同创新中心	317	湖南环境生物职业技术学院	生态绿化应用技术协同创新中心
276	信阳职业技术学院	医学检验技术协同创新中心	318	湖南机电职业技术学院	FABO中国数制协同创新中心

续表

序号	院校名称	协同创新中心名称	序号	院校名称	协同创新中心名称
319	湖南机电职业技术学院	众创空间协同创新中心	361	广东食品药品职业学院	粤港澳食品安全协同创新中心
320	湖南交通职业技术学院	智能交通大数据协同创新中心	362	广州城市职业学院	食品营养与健康管理应用技术协同创新中心
321	湖南交通职业技术学院	交通BIM技术协同创新中心	363	广州番禺职业技术学院	建筑节能与绿色建造应用技术协同创新中心
322	湖南科技职业学院	轻工产品设计创意中心	364	广州番禺职业技术学院	珠宝首饰材料工艺应用技术协同创新中心
323	湖南科技职业学院	湖南省城市综合管廊信息化工程技术研究中心	365	广州铁路职业技术学院	轨道交通与土木工程安全监测监控应用技术协同创新中心
324	湖南汽车工程职业学院	立方新能源汽车技术协同创新中心	366	广州铁路职业技术学院	轨道交通安全与智能运维协同创新中心
325	湖南汽车工程职业学院	中南地区技术服务中心	367	广州铁路职业技术学院	轨道交通装备减摩抗磨及修复应用技术协同创新中心
326	湖南汽车工程职业学院	湖南智能驾驶实验中心	368	深圳信息职业技术学院	第三代半导体应用协同创新中心
327	湖南汽车工程职业学院	李德毅院士智能驾驶工作站	369	深圳信息职业技术学院	五轴数控激光加工应用技术协同创新中心
328	湖南汽车工程职业学院	现代智慧教学技术协同创新中心	370	深圳职业技术学院	北斗卫星导航技术协同创新中心
329	湖南生物机电职业技术学院	智能农业装备技术协同创新中心	371	深圳职业技术学院	数字创意"文化+科技"协同创新中心
330	湖南水利水电职业技术学院	水利科学协同创新中心	372	深圳职业技术学院	现代印刷传媒科技与标准化技术协同创新中心
331	湖南铁路科技职业技术学院	湖南省高铁运行安全保障工程技术研究中心	373	深圳职业技术学院	物联网应用技术协同创新中心
332	湖南现代物流职业技术学院	物联网感知技术与应用湖南工程研究中心	374	顺德职业技术学院	现代服务业协同创新中心
333	邵阳职业技术学院	邵阳市机电工程技术协同创新中心	375	顺德职业技术学院	机械装备先进制造技术创新中心
334	永州职业技术学院	药食两用植物脱毒快繁协同创新中心	376	肇庆医学高等专科学校	基层医疗服务应用技术协同创新中心
335	岳阳职业技术学院	中国游乐设施产业联盟协同创新中心	377	中山职业技术学院	中山市智能制造协同创新中心
336	长沙电力职业技术学院	电力应用技术协同创新中心	378	广西电力职业技术学院	移动互联应用技术协同创新中心
337	长沙航空职业技术学院	湖南省飞机维修工程技术研究中心	379	广西工商职业技术学院	粮油电商协同创新中心
338	长沙环境保护职业技术学院	环境与食品安全应用技术协同创新中心	380	广西工业职业技术学院	智能制造协同创新中心
339	长沙民政职业技术学院	健康养老服务协同创新研发中心	381	广西国际商务职业技术学院	中国东盟跨境电子商务协同创新中心
340	长沙商贸旅游职业技术学院	现代服务业应用技术协同创新中心	382	广西建设职业技术学院	建筑电子协同创新中心
341	东莞职业技术学院	机器视觉与智能制造协同创新中心	383	广西交通职业技术学院	汽车智能技术协同创新中心
342	东莞职业技术学院	印刷应用技术协同创新中心	384	广西经贸职业技术学院	"一带一路·东盟农村电子商务"应用协同创新中心
343	佛山职业技术学院	物联网应用技术协同创新中心	385	广西农业职业技术学院	农产品加工应用技术协同创新中心
344	广东工贸职业技术学院	智能装备与制造应用技术协同创新中心	386	广西生态工程职业技术学院	森林资源保护与利用协同创新中心
345	广东工贸职业技术学院	虚拟现实教育信息化产学研应用技术协同创新中心	387	广西水利电力职业技术学院	机电技术协同创新中心
346	广东环境保护工程职业学院	大气环境管理与污染控制应用技术协同创新中心	388	广西卫生职业技术学院	健康产品开发应用技术协同创新中心
347	广东机电职业技术学院	物联网与大数据应用协同创新中心	389	广西职业技术学院	广西红茶加工工程技术研究中心
348	广东机电职业技术学院	高端医疗器械产学研应用技术协同创新中心	390	柳州城市职业学院	智能制造系统集成研发中心
349	广东机电职业技术学院	先进装备制造协同创新中心	391	柳州职业技术学院	智能制造协同创新中心
350	广东交通职业技术学院	道路桥梁检测应用技术协同创新中心	392	南宁职业技术学院	新一代信息技术协同创新中心
351	广东交通职业技术学院	物联网技术应用协同创新中心	393	南宁职业技术学院	"一带一路"数字东盟跨境电商综合运营协同创新中心
352	广东交通职业技术学院	车辆安全监控技术协同创新中心	394	海南工商职业学院	海洋生态与生物技术协同创新中心
353	广东交通职业技术学院	港航智能化技术协同创新中心	395	海南职业技术学院	热带农产品冷链物流应用技术协同创新中心
354	广东科学技术职业学院	广科三一海工协同创新中心	396	三亚航空旅游职业学院	汉莎飞机维修协同创新中心
355	广东科学技术职业学院	软件工程应用技术协同创新中心	397	重庆城市管理职业学院	现代物流应用技术推广中心
356	广东农工商职业技术学院	广东精准农业应用技术协同创新中心	398	重庆电子工程职业学院	机器人技术协同创新中心
357	广东轻工职业技术学院	功能型建材及其绿色制备协同创新中心	399	重庆电子工程职业学院	智能制造应用技术协同创新中心
358	广东轻工职业技术学院	食品加工及综合利用技术应用协同创新中心	400	重庆工程职业学院	现代教育技术应用推广中心
359	广东轻工职业技术学院	绿色日用化工技术应用协同创新中心	401	重庆工商职业学院	物联网与大数据应用协同创新中心
360	广东轻工职业技术学院	调味品应用技术协同创新发展中心	402	重庆工业职业技术学院	电气自动化应用技术推广中心

续表

序号	院校名称	协同创新中心名称	序号	院校名称	协同创新中心名称
403	重庆工业职业技术学院	模具制造应用技术推广中心	442	陕西国防工业职业技术学院	化工应用技术协同创新中心
404	重庆化工职业学院	制药领域关键共性工艺应用技术推广中心	443	陕西国防工业职业技术学院	"互联网+"协同创新中心
405	重庆建筑工程职业学院	装配式建筑重庆市高等职业技术院校应用技术推广中心	444	陕西交通职业技术学院	公路建设建筑信息模型（BIM）创新中心
406	重庆科创职业学院	重庆市工业机器人应用服务工程技术研究中心	445	陕西能源职业学院	煤矿应用技术协同创新中心
407	重庆旅游职业学院	民族特色工艺品技术协同创新中心	446	陕西铁路工程职业技术学院	BIM技术应用研究中心
408	重庆三峡医药高等专科学校	重庆三峡中药种植与加工应用技术协同创新中心	447	陕西铁路工程职业技术学院	高性能混凝土工程技术协同创新中心
409	重庆水利电力职业技术学院	防汛抗旱协同创新中心	448	西安航空职业技术学院	复合材料工程技术协同创新中心
410	四川工程职业技术学院	德阳装备制造业机器人应用创新中心	449	西安铁路职业技术学院	轨道交通职业教育与技术协同创新中心
411	四川交通职业技术学院	轨道交通应用技术协同创新中心	450	咸阳职业技术学院	动物疫病快速诊断技术协同创新中心
412	贵州电子信息职业技术学院	大数据智能终端协同创新中心	451	延安职业技术学院	延安装备制造应用技术协同创新中心
413	贵州电子信息职业技术学院	智造技术协同创新中心	452	杨凌职业技术学院	中医药应用技术协同创新中心
414	贵州工业职业技术学院	大数据应用协同创新中心	453	杨凌职业技术学院	"四方联动"饲料检测与营养调控技术协同创新中心
415	贵州交通职业技术学院	土木工程应用技术协同创新中心	454	杨凌职业技术学院	农产品加工与质量检测创新中心
416	贵州交通职业技术学院	交通大数据协同创新中心	455	甘肃钢铁职业技术学院	焊接应用技术协同创新中心
417	贵州交通职业技术学院	物流快递与电子商务协同创新中心	456	甘肃工业职业技术学院	甘肃彩陶文化传承应用技术协同创新中心
418	贵州轻工业职业学院	贵州省山地特色水果与酒等制品协同创新中心	457	甘肃机电职业学院	3D打印技术应用协同创新中心
419	贵州轻工业职业学院	贵州绿色物流大数据协同创新中心	458	甘肃建筑职业学院	军地联动应急测绘协同创新中心
420	黔南民族职业技术学院	黔南功能性农产品协同创新中心	459	甘肃交通职业学院	甘肃省汽车维修技术协同创新中心
421	铜仁职业技术学院	民族中兽药制造协同创新中心	460	甘肃交通职业学院	智能交通技术运用协同创新中心
422	铜仁职业技术学院	贵州省畜禽健康养殖协同创新中心	461	甘肃林业职业学院	甘肃省生态文明协同创新与技术服务中心
423	遵义职业技术学院	黔北麻羊协同创新中心	462	甘肃农业职业学院	乡村振兴与休闲农业应用技术协同创新中心
424	昆明工业职业技术学院	管道运输应用技术研发协同创新中心	463	兰州石化职业学院	石油化工过程工程应用技术协同创新中心
425	昆明工业职业技术学院	工业机器人研发及推广协同创新中心	464	兰州职业技术学院	甘肃省数字化设计与智能制造应用技术协同创新中心
426	昆明冶金高等专科学校	矿业技术科技协同创新中心	465	兰州资源环境职业技术学院	环境垃圾资源化应用技术协同创新中心
427	昆明冶金高等专科学校	稀散及贵金属二次资源综合回收及深加工应用技术协同创新中心	466	青海建筑职业技术学院	青海清洁采暖技术协同创新中心
428	曲靖医学高等专科学校	生物资源开发与利用应用技术协同创新中心	467	青海交通职业学院	青海物联网技术应用协同创新中心
429	云南国土资源职业学院	矿山地质环境监测与预警应用技术协同创新中心	468	宁夏工商职业技术学院	宁夏现代煤化工应用技术协同创新中心
430	云南交通职业技术学院	公路工程智能检测应用技术协同创新中心	469	宁夏工商职业技术学院	宁夏特色农业装备技术研制协同创新中心
431	云南交通职业技术学院	交通安全心理应用技术协同创新中心	470	宁夏工商职业技术学院	宁夏农产业供应链集成管理协同创新中心
432	云南经贸外事职业学院	甲骨文（云南）OAEC人才产业实践基地应用技术协同创新中心	471	宁夏职业技术学院	宁夏中药材开发与利用工程技术研究中心
433	云南林业职业技术学院	林下特种经济动物养殖技术协同创新中心	472	宁夏职业技术学院	宁夏家畜繁育（银川）技术创新中心
434	云南能源职业学院	双创扶贫O2O基地应用技术协同创新中心	473	宁夏职业技术学院	宁夏家禽工程技术研究中心
435	云南农业职业技术学院	农产品质量安全检测应用技术协同创新中心	474	新疆交通职业学院	特殊岩土公路工程应用技术协同创新中心
436	云南锡业职业技术学院	锡基新材料应用技术协同创新中心	475	新疆农业职业学院	新疆现代马产业发展与应用型技术人才培养协同创新中心
437	西藏职业技术学院	西藏民族传统文化传承协同创新中心	476	新疆农业职业学院	高效节水灌溉应用技术协同创新中心
438	陕西工业职业技术学院	材料工程技术协同创新中心	477	新疆农业职业学院	现代农业机械化应用技术协同创新中心
439	陕西工业职业技术学院	分布式能源及智能微电网系统协同创新中心	478	新疆农业职业学院	新疆设施园艺技术协同创新中心
440	陕西工业职业技术学院	现代制造技术协同创新中心	479	新疆轻工职业学院	电气技术协同创新中心
441	陕西工业职业技术学院	智慧商务协同创新中心	480	新疆石河子职业技术学院	通信技术协同创新中心

七、技能大师工作室

序号	院校名称	技能大师工作室名称	序号	院校名称	技能大师工作室名称
1	北京交通运输职业学院	王希富古建筑装修设计与室内陈设技能大师工作室	40	安徽工商职业学院	徽派三雕技艺大师工作室
2	天津电子信息职业技术学院	"泥人张"黏土动画技能大师工作室	41	安徽职业技术学院	非遗《池州傩戏》融入艺术设计大师工作室
3	天津轻工职业技术学院	彩塑大师工作室	42	芜湖职业技术学院	储金霞铁画大师工作室
4	天津现代职业技术学院	钟表大师工作室	43	江西机电职业技术学院	机械创新设计大师工作室
5	天津医学高等专科学校	药学服务大师工作室	44	江西陶瓷工艺美术职业技术学院	朱辉球大师古彩工作室
6	天津市职业大学	李建国技能大师工作室	45	江西卫生职业学院	丁社如颜干明传统中药炮制大师工作室
7	河北工业职业技术学院	现代烙画内画技能大师工作室	46	滨州职业学院	护理技能大师工作室
8	唐山工业职业技术学院	刘冠伟陶瓷艺术技艺大师工作室	47	青岛酒店管理职业技术学院	王桂云名师工作室
9	山西戏剧职业学院	戏曲传承大师工作室	48	日照职业技术学院	黑陶大师工作室
10	山西信息职业技术学院	漫画技能大师工作室	49	山东科技职业学院	王方水技能大师工作室
11	辽宁省交通高等专科学校	欧阳伟大师工作室	50	山东商业职业技术学院	珠算技艺技能传承大师工作室
12	辽宁现代服务职业技术学院	烹饪大师工作室	51	山东职业学院	传统黄酒酿造技艺传承大师工作室
13	辽宁装备制造职业技术学院	徐宝军技能大师工作室	52	威海职业学院	威海锡镶技艺大师工作室
14	吉林铁道职业技术学院	莫建国技能大师工作室	53	潍坊职业学院	李永胜技能大师工作室
15	哈尔滨职业技术学院	高凤林技能大师工作室	54	烟台职业学院	栾琪文首席技师工作室
16	黑龙江建筑职业技术学院	非物质文化遗产赫哲族鱼皮画项目大师工作室	55	淄博职业学院	李高建名师工作室
17	黑龙江职业学院	黑龙江省闫国成加工中心操作技能大师工作室	56	济源职业技术学院	卢仝煎茶技艺大师工作室
18	上海邦德职业技术学院	扬州三把刀烹饪技艺非物质文化遗产传承人茅建民大师工作室	57	平顶山工业职业技术学院	周先锋大师工作室
19	上海城建职业学院	杏花楼集团大师工作室	58	湖北生态工程职业技术学院	徐海清技能大师工作室
20	上海电影艺术职业学院	杨明建影视特效化妆大师工作室	59	湖北艺术职业学院	湖北民间舞专家工作室
21	上海工艺美术职业学院	工艺美术技能大师工作室	60	武汉交通职业学院	刘小洋软件开发技能大师工作室
22	上海济光职业技术学院	蜡染艺术大师工作室	61	咸宁职业技术学院	孟洁园林技术大师工作室
23	常州纺织服装职业技术学院	常州民间美术类非遗文化传承大师工作室	62	襄阳职业技术学院	数控技艺大师工作室
24	江苏工程职业技术学院	张蕾刺绣技能大师工作室	63	湖南电气职业技术学院	方鸳翔技能大师工作室
25	江苏经贸职业技术学院	"神帛堂"云锦工艺传承创新工作坊	64	湖南工程职业学院	工程施工专家工作室
26	江苏信息职业技术学院	锡绣传习大师工作室	65	湖南工艺美术职业学院	刘云技能大师工作室
27	南京工业职业技术学院	金文大师工作室	66	湖南工艺美术职业学院	黄永平陶艺大师工作室
28	南通科技职业学院	蓝印花布数字化研究工作室	67	湖南交通职业技术学院	陈建平大师工作室
29	苏州经贸职业学院	缂丝技能大师工作室	68	湖南汽车工程职业学院	朱军大师工作室
30	无锡商业职业技术学院	亚太手工艺大师喻湘涟泥塑艺术工作室	69	湖南铁路科技职业技术学院	彭志强大师工作室
31	镇江市高等专科学校	吕存大师"正则绣"工作室	70	东莞职业技术学院	高峰印刷技能大师工作室
32	金华职业技术学院	章跃洪技能大师工作室	71	广东机电职业技术学院	黎旺星电子技能大师工作室
33	义乌工商职业技术学院	何福礼大师工作室	72	广东科学技术职业学院	王宏动漫技能大师工作室
34	浙江纺织服装职业技术学院	潘超宇技能大师工作室	73	广东农工商职业技术学院	林春华园艺技能大师工作室
35	浙江工商职业技术学院	智能制造技能大师工作室	74	广东女子职业技术学院	黄伟雄刺绣艺术技能大师工作室
36	浙江广厦建设职业技术学院	木雕技能大师工作室	75	广州铁路职业技术学院	"徐志标-王吉峰"接触网工技能大师工作室
37	浙江交通职业技术学院	编梁木拱桥营造技艺大师工作室	76	广州铁路职业技术学院	"周受钦-周世平"智能集装箱运输技能大师工作室
38	浙江经贸职业技术学院	张星海茶艺与评茶技能大师工作室	77	顺德职业技术学院	徐言生制冷空调工程技能大师工作室
39	浙江旅游职业学院	金晓阳厨艺传承大师工作室	78	顺德职业技术学院	姚美康创新设计技能大师工作室

续表

序号	院校名称	技能大师工作室名称	序号	院校名称	技能大师工作室名称
79	肇庆医学高等专科学校	李力强中医临床技能大师工作室	89	昆明冶金高等专科学校	云南省曾桂成玉石雕刻大师工作室
80	广西职业技术学院	六堡茶非遗技艺大师工作室	90	昆明冶金高等专科学校	金属材料类铝的合金化技能大师工作室
81	柳州职业技术学院	甘达淅大师工作室	91	云南经贸外事职业学院	云南省马薇艺术技能大师工作室
82	南宁职业技术学院	谭湘光大师工作室	92	云南文化艺术职业学院	滇剧表演技能大师工作室
83	重庆工商职业学院	曹小卉大师工作室	93	云南文化艺术职业学院	云南省蒋波杂技表演大师工作室
84	重庆工业职业技术学院	李雷技能大师工作室	94	云南林业职业技术学院	森林培育与利用技能大师工作室
85	重庆工业职业技术学院	谭大庆技能大师团队工作室	95	陕西铁路工程职业技术学院	叱培洲技能大师工作室
86	四川工程职业技术学院	高凤林焊接技能大师工作室	96	兰州石化职业技术学院	张恒珍技能大师工作室
87	贵州交通职业技术学院	陈文均大师工作室	97	宁夏工商职业技术学院	张清林大师工作室
88	贵州轻工职业技术学院	邱树毅大师工作室	98	新疆农业职业技术学院	徐长琴剪纸艺术工作室

郑重声明

高等教育出版社依法对本书享有专有出版权。任何未经许可的复制、销售行为均违反《中华人民共和国著作权法》，其行为人将承担相应的民事责任和行政责任；构成犯罪的，将被依法追究刑事责任。为了维护市场秩序，保护读者的合法权益，避免读者误用盗版书造成不良后果，我社将配合行政执法部门和司法机关对违法犯罪的单位和个人进行严厉打击。社会各界人士如发现上述侵权行为，希望及时举报，本社将奖励举报有功人员。

反盗版举报电话　（010）58581999　58582371　58582488
反盗版举报传真　（010）82086060
反盗版举报邮箱　dd@hep.com.cn
通信地址　北京市西城区德外大街4号　高等教育出版社法律事务与版权管理部
邮政编码　100120